# TUTELA PENAL DE ANIMAIS

## uma compreensão onto-antropológica

---

Dados Internacionais de Catalogação na Publicação (CIP)

T266t Teixeira Neto, João Alves.
Tutela penal de animais : uma compreensão onto-antropológica / João Alves Teixeira Neto. – Porto Alegre : Livraria do Advogado, 2017.
245 p. ; 25 cm.

Inclui bibliografia.
ISBN 978-85-69538-91-2

1. Direito penal - Animais. 2. Tutela penal - Animais - Legislação. 3. Direitos dos animais. I. Título

CDU 343:59
CDD 346.046954

Índice para catálogo sistemático:
1. Direito penal : Animais 343:59

(Bibliotecária responsável: Sabrina Leal Araujo – CRB 10/1507)

João Alves Teixeira Neto

# TUTELA PENAL DE ANIMAIS

## uma compreensão onto-antropológica

Porto Alegre, 2017

*Capa, projeto gráfico e diagramação*
Livraria do Advogado Editora

*Revisão*
Rosane Marques Borba

*Direitos desta edição reservados por*
**Livraria do Advogado Editora Ltda.**
Rua Riachuelo, 1300
90010-273 Porto Alegre RS
Fone: 0800-51-7522
editora@livrariadoadvogado.com.br
www.doadvogado.com.br

Impresso no Brasil / Printed in Brazil

*patris memoriae*

Ao Prof. Doutor José de Faria Costa,
em testemunho de gratidão por todos
os ensinamentos recebidos

# Prefácio

"O tempo do mundo muda o mundo do direito". Com esta bela frase, o nosso prefaciado já muito revela sobre as pretensões e desafios que a presente obra encerra. A dogmática penal admite duas formas de aprimoramento. De um lado, aquele decorrente da reflexão sobre insuficiências pontuais, reveladas quando da aplicação do direito a casos concretos, a reivindicar um pequeno aperfeiçoamento de critérios e categorias já existentes. Corresponde a uma espécie de fluxo, a uma espécie de desdobramento natural das ideias penais já postas, a comungar, por isso, dos mesmos pressupostos. Atende, pois, a lógica do esperado. De outro, tem-se o aprimoramento decorrente da reflexão sobre as bases do próprio direito penal, a demandar novos caminhos e a inaugurar novos olhares, incapazes de, por vezes, em um primeiro instante, sequer ter claro o seu preciso lugar de chegada ou, até mesmo, os múltiplos desdobramentos que um tal percurso é capaz de abrir. Atende, assim, a lógica do não esperado. É aqui, nesse preciso e tão incomum registro, que se encontram as reflexões desta investigação.

*"Tutela penal de animais: uma compreensão onto-antropológica", de JOÃO ALVES TEIXEIRA NETO, ocupa-se de elementos que tocam, com rara responsabilidade e consistência, as raízes mais profundas da dogmática penal.* Não surpreende, por isso, que tenha que enfrentar – e certamente enfrentará – forte resistência da tradição posta. Isso é assim; e é bom que assim seja. Avanços nesse nível de problematização só desse modo, e a esse custo, é que se tornam possíveis. E não se está aqui a tratar, como se verá, de meras sutilezas. O próprio problema da tese e a sua visualização já são em si problemáticos, a ganhar ainda mais em complexidade quando se tem em conta o seu enfrentamento a partir de postulados filosóficos e ontológicos invulgares sob a perspectiva do atual *mainstream* jurídico-penal, postulados alcançados, em parte, pela teoria onto-antropológica de José de Faria Costa, em parte, pela leitura direta de Martin Heidegger.

*Com isso busca-se sublinhar, já à partida, que, conquanto a obra tenha o objeto que tem, ela projeta-se para muito além desse objeto. Revela-se em um autêntico interrogar sobre o homem, o seu mundo e o seu olhar sobre o mundo, a refletir, de forma essencial, sobre as representações estruturantes do direito penal e, assim, por consequência imediata, sobre incontáveis projeções dogmáticas que nelas encontram fundamento.* É, por tudo isso, uma obra que se revela, verdadeiramente, uma tese; e uma tese que precisa ser lida naquilo que diz, mas também naquilo que fica por dizer.

Em termos estritos, a obra vale-se de um quadro referencial teórico analítico-existencial e do horizonte compreensivo proposto pela matriz onto-antropológica, para então desvelar a condição de possibilidade da tutela penal de animais. Sustenta, de forma categórica, que os animais são, sim, autênticos titulares de bens jurídicos, ocupando-se, inclusive, dos bens que estariam abertos a tal titularidade.

*Só isso, pois, já seria suficiente para atestar a exuberante originalidade da investigação. Contudo, o autor vai além, convoca para a dogmática penal uma série de fenômenos metadogmáticos interconectados, dotados de importante potencial explicativo e heurístico.* Vale aqui, ainda que a título meramente ilustrativo, a referência às noções de (i) mundo dos animais, (ii) ontológica fragilidade estrutural dos animais e (iii) a relação entre homem e animal como "ser-com" (*Mitsein*), acompanhadas de proposições fortes acerca da necessidade de superação do paradigma antropocêntrico-radical, da compreensão da dogmática jurídico-penal como "ciência procurada" (*episteme zetoumene*) e da ideia de "autenticidade" (*Eigentlichkeit*) e "inautenticidade" (*Uneigentlichkeit*) na compreensão do direito penal.

*Trata-se, pois, de uma obra grandiosa, tanto em pretensão, quanto em resultados, mas, também, e fundamentalmente, em razão do notável conhecimento e rigor indispensáveis para o permanente diálogo entre filosofia e direito penal. De uma obra, aliás, que não poderia ser elaborada, senão à moda antiga, senão a partir de longos períodos de leitura e reflexão, propiciados por uma empenhada investigação em regime de dedicação exclusiva.* Para tanto, socorreu-se o autor de longos períodos de investigação na Alemanha, na *Zweigbibliothek Rechtswissenschaft* em *Dresden*, e em Portugal, na incomparável Faculdade de Direito da Universidade de Coimbra, onde pôde contar com a inestimável orientação do Prof. Doutor José de Faria Costa.

*Daí não surpreender que, quando da defesa pública, diante de qualificado júri, tenha a presente tese sido objeto de franco, aberto e merecido elogio, acompanhado de memoráveis debates. Elogio esse que, quanto a mim, encontra início e fim em uma única palavra, no mais pleno dos atributos acadêmicos: excelência! Palavra com a qual julgo dizer tudo o que precisa ser dito.*

Não posso concluir, contudo, sem antes uma palavra, conquanto breve palavra, sobre a pessoa de JOÃO ALVES TEIXEIRA NETO.

Por vezes, é verdade, o longo caminho de formação acadêmica de nossos estudantes presenteia-nos com o não esperado, presenteia-nos com a dádiva de uma estimada amizade. Se a obra já fala – e bem – das raras virtudes do nosso prefaciado enquanto investigador, o grato convívio de que pude desfrutar mostrou-me a erudição que o papel nem sempre está apto a revelar, mostrou-me a admirável grandeza de espírito, mostrou-me a amizade forjada na comunhão de valores e de ideias.

Tomando por empréstimo as palavras de que outrora, de forma muito cara, valeu-se Alberto Silva Franco, devo dizer que a mim não foi dado o dom de prever o futuro, mas posso, ao menos, ponderar o presente. *Não tenho dúvida alguma de que a obra que ora vem a público é, desde já, referência instransponível na literatura penal. Mas não só. É também sinal seguro de que, com ela, foi dado, por estrito mérito pessoal e acadêmico, o grande e definitivo passo para, muito em breve, ocupar o lugar de merecido destaque no cenário nacional.* E é isso, nada menos e nada mais do que isso, que desejo vivamente a JOÃO ALVES TEIXEIRA NETO.

Porto Alegre, outono de 2017.

*Fabio Roberto D'Avila*
Professor Titular da Escola de Direito e do
Programa de Pós-Graduação em Ciências Criminais da PUCRS

# Apresentação

*O livro que me desafiou por vários meses, conquistou seu lugar seguro na grande paisagem do pensamento jurídico.* Tenho diante de mim uma obra que nasceu numa pesquisa de vários anos, sobre a tutela penal de animais. JOÃO ALVES TEIXEIRA NETO desenvolveu uma investigação sobre este tema, através de uma travessia cuidadosa e insistente pelo direito penal, tendo por meta uma tese de doutorado. Agora, pronto para a sua publicação, é possível afirmar que "Tutela penal de animais: uma compreensão onto-antropológica" comprova que as peripécias do esforço intelectual devem ser ordenadas com tenacidade pessoal, segura orientação e critérios para acertar na escolha do adequado material a ser examinado. *Estou convencido que o livro contou também com coragem e grandeza de espírito para que todas estas condições levassem a um trabalho que abriu um espaço de afirmação definitivo no direito penal brasileiro.*

*Imagino os momentos privilegiados de cada descoberta de um autor que andou pelos melhores caminhos do direito, da filosofia e de várias ciências, para chegar a esta obra coerente e admirável.* É por isso que os estudiosos irão descobrir, em cada capítulo, os elementos que fundamentam a pesquisa: nível de domínio que o autor tem de cada etapa, empenho de enfrentar os melhores parceiros do campo investigado, por vezes com aceitação, outras com crítica e sempre buscando o melhor do assunto. Mas esta postura nasce de uma surpreendente maturidade para defender sua intuição central, desenvolver a matéria adequada e encontrar a forma que desse sentido ao todo.

Na medida em que se avança no texto, manifestam-se as vicissitudes de um trabalho desta magnitude e a combinação de sensibilidade e inteligência para mostrar a verdade que termina aparecendo como resultado. TEIXEIRA NETO *vai marcar a tutela penal de animais, de maneira inovadora e definitiva com sua análise e reflexão, pois trata-se de trabalho acertado e de longo fôlego, marcado pela unidade e por uma criatividade aliadas a um esforço sistemático que traz respostas a todas as questões centrais deste campo teórico.*

Entre as diversas iniciativas que podemos tomar na análise de uma questão, o primeiro passo a ser dado é definir os motivos, as circunstâncias, as dimensões e a urgência do empreendimento. Aqui temos pela frente uma questão que se situa no âmbito do direito. Trata-se de enfrentar a questão situada no direito penal. Mas não é apenas um de múltiplos assuntos desta área jurídica. O que o autor se propõe é perguntar se é possível demonstrar e se faz sentido uma teoria que prove que existe uma justiça para com os animais.

Esta instância que se situa no campo das ciências criminais põe em debate a questão da tutela penal de animais. Certamente não é pacífica então a análise e, mesmo que admitida, apresenta diversas direções determinadas pelas posições teóricas dos intérpretes. Isto será motivo de escolhas de reflexão que justifiquem a pretensão. Como a questão não é nova, haverá que se enfrentar com muitos modos como os estudiosos apresentam seu estilo e sua teoria para pensar este espaço bem restrito das ciências criminais. Como consequência, cada autor terá de definir as bases de suas afirmações. Não apenas apresentando-se como se fosse o primeiro e solitário defensor da tutela penal de animais. Encontrará razões de analistas que recusam simplesmente o objeto ou então divergem muito, quando o reconhecem existente, na introdução da questão, na escolha dos argumentos, na determinação do lugar no quadro do direito penal e na forma de integrá-lo ao lado da vastidão dos temas das ciências criminais.

O autor da obra que ora apresento sabia disso tudo que acabo de referir e sabia que teria que encontrar algo fundamental para não apenas produzir uma boa tese, mas atingir uma profundidade que fosse capaz de aproveitar na sua argumentação, que tornasse verossímil e consistente sua defesa de um bem jurídico-penal para além do humano. *O trabalho alcançou um nível acima das propostas existentes, tanto pela exploração e crítica da história da questão como pela originalidade da escolha do paradigma que gerasse um olhar novo sobre o animal como horizonte de compreensão.*

Importava, como tarefa preparatória, liberar os conceitos e categorias centrais que estavam encobertos pela tradição dogmática por causa do antropocentrismo-radical. O autor resolveu escolher o paradigma da analítica existencial, a partir de onde fosse gerado o horizonte semântico para as categorias a serem usadas na análise da relação entre os homens e os animais. Foi muito feliz esta decisão porque foi por ela que ele conseguiu enfrentar as categorias objetificantes da tradição dogmática. Mas não era só uma questão de terminologia que estava em jogo. A analítica existencial trazia o fundamento onto-antropológico da tutela penal de animais.

Mas o chão semântico e ontológico, desenvolvido por Heidegger, terminou mostrando de modo admirável a superação do dogmatismo que viciava quase todas as teorias que se dedicavam a dar alguma forma à tutela penal de animais. E, por outro lado, produzia a compreensão de que o direito penal é uma ordem de proteção que está para além dos humanos. Esta conquista pela escolha do paradigma trazia dois lados. Primeiro, um universo de análise que mostrasse a solidez do âmbito das ciências criminais com relação à tutela penal de animais. Segundo, o surgimento de uma nova linguagem que era capaz de tornar muito próxima uma autonomia de um campo jurídico novo em meio ao direito penal. *Tornava-se inegável que se estava além do antropocentrismo-radical quando se falava de um bem jurídico-penal reservado aos animais. A aceitação da matricial relação de cuidado-de-perigo acenava com uma nova autonomia no mundo do direito penal.*

Quem toma nas mãos um livro desta qualidade irá encontrar um alcance e uma harmonia, não apenas na análise do objetivismo antropocêntrico da dogmática jurídico-penal, portanto, na crítica. *O conhecimento profundo do paradigma da analítica existencial do autor introduz, de modo amplo, as mudanças que este paradigma significa na concepção da fragilidade estrutural, no poder-sofrer dos animais vertebrados e, portanto, no interesse em não-sofrer.* Isto contrasta com as teorias criticadas do dogmatismo objetivista, em que o direito penal termina convertendo o animal em coisa que deve ser protegida. Por mais que sejam sofisticadas as teorias objetivistas, nas suas hipóteses, não conseguem fazer justiça ao animal com relação à titularidade dos bens jurídico-penais – vida, integridade física e bem-estar.

A demonstração progressiva que o autor consegue trazer com clareza, a partir do paradigma escolhido, está ligada ao arcabouço que dá forma ao livro como um todo. Quero ressaltar o processo racional de construção que permite acompanhar a ferramenta teórica que é acionada e a produção da maior claridade do objeto. *O autor, através de uma notável erudição, permite-nos acompanhar a conformação do quadro referencial teórico que servirá de moldura para aceitarmos, sem dúvidas, a apresentação do objeto. Estamos aqui diante de uma inovação exemplar para o tratamento de objetos jurídicos.* Nenhuma linguagem solta e confusa, porque toda a semântica recebe as marcas do quadro referencial. É por isso que *o tratamento da tutela penal de animais recupera uma seriedade que não se descobre em geral nos autores da dogmática penal.* Sob a ótica do quadro referencial teórico e no paradigma trazido da analítica existencial, recebe a ordem jurídico-penal luz para projetar o interesse de não-sofrer em bens jurídico-penais, dos quais o animal vertebrado é titular. Assim compreendemos porque os bens jurídico-penais – vida, integridade física e bem-estar – do animal devem ser protegidos por meio dos crimes contra os animais, como valores titularizados pelo próprio animal.

*Chegamos a uma paisagem importante, onde a tutela dos bens jurídico-penais são situados numa nova perspectiva.* Podemos respirar aliviados porque o enfoque analítico-existencial deslocou o domínio temático da tutela penal de animais. Como foi possível esta virada teórica? Em síntese, no momento em que o autor se libertou do objetivismo dogmático, sua proposta ganhou em profundidade. A questão em análise saiu da prisão do naturalismo científico e passou a contar com o poder da análise filosófica sustentada pelo quadro referencial teórico construído a partir da analítica existencial. Assim como o ser humano é aí mostrado para além da relação de sujeito e objeto com a categoria central do cuidado, as relações com o animal são situadas na categoria do cuidado-de-perigo. Após a aplicação de um novo eixo de categorias alimentadas pela filosofia, torna-se possível uma postura, motivação ou mesmo inspiração a partir do caráter de historicidade que passa a envolver todas as considerações sobre a tutela penal de animais. Diferente do objetivismo surge um mundo comum, uma dimensão de lealdade do homem com os animais. Surge, assim, a responsabilidade desde a relação de disponibilidade, porque o animal não é mais objeto ou uma espécie de instrumento de manipulação.

*Toda a análise que o livro faz da tutela penal de animais, até alcançar o interesse em não-sofrer como pressuposto dos bens jurídico-penais do animal vertebrado, resulta de um modo de ser que o objetivismo dogmático jamais alcançará.* Mas quem sabe, isso se tornaria possível se a dogmática jurídica fosse repensada a partir de um novo paradigma. Aliás o livro se constrói no horizonte em que se vislumbra a possibilidade de uma nova ordem dogmática. Nela a tutela penal de animais encontraria naturalmente este novo ponto de chegada da tese como um todo. O autor sabe, desde o início, da condição do direito situado na história e por isso exige, de certo modo, uma ruptura do universo do direito para transformá-lo pela inserção no paradigma analítico-existencial. *Um livro com tão ampla perspectiva dá ao autor um lugar particular de reconhecimento. Desde o começo de sua leitura tínhamos esta expectativa. Certamente este livro não revela apenas singular originalidade, mas se constitui uma convocação para repensar o direito como um todo.*

Porto Alegre, verão de 2017.

*Ernildo Stein*

# Sumário

## Indicações necessárias sobre o caminho teórico que percorremos

Com o desvelamento do fundamento onto-antropológico da tutela penal de animais conseguimos perceber que os animais são "titulares de bens jurídico-penais", portanto são "sujeitos passivos do crime", ou seja, são "vítimas de crimes". Ao longo da investigação, quanto mais percebíamos a complexidade do fenômeno em análise, a tutela penal de animais, mais avistávamos a necessidade de trabalharmos no plano dos fundamentos. Não apenas no plano dos fundamentos jurídico-penais, no plano dos conceitos e das categorias fundamentais da dogmática jurídico-penal, mas, antes, no plano dos fundamentos ontológicos. Com outras palavras: em relação à pergunta da investigação, a *pergunta pela possibilidade de os animais serem titulares de bens jurídico-penais*, quanto mais tentávamos voluntariamente "tapar buracos" (resolver problemas) no nível da dogmática jurídico-penal, mais involuntariamente "cavávamos crateras" (encontrávamos problemas) no nível ontológico.

Ainda que boa parte da investigação tenha se movido num registro de análise ontológica, tratou-se, indiscutivelmente, de uma investigação no âmbito da dogmática jurídico-penal, pois o objeto – por excelência – continuou a ser, até o final, um objeto do direito penal: a tutela penal de animais. O quadro referencial teórico utilizado, um quadro analítico-existencial, que se valeu da fenomenologia hermenêutica heideggeriana, definitivamente em nada distorceu o objeto da investigação.

Observou-se, entretanto, uma alteração na linguagem cotidianamente utilizada no campo da dogmática jurídico-penal. Expressões filosóficas, originariamente desenvolvidas no seio da filosofia existencial, foram – na presente investigação – acolhidas pela reflexão jurídico-penal. Mas não se tratou de um acolhimento qualquer. Tratou-se de uma viva e constante interação entre as duas linguagens dos dois campos teóricos, direito penal e filosofia existencial, que – longe de ser um ornamental recurso estético – foi um modo de trabalhar que se mostrou indispensável. Mostrou-se indispensável frente ao que nos propomos realizar: o desvelamento onto-antropológico da tutela penal de animais. Como poderia a investigação se mover no plano ontológico sem a utilização de uma tal linguagem? Definitivamente não poderia. O desvelamento do fenômeno, nesse especifico contexto, exigia a descrição de realidades que não poderiam ser inteiramente descritas tão somente por meio do repertório linguístico da dogmática jurídico-penal, aquele consagrado pela tradição. Pense-se, por exemplo, no conceito de "mundo dos animais", enquanto condição de possibilidade para o acesso aos entes, e, consequentemente, como condição de possibilidade para o "poder-sofrer", característica ontológica determinante para que o animal possa ser titular dos bens jurídico-penais relacionados à sua fragilidade estrutural. A exclusiva utilização da linguagem puramente dogmática esterilizaria quase que inteiramente a criticidade ontológica da investigação. Portanto, considerando a nossa pretensão teórica, não tínhamos outra opção frente à necessidade da adoção de uma específica linguagem que desse conta da complexidade do fenômeno.

Num tal modo de trabalhar, a citação de autores ganhou um sentido especial. Porém, os autores utilizados não sustentavam a nossa hipótese, muito menos sustentavam a necessidade de se percorrer o caminho que percorremos. Então, na presente investigação, qual o sentido especial que poderia ter a citação de autores? O sentido especial é que os autores citados, juntos, formariam o caminho teórico que se tornou necessário percorrer. Mais especificamente. Formariam um corpo de premissas determinantes. Vejamos três breves exemplos: *(i)* Heidegger nunca escreveu sobre o direito penal, mas a sua obra nos obrigou a repensar os fundamentos do direito penal. Como? Repensando aquele que faz o direito penal: o ser-aí (*Dasein*), o homem; *(ii)* Stein nunca sustentou que a dogmática jurídico-penal seria "ciência procurada" (*episteme zetoumene*), mas abriu o caminho para essa conquista. Como? Ao fazer uma "fenomenologia da fenomenologia", o filósofo nos acenou que se a metafísica é – notadamente, em virtude da "finitude" – "ciência procurada", então necessariamente todo e qualquer conhecimento humano também o é; *(iii)* Faria Costa nunca defendeu que os animais poderiam ser titulares de bens jurídico-penais, porém, a sua obra, sobretudo, a sua teoria onto-antropológica do direito penal, forçou-nos a repensar a tutela penal de animais. Como? Se o crime se dá no rompimento da relação onto-antropológica de cuidado-de-perigo do "eu" para com o "outro", então se mostrou necessário questionar quem seria esse "outro" quando falamos em tutela penal de animais, ou seja, quando falamos nos chamados "crimes contra animais". Com outras palavras: tornou-se imperioso saber quais características, apartadas de qualquer reducionismo *especista*, seriam verdadeiramente necessárias para que um ente possa ser reconhecido como o "outro" da relação.

Portanto, as notas de rodapé da presente investigação – em sua maioria longas e, por que não dizer, exaustivas – consolidam um cimento agregador, que firma o nosso quadro referencial teórico e, por sua vez, permitem a comprovação da hipótese da investigação. Pode-se dizer, então, que as combinações dos diferentes contributos dos inúmeros autores utilizados formaram um caminho que nos permitiu um olhar diferente sobre o fenômeno em análise, ou seja, permitiu-nos desenvolver um elemento novo, a inovação da tese: *o reconhecimento de um fundamento onto-antropológico da tutela penal de animais, de um tal modo que os animais sejam percebidos como sujeitos de uma matricial relação de cuidado-de-perigo e, portanto, sejam titulares de bens jurídico-penais.*

Rejeitamos, assim, *a utilização dogmática da dogmática jurídico-penal*, rejeitamos as fundamentações de vocação onto-teológica, as análises unicamente filológicas e, sobretudo, o uso meramente ornamental da filosofia no direito. Consagramos, por outro lado, a consciência de que a filosofia, em relação aos fenômenos jurídico-penais, não pode saber mais que o direito penal. Mas pode oferecer, a este, recursos para tratar diferentemente os seus objetos, por meio de incursões em outras dimensões de análise, potencializando a sua criticidade ontológica e, em via de consequências, evitando os equívocos ingênuos da autofundamentação do direito penal.

Se é verdade que apenas chegamos ao caminho teórico da investigação graças a um quadro referencial teórico marcado pela interdisciplinaridade, então, em justiça para com a metodologia, somos forçados a reconhecer que o elemento novo da tese, a inovação, deu-se por meio dessa mesma interdisciplinaridade, que permitiu uma nova abordagem de um fenômeno antigo.

Se a hipótese da investigação é verdadeiramente a melhor resposta, dentre tantas possíveis, ao problema colocado, não temos como de plano saber. Porém, podemos reconhecer que a resposta apresentada ao problema da tutela penal de animais é sim – conforme será amplamente demonstrado ao longo de toda a investigação – um caminho possível, razoável e marcado por razões fortes. Agora, depois de concluirmos a investigação, podemos perceber mais claramente, ao final de tudo aquilo que foi desenvolvido, todas as conquistas que a investigação gradualmente assegurou. Podemos, também, perceber algo que talvez seja ainda importante sobre a pretensão de se ter "a resposta" para o problema colocado: se não podemos reconhecer a existência de apenas um caminho, ao menos, não sem cairmos numa redutora e inocente compreensão *onto-teológica* das coisas do direito penal, então somos forçados a reconhecer – uma vez mais, com Heidegger – que "tudo é caminho" (*alles ist Weg*), mantendo a consciência de que nada há fora dessa boa circularidade, a não ser o "absoluto", o filho mais velho da onto-teologia, a tentação maior dos dogmatismos da dogmática.

# Introdução

Os animais são titulares de bens jurídico-penais, ou seja, são sujeitos passivos de crimes, ou, ainda, vítimas de crimes. Essa realidade possui um fundamento que está para além do direito penal. Trata-se de um fundamento metajurídico. Esse fundamento é onto-antropológico. O fundamento onto-antropológico da tutela penal de animais é o solo fenomenológico da proteção jurídica dos animais por meio do direito penal. Trata-se de um fundamento para existência legal dos crimes contra animais. Considerar os animais titulares de bens jurídico-penais é, sobretudo, realizar uma desleitura da tradição dogmática. Herdamos dessa tradição a duvidosa compreensão de que apenas a pessoa, física ou jurídica; o Estado; a coletividade e a humanidade poderiam ser titulares de bens jurídico-penais. A desconstrução (desleitura) dessa concepção necessita do olhar fenomenológico. Torna-se necessário desaprisionar conceitos e categorias, colocando-os em liberdade para uma nova compreensão não mais antropocêntrica-radical. Porém, essa tarefa exige um caminho.

O caminho começa com a *pergunta pela possibilidade de os animais serem titulares de bens jurídico-penais*. O mais espantoso não é a falta, até o momento, de uma resposta à essa pergunta, mas, sim, o fato de ela ainda não ter sido realmente colocada. A tradição dogmática não apenas omitiu a resposta a essa pergunta, como nem ao menos a realizou de modo suficiente, considerando-a supérflua. Não obstante tal descaso, trata-se de uma pergunta privilegiada: é uma pergunta pelas possibilidades do direito penal. Essa pergunta, em última análise, interroga sobre o ser do direito penal, interroga sobre os seus limites. Portanto, se tal pergunta não puder ser a mais importante para a dogmática jurídico-penal, então, ao menos, será determinante para a compreensão do já secular fenômeno da tutela penal de animais. A *pergunta pela possibilidade de os animais serem titulares de bens jurídico-penais* interroga muito mais sobre o homem do que propriamente sobre o animal, despontando a importância de se trabalhar com um fundamento que seja não apenas ontológico, mas também antropológico. A pergunta da investigação interroga muito mais sobre o homem, notadamente, porque é ele que compreende aquele que não pode compreender, é ele quem oferece o "cuidado" e o "não-cuidado" para com o animal.

Por tratar-se de uma pergunta determinante, sua exposição exige o atendimento de algumas condições de método: *(i)* a pergunta necessitará de uma exposição prévia, esclarecendo-se o campo teórico em que será desenvolvida; *(ii)* considerando que simplificações e incompreensões velam a pergunta, precisará ser ela desvelada, ou seja, liberta do aprisionamento causado por uma forma crônica de compreender as coisas do direito penal. Essa forma crônica é manifestada na compreensão antropocêntrica-radical do direito penal. Ela foi canonizada pela tradição dogmática; *(iii)* deverá ser apresentada a estrutura formal da pergunta, ou seja, a explicitação dos conceitos que a compõem; *(iv)* por estar a pergunta umbilicalmente ligada à questão-dos-animais, será necessário, também, apontar a precedência filosófica e dogmática de tal questão.

O fundamento onto-antropológico da tutela penal de animais é um desdobramento do fundamento onto-antropológico do direito penal. O fundamento onto-antropológico do direito penal é uma concepção dogmática que oferece resistência aos funcionalismos jurídico-penais. Mais. Oferece resistência às formas de entificação da dogmática jurídico-penal, oferece resistência à objetificação calculadora. O fundamento onto-antropológico do direito penal, por meio de uma leitura interessada, busca, na analítica existencial de Heidegger, um solo fenomenológico para o direito penal. Na *Sorge* heideggeriana está o seu elemento primeiro, donde decorrerá o fenômeno que Faria Costa vai descrever como a "matricial relação onto-antropológica de cuidado-de-perigo". Trata-se de uma relação de cuidado do "eu" para com o "outro". Essa relação possui o seguinte sentido: cuidando-me cuido do "outro" e cuidando do "outro", também, cuido-me. Porém, a presente investigação interroga: quem seria o "outro" da relação? Somente o humano? Ou, quando atendidas determinadas condições, haveria a possibilidade de o "outro" estar para além do humano? A determinação de quem será reconhecido como o "outro" da relação não poderá estar pautada por delimitações *especistas*, ao contrário, deverá estar pautada por razões fortes. A investigação demonstrará que o animal pode ser reconhecido como o "outro" da relação.

Falar num fundamento onto-antropológico da tutela penal de animais é falar numa "matricial relação onto-antropológica de cuidado-de-perigo" (para-com-os-animais). É a existência dessa relação que confere sentido à tutela penal de animais, donde decorre que se os animais são sujeitos – ainda que unicamente passivos – da relação de cuidado-de-perigo, então poderão ser titulares de bens jurídico-penais. O homem pode oferecer cuidado aos animais por existir uma "matricial relação onto-antropológica de cuidado-de-perigo" (para-com-os-animais). O objeto desse cuidado pode ser tutelado pelo direito penal. O "cuidado" é sempre possibilidade, portanto, também possibilidade é o "não-cuidado". Trata-se de duas possibilidades do livre poder-agir humano: "cuidar" e "não-cuidar". Se nas relações com os animais o "não-cuidado" ocorrer em nível intolerável, como nos casos de crueldade, abuso e maus-tratos, então estaremos frente a um crime contra o animal. A "matricial relação onto-antropológica de cuidado-de-perigo" (para-com-os-animais) existe porque os animais possuem duas características ontológicas essenciais: o "poder-morrer" e o "poder-sofrer".

Essas características nos obrigam a reconhecê-los como seres frágeis, seres de cuidado-de-perigo. Portanto, a morte e o sofrimento são possibilidades constantes não apenas para os seres humanos, mas também para os animais. Apenas o animal pode dividir com o homem essa condição. Por esse motivo, fundamentado – e, também, relacionado – com várias outras razões que serão apresentadas ao longo da investigação, os animais são titulares dos bens jurídico-penais relacionados com a sua fragilidade estrutural, ou seja, relacionados com o seu "poder-morrer" e com o seu "poder-sofrer". O caminho teórico que percorremos para alcançar tais achados é marcado por um quadro referencial teórico filosófico (analítico-existencial). Se é necessário esclarecer que o nosso caminho teórico, sob uma perspectiva dogmática, está assentado no paradigma do bem jurídico, também, é necessário esclarecer que o nosso caminho teórico, sob uma perspectiva filosófica, está assentado numa "ontologia fundamental" heideggeriana, que rejeita *ab initio* os postulados *onto-teológicos* desenvolvidos – de Aristóteles ao idealismo alemão – no âmbito da metafísica, ou seja, rejeita a chamada *bad metaphysics*.

Poderíamos, nós, ter optado por outro caminho teórico? Vale por se dizer: seria possível a escolha de outro quadro referencial teórico para analisar o objeto da investigação? Certamente que sim. Muitos são os caminhos teóricos possíveis. A escolha de um quadro referencial teórico filosófico (analítico-existencial), como o que foi eleito para a presente investigação, não poderia tornar a análise do fenômeno em questão ainda mais complexa e enigmática? Indubitavelmente sim. Porém, não haveria a possibilidade de empreendermos o desvelamento do fenômeno em análise, do modo como nos propomos, sem a utilização de um tal quadro referencial teórico filosófico (analítico-existencial). Por quê? Por duas razões: *(i)* porque nos propomos a empreender uma análise no plano dos fundamentos, mas não somente no plano dos fundamentos jurídico-penais, antes, também, no plano dos fundamentos ontológicos, portanto, pré-jurídicos, que sustentam a compreensão do fenômeno em questão: a tutela penal de animais; *(ii)* porque a análise a que nos propomos empreender – como já afirmamos – diz respeito muito mais ao homem do que propriamente ao animal, ou seja, características ontológicas do homem são muito mais determinantes para a compreensão do fenômeno da tutela penal de animais do que propriamente as características ontológicas do animal, ainda que estas também tenham a sua importância, de tal modo que se tornou indispensável a utilização de uma "imagem de homem" (*Menschenbild*) que não poderia abdicar dos achados da analítica existencial, que, no séc. XX, operaram uma verdadeira revolução na filosofia.

Optamos por utilizar uma determinada "imagem de homem" (*Menschenbild*) – o "ser-aí" (*Dasein*), o ente que somos nós, desenvolvida por Heidegger a partir da analítica existencial – porque, segundo o nosso modo de compreender, trata-se de uma construção teórica suficientemente coerente, fortemente fundamentada e completa dentro dos limites da discursividade filosófica, que além de enobrecer, a partir de uma leitura autêntica, aquilo que a tradição filosófica nos legou, oferece os recursos filosóficos necessários e suficientes para executarmos a tarefa da presente investigação. Com outras palavras: entendemos que o nosso quadro referencial teórico filosófico (analítico-existencial) nos oferece recursos indispensáveis à compreensão do fundamento onto-antropológico da tutela penal de animais, tais como: *(i)* o "cuidado" (*die Sorge*); *(ii)* o "cuidado-para" (*die Fürsorge*); *(iii)* o "ser-com" (*das Mitsein*); *(iv)* a "historicidade" (*die Geschichtlichkeit*). Os referidos recursos, que revelam um modo implacável de filosofar, ganharam forma, sobretudo, a partir da publicação de *Sein und Zeit*, em 1927. Esse modo implacável de filosofar, necessariamente, leva-nos a algum lugar. Leva-nos a um lugar distante do raso, distante da objetificação. Leva-nos às condições de possibilidade. Trata-se de uma região de análise que não poderia ser renunciada pela presente investigação, pois não diz respeito somente à filosofia, antes diz respeito ao conhecimento humano.

Afirmamos, acima, que a escolha de um quadro referencial teórico filosófico (analítico-existencial), como o que foi eleito para a presente investigação, indubitavelmente poderia tornar a análise do fenômeno em questão ainda mais complexa e enigmática. Como solucionar essa dificuldade? Deve-se liberar toda a complexidade e enigmaticidade do fenômeno, desvelando toda a sua obscuridade. Somos forçados a reconhecer, com Heidegger, que "um caminho objetivamente longo pode ser mais curto que um caminho objetivamente muito curto, e que talvez seja uma caminhada difícil e interminavelmente longa" (*Ein 'objektiv' langer Weg kann kürzer sein als ein 'objektiv' sehr kurzer, der vielleicht ein 'schwerer Gang' ist und einem unendlich lang vorkommt* [HEIDEGGER, 2006. p. 106]; [Tradução livre]). Se o caminho teórico que elegemos para a presente investigação pode, ainda que aparentemente, ser considerado "um caminho objetivamente longo", então, não é menos verdade que um tal caminho pode, ao final da caminhada, poupar-nos das ilusões de muitos caminhos teóricos – que poderiam, aparentemente, ser reconhecidos como "objetivamente muito mais curtos" – desprovidos de qualquer criticidade ontológica, que não raramente esbarram nos limites do olhar ingênuo. Vale por se dizer: mais vale um caminho aparentemente longo, mas seguro, a um caminho aparentemente curto, mas temerário, que ao final se revelaria como o mais distante.

Poderia o caminho teórico que elegemos para a investigação transformá-la em uma tese em filosofia? Poderia, se houvesse uma distorção do objeto, mas não é o que se verifica. Trata-se inquestionavelmente de uma tese em dogmática jurídico-penal. O objeto, analisado do início ao fim da investigação, sem distorções, permaneceu sendo um fenômeno da dogmática jurídico-penal. Quanto ao método utilizado, o método fenomenológico, por si só, não possuiria o condão de alterar o campo teórico da investigação, muito embora uma tal utilização resulte em consequências que poderiam gerar um certo estranhamento *prima facie*, especialmente no que diz respeito à linguagem, já que o repertório linguístico utilizado inevitavelmente foge ao padrão estritamente dogmático, abrindo-se necessariamente para conceitos e categorias – e, consequentemente, para "termos técnicos" – originalmente desenvolvidos no seio da filosofia existencial. Não obstante, reitera-se: o objeto da investigação, a tutela penal de animais, definitivamente ancora a tese no âmbito da dogmática jurídico-penal. Por essas razões, ressalta-se que, na presente investigação, na maior parte das vezes, onde há o uso de expressões filosóficas, antes, há a presença da reflexão jurídico-penal.

Explicitaremos o caminho teórico que percorremos para alcançar os achados já referidos, começando com *a pergunta pela possibilidade de os animais serem titulares de bens jurídico-penais*, a pergunta que questiona os limites do direito penal, mas, antes, precisaremos ainda esclarecer algumas questões preambulares de forma.

Optou-se por realizar a tradução livre dos textos originais em língua estrangeira. Em passagens que julgamos de difícil ou discutível tradução, escolheu-se por colacionar o trecho na língua original, ao lado da tradução livre, de modo a possibilitar ao leitor a checagem na passagem para o português.

Considerando a escolha do nosso quadro referencial teórico, como já explicado, umbilicalmente ligado à filosofia, em especial à analítica existencial, para além da utilização do método fenomenológico, optou-se por apresentar, ao final do trabalho, um dicionário de conceitos (Conceitos fundamentais utilizados), de modo a deixar maximamente claro qual é o nosso entendimento sobre os conceitos e categorias utilizados ao longo de toda a investigação, minimizando a possibilidade de dubiedade na compreensão das expressões.

Com o intuito de sistematizar os avanços que a investigação gradativamente assegurar, optou-se por apresentar conclusões parciais, ao final de cada capítulo, que chamaremos de "as conquistas do capítulo".

*Parte Primeira*
*(Prolegomenon)*

# A pergunta pela possibilidade de os animais serem titulares de bens jurídico-penais e o seu solo fenomenológico

"Wer groß denkt, muß groß irren".

Heidegger, *Aus der Erfahrung des Denkens* (1947), p. 17

## 1º Capítulo
## Necessidade, desvelamento, estrutura e precedência da questão-dos-animais

### § 1. A necessidade de uma prévia exposição da pergunta pela possibilidade de os animais serem titulares de bens jurídico-penais

A dogmática jurídico-penal, ao desenvolver a ideia de bem jurídico-penal e estabelecer a quais sujeitos seria reconhecida a condição de titulares, parece ter sido *paralisada* perante o pensamento de Liszt.[1] Uma célebre passagem de sua obra serve como exemplo paradigmático: "*Die durch das Recht geschützten Interessen nennen wir Rechtsgüter, Rechtsgut ist also das rechtlich geschützte Interesse. Alle Rechtsgüter sind Lebensinteressen* [...]".[2] A referida *paralisia* se deu de tal maneira que Duarte Pereira traduziu essa passagem da seguinte forma: "Chamamos bens jurídicos os interesses que o Direito protege. Bem jurídico é, pois, o interesse juridicamente protegido.

[1] Não obstante LISZT não ter sido o criador da ideia de bem jurídico, foi ele – segundo SPORLEDER DE SOUZA – "o primeiro autor a construir um sistema político-criminal legislativo-dogmático crítico em torno da noção de bem jurídico", para além disso, com ele "surge a primeira doutrina material do bem jurídico". (SPORLEDER DE SOUZA, Paulo Vinicius. *Bem jurídico-penal e engenharia genética humana: contributo para a compreensão dos bens jurídicos supra-individuais*. São Paulo: Revista dos Tribunais, 2004. p. 60, 61 e 64). Portanto, pode-se dizer que LISZT foi o primeiro a desenvolver uma perspectiva crítica do bem jurídico, pois na sua construção "o que fundamentalmente está em causa [...] é a problematização da própria legitimidade da norma penal". (COSTA ANDRADE, Manuel da. *Consentimento e acordo em direito penal: contributo para a fundamentação de um paradigma dualista*. Coimbra: Coimbra Editora, 2004. p. 66). A definição de "bem jurídico-penal" que trabalhamos, juntamente com os outros conceitos indispensáveis ao desenvolvimento da investigação, encontra-se, em anexo, ao final do trabalho, no dicionário de conceitos, que chamamos de "Conceitos fundamentais da investigação".

[2] LISZT, Franz von. *Lehrbuch des deutschen Strafrechts*. Berlin: J. Guttentag Verlagsbuchhandlung, 1900. p. 53.

Todos os bens jurídicos são interesses humanos [...]".[3] Observa-se que a expressão alemã "*Lebensinteressen*" foi traduzida por "interesses humanos". Porém, tal expressão significaria apenas *interesses da vida* ou *interesses vitais*. Então, por que motivo justifica-se a opção do referido tradutor? Porque Liszt compreendia o direito dentro de uma exacerbada concepção antropocêntrica-radical.[4] Sustentava que "todo direito existe por vontade dos homens e tem por finalidade a proteção dos interesses da vida humana".[5] Entretanto, Liszt apenas (re)consagrava o antigo brocardo latino: *omne ius hominis causa constitutum*.[6] O problema é que esse modo de compreender as coisas do direito penal adquiriu uma forma canônica na tradição dogmática, uma espécie de *paralisia* que tende a rejeitar liminarmente qualquer espécie de revisão dessa compreensão.[7]

Heidegger[8] sustenta que "o 'movimento' efetivo das ciências ocorre por meio da revisão, mais ou menos radical, dos seus conceitos fundamentais,

---

[3] LISZT, Franz von. *Tratado de direito penal alemão*. Trad. José Higino Duarte Pereira. Campinas: Husserl, 2003. p. 139.

[4] O *antropocentrismo-radical* é um modo de compreender as coisas que coloca o homem como senhor absoluto de todas as formas de vida. Nesse sentido, segundo ARAÚJO, "o antropocentrismo radical aparece como posição extrema, defendendo a exploração, até à exaustão, dos recursos naturais [...]". (ARAÚJO, Joana Raquel Fernandes Quina. Contributo da ética para um uso sustentável dos recursos hídricos. In: CARVALHO, Ana Sofia; OSSWALD, Walter [coord.] *Ensaios de Bioética II*. Lisboa: Instituto de Bioética da Universidade Católica Portuguesa, 2011. p. 4). PERINE, a partir de uma análise filosófica, sustenta que o "antropocentrismo radical [...] é determinante também no campo do direito". (PERINE, Marcelo. A questão do sentido e do sagrado na modernidade. *Veritas: revista de filosofia da PUCRS* v. 59, n. 1, jan.-abr. 2014, p. 174-193. p. 176). O tema será melhor desenvolvido no § 7, "A tarefa de uma desconstrução (desleitura) do antropocentrismo-radical na dogmática jurídico-penal", e, também, no § 13, "Dogmática jurídico-penal e mudança de paradigmas: a tutela penal de animais como caminho para a superação do paradigma antropocêntrico-radical". A expressão "antropocentrismo-radical" é definida no dicionário de conceitos da investigação (Conceitos fundamentais utilizados), apresentado, em anexo, na sequência das conclusões da investigação.

[5] LISZT, Franz von. *Lehrbuch des deutschen Strafrechts*. Berlin: J. Guttentag Verlagsbuchhandlung, 1900. p. 53. (Tradução livre).

[6] LISZT, no seu histórico artigo publicado, em 1888, na ZStW, já fazia referência à ideia contida nesse brocardo, muito embora não o cite em latim. (LISZT, Franz von. Der Begriff des Rechtsgutes im Strafrecht und in der Encyclopädie der Rechtswissenschaft. *Zeitschrift für die gesamte Strafrechtwissenschaft*. Berlin und Leipzig: Verlag von J. Guttentag, 1888. p. 133-156. p. 141).

[7] BLOOM vai chamar essa *paralisia* de "angústia da influência" (BLOOM, Harold. *A angústia da influência: uma teoria da poesia*. 2ª ed. Trad. Marcos Santarrita. Rio de Janeiro: Imago, 2002. p. 23 e 24). STEIN, explicando o referido fenômeno, sustenta que "quando alguém se põe a escrever sobre determinado tema abordado por um antepassado maior, ele está inevitavelmente guiado por um peso do qual não consegue se libertar, isto é, ele está como que hipnotizado pelo autor que o precedeu [...]". O filósofo vai afirmar que essa relação é uma "espécie de ser capturado por um fundo incontrolável". Mais. É como "um cânone que seguimos inconscientemente, ao darmos importância ou autoridade a um texto". (STEIN, Ernildo. *Às voltas com a metafísica e a fenomenologia*. Ijuí: Unijuí, 2014. p. 20).

[8] O chamamento ao pensamento do filósofo, na investigação, justifica-se por diversas razões que se tornarão claras ao longo dos capítulos. Porém, cumpre aqui já expormos – com GIACOIA JUNIOR – argumentos em favor da urgência em "pensar Heidegger" e "pensar com Heidegger". Segundo o referido autor: "a compreensão adequada do mundo atual, com suas crises e seus dilemas, bem como a reflexão sobre o seu futuro problemático, simplesmente não devem abrir mão de um sério enfrentamento com Heidegger". A necessidade de um diálogo com Heidegger está para muito além do campo estritamente filosófico, pois "as contribuições do filósofo espraiam seus efeitos em domínios tão diversos quanto os da epistemologia, da teoria da ciência, da lógica, da filosofia da linguagem, das ciências da natureza, das ciências humanas, da psicanálise e da estética, poderosamente estimuladas, desafiadas e fecundadas pelos questionamentos de Heidegger". (GIACOIA JUNIOR, Oswaldo. *Heidegger Urgente:*

revisão que não é transparente para elas mesmas".[9] Para além disso, "o nível de uma ciência é determinado pela sua capacidade de uma crise nos seus conceitos fundamentais".[10] Trazendo essa reflexão para o campo do direito penal,[11] reconhece-se a importância, ou até mesmo a necessidade, de submeter a dogmática jurídico-penal a uma crise de seus conceitos fundamentais, questionando suas certezas, a exemplo do paradigma antropocêntrico-radical em que está assentada a compreensão da titularidade de bens jurídico-penais.[12]

---

*introdução a um novo pensar*. São Paulo: Três Estrelas, 2013. p. 44 e 45). Para HEINEMANN, a filosofia de HEIDEGGER, com a sua reflexão sobre o ser, é relevante e necessária para o pensamento jurídico. (HEINEMANN, Walter. *Die Relevanz der Philosophie Martin Heideggers für das Rechtsdenken*. [Inaugural Dissertation] Freiburg: Albert-Ludwigs-Universität zu Freiburg im Breisgau, 1970. p. 50).

[9] HEIDEGGER, Martin. *Sein und Zeit*. 19ª ed. Tübingen: Max Niemeyer Verlag, 2006 [1ª ed. em 1927]. p. 9. (Tradução livre).

[10] HEIDEGGER, Martin. *Sein und Zeit*. Tübingen: Max Niemeyer Verlag, 2006. p. 9. (Tradução livre).

[11] FARIA COSTA fala em um "constante fluir" do direito penal, que – ao nosso sentir – vai ao encontro daquilo que HEIDEGGER chama de "o efetivo movimento das ciências". Para FARIA COSTA, "o direito penal, tal como qualquer outro ramo do multiversum jurídico, nunca deixou de se transformar", pois "sempre os conteúdos se alteraram e alterarão ao longo dos tempos, da mesma forma que não ficaram nem ficarão estáticos os modos de perspectivar e compreender o direito. [...] É, pois, este constante fluir que tem que ser percebido, não como algo degenerativo que torne a ciência do direito penal insusceptível de apreensão e captação metódicas, mas, ao invés, como um dado em relação ao qual devem ser afeiçoados os instrumentos de análise e compreensão". (FARIA COSTA, José de. *O perigo em direito penal: contributo para a sua fundamentação e compreensão dogmáticas*. Coimbra: Coimbra Editora, 2000. p. 179 e 180). Vale por se dizer: a "mutabilidade" é uma virtude e não um vício do direito penal. Ele, irremediavelmente, é "ciência procurada" (*episteme zetoumene*), jamais concluída, um campo permanentemente aberto à historicidade. D'AVILA, embora utilizando outra terminologia, corrobora a ideia de que o direito penal seria "ciência procurada" (*episteme zetoumene*). Na primeira página de sua tese doutoral, sustenta que o direito penal possui a condição de "ciência aberta", compreendendo-a como "meritória condição". (D'AVILA, Fabio Roberto. *Ofensividade e crimes omissivos próprios: contributo à compreensão do crime como ofensa ao bem jurídico*. Coimbra: Coimbra Editora, 2005. p. 15). O tema, em análise, será aprofundado no § 11, "O direito penal e a abertura à 'historicidade' (*Geschichtlichkeit*): dogmática jurídico-penal como 'ciência procurada' (*episteme zetoumene*)". A expressão "ciência procurada" é definida no dicionário de conceitos da investigação (Conceitos fundamentais utilizados).

[12] Importante para a compreensão do exercício fenomenológico que propomos são as palavras de STEIN e, consequentemente, um clareamento preambular sobre o que seria a fenomenologia. Ao discorrer sobre HEIDEGGER, STEIN afirma que "o filósofo simplesmente convocava a humanidade, naturalmente por meio de seus filósofos, a abandonar a ideia de qualquer tipo de pensamento absoluto ou ligado a respostas que trouxessem um fundamento definitivo. Ele simplesmente lembrou que, também na Filosofia, era preciso acolher aquela mesma impotência que qualquer conhecimento humano experimenta mediante um simples exame de suas próprias condições". Aqui a "impotência" referida deve ser compreendida no horizonte da finitude, pois a finitude não é apenas finitude da existência, mas é também finitude do conhecimento, finitude da compreensão. (STEIN, Ernildo. *Às voltas com a metafísica e a fenomenologia*. Ijuí: Unijuí, 2014. p. 86 e 87). Esse modo de compreender as coisas traz a ideia central da fenomenologia, o método escolhido para a presente investigação: "a fenomenologia não terá [...] a função de descrever o que se manifesta, mas de desvelar aquilo que por si vem oculto". (STEIN, Ernildo. *Introdução ao pensamento de Martin Heidegger*. Porto Alegre: Edipucrs, 2011. p. 54 e 55). Nesse contexto, a fenomenologia é "uma direção que, uma vez encetada, leva-nos a fazer as boas perguntas". (STEIN, Ernildo. *Às voltas com a metafísica e a fenomenologia*. Ijuí: Unijuí, 2014. p. 91). Devemos, também, ter em mente que um dos componentes fundamentais do método fenomenológico é a "destruição". A destruição é "uma desconstrução crítica dos conceitos tradicionais que precisam por ora ser necessariamente utilizados", e "a construção da filosofia é necessariamente destruição, ou seja, uma desconstrução do que foi legado, realizada em meio a um retrocesso historiológico à tradição". (HEIDEGGER, Martin. *Die Grundprobleme der Phänomenologie*. [Gesamtausgabe, Band n. 24]. Frankfurt am Main: Vittorio Klostermann, 1989. p. 31). (Tradução livre). O tema será melhor desenvolvido no § 9, "O método fenomenológico da investigação". A expressão "fenomenologia" está definida no dicionário de conceitos da investigação (Conceitos fundamentais utilizados).

Estariam, hoje, claramente delineados os limites dogmáticos para a determinação da titularidade de bens jurídico-penais? Poder-se-ia sustentar a certeza quanto à imutabilidade do rol de titulares hoje reconhecidos? Parece-nos que a resposta, às duas questões colocadas, deve ser negativa. Herdamos da tradição dogmática a compreensão de que a titularidade de bens jurídico-penais estaria reservada às pessoas, físicas e jurídicas, ao Estado, à coletividade e à humanidade.[13] Porém, essa mesma tradição dogmática reconheceu o já secular *crime de crueldade contra animais* (*Tierquälerei*),[14/15] entrando inevitavelmente em aporia.[16]

Se é reconhecida – com o atendimento aos requisitos, indispensáveis, atinentes à dignidade penal e carência de tutela penal – a existência secular do *crime de crueldade contra animais*, ao mesmo tempo, não estando claramente delineados os limites dogmáticos para a determinação da titularidade de bens jurídico-penais, nem podendo-se sustentar a certeza quanto à imutabilidade do rol de titulares, então surge a necessidade de se expor uma pergunta. Porém, essa não é uma pergunta qualquer. Ela diz respeito à *manutenção* ou *superação* do paradigma no qual está imersa a dogmática

---

[13] Nesse sentido, pode-se referir, por todos, ROCCO. (ROCCO, Arturo. *L'oggetto del reato e della tutela giuridica penale: contributo alle teorie generali del reato e della pena*. Milano: Fratelli Bocca Editori, 1913. p. 559).

[14] HAEBERLIN, Carl Franz Wilhelm Jérôme. *Grundsätze des Criminalrechts: Nach den neuen deutschen Strafgesetzbüchern*. Leipzig: Friedrich Fleischer Verlag, 1848. p. 319 e 320.

[15] A primeira legislação penal a tipificar o crime de crueldade contra animais (*Tierquälerei*), que se tem notícia, foi a chamada "Land", da Saxônia, de 1838. Tal criminalização é verificada em seu art. 310. (ELSTER, Alexander; LINGEMANN, Heinrich. *Handwörterbuch der Kriminologie und der anderen Strafrechtlichen Hilfswissenschaften*. Berlin: Gruyter, 1998. p. 78). Já a primeira proibição de crueldade contra animais, em âmbito não penal, que se tem notícia, foi o *Martin's Act*, de 1822. A legislação tinha por finalidade proibir atos de crueldade, abuso ou maus-tratos contra animais de grande porte, a exemplo de bois, cavalos e burros. A prisão, de até três meses, era prevista, somente, na hipótese de inadimplemento da sanção pecuniária, em virtude de não se tratar de uma lei penal. (GRÃ-BRETANHA. Act to Prevent the Cruel and Improper Treatment of Cattle 22d July 1822. *Statutes of the United Kingdom of Great Britain and Ireland, 3 George IV*. London, 1822. p. 403-405).

[16] Entra em aporia porque o seguinte silogismo não é verdadeiro: (a) a função do direito penal, por meio da criminalização de condutas, seria a exclusiva tutela subsidiária de bens jurídicos, os bens da vida; (b) os bens jurídicos seriam bens da vida humana, indispensáveis ao convívio social, portanto a titularidade de tais bens estaria centrada no humano; (c) logo, o crime de crueldade contra animais visaria à tutela de um bem jurídico ligado ao humano, como, por exemplo, o "sentimento de piedade". Surgem as seguintes questões: *(i)* Na esteira da interrogação de PITZ, o crime de crueldade contra animais não seria, verdadeiramente, contra animais, mas sim contra humanos? Mesmo que quem sofra os atos de crueldade seja o animal? (PITZ, Norbert. *Das Delikt der Tierquälerei Tierschutz, oder Gefühlsschutz*. [Inaugural Dissertation]. Köln: Universität zu Köln, 1929).; *(ii)* O "sentimento de piedade" poderia ser um bem jurídico legitimo de tutela?; *(iii)* Na esteira da interrogação de HÖRNLE, o direito penal poderia tutelar sentimentos sem incorrer num flagrante problema de legitimidade, ou seja, haveria um espaço de legitimidade para o chamado "crime de proteção de sentimentos" (*Gefühlsschutzdelikt*)? (HÖRNLE, Tatjana. Der Schutz von Gefühlen im StGB. In: HEFENDEHL, Roland; HIRSCH, Andrew von; WOHLERS, Wolfgang (Orgs.). *Die Rechtsgutstheorie: Legitimationsbasis des Strafrechts oder dogmatisches Glasperlenspiel?* Baden-Baden: Nomos Verlagsgesellschaft, 2003. p. 268-270); *(iv)* Para resolver o problema, poder-se-ia abolir o tipo penal, ou seja, descriminalizar a crueldade contra animais, mesmo frente ao atendimento dos indispensáveis requisitos atinentes à dignidade penal e carência de tutela? A aporia parece inevitável. Essa aporia pode, também, ser lida como manifestação de "anacronismo" e "impotência". D'AVILA utiliza essas duas expressões para fazer referência a um "chamamento" ao direito penal, que "questiona o seu efetivo papel" e "convida ao redimensionamento de sua tarefa". (D'AVILA, Fabio Roberto. *Ofensividade e crimes omissivos próprios: contributo à compreensão do crime como ofensa ao bem jurídico*. Coimbra: Coimbra Editora, 2005. p. 30).

jurídico-penal: o *paradigma antropocêntrico-radical*. Trata-se da pergunta que questiona a forma canônica assumida pelo antropocentrismo-radical na dogmática jurídico-penal: *a pergunta pela possibilidade de os animais serem titulares de bens jurídico-penais*.[17]

Entretanto, cumpre clarificar o sentido dessa pergunta. Perguntar pela possibilidade de os animais serem titulares de bens jurídico-penais é perguntar pelos limites de um direito penal liberal, que ambiciona ser "barreira intransponível da política criminal" (*unübersteigbare Schranke der Kriminalpolitik*),[18] é questionar as possibilidades de sua função.[19]

Porém, à *pergunta pela possibilidade de os animais serem titulares de bens jurídico-penais* não falta apenas uma resposta, falta o esclarecimento das condições de possibilidade da própria pergunta. Ocorre que tal pergunta está velada por inúmeras camadas de incompreensões e simplificações que necessitam ser pontualmente superadas. Só assim a pergunta poderá ser desvelada, ou seja, só assim poderá ser realizada de modo suficiente. A explicitação de tais incompreensões e simplificações retira obscuridades da pergunta e oferece uma direção.

Não obstante o nosso tempo contar com um crescente movimento de proteção dos animais,[20] as certezas da tradição dogmática, no sentido de

---

[17] A necessidade da *pergunta pela possibilidade de os animais serem titulares de bens jurídico-penais* revela aquilo que D'AVILA vai chamar, noutro registro de análise, de "esgotamento explicativo de critérios jurídicos tradicionais", fazendo-se surgir uma demanda por "estudos que propiciem um já indispensável aprimoramento". (D'AVILA, Fabio Roberto. O direito e a legislação penal brasileiros no séc. XXI: entre a normatividade e a política criminal. In: GAUER, Ruth Maria Chittó (Org.). *Criminologia e sistemas jurídico-penais contemporâneos*. 2ª ed. Porto Alegre: Edipucrs, 2012. p. 261). Esse "aprimoramento", ao nosso juízo, diz respeito, sobretudo, ao desvelamento dos fundamentos não discutidos, em princípio.

[18] LISZT, Franz von. *Strafrechtliche: Aufsätze und Vorträge*. Berlin: J. Guttentag Verlagsbuchhandlung, 1905. p. 80. LISZT expõe uma visão que se projeta para o futuro, ao desenvolver sua ideia de direito penal como "barreira intransponível" (*unübersteigbare Schranke*), pois sustenta que assim ele é "e deverá permanecer" (*und soll das bleiben*). (LISZT, Franz von. *Strafrechtliche: Aufsätze und Vorträge*. Tomo II. Berlin: J. Guttentag Verlagsbuchhandlung, 1905. p. 80). Não obstante discordarmos do antropocentrismo-radical em que se move a compreensão de LISZT, não temos como dispensar os seus incontáveis contributos à dogmática jurídico-penal, a exemplo do argumento supramencionado, sobre a limitação da política criminal no âmbito da "ciência conjunta do direito penal" (*gesamte Strafrechtswissenschaft*).

[19] Sobre a *função do direito penal* vale lembrar o pensamento de FARIA COSTA: "a função do direito penal é a de proteger bens jurídicos. Hoje é uma realidade indesmentível que a função primeira do direito penal é a de defender ou proteger bens jurídicos que tenham dignidade penal". É necessário, para os intuitos da investigação, já agora, registrar a abertura à historicidade operada pelo autor: "[...] convém ter presente que o entendimento do que seja um bem jurídico com dignidade penal – isto é, um bem jurídico que mereça a proteção do direito penal – insere-se no desenvolvimento teórico da doutrina do bem jurídico-penal que, muito embora esteja, nos tempos que passam, relativamente estabilizada, havendo, por isso, nela grandes espaços de consenso, não pode nem deve ser apreciada sem o sentido da relatividade histórica". (FARIA COSTA, José de. *Noções Fundamentais de Direito Penal: Fragmenta Iuris Poenalis*. 2ª ed. Coimbra: Coimbra Editora, 2009. p. 23). Portanto, em última análise, a *função do direito penal* está em direta relação com a historicidade. No mesmo sentido, está o pensamento de ROCCO, ao afirmar que "a necessidade cria a tutela, e, com a mudança dos interesses, muda o número e a forma dos bens jurídicos" (ROCCO, Arturo. *L'oggetto del reato e della tutela giuridica penale: contributo alle teorie generali del reato e della pena*. Milano: Fratelli Bocca Editori, 1913. p. 156). (Tradução livre).

[20] Especialmente a partir da década de setenta do séc. XX, a proteção dos animais foi colocada no panteão das grandes questões, notadamente, por meio de três obras paradigmáticas. A inspiração para a primeira, das três obras, nasceu de um movimento chamado *Animal Liberation*, que buscava, literalmente, a libertação de todos os animais. Esse foi o nome dado à obra escrita por SINGER e publicada no

uma indubitável natureza antropocêntrica-radical do direito penal,[21] conferiram o caráter de supérfluo à *pergunta pela possibilidade de os animais serem titulares de bens jurídico-penais.*[22] Mais que isso, referendaram sua omissão. Porém, a referida pergunta diz respeito ao *ser do direito penal,*[23] ao que ele efetivamente é, aos limites do seu alcance.[24] Trivializar tal pergunta é fadar

---

ano de 1974. Em 1979, foi JONAS, discípulo de HEIDEGGER, quem contribuiu com o movimento de proteção dos animais, por meio da obra *Das Prinzip Verantwortung*, sustentando a necessidade de uma "ética da responsabilidade". Tal ética trataria da responsabilidade do homem para com todos os seres vivos, incluindo suas gerações futuras. Em 1983, REGAN publica a obra que se tornaria um verdadeiro manifesto em favor do reconhecimento de direitos dos animais, intitulada *The Case for Animal Rights.* (FEIJÓ, Anamaria. *Utilização de animais na investigação e docência: uma reflexão ética necessária.* Porto Alegre: Edipucrs, 2005. p. 18; LOURENÇO, Daniel Braga. *Direito dos animais: fundamentação e novas perspectivas.* Porto Alegre: Sergio Antonio Fabris Editor, 2008. p. 422). Também merece referência, no contexto do crescente movimento de proteção dos animais, aquele que talvez seja o mais importante diploma legal, de caráter internacional, sobre o tema: a *Declaração Universal dos Direitos dos Animais*, aprovada pela UNESCO em 1978. (RAMOS, José Luís Bonifácio. O animal: coisa ou tertium genus? *O Direito*, ano 141°, 2009, V, p. 1071-1104. Coimbra: Almedina. p. 1085).

[21] Eis um exemplo das *certezas da tradição dogmática*, no sentido de uma indubitável natureza antropocêntrica-radical do direito penal, conforme sustenta FIGUEIREDO DIAS: "Claro que também os bens jurídicos colectivos só existem *por causa do homem* de acordo com o antiquíssimo brocardo latino *omme ius hominis causa constitutum*". (FIGUEIREDO DIAS, Jorge de. *Direito Penal: parte geral.* [1ª edição brasileira; 2ª edição portuguesa]. São Paulo: Editora Revista do Tribunais; Coimbra: Coimbra Editora, 2007. p. 147).

[22] Se os animais forem considerados "simples coisas", que existem "essencialmente para o ser humano", que pode os "usar, fruir e destruir", então para que perguntar pela *possibilidade de os animais serem titulares de bens jurídico-penais*? Nesse sentido está o pensamento de RODRIGUES: "Os animais são coisas, e as coisas podem ser objecto de relações jurídicas, onde assista autonomia dos titulares dos respectivos direitos. Usar, fruir e destruir. [...] Todas as coisas são essencialmente para o ser humano. [...] Os animais são simples coisas. Em princípio, a crueldade da morte de uma coisa não me impressiona. [...] É condição do animal aviário viver em cativeiro, engordar rapidamente e morrer em momento anterior ao da sua expectativa de vida. É condição do animal do laboratório sofrer os testes de experimentação das drogas convenientes à saúde humana. [...] A (sobre)vivência e(ou) a necessidade justificaram a brutalidade [...]". (RODRIGUES, João Vaz. Animais: que direitos? *Boletim da Ordem dos Advogados* [Portugal], n. 27, jul/ago, 2003. p. 64-66).

[23] No caminho da questão sobre o *ser do direito penal* vale recordarmos o pensamento de HEINEMANN, que sustenta: "A pergunta fundamental para todo o esforço jurídico-filosófico é a pergunta pelo ser do direito". (HEINEMANN, Walter. *Die Relevanz der Philosophie Martin Heideggers für das Rechtsdenken.* [Inaugural Dissertation] Freiburg: Albert-Ludwigs-Universität zu Freiburg im Breisgau, 1970. p. 50). (Tradução livre). Para MAIHOFER: "Direito e ser, desse modo, não estão divididos em 'mundos' separados um do outro, [...] o direito está em direta referência ao ser". (MAIHOFER, Werner. *Recht und Sein: Prolegomena zu einer Rechtsontologie.* Frankfurt am Main: Vittorio Klostermann, 1954. p. 125). (Tradução livre).

[24] O contributo de FARIA COSTA, neste momento da investigação, mostra-se necessário e suficiente para o presente intuito. O que rigorosamente seria o direito penal? O autor sustenta que "o direito penal, enquanto conjunto de normas de proibição das mais desvaliosas de todas as condutas, é conatural ao nosso mais profundo modo-de-ser com os outros. [...] A dimensão humana só tem o limite da historicidade. O crime e a pena são *essentialia* do nosso viver comunitário, mas não são absolutos a-históricos. São, como aliás todo o humano, realidades que vivem em mutação constante dentro da própria história e que são por ela moldadas ou conformadas. [...] É a proibição o elemento diferenciador e constitutivo da comunidade humana". Sem a proibição, "o 'eu' não seria capaz de se encontrar identitariamente na diferença do 'outro'", fazendo com que a proibição penal seja "um elemento tão essencial" ao ponto de ser "impossível conceber uma sociedade humana sem a sua presença". (FARIA COSTA, José de. *Noções Fundamentais de Direito Penal: Fragmenta Iuris Poenalis.* 2ª ed. Coimbra: Coimbra Editora, 2009. p. 15 e 16). FARIA COSTA, em outro texto, afirma que o direito penal "não é uma mera abstração dos juristas, e que por isso não é mera técnica, mas antes manifestação do nosso mais profundo modo-de-ser com os outros, simultaneamente limite e fundamento do 'eu' com o 'outro' e por aí, de igual jeito, fundamento e limite de todo o poder socialmente organizado". (FARIA COSTA, José de. *Linhas de direito penal e de filosofia: alguns cruzamentos reflexivos.* Coimbra: Coimbra Editora, 2005. p. 76).

a dogmática jurídico-penal à impossibilidade de rever seus conceitos fundamentais, é torná-la incapaz de uma crise nos seus conceitos fundamentais.[25]

## § 2. O desvelamento da pergunta pela possibilidade de os animais serem titulares de bens jurídico-penais: a superação de incompreensões e simplificações

Devemos, agora, enfrentar pontualmente as principais incompreensões e simplificações, responsáveis por aparentes obscuridades e falta de direção da pergunta, oferecendo-se um esclarecimento preliminar sobre o que "não é" a pergunta da investigação.

### *a) A pergunta pela possibilidade de os animais serem titulares de bens jurídico-penais não é uma pergunta pela possibilidade de os animais serem sujeitos de direitos*

A pergunta pela possibilidade de os animais serem titulares de bens jurídico-penais é bem menos ousada que a pergunta pela possibilidade de os animais serem sujeitos de direitos.[26] A proteção dos animais, por meio do direito penal, não é uma novidade. Ela existe de longa data não apenas em âmbito teórico, enquanto construção filosófica ou ideal a ser seguido, mas

---

[25] Mais que isso, trivializar tal pergunta é absolutizar *uma forma* – como única forma – de ver as coisas do direito penal, obturando a evolução da dogmática jurídico-penal, canonizando os "antiquíssimos brocardos latinos" e impossibilitando qualquer aproximação de um olhar fenomenológico. Trivializar a *pergunta pela possibilidade de os animais serem titulares de bens jurídico-penais* é negar a *compreensão da finitude*, cedendo às tentações da pseudossegurança oferecida por uma *compreensão onto-teológica* do direito penal. Tais palavras ainda se fazem necessárias, pois a tradição dogmática parece ainda não ter constatado "o fracasso na insistência de que há um absoluto que tudo fecha e responde". (STEIN, Ernildo. *Às voltas com a metafísica e a fenomenologia*. Ijuí: Unijuí, 2014. p. 92). HEIDEGGER utiliza essa expressão ao sustentar que "a metafísica [da tradição filosófica] é onto-teo-logia (*Onto-Theo-Logie*)". (HEIDEGGER, Martin. *Identität und Differenz*. [Gesamtausgabe, Band n. 11]. Frankfurt am Main: Vittorio Klostermann, 2006. p. 63). (Tradução livre). Aqui devemos compreender a *onto-teologia* como o modo aristotélico de ver as coisas do mundo, no primeiro caminho de sua Metafísica, por meio da explicação de um absoluto, "o motor imóvel", que move sem ser movido, "estabelecendo uma unidade entre ontologia e teologia". Essa ideia foi utilizada, posteriormente, na idade média para corroborar a existência de um Deus (*Teo*) que seria a fonte de tudo. (STEIN, Ernildo. *Às voltas com a metafísica e a fenomenologia*. Ijuí: Unijuí, 2014. p. 12 e 59). Portanto, a *onto-teologia* anda *pari passu* com a necessidade de uma resposta absoluta. Uma compreensão *onto-teológica* do direito penal, inegavelmente, seria uma compreensão que está à procura de "respostas finais", absolutas e imutáveis por assim dizer. Esse tema, lembra-se, será desenvolvido com mais detalhes no § 11, "O direito penal e a abertura à 'historicidade' (*Geschichtlichkeit*): dogmática jurídico-penal como 'ciência procurada' (*episteme zetoumene*)".

[26] SALKOWSKI, no ano de 1911, coloca a pergunta pela possibilidade de os animais serem sujeitos de direitos: "o animal possui direitos (?)". (*Hat das Tier Rechte?*). Porém, o próprio autor reconhece que "a resposta é difícil". (*die Beantwortung ist schwer*). (SALKOWSKI, Georg. *Der Tierschutz im geltenden und zukünftigen Strafrecht des In-und Auslandes: Dogmatisch und kritisch dargestellt*. Borna-Leipzig: Buchdrukkerei Robert Noske, 1911. p. 94). (Tradução livre). KLENK, já em 1902, também, sem grandes avanços no que diz respeito à resposta, expõe "a pergunta pelos direitos dos animais". (*die Frage nach dem Rechte der Tiere*). (KLENK, Philipp. *Tierquälerei und Sittlichkeit*. Langensalza: Verlag von Hermann Beyer & Söhne, 1902. p. 54). (Tradução livre).

também em âmbito legislativo, por meio da positivação em tipos penais.[27] Ao contrário dos direitos dos animais, que possuem sua antiguidade apenas em âmbito teórico, no ideal de filósofos como Bentham.[28]

Reconhecer *direitos aos animais* exige uma *desleitura*,[29] da teoria geral do direito, muito mais radical que a *desleitura*, da dogmática jurídico-penal, exigida pelo reconhecimento da *titularidade de bens jurídico-penais aos animais*. No reconhecimento de direitos aos animais, observam-se dificuldades teóricas expressivas, tais como: *(i)* se os animais fossem sujeitos de direitos, portanto, *sujeitos* de relações jurídicas, então não poderiam ao mesmo tempo ser *objeto* de relações jurídicas, logo não poderiam ser comercializados, resultando num evidente problema; *(ii)* se os animais fossem sujeitos de direitos, então: *(a)* ou possuiriam direito à vida, assumindo-se toda a problemática desse reconhecimento; *(b)* ou não possuiriam direito à vida, resultando numa grande incoerência, pois seriam sujeitos de direitos não possuidores do mais básico dos direitos, a vida. Reconhecendo-se o direito à vida, porém, poderia ser criado um problema, talvez, ainda maior: a necessidade de uma demasiada intervenção estatal na liberdade individual, pois teria o Estado – em certa medida – que proibir ou restringir o consumo de carne, em razão da consagração de tal direito. Entretanto, a maioria da população alimenta-se de carne, da carne de animais.[30] Então, tal proibição seria de duvidosa conformação ao paradigma constitucional vigente nos Estados Democráticos de Direito.

---

[27] Conforme exposto na noda de rodapé nº 15, o primeiro tipo penal de crueldade contra animais (*Tierquälerei*), que se tem notícia, positivado na legislação chamada *Land*, da Saxônia, surge no ano de 1838.

[28] Até mesmo na atualidade, não obstante a existência da *Declaração Universal de Direitos dos Animais*, referida na noda de rodapé nº 20, desconhece-se legislação que reconheça direitos aos animais, em virtude de uma série de problemas, teóricos e práticos, que serão apresentados na sequência. Entretanto, observa-se – em algumas vozes isoladas da doutrina – um esforço para reconhecer uma realidade inexistente, interpretando-se toda e qualquer legislação sobre proteção de animais como se reconhecimento de direitos fosse. Ver, por todos, CASTRO (CASTRO, João Marcos Adede y. *Direito dos animais na legislação brasileira*. Porto Alegre: Sergio Antonio Fabris Editor, 2006). Portanto, se hoje há dificuldades, quase que insuperáveis, no reconhecimento de direitos aos animais, ainda com mais razão, desconhece-se o reconhecimento de tais direitos em períodos anteriores. O que não significa a inexistência de ideias e ideais, de direitos dos animais, em âmbito filosófico. Podemos referir, como um exemplo já clássico, BENTHAM, que – em sua obra *An introduction to the principles of morals and legislation*, de 1780 – esboça aquela que talvez seja a primeira tentativa de afirmação de direitos dos animais. (BENTHAM, Jeremy. *An introduction to the principles of morals and legislation*. New York: Halfner Publishing Company, 1973). A referida obra, segundo STÖRIG, seria o principal trabalho de BENTHAM. (STÖRIG, Hans Joachim. *Kleine Weltgeschichte der Wissenschaft. Band II*. Frankfurt am Main: Fischer Taschenbuch Verlag, 1982. p. 36).

[29] A "desleitura", aqui referida, nada mais é que a revisão de um *modo crônico de pensar* que tomou uma forma canônica, mais que consagrada, petrificada pela tradição. Segundo STEIN, "a desleitura não é apenas um ato de escolha e decisão, mas faz parte de uma criatividade que tem pela frente o texto que pretende interpretar ou superar por meio de outro texto, à procura de uma relação original que ele pretende estabelecer com a vantagem, na sua condição de ser tardio, posterior, e, desse modo, tendo a iniciativa para ou um direcionamento ou uma segunda visão ou uma reestimativa e reavaliação". (STEIN, Ernildo. *Às voltas com a metafísica e a fenomenologia*. Ijuí: Unijuí, 2014. p. 16). BLOOM relaciona a "desleitura" com o "revisionismo", definindo-o como "um redirecionamento ou uma segunda visão, que leva a uma reestimativa ou uma reavaliação". (BLOOM, Harold. *Um mapa da desleitura*. Trad. Thelma Médici Nóbrega. Rio de Janeiro: Imago Editora, 1995. p. 16).

[30] SINGER, Peter. *Animal Liberation: The definitive classic of the animal movement*. New York: HarperCollins Publishers, 2009. p. 95.

Não há dúvida de que para os animais serem titulares de bens jurídico-penais não necessitam ser sujeitos de direitos,[31] pois de há muito que o crime não é concebido como violação de um direito subjetivo, como queria Feuerbach com a ideia da violação de um "âmbito da vida" (*Lebenskreis*).[32] Desde Birnbaum o crime é concebido como ofensa a valores objetivos, vale dizer, ofensa a um bem, não sendo necessário, para os intuitos da presente investigação, resgatar aqui os fundamentos dessa pacífica compreensão.[33/34]

O que importa, sim, é a clareza de princípio na distinção entre *sujeito de direito* e *titular de bens jurídico-penais*:[35]

*(i) ser-sujeito-de-direitos* é ser sujeito nas relações jurídicas em sentido amplo, para além do direito penal, possuindo a capacidade – ainda que meramente potencial – de contrair obrigações. O sujeito de direitos pode ser titular dos mais variados direitos, tutelados pelos diversos ramos do direito;[36]

---

[31] SALKOWSKI corrobora essa ideia, ainda que indiretamente, quando defende que "entre direito subjetivo e interesse há uma grande diferença". (*zwischen subjektivem Recht und Interesse ist ein grosser Unterschied*). (SALKOWSKI, Georg. *Der Tierschutz im geltenden und zukünftigen Strafrecht des In-und Auslandes: Dogmatisch und kritisch dargestellt*. Borna-Leipzig: Buchdruckerei Robert Noske, 1911. p. 17). (Tradução livre).

[32] Para FEUERBACH, "comete um crime quem fere a liberdade garantida pelo direito penal" (§ 21). O autor revela sua concepção de "crime como violação de um direito subjetivo", sustentando que "cada pena aplicada pelo estado é a consequência jurídica de uma lei justificada pela necessidade de manter os direitos alheios" (§ 19). (FEUERBACH, Anselm Ritter von. *Lehrbuch des gemeinen in Deutschland gültigen peinlichen Rechts*. 5ª ed. Giessen: Georg Friedrich Heyer, 1812. p. 21 e 23). (Tradução livre). FEUERBACH resgatava, muito fortemente, uma ideia desenvolvida por KANT, o "princípio universal do direito" (*Allgemeines Prinzip des Rechts*): "toda ação é justa quando puder coexistir com a liberdade de todos de acordo com uma lei universal, ou quando na sua máxima a liberdade de escolha de cada um puder coexistir com a liberdade de todos de acordo com uma lei universal". (KANT, Immanuel. *Die Metaphysik der Sitten*. Frankfurt am Main: Suhrkamp Taschenbuch Verlag, 1993. p. 337). (Tradução livre). PIEPER, em investigação no campo da filosofia jurídico-penal, analisa o "princípio universal do direito", em duas perspectivas: *(i)* concordância com uma lei universal de liberdade; *(ii)* concordância com a sua máxima. Para o autor, "o direito exige, portanto, a concordância da ação com 'uma lei universal de liberdade [...]'". Por outro lado, no que diz respeito à "realização da máxima" (*Maxime mache*), há apenas "uma exigência da ética, não do direito" (*eine Forderung der Ethik, nicht des Rechts*). (PIEPER, Hans-Joaquim. Das Problem der Todesstrafe. In: BUSCHE, Hubertus; SCHMITT, Anton. *Kant als Bezugspunkt philosophischen Denkens*. Würzburg: Verlag Königshausen & Neumann, 2010. p. 156). (Tradução livre).

[33] BIRNBAUM, Johann Michael Franz. Ueber das Erfordernis einer Rechtsverletzung zum Begriffe des Verbrechen mit besonderer Rücksicht auf den Begriff der Ehrenkränkung. *Archiv des Criminalrechts*. Neue Folge, 1834. p. 149-194.

[34] Registre-se, aqui, que não somos contrários aos animais serem reconhecidos como sujeitos de direito. Porém, a pergunta da investigação passa ao largo dessa discussão. Reconhecer os animais como sujeitos de direito não é o mesmo que reconhecê-los como titulares de bens jurídico-penais. Trata-se de dois distintos quadrantes da realidade jurídica.

[35] O conceito que vamos chamar de "ser-titular-de-bem-jurídico-penal" será desenvolvido no § 3, "A estrutura formal da pergunta pela possibilidade de os animais serem titulares de bens jurídico-penais: por uma circunscrição provisória do conceito de 'ser-titular-de-bem-jurídico-penal'". A expressão "ser-titular-de-bem-jurídico-penal'" é definida, também, no dicionário de conceitos da investigação (Conceitos fundamentais utilizados).

[36] ROXIN, enfrentando o tema da tutela penal de animais, vai ao encontro da nossa compreensão, quando sustenta não haver a necessidade de os animais possuírem "direitos subjetivos" para receberem proteção do direito penal, já que "um bem jurídico não pressupõe necessariamente uma lesão de um direito subjetivo [...]". (ROXIN, Claus. O conceito de bem jurídico como padrão crítico da norma penal posto à prova. Trad. Susana Aires de Sousa. Rev. Jorge de Figueiredo Dias. *Revista Portuguesa de Ciência*

*(ii) ser-titular-de-bem-jurídico-penal* é ser titular de um "valor" (*Wert*), ou de um "interesse-da-vida" (*Lebensinteresse*), indispensável ao convívio comunitário, é ser o *a-quem* mais *interessa* a proteção desse *valor*. *Ser-titular-de-bem-jurídico-penal* diz respeito, especificamente, à titularidade de um *valor, ou interesse, superior em magnitude*, ou seja, um valor, ou interesse, tão especial que vem a ser tutelado pelo mais gravoso ramo do direito, aquele que é *ultima ratio*, o direito penal.[37] *Ser-titular-de-bem-jurídico-penal* não pressupõe o *ser-sujeito-de-direitos*. O titular de bens jurídico-penais não pode ser simples "coisa" (*res*), mas, também, não necessita ser sujeito de direito, pode ser *tertium genus*.[38]

Portanto, enquanto falarmos em sujeito de direitos estaremos nos referindo à titularidade de direitos, nos mais diversos graus de relevância, além da capacidade – ainda que meramente potencial – de contrair obrigações. Porém, quando falarmos em titularidade de um bem jurídico-penal não estaremos nos referindo à titularidade de um valor qualquer, mas, sim, à titularidade de um valor especial, de tal modo que, sob uma perspectiva dogmática, a relevante ofensa a esse valor transforma o titular do bem jurídico-penal em *sujeito passivo do crime*,[39] ou, em *vítima do crime*, sob uma perspectiva criminológica.[40]

No que diz respeito à possibilidade de os animais serem titulares de bens jurídico-penais, à diferença da possibilidade de os animais serem sujeitos de direitos, os desafios teóricos são outros, ao nosso sentir, mais modestos. Identificamos dois principais desafios, duas questões que se projetam a partir da pergunta fundamental: *a pergunta pela possibilidade de os animais serem titulares de bens jurídico-penais*. São elas: *(i) quanto aos sujeitos* (animais):

---

*Criminal*, nº XXIII, 2013, p. 1-37. p. 21 e 22). Torna-se necessário ressaltar que nem todas as "coisas do direito" são redutíveis a uma compreensão extensiva: *a maiori, ad minus*. Por tal razão, o argumento de que "se é possível o 'mais', então é possível o 'menos'" não prospera, quando analisamos esse específico quadrante da realidade jurídica. Reconhecer os animais como titulares de bens jurídico-penais não permite a imediata conclusão de que seriam, também, sujeitos de direito.

[37] REALE JÚNIOR sustenta que "[...] o recurso à intervenção penal cabe apenas quando indispensável, em virtude de que tem o Direito Penal caráter subsidiário, devendo constituir *ultima ratio* e, por isso, ser fragmentário". (REALE JÚNIOR, Miguel. *Instituições de direito penal: parte geral*. 4ª ed. Rio de Janeiro: Forense, 2013. p. 25).

[38] Nem todas as categorias jurídicas são passíveis de classificações dualistas. Tal realidade é confirmada quando nos debruçamos sobre a classificação jurídica dos animais. O animal pode não ser "sujeito de direitos", mas também não é "coisa" (*res*), sendo, portanto, classificado como *tertium genus*.

[39] Ver, por todos, VISCO e ROCCO. (VISCO, Antonio. *Il Soggetto passivo del reato nel diritto sostantivo e processuale*. Roma: Il Nuovo Diritto, 1933; ROCCO, Arturo. *L'oggetto del reato e della tutela giuridica penale: contributo alle teorie generali del reato e della pena*. Milano: Fratelli Bocca Editori, 1913. p. 9).

[40] Ver, por todos, MOREIRA FILHO. (MOREIRA FILHO, Guaracy. *O papel da vítima na gênese do delito*. São Paulo: Jurídica Brasileira, 1999). Em recente decisão, nos Estados Unidos, proferida pela Suprema Corte do Estado de Oregon, os animais foram reconhecidos como "vítimas de crimes". No relatório da decisão, consta que o problema do caso em análise "gira em torno da questão de saber se os animais são 'vítimas'"(*turns on the question whether animals are "victims"*), concluindo-se que "os animais podem ser vítimas" (*animals can be victims*). (Supreme Court of The State of Oregon. *State of Oregon V Arnold Weldon Nix* [CC CRH090155; CA A145386; SC S060875]. August 7, 2014. p. 779). Essa decisão será analisada no § 31, "Análise de caso: a confirmação da hipótese da investigação por meio de um testemunho jurisprudencial".

quais animais poderiam ser titulares de bens jurídico-penais?;[41] *(ii) quanto ao objeto*: quais bens jurídico-penais poderiam ser titularizados pelos animais?[42] Pode-se dizer que essas duas questões surgem a partir da resposta à questão fundamental, apresentando-se, em verdade, como consequências normativas. O enfrentamento das duas referidas questões se dará no último capítulo da segunda secção da investigação.[43]

### *b) A pergunta pela possibilidade de os animais serem titulares de bens jurídico-penais não é uma pergunta pela possibilidade de a natureza em geral ser titular de bens jurídico-penais*

A pergunta pela possibilidade de os animais serem titulares de bens jurídico-penais, assim como na comparação anterior, é bem menos ousada que a pergunta pela possibilidade de a natureza em geral ser titular de bens jurídico-penais. Essa assertiva justifica-se por uma razão simples: a superior complexidade dos animais em relação aos demais componentes do meio ambiente. O meio ambiente (natural) é composto por elementos bióticos e abióticos. Os elementos bióticos são flora e fauna. A flora é um conjunto de vegetais. A fauna é uma coletividade de animais. Já os elementos abióticos são água, ar e terra.[44] Observa-se que, dentre todos os referidos elementos, somente os animais possuem uma supremacia de sensibilidade, verdadeira capacidade de sofrimento (senciência), manifestação de sua superior complexidade.[45] Os elementos abióticos sequer possuem sensibilidade alguma. Porém, mesmo no outro elemento biótico, a flora, enfrenta-se grande dificuldade na identificação de sensibilidade, capacidade de sofrimento. De todo modo, é um fato irrefutável a verificação de sistema nervoso em animais (vertebrados), mas não em vegetais.[46]

A superior complexidade dos animais justifica a maior razoabilidade em serem reconhecidos como titulares de bens jurídico-penais. Tomando

---

[41] A identificação de quais animais poderiam ser tutelados pelo direito penal, portanto, quais animais poderiam ser titulares de bens jurídico-penais, é uma indispensável delimitação em favor da segurança jurídica. Essa identificação será realizada no § 29, "Quais animais podem ser titulares de bens jurídico-penais e quais bens jurídico-penais podem ser titularizados pelos animais?".

[42] A elucidação dos bens jurídico-penais tutelados, nos chamados crimes contra animais, permite um necessário refinamento na compreensão da tutela penal de animais. Se a função do direito penal é a tutela subsidiária de bens jurídicos, então torna-se necessário saber: para a tutela de qual bem jurídico, nesse caso, o direito penal está sendo chamado (?). Essa elucidação será melhor desenvolvida, também, no § 29 da investigação.

[43] O referido capítulo é intitulado "As consequências normativas da possibilidade de os animais serem titulares de bens jurídico-penais".

[44] SPORLEDER DE SOUZA, Paulo Vinicius. O meio ambiente (natural) como sujeito passivo dos crimes ambientais. In: D'AVILA, Fabio Roberto, SPORLEDER DE SOUZA, Paulo Vinicius (Orgs.). *Direito penal secundário: estudos sobre crimes econômicos ambientais, informáticos e outras questões*. São Paulo: Revista dos Tribunais, 2006. p. 247.

[45] D'AGOSTINO, di Francesco. I diritti degli animali. *Rivista internazionale di filosofia del diritto*, Gennaio/Marzo, IV. Serie LXXI, Milano: Giuffrè Editore, 1994. p. 84 e 85.

[46] FEIJÓ, Anamaria. *Utilização de animais na investigação e docência: uma reflexão ética necessária*. Porto Alegre: Edipucrs, 2005. p. 63.

como premissa o esclarecimento dessa distinção, torna-se bem mais difícil sustentar que vegetais – ou mesmo elementos abióticos, como água, ar ou terra – possam ser titulares de bens jurídico-penais.[47]

A distinção, por meio daquilo que aqui chamamos de *complexidade*, é antes uma distinção sobre *ter-mundo*. Torna-se inevitável, já nesse momento da investigação, o chamamento – ainda que preambular – da reflexão heideggeriana sobre a relação entre *mundo*, *pedra*, *animal* e *homem*. Heidegger sustenta a tese de que "a pedra é sem-mundo, o animal é pobre de mundo e o homem é formador de mundo".[48] Tal distinção, entre "o reino de três entes do planeta",[49] é realizada não no intuito de afirmar a superioridade dos seres humanos em relação aos animais, mas, sim, para estabelecer o conceito de "mundo" (*Welt*).[50] Porém, nesse exercício fenomenológico é desvelada a "animalidade do animal", demonstrando-se que este possui um mundo, portanto, possui *um especial modo de ter algum acesso aos entes*, por meio dos sentidos.[51] O que interessa para a investigação, no momento, é que o animal – para além do ser humano – é o único ente que possui, de um modo especial, por meio dos sentidos, alguma forma de acesso aos demais entes. Ainda que se possa argumentar que os vegetais, também, poderiam possuir algum modo de acesso aos entes, como, por exemplo, na realização da fotossíntese, indubitável é a sua limitação frente ao modo-de-ser do

[47] Não obstante o nosso posicionamento, quanto à dificuldade de se reconhecer a titularidade de bens jurídico-penais em vegetais ou mesmo em elementos abióticos, registra-se a existência de vozes em sentido contrário. Por todos, SPORLEDER DE SOUZA, que defende a titularidade de bens jurídico-penais por parte do meio ambiente (natural). (SPORLEDER DE SOUZA, Paulo Vinicius. O meio ambiente (natural) como sujeito passivo dos crimes ambientais. In: D'AVILA, Fabio Roberto, SPORLEDER DE SOUZA, Paulo Vinicius (Org.). *Direito penal secundário: estudos sobre crimes econômicos ambientais, informáticos e outras questões*. São Paulo: Revista dos Tribunais, 2006. p. 245-280).

[48] HEIDEGGER, Martin. *Os conceitos fundamentais da metafísica: mundo, finitude, solidão*. Trad. Marco Antônio Casanova. 2ª ed. Rio de Janeiro: Forense Universitária, 2011. p. 230.

[49] STEIN, Ernildo. *Pensar é pensar a diferença: filosofia e conhecimento empírico*. 2ª ed. Ijuí: *Unijuí*, 2006. p. 120.

[50] STEIN, analisando o modo como HEIDEGGER utiliza o termo "mundo" na obra *Os conceitos fundamentais da metafísica*, afirma que "ao utilizar o conceito de mundo para introduzir uma diferença entre o reino de três entes do planeta, o uso do conceito de mundo pressupõe toda a análise estrutural realizada em Ser e Tempo. O fundamental, nessa análise, consistia em mostrar a ambiguidade do conceito de mundo [...]". (STEIN, Ernildo. *Pensar é pensar a diferença: filosofia e conhecimento empírico*. Ijuí: Unijuí, 2006. p. 120 e 121). Vale por se dizer: o homem é "formador de mundo" porque "ele instaura o sentido". Desse modo, "'mundo' passa a adquirir uma qualidade fundamental, de ser a dimensão que, ao mesmo tempo que recebe o ser humano, enquanto ser no mundo, dele recebe, por sua vez, a sua dimensão de sentido". (STEIN, Ernildo. *Antropologia filosófica: questões epistemológicas*. Ijuí: Unijuí, 2010. p. 15).

[51] É claro que o animal possui acesso ao ente, mas não ao ente enquanto ente, pois lhe falta a dimensão de sentido. AGAMBEN, corroborando essa compreensão, sustenta que nos enganamos ao imaginar que "as relações que um determinado sujeito animal mantém com as coisas de seu ambiente" teriam lugar no "mesmo espaço e no mesmo tempo daquelas que o ligam aos objetos de nosso mundo humano". O fundamento dessa ilusão estaria na crença da existência de "um único mundo no qual se situariam todos os seres viventes". Portanto, deve-se perceber que – entre os seres viventes – há uma diferença de mundo. (AGAMBEN, Giorgio. *O aberto: o homem e o animal*. Trad. Pedro Mendes. Rio de Janeiro: Civilização Brasileira, 2013. p. 69). Esse tema será desenvolvido, com mais verticalidade, no § 6, "A tarefa de uma (breve incursão numa) analítica ôntico-ontológica dos animais", e, também, no § 17, "Pobres de mundo, mas possuidores de mundo".

animal, que lhe permite *um especial modo de ter algum acesso aos entes*, por meio dos sentidos: visão, audição, olfato, tato e paladar.[52]

Somos levados à conclusão de que o animal é o ente privilegiado do meio ambiente (natural). A sua constituição existenciária, que lhe permite alguma forma de acesso aos entes, permite-lhe sofrer. Porém, se o sofrimento vier a ocorrer na sua – e pela sua – relação com o ser humano, em nível intolerável, então o direito deverá socorrê-lo. Sendo ou não pobre o seu mundo,[53] continuará a ter mundo, com as fragilidade e vulnerabilidades que lhe são próprias, em verdade ainda maiores que as do homem, já que este – ao contrário dos animais – é "formador de mundo" (*weltbildend*).[54]

### c) *A pergunta pela possibilidade de os animais serem titulares de bens jurídico-penais não é uma pergunta sobre o direito penal ambiental (stricto sensu)*

A *pergunta pela possibilidade de os animais serem titulares de bens jurídico--penais* não é uma pergunta sobre o direito penal ambiental (*stricto sensu*), pois está ancorada noutro âmbito de intervenção. Faz-se necessária a diferenciação entre *tutela penal de animais* e *tutela penal do meio ambiente.*

A dogmática jurídico-penal, em algumas de suas correntes, engana-se facilmente ao considerar que: *(i)* se há *tutela penal da fauna*, então necessariamente há *tutela penal de animais*, ou, *(ii)* se há *tutela penal de animais*, então necessariamente há *tutela penal da fauna*, pois – afinal de contas – a fauna é composta por animais. Esse olhar não consegue perceber a distinção entre

---

[52] JONAS, estabelecendo as distinções entre "vida animal" e "vida vegetal", defende que "três características diferenciam a vida dos animais da vida das plantas: mobilidade, percepção, sensibilidade". Para o autor, "a ligação entre movimento e percepção é necessária". Para além disso, sustenta que "a referência real ao mundo somente surge com o desenvolvimento de sentidos específicos, de estruturas motoras definidas e de um sistema nervoso central". (JONAS, Hans. *Das Prinzip Leben: Ansätze zu einer philosophischen Biologie*. Frankfurt am Main; Leipzig: Insel Verlag, 1994. p. 184). (Tradução livre).

[53] A referida problemática, sobre a pobreza do mundo dos animais, será analisada, como já referido, no § 17, "Pobres de mundo, mas possuidores de mundo". Vale registrar, entretanto, que as expressões "mundo dos animais" e "pobreza de mundo" estão definidas no dicionário de conceitos da investigação (Conceitos fundamentais utilizados).

[54] As fragilidades e vulnerabilidades dos animais poderiam ser consideradas ainda maiores que as do homem. A ausência do "elemento da compreensão", a "dimensão de sentido", faz com que os animais estejam especialmente sujeitos à dominação nas relações com os seres humanos. Ser "formador de mundo" (*weltbildend*), possuir o "elemento da compreensão", permite ao homem dominar os demais entes viventes. Essa relação de domínio, com o desenvolvimento da técnica, torna-se crescente. Sobre a questão da técnica, ver, por todos, RÜDIGER. (RÜDIGER, Francisco. *Martin Heidegger e a questão da técnica: prospectos acerca do futuro do homem*. Porto Alegre: Sulina, 2006). A relação de domínio do homem sobre o animal – domínio do "formador de mundo" (*weltbildend*) sobre o "pobre de mundo" (*weltarm*) – é o *locus* onde pode ocorrer o sofrimento desnecessário em nível intolerável. A possibilidade desse sofrimento implica o chamamento da sua proteção. Descreveremos ontologicamente esse fenômeno, da propensão de o animal ser dominado pelo homem, como o "poder-ser-dominado". Tratar-se-ia de um dos três elementos que compõem a ontológica fragilidade estrutural dos animais: "poder-morrer", "poder-sofrer" e "poder-ser-dominado". O tema será aprofundado no § 18, "O 'ser-animal' como 'ser--frágil' e o seu 'poder-ser-dominado': a terceira fragilidade estrutural dos animais". Destaca-se que a expressão "poder-ser-dominado" está definida no dicionário de conceitos da investigação (Conceitos fundamentais utilizados).

o *animal individualmente considerado* e a *coletividade de animais* (fauna).[55] Há aí uma diferença essencial no que diz respeito ao *caráter instrumental da tutela*. A tutela penal do meio ambiente tem um indiscutível – ainda que possa ser não exclusivo – caráter instrumental para o ser humano. A tutela do meio ambiente é realizada em dois seguimentos: tutela da flora e da fauna. Busca-se a preservação do *equilíbrio ecológico* por meio de tal tutela. Portanto, se há a tutela da flora e da fauna, então há a tutela do *equilíbrio ecológico*. Se a Constituição Federal brasileira elevou o *equilíbrio ecológico* ao *status* de condição necessária para a *sadia qualidade de vida*, e esta, por sua vez, foi positivada como um *direito fundamental*, então torna-se notório o caráter instrumental da tutela penal do meio ambiente, ainda que tal tutela – vale repetir – possa não se esgotar na referida instrumentalidade.[56] [57]

A tutela penal de animais, porém, está muito distante do caráter instrumental. Não está relacionada ao equilíbrio ecológico, portanto, não está relacionada à sadia qualidade de vida (humana). Nem mesmo diz respeito à proteção do meio ambiente (natural).[58] A tutela penal de animais é, em boa parte das vezes, tutela penal de *animais fora do seu habitat natural*, é tutela penal de animais domésticos e/ou domesticados, notadamente utilizados: *(i) na ciência*: em experimentações científicas; *(ii) na religião*: em sacrifícios religiosos; *(iii) no entretenimento*: em rinhas, em esportes, em espetáculos circenses, em companhia pessoal. Portanto, há uma diferença – que não é sutil – entre o caminho para a *pergunta pela possibilidade de os animais serem*

---

[55] Dentre os inúmeros autores que sustentam essa compreensão, destaca-se, aqui, por todos: SIRVINSKAS, MARCÃO, FIORILLO E CONTE. O primeiro deles, SIRVINSKAS, sustenta que – no crime de crueldade contra animais (art. 32 da Lei nº 9.605/98) – o bem jurídico tutelado seria "a preservação do patrimônio natural" (SIRVINSKAS, Luis Paulo. *Tutela penal do meio ambiente*. São Paulo: Saraiva, 2011. p. 179). Para MARCÃO, na mesma hipótese, o bem jurídico tutelado seria "a proteção do meio ambiente". (MARCÃO, Renato. *Crimes ambientais: anotações e interpretação jurisprudencial da parte criminal da Lei n. 9.605, de 12-2-1998*. São Paulo: Saraiva, 2011. p. 81). Já para FIORILLO e CONTE, o bem jurídico tutelado, igualmente na mesma hipótese, seria "a preservação do meio ambiente". (FIORILLO, Celso Antonio Pacheco; CONTE, Christiany Pegorari. *Crimes ambientais*. São Paulo: Saraiva. p. 2012. p. 129).

[56] Conforme o art. 225, *caput*, da Constituição Federal brasileira: "Todos têm direito ao meio ambiente ecologicamente equilibrado, bem de uso comum do povo e essencial à sadia qualidade de vida [...]". KRELL, comentando o referido dispositivo, sustenta que "a inserção da fórmula 'qualidade de vida' no *caput* do art. 225 relaciona o direito ao ambiente à saúde física e psíquica e ao bem-estar espiritual do ser humano". (KRELL, Andreas Joachim. Comentário ao artigo 225. In: CANOTILHO, José Joaquim Gomes; MENDES, Gilmar Ferreira; SARLET, Ingo Wolfgang; STRECK, Lenio Luiz. [Coords.]. *Comentários à Constituição do Brasil*. São Paulo: Saraiva/Almedina, 2013. p. 2080).

[57] SPORLEDER DE SOUZA defende a existência de uma "cotitularidade" dos bens jurídicos na tutela penal do meio ambiente. Para o autor, o meio ambiente seria "titular de bens jurídicos supra-individuais autônomos" e "co-titular ou co-portador de certos bens jurídicos supra-individuais difusos", pois a titularidade seria "compartilhada com outros dois sujeitos passivos, a coletividade e a humanidade". (SPORLEDER DE SOUZA, Paulo Vinicius. O meio ambiente (natural) como sujeito passivo dos crimes ambientais. In: D'AVILA, Fabio Roberto, SPORLEDER DE SOUZA, Paulo Vinicius (Orgs.). *Direito penal secundário: estudos sobre crimes econômicos ambientais, informáticos e outras questões*. São Paulo: Revista dos Tribunais, 2006. p. 273 e 274).

[58] GRECO sustenta que "só se pode admitir [...] que existe um delito de crueldade com animais, porque a proteção de animais não é proteção do meio ambiente". (GRECO, Luís. Proteção de bens jurídicos e crueldade com animais. *Revista Liberdades*, nº 3, jan/abr, 2010. p. 47-59. p. 53).

*titulares de bens jurídico-penais* e o caminho para as perguntas sobre o direito penal ambiental (*stricto sensu*).

### *d) A pergunta pela possibilidade de os animais serem titulares de bens jurídico-penais não é uma pergunta pela possibilidade de igualdade entre homem e animal*

A discussão sobre a possibilidade de igualdade entre homem e animal está na pauta dos desafios contemporâneos da ética, mais especificamente da *Animal Ethics*, destacando-se o pensamento de Singer. O autor defende a igualdade entre homens e animais,[59] argumentando que não haveria uma razão moral para justificar a diferença, mas apenas o que ele vai chamar de *especismo*.[60] Singer fundamenta a sua construção teórica na *capacidade de sofrimento* e no *interesse em não-sofrer*, sustentando que tais características teriam o condão de projetar os animais para a condição de *sujeitos de uma comunidade moral*, ou seja, conferindo-lhes o *status moral*.[61] Porém, o autor deixa-se levar por um argumento falacioso: o argumento que *presume* a igualdade da capacidade de sofrimento entre homens e animais. Esse argumento é manifestado no que o autor vai chamar de *princípio da igual consideração de interesses*.[62] Singer oferece importantes contributos à doutrina da proteção dos animais, tais como a valorização da *capacidade de sofrimento* e a exaltação do *interesse*, enquanto condição para ser sujeito de uma comunidade moral, mas incorre num grave erro argumentativo ao se valer de uma presunção – desacompanhada de razões fortes – para sustentar uma *pseudoigualdade* entre homens e animais.

Entretanto, a *pergunta pela possibilidade de os animais serem titulares de bens jurídico-penais* passa ao largo dessa discussão. Ela prescinde da concep-

---

[59] SINGER sustenta que "o argumento para estender o princípio de igualdade além da nossa espécie é simples", pois "esse princípio implica que a nossa preocupação com os outros não deve depender de como são, ou das aptidões que possuem", o que resultaria na impossibilidade de explorar os seres não pertencentes à "nossa espécie", já que o fato de "os outros animais serem menos inteligentes do que nós" não nos autorizaria a "deixar de levar em conta os seus interesses". (SINGER, Peter. *Ética Prática*. Trad. Jefferson Luiz Camargo. São Paulo: Martins Fontes, 2002. p. 66).

[60] O "especismo" é explicado, por SINGER, com o seguinte argumento: "os racistas violam o princípio de igualdade ao darem maior importância aos interesses dos membros de sua raça sempre que se verifica um choque entre os seus interesses e os interesses dos que pertencem a outra raça. [...] Da mesma forma, aqueles que eu 'chamaria de especistas' atribuem maior peso aos interesses dos membros da sua própria espécie [...]". Em última análise, o autor compreende o "especismo" como uma violação ao princípio de igualdade. (SINGER, Peter. *Ética Prática*. Trad. Jefferson Luiz Camargo. São Paulo: Martins Fontes, 2002. p. 68). O termo "especismo" está definido no dicionário de conceitos da investigação (Conceitos fundamentais utilizados).

[61] Para o autor, "se um ser sofre, não pode haver nenhuma justificativa de ordem moral para nos recusarmos a levar esse sofrimento em consideração. Seja qual for a natureza do ser, o princípio de igualdade exige que o sofrimento seja levado em conta em termos de igualdade com o sofrimento semelhante". Desse modo, se um ser sofre, então ele tem *interesse* em *não-sofrer*. (SINGER, Peter. *Ética Prática*. Trad. Jefferson Luiz Camargo. São Paulo: Martins Fontes, 2002. p. 67).

[62] A "igual consideração de interesses" tem por pressuposto que "a dor e o sofrimento são coisas más e, independentemente da raça, do sexo ou da espécie do ser que sofre, devem ser evitados ou mitigados". (SINGER, Peter. *Ética Prática*. Trad. Jefferson Luiz Camargo. São Paulo: Martins Fontes, 2002. p. 71).

ção de *igualdade entre homem e animal*. Não é uma pergunta sobre igualdade. É, sim, uma pergunta sobre a superação do paradigma antropocêntrico-radical na dogmática jurídico-penal, ainda que se reconheça uma *diferença* abissal entre os dois entes, homem e animal, uma *diferença* de mundo. Porém, a *diferença* não é um obstáculo, mas, antes, um elemento constitutivo da pergunta. A pergunta, quando é colocada, é colocada a partir de uma pré-compreensão dessa *diferença*. A *diferença* é uma premissa. Na *diferença*, e pela *diferença*, percebemos que os animais são seres mais frágeis. São seres que estão sujeitos ao *perigo*,[63] assim como os seres humanos, mas em um nível de vulnerabilidade ainda maior. Os animais são dominados nas relações com os seres humanos.[64] Essa é uma afirmação particularmente evidente quando falamos em animais domésticos e domesticados. Nessa relação de dominação, os animais estão sujeitos à vontade dos seres humanos. Estes podem lhe causar o sofrimento desnecessário em nível intolerável, surgindo o chamamento à sua proteção. A mesma *diferença* que permite a relação de poder, do homem sobre o animal, faz com que esse poder seja um *poder-dever*, um *poder-dever-de-responsabilidade* do homem para com o animal, responsabilidade de não causar-lhe sofrimento desnecessário, responsabilidade em respeitar a fragilidade contida na *diferença*.[65]

---

[63] Torna-se oportuno, já agora, lançarmos luzes sobre um ponto a ser desenvolvido na segunda secção da investigação: a relação entre "perigo" e "cuidado". Para tanto, valemo-nos do pensamento de D'AVILA. O autor assevera que uma comunidade humana se constrói no seio de perigos, concluindo-se que "o perigo e o cuidado são, nesta perspectiva, nada mais que dimensões da mesma realidade". Seria "no perigo e pelo perigo que o cuidado" encontraria "a sua razão de ser", sendo, portanto, "cuidado-de-perigo". (D'AVILA, Fabio Roberto. Ontologismo e ilícito penal. Algumas linhas para uma fundamentação onto-antropológica do direito penal. In: SCHMIDT, Andrei Zenkner (Org.). *Novos rumos do direito penal contemporâneo: livro em homenagem ao Prof. Dr. Cezar Roberto Bitencourt*. Rio de Janeiro: Lumen Juris, 2006. p. 265). Falaremos, mais adiante, numa relação de "cuidado-de-perigo (para-com-os-animais)". Esse tema será desenvolvido no § 23, "A confirmação da 'relação entre homem e animal como ser-com' a partir de um testemunho pré-ontológico e a matricial relação de cuidado-de-perigo (para-com-os-animais)". Destaca-se, porém, que a expressão – criada por FARIA COSTA – "relação onto-antropológica de cuidado-de-perigo" está definida no dicionário de conceitos da investigação (Conceitos fundamentais utilizados).

[64] O tema será aprofundado no § 18, "O 'ser-animal' como 'ser-frágil' e o seu 'poder-ser-dominado': a terceira fragilidade estrutural dos animais".

[65] JONAS, ao tratar da responsabilidade, sustenta que – em algum momento – todos os homens, ainda que em âmbito parental, experimentam o "cuidado-para" (*Fürsorge*). O autor defende, também, que "apenas o ser vivo (*Lebendige*), em sua carencialidade (*Bedürftigkeit*) e fragilidade (*Bedrohtheit*) – e por isso, em princípio, todos os seres vivos –, pode ser objeto da responsabilidade". Observa-se que JONAS, dentro do seu horizonte de compreensão, não trata apenas da responsabilidade do "homem" pelo "homem", mas também do "homem" pelo "ser vivo". (JONAS, Hans. *Das Prinzip Verantwortung: Versuch einer Ethik für die technologische Zivilisation*. Berlin: Suhrkamp, 1984. p. 185). (Tradução livre). JAKOB, ao desenvolver análise sobre a obra de JONAS, a partir de uma comparação com a obra de HEIDEGGER, defende que "embora Jonas tenha falhado no objetivo de uma ética operacionalizável para a civilização tecnológica (*operationalisierbaren Ethik für die technologische Zivilisation*), o seu princípio da responsabilidade claramente está um passo além das reflexões éticas de Heidegger". (JAKOB, Eric. *Martin Heidegger und Hans Jonas: Die Metaphysik der Subjektivität und die Krise der technologischen Zivilisation*. Tübingen; Basel: Francke, 1996. p. 353). (Tradução livre). Não compartilhamos, inteiramente, do posicionamento de JAKOB, mas somos forçados a reconhecer a inegável importância dos achados de JONAS, no campo da ética.

*e) A pergunta pela possibilidade de os animais serem titulares de bens jurídico-penais não é uma pergunta pela possibilidade de um direito penal moralizador*

O direito penal é *ultima ratio* e jamais poderia ser utilizado como instrumento para a moralização de indivíduos.[66] O direito penal não deve buscar virtuosos, mas sim – dentre outras coisas – oferecer limite ao Leviatã.[67] Toda e qualquer forma de compreender o direito penal dentro de uma perspectiva moralizadora é inquestionavelmente descabida, devendo ser extirpada.[68] Porém, a *pergunta pela possibilidade de os animais serem titulares de bens jurídico-penais* está absolutamente distante de toda e qualquer forma de moralização por meio do direito penal, pois não pretende tornar os homens melhores, mas apenas refinar a compreensão da tutela penal de animais.

Ideias jurídico-penais, por vezes, são distorcidas em nome de abomináveis ideais. Esse, infelizmente, foi o caso de algumas ideias relacionadas à tutela penal de animais. No *nacional-socialismo*, a existência do crime de crueldade contra animais (*Tierquälerei*) foi usada como argumento em favor da moralização por meio do direito penal. Essa ideia possuiu certa longevidade, pois no projeto da reforma de 1962 – do Código Penal alemão – o crime de crueldade contra animais foi inserido no capítulo dos "crimes contra a ordem moral".[69]

---

[66] Falar na "moralização de indivíduos", por meio do direito penal, é algo que inevitavelmente nos arremessa ao período pré-iluminista. Período histórico em que confundia-se "crime" e "pecado". O ilícito penal era compreendido dentro de uma "dimensão acentuadamente teológica". Somente com a separação entre Estado e Igreja foi possível a distinção entre "crime" e "pecado". D'AVILA sustenta que a partir dessa separação, "à igreja competiriam o pecado, a maldade, os vícios, enfim, o homem em suas dimensões interna e externa", enquanto que "ao Estado, por outro lado, sem qualquer pretensão de interferir no modo de ser humano, na sua postura interior ou no seu modo de pensar, competiriam as intervenções do homem no mundo". (D'AVILA, Fabio Roberto. O modelo de crime como ofensa ao bem jurídico. Elementos para a legitimação do direito penal secundário. In: D'AVILA, Fabio Roberto, SPORLEDER DE SOUZA, Paulo Vinicius (Org.). *Direito penal secundário: estudos sobre crimes econômicos ambientais, informáticos e outras questões*. São Paulo: Revista dos Tribunais, 2006. p. 74 e 75). ROXIN, no mesmo caminho teórico, vai defender que cabe "ao Estado a tarefa de assegurar uma convivência livre e pacífica sob a égide dos direitos humanos", porém, "a tarefa de tutelar os cidadãos em sentido moral, religioso, ideológico ou apenas paternalista, ao contrário, não lhe foi repassada pelo detentor do poder estatal (o povo)" (ROXIN, Claus. Fundamentos Político-criminais e dogmáticos do direito penal. Trad. Alaor Leite. *RBCCrim*, 112 (2015), ano 23, Jan/Fev, p. 33-39. p. 34).

[67] LISZT, Franz von. *Strafrechtliche: Aufsätze und Vorträge*. Tomo II. Berlin: J. Guttentag Verlagsbuchhandlung, 1905. p. 60.

[68] Torna-se necessário, ainda hoje, lembrarmos o pensamento de BECCARIA, contrário a toda e qualquer forma de moralização por meio do direito penal: "a única e verdadeira medida dos delitos é o dano provocado à nação" (*l'unica e vera misura dei delitti è il danno fato alla nazione*). (BECCARIA, Cesare. *Dei delitti e delle pene*. Milano: Feltrinelli Editore, 2009. p. 46). (Tradução livre).

[69] GRECO, Luís. Proteção de bens jurídicos e crueldade com animais. *Revista Liberdades*, nº 3, jan/abr, 2010. p. 47-59. p. 49. D'AVILA, ao tratar do ordenamento jurídico-penal alemão vigente no nacional-socialismo, assevera que "a sociedade representada no Estado substitui o espaço antes ocupado pelo homem, e o centro do direito penal é ocupado por conceitos como fidelidade e obediência. E, neste abandono do particular em prol da coletividade, a noção de liberdade individual transmuta-se em deveres morais para com a comunidade". Fala-se na existência de um "ordenamento jurídico destacadamente ético", marcado, principalmente, pela "noção de violação do dever" e pela "obediência ao Estado". (D'AVILA, Fabio Roberto. O inimigo no direito penal contemporâneo. Algumas reflexões so-

Considerar os "crimes contra animais", a exemplo do crime de crueldade contra animais, como mera imoralidade ou como *crime de proteção de sentimentos* (*Gefühlsschutzdelikt*) é compreender ingenuamente o problema. Porém, a miopia antropocêntrica-radical não permite um olhar para além do raso. A *questão-dos-animais* está para muito além de um mero binômio moralidade-imoralidade, ou de uma questão sobre sentimentos, ela diz respeito a uma compreensão existencial, a ser analisada ao longo da investigação.

Essa compreensão nos leva a questionar: o que é *ser-titular-de-bem-jurídico-penal*? A necessidade da pergunta fundamental da investigação, *a pergunta pela possibilidade de os animais serem titulares de bens jurídico-penais*, foi apresentada. Agora, porém, faz-se necessário um esclarecimento quanto à *estrutura formal* da referida pergunta, pois "enquanto busca, o perguntar necessita de uma orientação prévia do que é buscado".[70] O que até aqui foi conquistado nos permite saber da necessidade da *pergunta pela possibilidade de os animais serem titulares de bens jurídico-penais*. Mas a pergunta não foi inteiramente esclarecida. Ainda não foi identificado plenamente o *questionado*. Necessita-se circunscrever de modo preciso e com mais verticalidade do que até aqui foi desenvolvido: o que é *ser-titular-de-bem-jurídico-penal*?

## § 3. A estrutura formal da pergunta pela possibilidade de os animais serem titulares de bens jurídico-penais: por uma circunscrição provisória do conceito de "ser-titular-de-bem-jurídico-penal"

> Na investigação (*In der untersuchenden*), isto é, na pergunta especificamente teórica, deve-se determinar e conceituar aquilo que se pergunta. Naquilo que se pergunta está, então, como aquilo para que propriamente se tende, o perguntado, aquilo no qual o perguntar atinge a sua meta. [...] Um perguntar pode se realizar "apenas por perguntar" ou como uma colocação explícita da pergunta (*explizite Fragestellung*). A peculiaridade (*Das Eigentümliche*), desta última, é que o perguntar se torne transparente para si mesmo, depois que todos os referidos caracteres constitutivos da pergunta se tenham tornado transparentes eles mesmos.[71]

A *pergunta pela possibilidade de os animais serem titulares de bens jurídico-penais* é necessária. Deve-se, então, esclarecer o que é *ser-titular-de-bem-ju-*

---

bre o contributo crítico de um direito penal de base onto-antropológica. In: GAUER, Ruth Maria Chittó (Org.). *Sistema penal e violência*. Rio de Janeiro: Lumen Juris, 2006. p. 104).

[70] HEIDEGGER, Martin. *Sein und Zeit*. Tübingen: Max Niemeyer Verlag, 2006. p. 5. (Tradução livre). HERRMANN, ao comentar esse específico parágrafo de "Ser e Tempo", sustenta que "o procurado (*das Gefragte*) é o correlato intencional da intencional pergunta elaborada". (HERRMANN, Friedrich-Wilhelm von. *Hermeneutische Phänomenologie des Daseins: Eine Erläuterung von „Sein und Zeit". Band I.* Frankfurt am Main: Vittorio Klostermann, 1987. p. 53). (Tradução livre).

[71] HEIDEGGER, Martin. *Sein und Zeit*. Tübingen: Max Niemeyer Verlag, 2006. p. 5. (Tradução livre). STEIN defende existir, na investigação, "o risco de um uso solitário de conceitos", surgindo a necessidade de oferecer os "parâmetros de trabalho intelectual". (STEIN, Ernildo. *As ilusões da transparência: dificuldades com o conceito de mundo da vida*. Ijuí: Unijuí, 2012. p. 158).

*rídico-penal*. Porém, é necessário – ainda antes – o refinamento da ideia de bem jurídico-penal exposta no início da investigação. Compreendemos, a partir da análise empreendida no ponto anterior, que, para Liszt, os bens jurídicos são "interesses tutelados pelo direito", e que para além disso, "todos os bens jurídicos são interesses da vida".[72] Muito embora a análise do bem jurídico venha a ser aprofundada no decorrer da investigação, precisa-se, agora, realizar – com mais verticalidade do que até o momento – uma incursão no seu conceito.

Birnbaum, o primeiro a superar a compreensão do crime como *violação de direito subjetivo*, não trabalhava com o termo *bem jurídico*, mas apenas com o termo *bem*. Utilizava-o com o sentido consagrado pela tradição, ou seja, significando *valor*. Talvez por esse motivo não tenha proposto um conceito de *bem*, mas tão somente contextualizou a ideia, como se observa naquela que possivelmente seja a principal passagem da sua obra: "pertence essencialmente ao poder do Estado assegurar, por igual, a fruição de determinados bens a todos os homens que nele vivam".[73] Observa-se uma compreensão de *bem* com nítidos traços antropocêntrico-radicais, na mesma clave da tradição dogmática. O importante, aqui, é termos em vista que, quando da superação do *modelo de crime como violação de direito subjetivo*, já estava presente um modo de ver as coisas do direito penal direcionado unicamente à proteção do humano.

Binding, o primeiro a trabalhar com a ideia de *bem jurídico*, desenvolveu o seu conceito:

> Portanto, bem jurídico é tudo o que não constitui em si um direito, porém, aos olhos do legislador, é um valor enquanto condição para uma vida saudável da comunidade jurídica, em cuja manutenção estável (*unveränderter*) e tranquila (*ungestörter*) ela tem, segundo a sua perspectiva (*Ansicht*), interesse, e em cuja proteção, em face de toda lesão ou perigo indesejados, o legislador se empenha por meio de suas normas.[74]

Esse conceito está imerso no paradigma antropocêntrico-radical, resultando na compreensão de que o bem jurídico deverá sempre estar diretamente ligado ao homem. Trata-se de um conceito que torna difícil, para não dizer impossível, qualquer tentativa de interpretação não antropocêntrica-radical. O problema é que o autor utilizou, no núcleo do conceito, a expressão "comunidade jurídica" (*Rechtsgemeinschaft*). A utilização dessa expressão, irremediavelmente, acaba por obturar a possibilidade de o bem jurídico ser um "valor" (*Wert*), ou "interesse" (*interesse*), que possa estar para além do humano. Binding não percebe a aporia em que entra a dogmática jurídico-penal ao reconhecer que o bem jurídico sempre deve estar

---

[72] LISZT, Franz von. *Lehrbuch des deutschen Strafrechts*. Berlin: J. Guttentag Verlagsbuchhandlung, 1900. p. 53. (Tradução livre).

[73] BIRNBAUM, Johann Michael Franz. Ueber das Erfordernis einer Rechtsverletzung zum Begriffe des Verbrechen mit besonderer Rücksicht auf den Begriff der Ehrenkränkung. *Archiv des Criminalrechts*. Neue Folge, 1834. p. 149-194. p. 177. (Tradução livre).

[74] BINDING, Karl. *Die Normen und ihre Übertretungen: Eine Untersuchung über die Rechtmässige Handlung und die Arten des Delikts*. Tomo I [Normen und Strafgesetze]. 4ª ed. Leipzig: Verlag von Felix Meiner, 1922. p. 353-355. (Tradução livre).

diretamente ligado ao homem, também, reconhecendo, ao mesmo tempo, o *crime de crueldade contra animais* (*Tierquälerei*). A solução para tal problema – pseudossolução, diga-se de passagem, apontada já por Binding – seria a afirmação de que o *crime de crueldade contra animais* visaria à proteção do humano, ou seja, à tutela do seu sentimento de "compaixão pelos animais" (*Mitgefühl mit der Tiere*).[75]

Ainda que, na tentativa de fazer uma leitura não antropocêntrica-radical do conceito, considerássemos o bem jurídico como um valor, ou interesse, cujo titular não fosse apenas o ser humano, mas, também, o animal, então esse bem jurídico teria que ser, necessariamente, "condição para uma vida saudável da comunidade jurídica". A comunidade jurídica é composta por homens. Portanto, a tutela de um tal valor ou interesse, cuja titularidade fosse do animal, possuiria um caráter instrumental para o homem. Só ocorreria a tutela desse valor, ou interesse, por ser saudável para a "comunidade jurídica" (*Rechtsgemeinschaft*), ou seja, seria benéfica para os homens. Consequentemente, o bem jurídico tutelado no crime de crueldade contra animais, por exemplo, somente existiria por ser necessário para a *vida saudável da comunidade jurídica*. Percebe-se que o conceito de Binding possui obturações que precisariam ser superadas por um conceito mais aberto, prescindindo de expressões que vinculem o bem jurídico unicamente à proteção do humano.[76]

Liszt foi o primeiro autor a desenvolver uma perspectiva crítica do bem jurídico, problematizando a legitimidade da norma. Superando o formalismo de Binding, estabeleceu a distinção entre "ilicitude formal" e "ilicitude material", afirmando que aquela diria respeito à mera violação da norma, enquanto esta à ofensa de interesses juridicamente protegidos. A construção de Liszt está orientada para a vida fática, realidade pré-jurídica, sustentando que os *bens jurídicos* são antes *bens da vida, interesses da vida*, posteriormente reconhecidos e protegidos pelo direito. A norma jurídica não criaria o bem jurídico, mas o encontraria. Enquanto os bens jurídicos, em Binding, seriam apenas "bens do direito", criados pela norma. Pode-se afirmar, assim, que a doutrina material do bem jurídico, enquanto delineamento de limites ao legislador, surge com Liszt.[77]

---

[75] BINDING, Karl. *Die Normen und ihre Übertretungen: Eine Untersuchung über die Rechtmässige Handlung und die Arten des Delikts.* Tomo I [Normen und Strafgesetze]. 4ª ed. Leipzig: Verlag von Felix Meiner, 1922. p. 347.

[76] Se trouxermos essa reflexão para a atual legislação penal, considerando o positivismo de BINDING, então, verdadeiramente, o bem jurídico tutelado no crime de crueldade contra animais seria necessário para a "vida saudável da comunidade jurídica". No seu modo de perceber as coisas do direito penal, a escolha do legislador, portanto, o que está na lei, seria a prova *juris et de juri* da existência do bem jurídico. Evidentemente que não compartilhamos desse positivismo acrítico, mas não podemos deixar de perceber o horizonte em que foi desenvolvida a sua construção.

[77] COSTA ANDRADE, Manuel da. *Consentimento e acordo em direito penal: contributo para a fundamentação de um paradigma dualista.* Coimbra: Coimbra Editora, 2004. p. 66 e 67; SPORLEDER DE SOUZA, Paulo Vinicius. *Bem jurídico-penal e engenharia genética humana: contributo para a compreensão dos bens jurídicos supra-individuais.* São Paulo: Revista dos Tribunais, 2004. p. 63.

Torna-se indispensável, ainda que brevemente, o desvelamento das possibilidades presentes no conceito de bem jurídico-penal desenvolvido por Liszt. Podemos interpretar tal conceito a partir de dois caminhos: *(i)* o que aqui iremos chamar de *o primeiro caminho*, nada mais seria que a interpretação – do seu conceito de bem jurídico – consagrada pela tradição dogmática, ou seja, um caminho antropocêntrico-radical, um horizonte de compreensão em que os "interesses-da-vida" (*Lebensinteresse*) devem ser, necessariamente, *interesses da vida humana*; *(ii)* já o que aqui iremos chamar de o *segundo caminho* seria a abertura à possibilidade de compreender os "interesses-da-vida" como interesses que não estariam limitados à vida humana, ou seja, um caminho não antropocêntrico-radical.[78]

Não obstante a compreensão de Liszt sobre as coisas do direito penal, e do direito de uma maneira geral, estar demasiadamente arraigada ao paradigma antropocêntrico-radical, torna-se clara a possibilidade de uma nova leitura do seu conceito de bem jurídico, uma leitura fenomenológica. Por meio de uma tal leitura, de um *segundo caminho* de interpretação, o seu conceito de bem jurídico não apenas permitiria a pergunta da investigação, a *pergunta pela possibilidade de os animais serem titulares de bens jurídico-penais*, mas, também, permitiria a sua hipótese afirmativa. Lembremo-nos o conceito de Liszt:

> Chamamos bens jurídicos os interesses que o direito tutela. Bem jurídico é, pois, o interesse juridicamente tutelado. Todos os bens jurídicos são interesses-da-vida, ou do indivíduo ou da coletividade. É a vida, e não o direito, que produz o interesse, mas só a tutela jurídica converte o interesse em bem jurídico.[79]

Ao utilizar a expressão "interesses-da-vida" (*Lebensinteresse*), Liszt abriu o caminho para a pergunta da presente investigação, permitindo-nos questionar o antropocentrismo-radical na dogmática jurídico-penal. Observa-se a manutenção desse caminho mesmo quando da utilização dos termos "indivíduo" e "coletividade", que podem ser utilizados, respectivamente, tanto para se referir ao animal enquanto *indivíduo*, quanto para se referir à *coletividade* de animais (fauna). É importante ficar claro que – em tal passagem, no seu conceito – não foram utilizadas as palavras *homem*, *homens* ou *humanidade*. Tal constatação corrobora, indubitavelmente, a possibilidade da identificação de um *segundo caminho* interpretativo no seu conceito: um caminho não antropocêntrico-radical.

Com o que foi conquistado até aqui, por meio do esclarecimento do conceito de bem jurídico, bem como com o desvelamento das possibilida-

[78] Trata-se, aqui, de uma leitura fenomenológica do conceito de bem jurídico no pensamento de LISZT. Uma leitura que coloca o conceito em liberdade para novas interpretações, observando, sempre, a "história dos conceitos", de modo a ser possível resgatar o sentido originário de expressões utilizadas, como o *Lebensinteresse*, encoberto pela tradição antropocêntrica-radical. Sobre a importância da "história dos conceitos", ver, por todos, GUMBRECHT (GUMBRECHT, Hans Ulrich. *Graciosidade e estagnação: ensaios escolhidos*. Trad. Luciana Villas Bôas; Markus Hediger. Rio de Janeiro: Contraponto; Editora Puc-Rio, 2012. p. 15 e seg.).

[79] LISZT, Franz von. *Lehrbuch des deutschen Strafrechts*. Berlin: J. Guttentag Verlagsbuchhandlung, 1900. p. 53. (Tradução livre).

des antes veladas pela tradição dogmática, especificamente no que aqui chamamos de um *segundo caminho* no conceito de Liszt, poderemos, agora, com propriedade, realizar uma circunscrição provisória do conceito de *ser--titular-de-bem-jurídico-penal*.

Foi possível já compreender, ao longo do § 2º, algumas linhas sobre o que seria *ser-titular-de-bem-jurídico-penal*, porém, de modo ainda muito incipiente. Afirmou-se que *ser-titular-de-bem-jurídico-penal* é ser titular de um "valor" (*Wert*), ou "interesse-da-vida" (*Lebensinteresse*), indispensável ao convívio comunitário; é ser o *a-quem* mais *interessa* a proteção desse *valor*. Afirmou-se, ainda, que *ser-titular-de-bem-jurídico-penal* diz respeito, especificamente, à titularidade de um *valor, ou interesse, superior em magnitude*, ou seja, um valor, ou interesse, tão especial que vem a ser tutelado pelo mais gravoso ramo do direito, aquele que é *ultima ratio*, o direito penal. Não obstante o esforço desse esclarecimento, precisa-se avançar, desvelando camadas ainda encobertas, colocando em liberdade o conceito.

A nosso sentir, *ser-titular-de-bem-jurídico-penal, antes de tudo, é ser portador de uma fragilidade.*[80] *Essa fragilidade diz respeito à continuidade da existência ou existencialidade do ente, manifestando sua incompletude. Tratando-se dos entes que possuem vida, portanto, que possuem o "poder-morrer", essa fragilidade projeta-se em inúmeros interesses-da-vida, refletindo a sua condição de projeto. Dentre os entes que, além de possuir vida, também, possuam capacidade de sofrimento (senciência), portanto, que possuam o "poder-sofrer", os interesses-da-vida são mais intensos, tais como integridade física e bem-estar. A fragilidade se mostra nas relações – e pelas relações – do "eu" para com o "outro". Portanto, uma tal fragilidade está ligada ao "ser-com". Ser portador de uma fragilidade é ser sujeito-de-interesse, donde decorre que o bem jurídico é a consagração desse interesse – convertido em valor – pelo direito e, em última análise, é um meio de proteção daquela fragilidade.*

## § 4. A precedência da questão-dos-animais (filosófica e dogmática)

A *pergunta pela possibilidade de os animais serem titulares de bens jurídico-penais*, por meio da análise de sua estrutura formal, permitiu o esclarecimento do questionado, ou seja, permitiu a circunscrição, ainda que provisória, do que é *ser-titular-de-bem-jurídico-penal*. Porém, faz-se necessário tornar transparente o ente que é "objeto" na pergunta da investigação. Elaborar a questão-dos-animais significa tornar transparente o ente que é "objeto" do questionamento: o animal. Se não soubermos – com precisão ôntica e ontológica – *quem são* os animais, então não poderemos falar na sua aptidão, ou não, para serem titulares de bens jurídico-penais. Entretanto,

---

[80] ROCCO sustenta que o "bem" é o "objeto que satisfaz uma necessidade" (*un bisogno*). (ROCCO, Arturo. *L'oggetto del reato e della tutela giuridica penale: contributo alle teorie generali del reato e della pena*. Milano: Fratelli Bocca Editori, 1913. p. 247). (Tradução livre). Ser titular de um bem é, portanto, ser titular de um "objeto que satisfaz uma necessidade".

como saber *quem são* os animais? Por meio daquilo que a tradição chamou de *questão-dos-animais*.[81]

A precedência da questão-dos-animais, vale dizer, a precedência em saber quem são os animais, não está limitada a uma dimensão jurídica. Tal precedência é pré-jurídica, pois antes possui uma dimensão filosófica. A precedência da questão-dos-animais diz respeito, também, à inclusão dos animais na ética, à possibilidade de uma *Animal Ethics*, considerando a relação entre homem e animal. Störig sustenta que "incluir os animais na ética significa reconhecer que os homens possuem deveres morais para com os animais".[82] A questão-dos-animais ainda é um desafio para a filosofia, o que – não à toa – leva Naconecy a afirmar que "a questão dos animais se apresenta como um problema aberto para a Filosofia".[83]

A questão-dos-animais, quando analisada por um interessado olhar jurídico, não raramente, é colocada – pela tradição dogmática – em um plano predominantemente ôntico.[84] Ganham destaque, nesse plano ôntico, os achados das ciências biológicas, especialmente no campo das neurociências, que explicam e justificam a realização de inúmeras proezas por parte dos animais, apontando para uma surpreendente complexidade na sua constituição e no seu comportamento. Porém, a questão-dos-animais pode – e, por que não dizer, deve – ser colocada, também, em um plano ontológico, destacando-se o seu "mundo" e o seu "modo-de-ser". Ambos os planos, ôntico e ontológico, são igualmente indispensáveis à questão-dos-animais.

Precisa-se, então, elaborar a questão-dos-animais, pois ela visa a uma condição de possibilidade da pergunta da investigação. Perguntar "quem são os animais" não é uma pergunta simples. Para atender aos interesses da investigação deve ser conduzida a uma direção. O que foi desenvolvido, até o momento, permite-nos, já, uma pré-compreensão: *os animais são os entes privilegiados do meio ambiente (natural), pois são os únicos – para além dos humanos – que possuem "mundo", ou seja, que possuem um especial modo de ter algum acesso aos entes, por meio dos sentidos*. A questão-dos-animais, então, deve tornar claro esse privilégio. A questão-dos-animais deve perguntar: por que os animais são os entes privilegiados do meio ambiente (natural)? Muito embora já tenham sido esboçadas, anteriormente, algumas linhas a

---

[81] Pode-se referir, por todos, CARRUTHERS. O autor utiliza – já no título da sua obra – a expressão "questão dos animais", consagrada pela tradição. (CARRUTHERS, Peter. *La cuestión de los animales: teoria de la moral aplicada*. Trad. José María Perazzo. Cambridge: Cambridge University Press, 1995). Sobre a relação entre a questão-dos-animais e a filosofia heideggeriana, ver, por todos, CALARCO. (CALARCO, Matthew. *Zoographies: the question of the animal from Heidegger to Derrida*. New York: Columbia University Press, 2008).

[82] STÖRIG, Hans Joachim. *Kleine Weltgeschichte der Philosophie*. [Vollständig überarbeitete und erweiterte Auflage]. Stuttgart; Berlin; Köln: Verlag W. Kohlhammer, 1999. [1ª edição em 1950]. p. 807.

[83] NACONECY, Carlos. *Ética e Animais: um guia de argumentação filosófica*. Porto Alegre: Edipucrs, 2006. p. 18.

[84] Ver, por todos, SALT. O autor publica a primeira edição de sua obra principal, *Animals' Rights: Considered in Relation to Social Progress*, em 1892. Pode-se afirmar que a obra de SINGER, em grande parte, é inspirada nos escritos de SALT. (SALT, Henry S. *Animals' Rights: Considered in Relation to Social Progress*. New York: Macmillan & Co, 1894).

esse respeito, deve-se buscar a reposta, com maior rigor, por meio de uma (breve incursão numa) *analítica ôntico-ontológica dos animais.*

## § 5. As conquistas do 1º Capítulo (Parte Primeira)

*(i)* Apresentou-se a necessidade de se expor a *pergunta pela possibilidade de os animais serem titulares de bens jurídico-penais*, por meio dos seguintes argumentos: (a) não estariam, hoje, claramente delineados os limites dogmáticos para a determinação da titularidade de bens jurídico-penais; (b) não se poderia sustentar a imutabilidade do rol de titulares reconhecidos pela tradição dogmática. A pergunta da investigação, assim, possibilitou o reconhecimento de que a compreensão da tutela penal de animais se move em fundamentos ontológicos, em princípio, não discutidos;

*(ii)* Desvelou-se a *pergunta pela possibilidade de os animais serem titulares de bens jurídico-penais*, superando incompreensões e simplificações, a partir das seguintes conquistas: (a) a *pergunta pela possibilidade de os animais serem titulares de bens jurídico-penais não é uma pergunta pela possibilidade de os animais serem sujeitos de direitos;* (b) a *pergunta pela possibilidade de os animais serem titulares de bens jurídico-penais não é uma pergunta pela possibilidade de a natureza em geral ser titular de bens jurídico-penais;* (c) a *pergunta pela possibilidade de os animais serem titulares de bens jurídico-penais não é uma pergunta sobre o direito penal ambiental (stricto sensu); (d) a pergunta pela possibilidade de os animais serem titulares de bens jurídico-penais não é uma pergunta pela possibilidade de igualdade entre homem e animal;* (e) a *pergunta pela possibilidade de os animais serem titulares de bens jurídico-penais não é uma pergunta pela possibilidade de um direito penal moralizador;*

*(iii)* Avançou-se na estrutura formal da *pergunta pela possibilidade de os animais serem titulares de bens jurídico-penais*, conquistando-se a circunscrição provisória do conceito de "ser-titular-de-bem-jurídico penal": *ser-titular-de-bem-jurídico-penal, antes de tudo, é ser portador de uma fragilidade. Essa fragilidade diz respeito à continuidade da existência ou existencialidade do ente, manifestando sua incompletude. Tratando-se dos entes que possuem vida, portanto, que possuem o "poder-morrer", essa fragilidade projeta-se em inúmeros interesses-da-vida, refletindo a sua condição de projeto. Dentre os entes que, além de possuir vida, também, possuam capacidade de sofrimento (senciência), portanto, que possuam o "poder-sofrer", os interesses-da-vida são mais intensos, tais como integridade física e bem-estar. A fragilidade se mostra nas relações – e pelas relações – do "eu" para com o "outro". Portanto, uma tal fragilidade está ligada ao "ser-com". Ser portador de uma fragilidade é ser sujeito-de-interesse, donde decorre que o bem jurídico é a consagração desse interesse – convertido em valor – pelo direito e, em última análise, é um meio de proteção daquela fragilidade;*

*(iv)* Desvelou-se a precedência da questão-dos-animais (filosófica e dogmática), ou seja, a precedência em saber quem são os animais, concluindo-se que essa questão não está limitada a uma dimensão jurídica. Tal precedência é pré-jurídica, pois, antes, possui uma dimensão filosófica;

*(v)* Ao se considerar que *os animais são os entes privilegiados do meio ambiente (natural), pois são os únicos – para além dos humanos – que possuem "mundo", ou seja, que possuem um especial modo de ter algum acesso aos entes, por meio dos sentidos*, concluiu-se que a questão-dos-animais deverá, então, tornar claro esse privilégio. Concluiu-se que a questão-dos-animais deverá questionar: por que os animais são os entes privilegiados do meio ambiente (natural)? A reposta deverá ser buscada, na sequência, por meio de uma (breve incursão numa) *analítica ôntico-ontológica dos animais*.

## 2º Capítulo
## A dupla tarefa na elaboração da questão-dos-animais, atualidade, método da investigação e seu plano

### § 6. A tarefa de uma (breve incursão numa)[85] analítica ôntico-ontológica dos animais

As análises desenvolvidas, até aqui, permitiram-nos inferir que os animais são os entes privilegiados do meio ambiente (natural), pois são os únicos – para além dos humanos – que possuem "mundo", ou seja, que possuem *um especial modo de ter algum acesso aos entes*, por meio dos sentidos. Esse privilégio deve, agora, tornar-se claro. A analítica ôntico-ontológica dos animais deve responder: por que eles são os entes privilegiados do meio ambiente (natural)? Para tanto, a analítica será desenvolvida em duas partes: *(i)* a analítica ôntica dos animais; *(ii)* a analítica ontológica dos animais. A primeira se ocupará, predominantemente, com as descrições desenvolvidas no âmbito das ciências biológicas, enquanto a segunda se ocupará, predominantemente, com as descrições desenvolvidas no âmbito da ontologia.

### I. A analítica ôntica dos animais

Na história do pensamento filosófico e científico, desde seus começos no Ocidente, diversas definições da noção de "animal" foram se perfilando. Porém não existe unanimidade a respeito destas definições, nem nas teorias do passado nem entre as relativamente mais recentes.[86]

#### *a) Senciência, dor e sofrimento*

Se não há uma definição pacífica da noção de animal, então, porém, há o reconhecimento pacífico de um elemento biológico em quase todas as

---

[85] Classificamos a presente passagem da investigação como uma "breve incursão", pois a analítica dos animais – a ser, aqui, empreendida – não é apenas incompleta, mas também provisória, porém, suficiente para a pretensão da presente investigação. Com essa analítica, naturalmente, não se responde, ainda, a pergunta da investigação, mas desvela-se boa parte do solo fenomenológico para uma tal resposta. De qualquer sorte, este § 6, "A tarefa de uma (breve incursão numa) analítica ôntico-ontológica dos animais", receberá concretizações no 4º capítulo (parte primeira), "Nas proximidades de uma ontologia da vida animal: desvelando condições de possibilidade (concretizações do § 6)".

[86] FEIJÓ, Anamaria. *Utilização de animais na investigação e docência: uma reflexão ética necessária*. Porto Alegre: Edipucrs, 2005. p. 24.

definições. Trata-se do elemento da *senciência*, também chamado de *capacidade de sofrimento* ou *sensibilidade animal*. Naconecy vai sustentar que a negação da "experiência consciente de sofrimento", nos animais, "seria incompatível com os resultados das ciências biológicas".[87]

Torna-se necessário avançar para a definição da *senciência*: ela é a "capacidade de sentir, estar consciente de si próprio ou apenas do ambiente que o cerca".[88] Pode-se dizer que é a capacidade de sentir prazer ou dor, portanto, é a capacidade de experienciar bem-estar ou sofrimento.[89] Desse modo, "dizer que um animal é senciente significa que esse animal *(a)* tem a capacidade de sentir, e *(b)* que ele se importa com o que sente".[90] Para a proteção dos animais, o que mais interessa, nessa capacidade de sentir, é que eles podem vivenciar a dor e o sofrimento. Deve-se, então, definir *dor* e *sofrimento*.

A *dor* é definida, pela *International Association for the Study of Pain*, como "a experiência sensorial e/ou emocional desagradável associada a um dano tecidual real ou potencial". O desenvolvimento da fisiologia da *dor*, principalmente a partir do início do séc. XXI, permitiu afirmar que "os animais registram, transportam, processam e modulam os sinais nociceptivos de forma semelhante à espécie humana". Não obstante a "impossibilidade de comunicação verbal", conclui-se que os animais são sensíveis a *dor*, "em circunstâncias muito semelhantes às dos seres humanos".[91]

A *dor*, quando analisada em uma perspectiva fisiológica, "é produzida por um estímulo captado por receptores especializados chamados nociceptores". Os "nociceptores" podem ser definidos como "estruturas especializadas em perceber estímulos de natureza desagradável". A partir da descrição dos "nociceptores", pode-se falar em "nocicepção". A "nocicepção" é descrita como "a recepção, condução e processamento dos sinais gerados pela estimulação dos nociceptores". Em última análise, a *dor* é definida como "uma percepção, uma sensação subjetiva, trazendo como consequência a ativação do sistema nociceptivo".[92]

---

[87] NACONECY, Carlos. *Ética e Animais: um guia de argumentação filosófica*. Porto Alegre: Edipucrs, 2006. p. 119.

[88] LUNA, Stelio Pacca Loureiro. Dor, senciência e bem-estar em animais. *Ciênc. vet. tróp.*, Recife-PE, v. 11, suplemento 1, p. 17-21 – abril, 2008. p. 18.

[89] POCAR defende a ideia de que em cada "ser vivente senciente" (*essere vivente senziente*) estaria presente uma sensibilidade que implica o reconhecimento de um *interesse*: "o interesse em conseguir o prazer e evitar, ou ao menos reduzir, o sofrimento". (POCAR, Valerio. *Gli animali non umani: per una sociologia dei diritti*. 3ª ed. Bari: Editori Laterza, 2005. p. 50). (Tradução livre).

[90] NACONECY, Carlos. *Ética e Animais: um guia de argumentação filosófica*. Porto Alegre: Edipucrs, 2006. p. 117.

[91] HELLEBREKERS, Ludo J. *Dor em animais*. Trad. Cíntia Fragoso. Barueri: Editora Manole, 2002. p. 9. A questão da "dor" foi utilizada como elemento para fundamentar uma concepção de ética chamada de "dorismo" (*painism*). Criada por RYDER, a "ética do dorismo" defende que a "dor" é um mal, devendo, portanto, sempre que possível, ser evitada ou reduzida. (BEKOFF, Marc. *Encyclopedia of Animal Rights and Animal Welfare*. Westport: Greenwood Press, 1998. p. 402 e 403).

[92] FEIJÓ, Anamaria. *Utilização de animais na investigação e docência: uma reflexão ética necessária*. Porto Alegre: Edipucrs, 2005. p. 65. LUNA, ao relacionar o desenvolvimento das técnicas científicas com a possibilidade de prevenir e tratar a dor em animais, sustenta que "com o avanço da ciência do bem-estar

O *sofrimento*, para além da perspectiva sensorial, pode ser analisado também por uma perspectiva emocional. Ele é caracterizado como "desagradável" e acompanhado do "desejo" pelo seu término. Pode-se dizer que o *sofrimento* é "intrinsecamente mau para todo aquele que a experiência, mesmo que resulte posteriormente em boas consequências", pois ele "reduz a qualidade de vida do indivíduo". A experiência do *sofrimento* possui duas características essenciais: *(i)* "é um estado que o indivíduo preferiria não estar experienciando"; *(ii)* "se caracteriza por ser intensa ou prolongada". Verifica-se o *sofrimento* nas hipóteses em que "um indivíduo tem dificuldade ou impossibilidade de lidar com sensações desagradáveis e adversidades". Tal "dificuldade" ou "impossibilidade" pode ser motivada por duas principais razões: *(i)* "as sensações são intensas ou prolongadas"; *(ii)* "ele é incapaz de reagir, psicológica, fisiológica ou comportamentalmente de modo a melhorar o modo como se sente". A motivação para *evitar o sofrimento*, buscando o *bem-estar*, está presente na vida de qualquer animal. Reconhece-se como *fontes potenciais de sofrimento nos animais*: *(i)* "sede, fome e desnutrição (privação de uma dieta apropriada provedora de saúde e vigor)"; *(ii)* "desconforto ambiental (privação de um local adequado para abrigo, repouso e movimentação)"; *(iii)* "dor, ferimento e doença"; *(iv)* "medo e estresse"; *(v)* "impedir o comportamento natural característico da espécie (p. ex., privação de espaço suficiente, contato social com outros animais da mesma espécie, e recursos que enriqueçam o ambiente)".[93]

O *sofrimento* pode ser descrito como uma "resposta emocional associada com dor e *distress*". A complexidade anatômica e fisiológica de cada espécie determina o modo de expressar os "comportamentos para evitar a dor ou evitar os estímulos nociceptivos". É necessária a compreensão de que "qualquer estímulo que ative nociceptores ou estruturas similares", produzindo resposta aversiva, é um estímulo doloroso. Preocupar-se com a minimização de tais estímulos, no trato com animais, é uma "atitude eticamente adequada". Pensar dessa maneira resulta na assunção de responsabilidades, levando ao "tratamento cuidadoso" dos animais.[94]

*b) Os animais que possuem senciência*

Os achados da biologia apontam para um *núcleo duro* (núcleo de certeza) de quais animais possuiriam *senciência* e, portanto, seriam capazes de *sentir dor* e experienciar o *sofrimento*. Esse *núcleo duro* diz respeito aos

animal, tem-se aguçado o senso crítico da necessidade de prevenção e tratamento da dor em animais". (LUNA, Stelio Pacca Loureiro. Dor, senciência e bem-estar em animais. *Ciênc. vet. tróp.*, Recife-PE, v. 11, suplemento 1, p. 17-21 – abril, 2008. p. 18).

[93] NACONECY, Carlos. *Ética e Animais: um guia de argumentação filosófica*. Porto Alegre: Edipucrs, 2006. p. 116.

[94] FEIJÓ, Anamaria. *Utilização de animais na investigação e docência: uma reflexão ética necessária*. Porto Alegre: Edipucrs, 2005. p. 69 e 70.

animais vertebrados: "todos os vertebrados são capazes de sentir dor".[95] Torna-se necessário definir *quem são* os animais vertebrados. Segundo Feijó, utilizando o conceito biológico, os vertebrados são "aqueles animais que apresentam coluna vertebral e um sistema nervoso central definido, com cérebro e medula nervosa espinhal". O conceito de animais vertebrados envolve os mamíferos, as aves, os répteis, os anfíbios e os peixes. Os animais vertebrados representam a minoria das espécies, apenas cinco por cento dentre mais de um milhão de espécies descritas.[96]

Porém, não obstante as certezas da biologia quanto à *senciência* nos animais vertebrados, deve-se ficar atento à possibilidade de alguns animais invertebrados serem, também, capazes de *sentir dor*. Alguns elementos biológicos são capazes de indicar a possibilidade de uma tal capacidade, nos seguintes animais:

*(i)* os *protozoários*: são animais unicelulares com ausência de sistema nervoso, mas que "demonstram através da locomoção (inibição ou aceleração do movimento), ou da alteração na forma do corpo, aversão a estímulos desagradáveis". Suas células possuem "zonas que alteram seu potencial de membrana", resultando em "mudanças nas atividades das organelas intracelulares"; *(ii)* os *poríferos* (esponjas): são "animais mais 'avançados' que os protozoários na escala filogenética", porém, são "os mais primitivos dentre os animais multicelulares". Eles, entretanto, "respondem a estímulos de uma forma mais organizada". Defende-se que "uma coordenação epitelial e não nervosa mediada por mecanismos químicos, [...] permite uma contração coordenada do corpo destes animais"; *(iii)* os *cnidários* (medusas e anêmonas): possuem "sistema nervoso simples" e o movimento dos seus corpos "é realizado por contrações que devem ocorrer rapidamente em resposta aos estímulos táteis, químicos ou luminosos". Seus impulsos nervosos são bem desenvolvidos, permitindo "uma resposta efetiva a estímulos nociceptivos", apresentando, muitas vezes, até mesmo, "mecanismos de ataque". Seu sistema nervoso é uma "rede nervosa difusa ou várias redes nervosas independentes que interligam todo o corpo do animal"; *(iv)* os *anelídeos* (minhocas, poliquetos e sanguessugas): possuem "o corpo dividido em anéis semelhantes entre si", apresentam sistema nervoso constituído por "uma massa ganglionar dorsal anterior, chamada cérebro, bilobulado e um cordão nervoso ventral longo"; *(v)* os *moluscos*: possuem, dentre os invertebrados, o mais sofisticado sistema nervoso, "constituído de um anel nervoso periesofágico de onde saem dois pares de cordões nervosos e no mínimo dois pares de gânglios"; *(vi)* os *artrópodos* (crustáceos, aracnídeos e insetos): possuem um tamanho superior de cérebro, em virtude do "desenvolvimento dos órgãos dos sentidos". O cérebro dos insetos possui uma relativa complexidade, o que permite, a esses animais, "além das condutas de fuga", apresentarem "respostas hormonais em ambiente de stress muito

[95] NACONECY, Carlos. *Ética e Animais: um guia de argumentação filosófica*. Porto Alegre: Edipucrs, 2006. p. 119.

[96] FEIJÓ, Anamaria. *Utilização de animais na investigação e docência: uma reflexão ética necessária*. Porto Alegre: Edipucrs, 2005. p. 63.

semelhantes a dos mamíferos".[97] Porém, deve-se ressaltar que não obstante os referidos indícios de senciência em animais menos avançados na escala filogenética, está provada a existência de senciência, capacidade de sofrimento, apenas nos animais vertebrados.

## II. A analítica ontológica dos animais

Ao tratar da tutela penal de animais, presumimos continuamente a estrutura ontológica dos animais, porém, essa contínua presunção não dispensa uma adequada analítica ontológica dos animais, pelo contrário, a exige. Uma *analítica ontológica dos animais*, ao nosso sentir, deve buscar identificar um solo ontológico no qual seja possível às ciências ônticas, tomando-o como pressuposto, desenvolverem seus achados.

> Fundamentos ontológicos nunca podem ser obtidos a partir de um hipotético material empírico (*empirischen Material hypothetisch*), pois aqueles [os fundamentos ontológicos] sempre já estão "aí" (*immer schon 'da' sind*) quando o material empírico está sendo coletado.[98]

Portanto, a identificação de um elemento ontológico não pode decorrer de um elemento ôntico, mas, sim, o contrário, pois "o questionamento ontológico é mais originário do que o questionamento ôntico das ciências positivas" (*Ontologisches Fragen ist zwar gegenüber dem ontischen Fragen der positiven Wissenschaften ursprünglicher*).[99]

A identificação de um elemento ôntico deve decorrer de uma compreensão ontológica dos animais, de uma ontologia da vida animal. Na *analítica ôntica dos animais*, identificamos um elemento biológico, portanto, ôntico: a *senciência*, também chamada de *capacidade de sofrimento* ou *sensibilidade animal*. Ao afirmarmos esse elemento, já estamos pressupondo um solo ontológico, uma espécie de "fundo", no qual se assentam os elementos ônticos. A tarefa de uma *analítica ontológica dos animais* é trazer à luz esse pressuposto. Entendemos que tal pressuposto seria o "mundo dos

---

[97] FEIJÓ, Anamaria. *Utilização de animais na investigação e na docência: uma reflexão ética necessária*. Porto Alegre: Edipucrs, 2005. p. 65-67. Para CARRUTHERS: "não é provável que os insetos tenham uma autêntica capacidade de sentir". O autor aceita que pelo menos os mamíferos possuem a capacidade de sentir: "parece prudente supor que ao menos todos os mamíferos sejam realmente capazes de sentir [...]. Em todo caso, defendo que todos os mamíferos e todas as aves possuem uma autêntica capacidade de sentir, a qual carece aos insetos". (CARRUTHERS, Peter. *La cuestión de los animales: teoría de la moral aplicada*. Trad. José María Perazzo. Cambridge: Cambridge University Press, 1995. p. 67 e 68). (Tradução livre). BEKOFF, na defesa de uma abertura na compreensão sobre a *dor* em animais, afirma que "um dos maiores problemas na hora de saber quais animais sentem dor e quais não sentem, é que muitos deles podem não a perceber de forma similar como os humanos percebem". O autor postula uma superação do antropomorfismo na compreensão da questão-dos-animais. (BEKOFF, Marc. *Nosotros, los animales*. Trad. Rafael Boró. Madrid: Editorial Trotta, 2003. p. 63). (Tradução livre).

[98] HEIDEGGER, Martin. *Sein und Zeit*. Tübingen: Max Niemeyer Verlag, 2006. p. 50. (Tradução livre).

[99] HEIDEGGER, Martin. *Sein und Zeit*. Tübingen: Max Niemeyer Verlag, 2006. p. 11. (Tradução livre). Torna-se necessário explicar que o "questionamento ontológico" se dirige às condições de possibilidade das ciências ônticas. Ao realizar um questionamento ôntico, as ciências, já sempre, movem-se numa "compreensão de ser" (*Seinsverständnis*).

animais".[100] Não o "mundo" (*Welt*) propriamente dito, no sentido do mundo humano, mas um particular "mundo dos animais": um "mundo ambiente" (*Umwelt*). Trazer à luz as peculiaridades desse *mundo*, desvelando "o como" (*das Wie*)[101] da sua pobreza, é o que se deve esperar da presente analítica.[102] A consideração comparativa entre o mundo humano e o "mundo dos animais" é necessária. Porém, uma tal comparação não é realizada com o sentido de depreciar o "mundo dos animais":

> Esta comparação entre animal e homem em meio à caracterização da pobreza de mundo e da formação de mundo não admite depreciação e valorização em termos de plenitude e ausência de plenitude – abstraindo-se completamente do fato de uma tal depreciação ser também faticamente inadequada e precipitada. [...] Por tudo o que foi dito torna-se evidente que, desde o princípio, o discurso da pobreza de mundo e da formação de mundo não deve ser tomado no sentido de uma ordem de valores depreciativa.[103]

### *a) O mundo e os animais*

Apenas gradativamente a investigação poderá assegurar o conceito de "mundo dos animais" e as estruturas constitutivas desse fenômeno. Heidegger, para estabelecer o conceito de "mundo" (*Welt*), elege o caminho da consideração comparativa como o "mais facilmente viável".[104] Trata-se de uma consideração comparativa entre pedra, animal e homem. Como já afirmado anteriormente, a utilização da referida consideração comparativa não visa sustentar uma hierarquia entre homem e animal, mas, tão somente, estabelecer o conceito de "mundo" (*Welt*).[105] A interrogação

---

[100] A expressão "mundo dos animais" ou "mundo animal" (*Tierwelt*) é consagrada pela literatura, mostrando-se presente, por exemplo, na obra de SALKOWSKI (SALKOWSKI, Georg. *Der Tierschutz im geltenden und zukünftigen Strafrecht des In-und Auslandes: Dogmatisch und kritisch dargestellt*. Borna-Leipzig: Buchdruckerei Robert Noske, 1911. p. 13). (Tradução livre).

[101] *O como* (*das Wie*) dos objetos da investigação é o que caracteriza a fenomenologia. Lembra-se que o tema será tratado, especificamente, no § 9, "O método fenomenológico da investigação". Lembra-se, também, que o termo "fenomenologia" está definido no dicionário de conceitos da investigação (Conceitos fundamentais utilizados).

[102] Na presente *analítica ontológica dos animais*, optamos pelo seu desenvolvimento a partir de um diálogo com a obra de HEIDEGGER, *Os conceitos fundamentais da metafísica: mundo, finitude, solidão*. A ideia é não apenas pensar HEIDEGGER, mas pensar com HEIDEGGER. Trata-se, porém, de uma leitura jurídico-penalmente interessada, interessada em desvelar as condições de possibilidade do fenômeno jurídico-penal em questão: a tutela penal de animais.

[103] HEIDEGGER, Martin. *Os conceitos fundamentais da metafísica: mundo, finitude, solidão*. Trad. Marco Antônio Casanova. 2ª ed. Rio de Janeiro: Forense Universitária, 2011. p. 250 e 251.

[104] HEIDEGGER, Martin. *Os conceitos fundamentais da metafísica: mundo, finitude, solidão*. Trad. Marco Antônio Casanova. 2ª ed. Rio de Janeiro: Forense Universitária, 2011. p. 231.

[105] RODRIGUES, no mesmo caminho em que se movimenta nossa compreensão, afirma ser "urgente clarificar aqui o sentido da expressão pobreza de mundo, a fim de que se tenha claro que ela não faz senão apontar para uma diferenciação de um modo de ser, e não tem nada que ver com um juízo valorativo de caráter depreciativo". (RODRIGUES, Fernando. No limiar do mundo: a posição de Heidegger sobre a diferença entre animais e humanos. *Cadernos de filosofia alemã*, nº 14, jun/dez, 2009, p. 31-53. p. 37). MISSAGGIA, em sentido contrário, compreende um sentido pejorativo na elaboração heideggeriana. A autora sustenta que, frente a tese da pobreza de mundo, "o animal permaneceria em um nível de inferioridade". (MISSAGGIA, Juliana Oliveira. O caráter antropocêntrico do conceito heideggeriano de animalidade: uma crítica a partir de Derrida. *Kínesis*, vol. II, nº 4, dez., 2010, p. 1-13. p. 7). Segundo REIS,

heideggeriana, com a pretensão de chegar ao conceito de "mundo" (*Welt*), precisa, antes, descobrir se outros entes, para além do homem, possuem mundo:

> O homem possui o mundo. O que dizer dos entes que, como o homem, também são uma parte do mundo. O que dizer dos animais, das plantas, das coisas materiais, como as pedras, por exemplo? Diferentemente do homem, que também possui mundo, eles são apenas parte do mundo? Ou será que também o animal possui mundo? E como? Da mesma forma que o homem ou diversamente? Como é preciso apreender esta alteridade?[106]

Heidegger expõe a tese: "a pedra é sem-mundo, o animal é pobre de mundo, o homem é formador de mundo".[107] Observa-se, na referida tese, os três modos que um ente pode estar ligado ao mundo.[108] Na eleição de tais entes, incluídos na tese heideggeriana, observa-se que o filósofo, ainda que tacitamente, reconhece o animal como o ente privilegiado do meio ambiente (natural). No contrário, poderia ter incluído, na tese, o vegetal. Portanto, reconhece-se – em certa medida – que o animal seria o ente que possui o *privilégio* de ter acesso aos outros entes,[109] enquanto o homem seria o ente que possui o *privilégio* no *privilégio*, já que, além de ter acesso aos entes, possui acesso ao ente enquanto ente, ou seja, possui uma dimensão de sentido que lhe é única, fazendo-o "formador de mundo" (*weltbildend*), pois desde sempre se compreende como "ser-no-mundo" (*In-der-Welt-sein*).[110]

---

"tornou-se célebre, como objeto de comentário e crítica, a elucidação da tese segundo a qual os animais seriam pobres de mundo". O autor atribui tais críticas não somente às "consequências" da tese, mas também aos seus "pressupostos". (REIS, Róbson Ramos dos. Aspectos da interpretação fenomenológica da vida animal nos conceitos fundamentais da metafísica. In: WU, Roberto (Org.). *Heidegger e sua época: 1930-1950*. Porto Alegre: Editora Clarinete, 2014. p. 198).

[106] HEIDEGGER, Martin. *Os conceitos fundamentais da metafísica: mundo, finitude, solidão*. Trad. Marco Antônio Casanova. 2ª ed. Rio de Janeiro: Forense Universitária, 2011. p. 230. HUSSERL, ao realizar uma rápida incursão numa *ontologia da vida animal*, sustenta que "o animal está sempre no caminho certo", pois "ele tem apenas um caminho: o que corresponde a sua pré-determinada orientação de vida". O autor pressupõe a existência de um *mundo dos animais*, ainda que este seja pobremente constituído: o mundo em que o animal tem o acesso ao ente, mas não ao seu sentido. Como exemplo, HUSSERL sustenta que "o animal conhece a experiência da dor, mas não lamenta o seu acontecimento". (HUSSERL, Gerhart. Opfer, Unrecht und Strafe. In: HUSSERL, Gerhart. *Recht und Zeit: Fünf rechtsphilosophische Essays*. Frankfurt am Main: Vittorio Klostermann, 1964. p. 190). (Tradução livre).

[107] HEIDEGGER, Martin. *Os conceitos fundamentais da metafísica: mundo, finitude, solidão*. Trad. Marco Antônio Casanova. 2ª ed. Rio de Janeiro: Forense Universitária, 2011. p. 230.

[108] MISSAGGIA defende que "este não é somente o ponto de partida da investigação heideggeriana", mas também o *Leitmotiv* que conduzirá todo o desenvolvimento da sua análise. (MISSAGGIA, Juliana Oliveira. O caráter antropocêntrico do conceito heideggeriano de animalidade: uma crítica a partir de Derrida. *Kínesis*, vol. II, nº 4, dez., 2010, p. 1-13. p. 2).

[109] O animal possui acesso ao ente, ainda que não seja ao ente enquanto ente. Ele não pode compreender o seu ambiente. (HAYES, Josh. Heidegger's fundamental ontology and the problem of animal life. *PhaenEx: journal of existential and phenomenological theory and culture*, nº 2, fall/winter, 2007, p. 42-60. p. 45).

[110] Devido ao "existencial da compreensão" (sobre os "existenciais", ver o dicionário de conceitos da investigação [Conceitos fundamentais utilizados]), o mundo – para o homem, o ser-aí – adquire "uma qualidade fundamental, de ser a dimensão que, ao mesmo tempo que recebe o ser humano, enquanto ser no mundo, dele recebe, por sua vez, a sua dimensão de sentido". (STEIN, Ernildo. *Antropologia filosófica: questões epistemológicas*. Ijuí: Unijuí, 2010. p. 15). HUSSERL sustenta que "o ser-aí humano é um ser-no-mundo" e "a mundidade (*Weltlichkeit*) é um inapelável (*unaufhebbares*) elemento do próprio ser-homem". (HUSSERL, Gerhart. Recht und Welt. In: HUSSERL, Gerhart. *Recht und Welt: Rechtsphilosophische Abhandlungen*. Frankfurt am Main: Vittorio Klostermann, 1964. p. 67).

O filósofo defende a necessidade de estabelecer uma distinção entre homem e animal, mas reconhece a dificuldade para tanto, ao afirmar:

É fácil dizer: um é um ser racional, o outro é irracional. Mas a questão é justamente: o que significam aqui razão e irracionalidade? Mesmo se isto é clarificado, permanece incerto se justamente esta diferença é o mais essencial e metafisicamente relevante.[111]

A necessária diferenciação a ser estabelecida seria entre a "essência da animalidade do animal" e a "essência da humanidade do homem".[112] Entretanto, a diferenciação não pode ser realizada por meio de um elemento natural. Descrições morfológicas e fisiológicas escapam à pressuposição da vida animal. Ao realizar tais descrições, já estamos operando com um elemento que está por detrás dessa pressuposição.

Apresenta-se a necessidade de apontar para "o como" (*das Wie*) da questão. Heidegger vai questionar: "como podemos chegar até o que se encontra por detrás dessa pressuposição?".[113]

A tese da "pobreza de mundo" (*Weltarmut*) dos animais, decorrente da consideração comparativa, não diz respeito apenas a insetos ou mamíferos, "ela diz respeito a todo animal, a cada animal". Trata-se, portanto, de uma proposição mais universal que as assertivas da zoologia, como, por exemplo: "os mamíferos possuem sete vértebras cervicais". Ela pretende discorrer sobre a "animalidade enquanto tal", enunciando a "essência do animal". A tese da "pobreza de mundo" dos animais não pode decorrer da zoologia, ao contrário, aquela deve ser suposta por esta. Então, de qual campo teórico surgiria tal tese?[114] Heidegger sustenta ser uma tese metafísica.[115]

Precisa-se, então, esclarecer o que é ser "pobre de mundo".[116] Para tanto, mostra-se necessária a comparação entre a "pobreza de mundo" e a "formação de mundo":

---

[111] HEIDEGGER, Martin. *Os conceitos fundamentais da metafísica: mundo, finitude, solidão*. Trad. Marco Antônio Casanova. 2ª ed. Rio de Janeiro: Forense Universitária, 2011. p. 231. RODRIGUES sustenta que HEIDEGGER "defrontou-se diretamente com o problema de determinação da diferença entre o animal e o homem" e "com sua investigação fenomenológico-hermenêutica", o filósofo visa "a uma determinação da animalidade do animal, e quer empreender uma investigação cujo ponto de partida seja o próprio animal, e não o homem". (RODRIGUES, Fernando. No limiar do mundo: a posição de Heidegger sobre a diferença entre animais e humanos. *Cadernos de filosofia alemã*, nº 14, jun/dez, 2009, p. 31-53. p. 34 e 35).

[112] HEIDEGGER, Martin. *Os conceitos fundamentais da metafísica: mundo, finitude, solidão*. Trad. Marco Antônio Casanova. 2ª ed. Rio de Janeiro: Forense Universitária, 2011. p. 231.

[113] HEIDEGGER, Martin. *Os conceitos fundamentais da metafísica: mundo, finitude, solidão*. Trad. Marco Antônio Casanova. 2ª ed. Rio de Janeiro: Forense Universitária, 2011. p. 232.

[114] HEIDEGGER, Martin. *Os conceitos fundamentais da metafísica: mundo, finitude, solidão*. Trad. Marco Antônio Casanova. 2ª ed. Rio de Janeiro: Forense Universitária, 2011. p. 240 e 241. RODRIGUES, ao comentar a referida passagem de HEIDEGGER, afirma que o filósofo "tem em vista a apreensão da essência da animalidade enquanto tal, logo, a tese não diz respeito a este ou àquele animal em específico, mas à totalidade do gênero animal. Na medida em que pretende apreender pelo recurso ao método fenomenológico-hermenêutico o traço mais básico da animalidade". (RODRIGUES, Fernando. No limiar do mundo: a posição de Heidegger sobre a diferença entre animais e humanos. *Cadernos de filosofia alemã*, nº 14, jun/dez, 2009, p. 31-53. p. 36).

[115] HEIDEGGER, Martin. *Os conceitos fundamentais da metafísica: mundo, finitude, solidão*. Trad. Marco Antônio Casanova. 2ª ed. Rio de Janeiro: Forense Universitária, 2011. p. 242.

[116] CASELAS sustenta tratar-se de "uma pobreza paradoxal", já que ela consistiria na "posse de um certo 'mundo' que é definido negativamente através de uma falta diferenciadora por comparação". A

Pobre de mundo – pobreza diferente de riqueza; pobreza – o menos ante o mais. O animal é pobre de mundo. Ele tem menos. Menos o quê? Algo que lhe é acessível, algo com o que ele pode ser afetado enquanto animal, com o que ele pode se encontrar em ligação enquanto um vivente. Menos em comparação com o mais, em comparação com a riqueza, da qual dispõe as relações do ser-aí humano.[117]

O "mundo dos animais" possui uma limitação, uma pobreza, segundo o nosso modo de compreender, em duas perspectivas. Primeiro, uma *limitação quantitativa*. Segundo, uma *limitação qualitativa*. Por exemplo, "o mundo das abelhas é limitado a uma determinada região [...]". Aqui vislumbramos uma pobreza decorrente da quantidade, uma *limitação quantitativa*. Porém, o "mundo dos animais", não apenas o da abelha, mas de todo e qualquer animal, também, possui uma limitação quanto ao "modo de penetração no que é acessível ao animal". Trata-se, a nosso sentir, de uma pobreza decorrente da falta de qualidade no acesso ao ente, uma *limitação qualitativa*. Por exemplo, "as abelhas trabalhadoras conhecem as flores que visitam, sua cor e aroma, mas não conhecem os estames destas flores enquanto estames". Portanto, não conhecem o ente enquanto ente.[118]

No entanto, o mundo do homem, em comparação com esse mundo, é expansivo, é rico. E sua expansibilidade, a nosso sentir, também se dá em duas perspectivas. Primeiro, uma *expansibilidade quantitativa*. Segundo, uma *expansibilidade qualitativa*. O mundo do homem não tem limites quanto a uma determinada região, é constantemente rico no que diz respeito à quantidade de entes que pode ter acesso, possui uma *expansibilidade quantitativa*. Mas a riqueza, também, é constantemente verificada na qualidade do acesso ao ente, na amplitude de penetração, pois possui uma *expansibilidade qualitativa*. O homem, por essas razões, é "formador de mundo". O mundo humano está sempre em formação. A sua dimensão de sentido permite-lhe um constante refinamento do acesso ao ente enquanto ente.[119]

Heidegger conclui que a diferença entre a "pobreza de mundo" e a "formação de mundo", em última análise, é uma "diferença" que diz respeito ao "grau dos níveis de plenitude na posse do ente respectivamente acessível". A partir dessa conclusão, o filósofo vai delinear, ainda que de modo preambular, o seu conceito de *mundo*: "mundo significa inicialmente a soma do ente acessível, seja para o animal ou para o homem, variável

comparação é realizada entre a pobreza e "a disponibilidade ou abertura à manifestação do ente de que os humanos são capazes". (CASELAS, António, J. Abertura ao mundo: categorização filosófica e destino da animalidade. *Saberes*, Natal-RN, vol. I, nº 6, fev., 2011, p. 115-128. p. 117).

[117] HEIDEGGER, Martin. *Os conceitos fundamentais da metafísica: mundo, finitude, solidão*. Trad. Marco Antônio Casanova. 2ª ed. Rio de Janeiro: Forense Universitária, 2011. p. 249.

[118] HEIDEGGER, Martin. *Os conceitos fundamentais da metafísica: mundo, finitude, solidão*. Trad. Marco Antônio Casanova. 2ª ed. Rio de Janeiro: Forense Universitária, 2011. p. 249. Os animais não possuem acesso ao ente enquanto ente, falta-lhes, pois, a "capacidade conceitual para compreender". (HAYES, Josh. Heidegger's fundamental ontology and the problem of animal life. *PhaenEx: journal of existential and phenomenological theory and culture*, nº 2, fall/winter, 2007, p. 42-60. p. 45).

[119] HEIDEGGER, Martin. *Os conceitos fundamentais da metafísica: mundo, finitude, solidão*. Trad. Marco Antônio Casanova. 2ª ed. Rio de Janeiro: Forense Universitária, 2011. p. 249.

segundo a abrangência e a profundidade da penetração".[120] O filósofo vai sustentar que:

> A rocha, sobre a qual o lagarto se deita, não está dada enquanto rocha para o lagarto, de tal modo que ele poderia perguntar por sua constituição mineralógica. O sol, sob o qual o lagarto se aquece, não está dado em verdade para ele enquanto sol, de tal modo que ele poderia colocar questões e mesmo dar respostas astrofísicas relacionadas com o sol. No entanto, o lagarto tampouco está apenas ao lado da rocha e entre outras coisas tais como o sol.[121]

O modo-de-ser do animal revela que ele possui uma ligação própria com o meio ambiente que o cerca. Ele está ligado ao seu "círculo de alimentação", as suas "presas", aos seus "inimigos", aos seus "parceiros sexuais". Porém, sua vida está limitada a um determinado meio, de tal forma que este se torna imperceptível para ele. O animal possui um mundo, um "mundo ambiente" (*Umwelt*), e nele movimenta-se. Entretanto, "o animal está encerrado em seu mundo ambiente (meio ambiente) como em um tubo que não se amplia nem se estreita".[122] O mundo que o animal possui não é o mesmo do homem, pois não contempla uma dimensão de sentido, em que é possível o acesso ao ente enquanto ente. Por esse motivo, pode-se dizer que homem e animal possuem mundo, mas o mundo do homem é o "mundo" (*Welt*) propriamente dito, enquanto o "mundo dos animais" é apenas um "mundo ambiente" (*Umwelt*).

Aceitando a diferença de mundos, entre o "mundo" (*Welt*) do homem e o "mundo dos animais" (*Umwelt*), como se daria a relação entre homem e animal? O homem vive com os animais? Eles vivem com o homem? Heidegger, ao discorrer sobre os animais domésticos, sustenta que "eles 'vivem' conosco", mas "nós não vivemos com eles". Entretanto, nós "estamos com eles".[123]

> Tomemos um exemplo significativo: os animais domésticos. Eles não são chamados assim porque se encontram em casa, mas porque pertencem à casa, servem à medida à casa.

---

[120] HEIDEGGER, Martin. *Os conceitos fundamentais da metafísica: mundo, finitude, solidão*. Trad. Marco Antônio Casanova. 2ª ed. Rio de Janeiro: Forense Universitária, 2011. p. 249 e 250.

[121] HEIDEGGER, Martin. *Os conceitos fundamentais da metafísica: mundo, finitude, solidão*. Trad. Marco Antônio Casanova. 2ª ed. Rio de Janeiro: Forense Universitária, 2011. p. 255.

[122] HEIDEGGER, Martin. *Os conceitos fundamentais da metafísica: mundo, finitude, solidão*. Trad. Marco Antônio Casanova. 2ª ed. Rio de Janeiro: Forense Universitária, 2011. p. 255 e 256. RODRIGUES, em sua análise, contribui para a compreensão da referida passagem. Segundo o autor, "o questionamento filosófico precisa apreender o sentido, na vida animal, da sua ligação com um entorno", ou seja, "é necessário ter clareza sobre a característica peculiar do ambiente dentro do qual o animal desempenha suas aptidões", pois "o animal conecta-se com o seu entorno e tem assim o seu ambiente". (RODRIGUES, Fernando. No limiar do mundo: a posição de Heidegger sobre a diferença entre animais e humanos. *Cadernos de filosofia alemã*, nº 14, jun/dez, 2009, p. 31-53. p. 37 e 38).

[123] HEIDEGGER, Martin. *Os conceitos fundamentais da metafísica: mundo, finitude, solidão*. Trad. Marco Antônio Casanova. 2ª ed. Rio de Janeiro: Forense Universitária, 2011. p. 269. Torna-se necessária a explicação: os animais "vivem conosco", mas "nós não vivemos com eles". O argumento, de HEIDEGGER, justifica-se por haver uma diferença de "mundo" entre homem e animal. Os animais podem efetivamente entrar no nosso "mundo", enquanto que nós não podemos entrar no "mundo" deles. Essa preposição é facilmente demonstrável. Os animais entram no nosso "mundo" porque possuímos a "dimensão de sentido", mas, nós, não entramos no "mundo dos animais" porque eles não possuem uma tal dimensão. O homem pode reconhecer o animal enquanto animal, mas o animal não pode reconhecer o homem enquanto homem. O animal tem acesso ao ente, mas não ao ente enquanto ente.

Entretanto, eles não pertencem à casa como o telhado, por exemplo, pertence à casa, protegendo-a das intempéries. Animais domésticos são mantidos em casa por nós, eles "vivem" conosco.[124]

O filósofo vai considerar essa relação como um "ser-com" (*Mitsein*), alertando que "este ser-com também não é, contudo, nenhum coexistir, uma vez que o cachorro não existe, mas apenas vive. Este ser-com é de tal modo que deixamos o animal se movimentar em nosso mundo".[125] Esse específico "ser-com", a nosso sentir, fundamenta ontologicamente a possibilidade de o homem oferecer cuidado-para-com-os-animais.[126]

### *b) A explicitação do elemento ontológico decisivo para a investigação*

A nosso juízo, o elemento decisivo para a presente investigação, demonstrado na analítica ontológica dos animais, seria a existência de um "mundo dos animais". Não um "mundo" (*Welt*) no sentido tradicional da palavra, mas, sim, no sentido de um "mundo ambiente" (*Umwelt*). Um mun-

---

[124] HEIDEGGER, Martin. *Os conceitos fundamentais da metafísica: mundo, finitude, solidão*. Trad. Marco Antônio Casanova. 2ª ed. Rio de Janeiro: Forense Universitária, 2011. p. 269.

[125] HEIDEGGER, Martin. *Os conceitos fundamentais da metafísica: mundo, finitude, solidão*. Trad. Marco Antônio Casanova. 2ª ed. Rio de Janeiro: Forense Universitária, 2011. p. 269 e 270. A afirmação de HEIDEGGER, permiti-nos vislumbrar alguns desdobramentos. É no nosso "mundo" que o animal divide com o homem o "poder-morrer" e o "poder-sofrer". Por não possuírem o "elemento da compreensão", os animais não compreendem a sua condição de fragilidade. Não compreendem a possibilidade constante de ocorrer – a qualquer momento – a total impossibilidade: a morte. (Sobre a morte na filosofia de HEIDEGGER, ver, por todos, LOHNER [LOHNER, Alexander. *Der Tod im Existentialismus: eine Analyse der fundamentaltheologischen, philosophischen und ethischen Implikationen*. Paderborn: Verlag Ferdinand Schöningh, 1997]). O animal não compreende, por isso o seu mundo é pobre. Já o ser-aí compreende não apenas a sua própria condição de fragilidade, mas, também, compreende a condição de fragilidade dos animais. Compreende que não apenas ele pode – a qualquer momento – deixar-de-ser, mas, também, o animal. Compreende que o sofrimento é possibilidade igualmente constante para os entes que – assim como ele – possuem o mais sensível "poder-ser": o "poder-sofrer". O ser-aí compreende, por isso o seu mundo é rico. A riqueza de mundo lhe permite exercer *poder* sobre os animais. Porém, essa mesma riqueza de mundo, permite-lhe, também, oferecer *cuidado*. É graças ao nosso "mundo", para usar a terminologia de HEIDEGGER, que o homem pode oferecer cuidado-para-com-os-animais.

[126] O "cuidado-para" (*die Fürsorge*) é um existencial central. Esse existencial possui duas origens: *(i)* ele é uma projeção do ser do ser-aí: o "cuidado" (*die Sorge*); *(ii)* mas, também, é decorrente de outro existencial: o "ser-com" (das *Mitsein*). O ser-aí, o ente que somos nós, é "cuidado" (*Sorge*). Entretanto, além disso, ele é "ser-com" (*Mitsein*). Pode-se dizer que o "cuidado-para" surge da comunhão entre o ser do ser-aí e o existencial "ser-com". O "cuidado", assim, ganha uma projeção relacional no "cuidado-para". Trata-se de uma abertura ética. (Sobre a abertura ética na filosofia de HEIDEGGER, ver, por todos, AURENQUE [AURENQUE, Diana. *Ethosdenken: Auf der Spur einer ethischen Fragestellung in der Philosophie Martin Heideggers*. Freiburg im Breisgau: Verlag Karl Alber, 2011]). O ser-aí, enquanto ser-no-mundo, desde sempre está numa dimensão fraternal de cuidado-para-com-o-outro. Mas quem seria o "outro"? (Sobre o "outro", enquanto objeto de reflexão, ver, por todos, WROBLEWSKI [WROBLEWSKI, Thorsten. *Der Andere und die Reflexion: Untersuchungen zur existenzphilosophischen Phänomenologie*. Freiburg im Breisgau: Verlag Karl Alber, 2008]); (Sobre o "outro", numa perspectiva da ontologia social, ver, por todos: THEUNISSEN [THEUNISSEN, Michael. *Der Andere: Studien zur Sozialontologie der Gegenwart*. Berlin; New York: Walter de Gruyter: 1977]). Apenas o ser-aí seria o "outro"? E os "outros" entes que dividem com o ser-aí o "poder-morrer" e o "poder sofrer"? Esse ponto, sobre a possibilidade de o homem oferecer cuidado-para-com-os-animais, será especificamente tratado no § 23, "A confirmação da interpretação da 'relação entre homem e animal como ser-com' a partir de um testemunho pré-ontológico e a matricial relação de cuidado-de-perigo (para-com-os-animais)".

do que – não obstante a ausência da dimensão de sentido e, portanto, ausência de acesso ao ente enquanto ente – é condição necessária, verdadeiro pressuposto, para falarmos sobre o indispensável elemento natural apontado na *analítica ôntica dos animais*. Apenas podemos falar em *senciência*, *capacidade de sofrimento* ou *sensibilidade animal*, porque o animal possui um mundo, o seu "mundo dos animais", o "mundo ambiente" (*Umwelt*). Esse elemento ontológico é pressuposto para falarmos em qualquer elemento ôntico. O esclarecimento de tal elemento ontológico é indispensável à demonstração de que os animais são os entes privilegiados do meio ambiente (natural), já que o referido privilégio só é possível por haver um "mundo dos animais". Porém, ainda que homem e animal vivam em "mundos distintos", os animais vivem com o homem e o homem está com os animais, donde decorre a verificação de um "ser-com" (*Mitsein*), verdadeiro fundamento ontológico da possibilidade de o homem oferecer cuidado-para-com-os-animais.

## § 7. A tarefa de uma desconstrução (desleitura) do antropocentrismo-radical na dogmática jurídico-penal

### *a) O que é o antropocentrismo-radical na dogmática jurídico-penal?*

A *pergunta pela possibilidade de os animais serem titulares de bens jurídico-penais* só será verdadeiramente concretizada quando se fizer a desconstrução (desleitura) do antropocentrismo-radical na dogmática jurídico-penal. O antropocentrismo-radical na dogmática jurídico-penal é um modo de compreender as coisas do direito penal em que está em causa apenas a proteção do humano. Toda e qualquer forma de proteção, por meio do direito penal, nesse modo de compreensão, possuiria – ao fim e ao cabo – um único destinatário: o homem. A história do antropocentrismo-radical na dogmática jurídico-penal é a história do esquecimento dos animais. O antropocentrismo-radical assumiu uma forma canônica na dogmática jurídico-penal. Trata-se de um fato notável. A manutenção do antropocentrismo-radical na dogmática jurídico-penal nada mais é que a consagração de uma tradição veneranda.

Podemos falar na existência de um *paradigma antropocêntrico-radical* no qual a dogmática jurídico-penal estaria imersa. Falar num tal paradigma é reconhecer a existência de uma compreensão jurídico-penal que, em regra, ignora o que está para além do humano. Essa ignorância manifesta-se como verdadeira miopia que – em certa medida – impede um olhar às coisas como elas realmente são, ou seja, impede-se de ir "às coisas elas mesmas" (*zu den Sachen selbst*).[127] O antropocentrismo-radical precisa fazer "contorcionismos

[127] A referida expressão husserliana é a máxima da fenomenologia, opondo-se "às construções soltas no ar, aos achados acidentais, à admissão de conceitos apenas aparentemente verificados, às pseudoquestões que frequentemente são transmitidas ao longo das gerações como 'problemas'". (HEIDEGGER,

hermenêuticos" para tentar justificar, a partir de sua lógica míope, a tutela penal de animais. Chega a sustentar que a tutela penal de animais teria por objeto o "sentimento humano de piedade" ou a "compaixão pelos animais" (*Mitgefühl mit der Tiere*).[128] O argumento é tão frágil que mais parece uma *reductio ad absurdum* para justificar o contrário.[129] O antropocentrismo-radical é um modo de perceber o direito penal, por meio de um olhar raso, que mantém veladas dimensões mais profundas de compreensão.[130] Em tais dimensões, desvela-se a possibilidade de o direito penal ser uma ordem de proteção que está para além dos humanos.[131] / [132]

Segundo Kuhn, quando o cientista se depara com um dado ou fenômeno novo que não se ajusta ao paradigma vigente, ele possui duas

---

Martin. *Sein und Zeit*. Tübingen: Max Niemeyer Verlag, 2006. p. 28). (Tradução livre). A "fenomenologia", lembra-se, será analisada no § 9, "O método fenomenológico da investigação".

128 Vale destacar que tal ideia encontra-se já na obra de BINDING. Para o autor, o *crime de crueldade contra animais* visaria a proteção do humano, ou seja, a tutela do seu sentimento de "compaixão pelos animais" (*Mitgefühl mit der Tiere*). (BINDING, Karl. *Die Normen und ihre Übertretungen: Eine Untersuchung über die Rechtmässige Handlung und die Arten des Delikts. Tomo I [Normen und Strafgesetze]*. 4ª ed. Leipzig: Verlag von Felix Meiner, 1922. p. 347). Na atualidade, REGIS PRADO, por todos, defende que o bem jurídico tutelado no *crime de crueldade contra animais* seria o "legítimo sentimento de humanidade (piedade, compaixão ou benevolência)". (REGIS PRADO, Luiz. *Direito penal do ambiente*. 3ª ed. São Paulo: Editora Revista dos Tribunais, 2011. p. 186).

129 Vide a nota de rodapé nº 16, sobre a inevitável aporia que incorre a tradição dogmática ao sustentar a tutela penal do "sentimento humano de piedade".

130 A análise do "antropocentrismo-radical", lembra-se, será aprofundada no capítulo terceiro (parte primeira) da investigação, "O direito penal e os animais: um caminho para a desconstrução (desleitura) do antropocentrismo-radical na dogmática jurídico-penal" (concretizações do § 7).

131 Poder-se-ia argumentar que o direito penal já é considerado uma ordem de proteção que está para além dos humanos, e, portanto, tal compreensão não seria nenhuma novidade, mas algo já consagrado pela tradição dogmática. Sustentar-se-ia tal entendimento no fato de existir – de longa data – a tutela penal de animais, assim como – mais recentemente – a tutela penal do meio ambiente. Por conseguinte, tal compreensão – a compreensão de que o direito penal seria uma ordem de proteção que estaria para além dos humanos – em nada poderia estar condicionada ao reconhecimento da *possibilidade de os animais serem titulares de bens jurídico-penais* ou ao reconhecimento da *possibilidade de superação do paradigma antropocêntrico-radical*. Porém, em tal linha de argumentação, parte-se de uma premissa falaciosa. Proteger os animais com a exclusiva finalidade de tutelar valores pertencentes unicamente ao seres humanos é considerar o direito penal, inegavelmente, uma ordem de proteção limitada aos humanos. Os bens jurídicos, e a sua respectiva titularidade, são vetores que apontam para a abrangência e os limites da ordem de proteção jurídico-penal. Se os bens jurídicos estiverem unicamente relacionados com os seres humanos, ou seja, titularizados unicamente por eles, então o direito penal não poderá ser uma ordem de proteção que está para além dos humanos. Analisando a questão pela perspectiva do paradigma dogmático, também, chegaremos à mesma conclusão. Não é possível aceitar o *paradigma antropocêntrico-radical* e, ao mesmo tempo, aceitar que o direito penal seja uma ordem de proteção para além dos humanos. As duas compreensões se contradizem. O *paradigma antropocêntrico-radical* limita, ao humano, a abrangência da proteção operada pela ordem jurídico-penal. Portanto, ao reconhecermos que o direito penal é uma ordem de proteção que está para além dos humanos, já transcendemos o paradigma antropocêntrico-radical, ou seja, já estamos movendo nossa compreensão dentro de uma paradigma antropocêntrico-ecocêntrico (antropocêntrico-moderado ou antropocêntrico-relacional).

132 D'AVILA assevera que o direito penal "de cunho marcadamente antropocêntrico, não consegue esconder um profundo sentimento de anacronismo e impotência". Por essa razão, há um "chamamento que, por isso, questiona o seu efetivo papel, se há algum, neste novo contexto mundial". Há um convite ao "redimensionamento de sua tarefa, ao questionamento de seus fundamentos". Em um tal horizonte é que buscamos um *fundamento onto-antropológico da tutela penal de animais*. O autor sustenta, ainda, também pelas razões antes expostas, que vivemos "um tempo de crise do direito penal moderno". (D'AVILA, Fabio Roberto. *Ofensividade e crimes omissivos próprios: contributo à compreensão do crime como ofensa ao bem jurídico*. Coimbra: Coimbra Editora, 2005. p. 30).

alternativas: *(i) ignora o dado ou fenômeno novo*; *(ii) distorce o dado ou fenômeno novo*, de modo a ajustá-lo ao paradigma vigente.[133] A segunda alternativa parece ser verificada no caso da tutela penal de animais. A tradição dogmática frente a um novo fenômeno, que não se ajustava ao *paradigma antropocêntrico-radical*, preferiu realizar uma distorção, de modo a ajustá-lo ao paradigma vigente. A distorção realizada foi considerar a tutela penal de animais como tutela penal do sentimento humano, concluindo-se que os chamados "crimes contra animais" seriam "crimes de proteção de sentimento" (*Gefühlschutzdelikte*).

*b) O que é a desconstrução (desleitura) do antropocentrismo-radical na dogmática jurídico-penal?*

Dentro do *paradigma antropocêntrico-radical* não há como reconhecer a *possibilidade de os animais serem titulares de bens jurídico-penais*. É necessária uma desconstrução (desleitura) do antropocentrismo-radical na dogmática jurídico-penal. A questão-dos-animais, como visto no § 4º, busca responder quem são os animais. A questão-dos-animais, quando analisada por meio do olhar interessado da dogmática jurídico-penal, ganha uma tarefa: a tarefa de uma desconstrução (desleitura) do antropocentrismo-radical.

A desconstrução do antropocentrismo-radical não é o fim do antropocentrismo na dogmática jurídico-penal, mas apenas um novo modo de reconhecê-lo e adentrá-lo. É necessário um novo adentramento no antropocentrismo, desvelando o papel dos animais nele oculto. A dogmática continuará a ser antropocêntrica, posto que não pode abrir mão do seu "pressuposto antropocêntrico", pois reconhecemos, com Castanheira Neves, que "pensar em referência ao homem é a própria condição essencial de possibilidade – é pressuposto constitutivamente irredutível da juridicidade".[134] Porém, se – na referida desconstrução – a dogmática continuará a ser antropocêntrica, então não mais será antropocêntrica-radical, mas, será, sim, antropocêntrica-ecocêntrica ou antropocêntrica-moderada, ou, ainda, antropocêntrica-relacional.[135] Reconhece-se que o direito penal é feito pelo homem, mas não apenas para a proteção do homem. Desconstruir o antropocentrismo-radical na dogmática jurídico-penal é colocar em liberdade um horizonte em que o direito penal possa ser compreendido como uma ordem de proteção que está para além dos humanos.[136]

---

133 KUHN, Thomas. Trad. Nelson Boeira. *A estrutura das revoluções científicas*. 7ª ed. São Paulo: Perspectiva, 2003. p. 78.

134 CASTANHEIRA NEVES, António. O direito interrogado pelo presente na perspectiva do futuro. *Boletim da Faculdade de Direito (BFD)*, vol. LXXXIII, p. 1-72. Coimbra: Coimbra Editora, 2007. p. 66.

135 Utilizam-se, como sinônimos, as três expressões: *(i)* "antropocentrismo-ecocêntrico"; *(ii)* "antropocentrismo-moderado"; *(iii)* "antropocentrismo-relacional".

136 Vale lembrar que o direito penal não é um sistema, mas, sim, uma "ordem", muito embora tenha "o seu próprio sistema". (FARIA COSTA, José Francisco. O princípio da igualdade, o direito penal e a Constituição. *RBCCrim*, 100 (2013), ano 21, Jan/Fev, p. 227-251. p. 247).

A tarefa de uma desconstrução (desleitura) da forma canônica assumida pelo antropocentrismo-radical, na dogmática jurídico-penal, necessita do olhar fenomenológico. É preciso "desaprisionar" conceitos e categorias. É necessária a consciência de que as respostas oferecidas pela tradição dogmática têm o irremediável caráter da provisoriedade, já que tais respostas são frutos da "historicidade" (*Geschichtlichkeit*).[137] A tutela penal de animais é desvelada como um caminho para a superação da forma canônica adquirida pelo antropocentrismo-radical na dogmática jurídico-penal. Com outras palavras: o cuidado-para-com-os-animais revela-se como um *Leitmotiv* para (re)pensar o atual paradigma da dogmática jurídico-penal. A relação entre a tutela penal de animais e a superação da forma canônica adquirida pelo antropocentrismo-radical na dogmática jurídico-penal é circular. Trata-se, porém, da boa circularidade.

*c) A circularidade na desconstrução (desleitura) do antropocentrismo-radical na dogmática jurídico-penal*

A desconstrução (desleitura) do antropocentrismo-radical na dogmática jurídico-penal é circular. Trata-se, entretanto, da boa circularidade: o "círculo virtuoso" (*circulus virtuosus*).[138] O reconhecimento da *possibilidade de os animais serem titulares de bens jurídico-penais* implica o reconhecimento da possibilidade de desconstrução do antropocentrismo-radical na dogmática jurídico-penal. Porém, devido à circularidade, o contrário também é verdadeiro. O reconhecimento da possibilidade de desconstrução do antropocentrismo-radical na dogmática jurídico-penal implica o reconhecimento da *possibilidade de os animais serem titulares de bens jurídico-penais*. Portanto, o reconhecimento de uma implica o reconhecimento da outra. Em tal movimento circular deve-se olhar para o que está dentro do círculo: a possi-

---

[137] A provisoriedade das respostas da tradição dogmática, em certa medida, é uma projeção do sentido do ser de quem faz o direito penal e a sua dogmática: o homem. HEIDEGGER nos diz que "o sentido do ser do ser-aí é a temporalidade". (HEIDEGGER, Martin. *Sein und Zeit*. Tübingen: Max Niemeyer Verlag, 2006. p. 328). (Tradução livre). Se é o homem quem faz o direito penal e a sua dogmática, então não podemos desconsiderar que o caráter temporal desta, em alguma medida, manifesta o sentido do ser de quem a faz. Caráter temporal aqui deve ser entendido como abertura à historicidade, inacabamento, constante devir. O caráter temporal é a marca fundamental da "ciência procurada" (*episteme zetoumene*). Com outras palavras: pode-se dizer que se o ser-aí é o seu "aí', ou seja, é o seu horizonte histórico, então somos forçados a reconhecer que o direito penal, enquanto tarefa do ser-aí, é iluminado por essa característica. O direito penal é estruturado por horizontes históricos, ou seja, ele é historicamente determinado. Os horizontes históricos são criados a partir de sedimentações. Reconhecemos, também, que o direito penal se orienta constantemente por uma articulação de significados e sentidos sedimentados. Os sentidos e significados são filhos do *tempo do mundo que muda o mundo do direito penal*, desvelando-se a dogmática jurídico-penal como "ciência procurada" (*episteme zetoumene*). Destaca-se que a "historicidade" será analisada no § 22, "A analítica existencial: incidência das estruturas de 'Ser e Tempo' no fundamento onto-antropológico do direito penal", IV. Lembra-se que o dicionário de conceitos da investigação (Conceitos fundamentais utilizados) traz a definição da expressão "abertura à historicidade".

[138] HEIDEGGER afirma que "o decisivo não é sair do círculo, mas entrar no círculo de modo adequado" (HEIDEGGER, Martin. *Sein und Zeit*. Tübingen: Max Niemeyer Verlag, 2006. p. 153. (Tradução livre).

bilidade de o direito penal ser uma ordem de proteção que está para além dos humanos.[139]

Desde o seu surgimento, a tutela penal de animais apresenta-se como um problema aberto para a tradição dogmática. Tentou-se, de inúmeras formas, justificar esse âmbito de intervenção jurídico-penal. Porém, grande parte das tentativas esbarraram em contradições. Tentou-se salvar o antropocentrismo-radical por meio da subversão de princípios limitadores do direito penal. Incriminavam-se condutas contra animais para tutelar sentimentos humanos. Porém, já que tal âmbito de intervenção se mostrou necessário, considerando a presença de dignidade penal e carência de tutela, então – ao surgimento da tutela penal de animais – restavam dois caminhos: *(i)* salvava-se o antropocentrismo-radical, enfraquecendo a coerência dos princípios limitadores do direito penal; ou *(ii)* enfraquecia-se o antropocentrismo-radical salvando a coerência dos princípios limitadores do direito penal. O segundo caminho era especialmente difícil de ser escolhido. Era difícil até mesmo de ser reconhecido como caminho, pois o antropocentrismo-radical era visto como um dogma, uma forma inquestionável de compreender as coisas do direito penal. Para além disso, os princípios limitadores do direito penal ainda não tinham alcançado o apogeu da sua consolidação.[140] Tornava-se forçoso reconhecer a tutela penal de animais como tutela penal do sentimento humano de piedade. Porém, nesses quase dois séculos entre o surgimento da tutela penal de animais e os dias de hoje, desenvolveu-se um processo. Trata-se de um processo de reconhecimento: o reconhecimento de um valor na vida para além dos humanos. Em meio a esse processo, passou-se a enxergar limites para a instrumentalização dos animais. Os achados das ciências biológicas provaram que podem sofrer. Se podem sofrer, então são sujeitos de um *interesse*: o *interesse* em *não-sofrer*. Torna-se, então, pertinente a *pergunta pela possibilidade de os animais serem titulares de bens jurídico-penais*. Quando realizamos essa pergunta, entretanto, o *paradigma antropocêntrico-radical* já está sendo questionado. Mais. O contrário também é verdadeiro. Quando questionamos o paradigma antropocêntrico-radical já estamos, também, questionando se o homem seria o único – sujeito-de-interesse – destinatário da proteção realizada por meio do direito penal. Trata-se da boa circularidade entre a pergunta da investigação e a desconstrução (desleitura) do *paradigma antropocêntrico-radical*.

[139] HEIDEGGER sustenta que o "movimento circular" é "o sinal de que nos movimentamos no âmbito da filosofia". O "entendimento vulgar" apenas quer "chegar até a sua meta, de modo a possuir as coisas e manipulá-las". O movimento circular nos causa vertigem e "a vertigem é pavorosa", pois é "como se estivéssemos dependurados no nada". Porém, "quem nunca foi tomado pela vertigem em meio a uma pergunta filosófica ainda não chegou efetivamente a perguntar de maneira filosofante". Ao andar em círculo o decisivo é "olhar para o interior do centro". (HEIDEGGER, Martin. *Os conceitos fundamentais da metafísica: mundo, finitude, solidão*. Trad. Marco Antônio Casanova. 2ª ed. Rio de Janeiro: Forense Universitária, 2011. p. 232 e 233).

[140] Estamos a falar de 1838, o ano de surgimento do primeiro tipo penal a tutelar animais de que se tem notícia, conforme nota de rodapé nº 15.

## § 8. A confirmação da atualidade da pergunta (da investigação) a partir de três testemunhos legislativos

A atualidade da pergunta da investigação pode ser confirmada, notadamente, a partir de três testemunhos legislativos: *(a)* o primeiro, verificado no Brasil, é o *Anteprojeto do novo Código Penal*, com a criação de novas figuras típicas que ampliam a tutela penal dos animais; *(b)* o segundo, verificado na Alemanha, é a *Lei de Proteção dos Animais* (*Tierschutzgesetz*), com o tipo penal de crueldade contra animais (*Tierquälerei*); *(c)* o terceiro, verificado em Portugal, é a *criminalização dos atos de abandono e maus-tratos a animais de companhia*. O que os três testemunhos possuem em comum é o fato de revelar a urgência da discussão sobre a tutela penal de animais, em diversos aspectos, tais como: *(i)* delimitação de quais animais estariam protegidos por tal tutela; *(ii)* identificação dos bens jurídico-penais tutelados; *(iii)* necessidade de se (re)pensar o paradigma antropocêntrico-radical; *(iv)* identificação da titularidade dos bens jurídico-penais tutelados.

Ressalta-se, porém, que os três referidos testemunhos legislativos serão apresentados com a exclusiva finalidade de confirmar a atualidade do tema. Tais testemunhos possuem absoluta inaptidão para qualquer esforço de legitimação da tutela penal de animais.[141]

### *a) O testemunho legislativo brasileiro: Anteprojeto do novo Código Penal*

Este diploma legislativo, apesar de ainda não possuir força de lei, permite a identificação da atualidade de uma demanda. Torna-se um fato incontestável que – com as sugestões para a criação de determinados tipos penais, elaborados pela *comissão especial de juristas*, resultado, em grande parte, das inúmeras manifestações de ativistas e defensores da causa animal – há uma atual demanda social. A demanda é antiga, mas permanece atual. Trata-se de uma questão de reconhecimento.[142] Os valores e interesses estão sujeitos a mudanças. Reconhece-se maior importância a determinados valores e interesses já consagrados, a exemplo dos valores e interesses relacionados à proteção de animais. Esse fato nos permite vislumbrar uma

---

[141] A antiguidade e/ou atualidade de uma intervenção jurídico-penal nada podem dizer sobre a sua legitimidade. Necessárias são as palavras de FARIA COSTA: "nas comunidades humanas nada está perenemente legitimado" (FARIA COSTA, José de. *O perigo em direito penal: contributo para a sua fundamentação e compreensão dogmáticas*. Coimbra: Coimbra Editora, 2000. p. 30). Porém, a pergunta da investigação busca desvelar um fenômeno que hoje é uma realidade jurídica. Hoje, indubitavelmente, os animais são tutelados pelo direito penal. Tomando como premissa tal realidade jurídica, questiona-se a possibilidade de serem considerados titulares de bens jurídico-penais. Observa-se que o questionamento sobre a legitimidade da tutela penal de animais não é uma tarefa direta da pergunta da investigação.

[142] A proteção de animais vem adquirindo um novo sentido, ligado à superação do paradigma antropocêntrico-radical. Reconhece-se um valor no animal enquanto indivíduo, não um valor instrumental, mas, sim, um valor apartado de qualquer utilidade para o ser humano. Tal valor, vislumbrado no animal, é manifestação de um novo olhar. O que estaria em questão não mais seria o quanto os animais poderiam servir ao seres humanos, mas a inquestionável fragilidade que possuem.

mudança na compreensão de valores e interesses elevados à condição de indispensáveis ao convívio comunitário, de modo que o *tempo do mundo muda o mundo do direito penal*, já que inegável é a sua abertura à "historicidade", na medida em que é uma projeção do nosso modo-de-ser.[143]

O *Anteprojeto do novo Código Penal*, como se verá na sequência, está situado dentro dessa atmosfera de mudança – quanto ao grau de importância – de determinados valores e interesses com dignidade penal. Considerando que dentre esses valores e interesses estão aqueles diretamente relacionados à proteção dos animais, impõe-se um desafio ao direito penal, que tradicionalmente teve a sua teoria geral estruturada dentro de um *paradigma antropocêntrico-radical*. Pode-se afirmar que a teoria geral do delito não foi originalmente desenvolvida para contemplar âmbitos de intervenção como a tutela penal de animais. Apresenta-se, a partir daí, um chamado para (re)pensar determinados conceitos e categorias do direito penal, a exemplo da titularidade de bens jurídico-penais, assim como o paradigma no qual a dogmática jurídico-penal está imersa, o *paradigma antropocêntrico-radical*.[144]

A *comissão especial de juristas*, responsável pela elaboração originária do *Anteprojeto do novo Código Penal*, apresentou argumentos para a ampliação da tutela penal de animais:

> *A proteção dos animais.* Tendo em vista os inúmeros movimentos em defesa dos animais e a consciência da violência cometida contra os mesmos, a Comissão não poderia ficar insensível à realidade, razão pela qual propôs a criminalização de novas condutas e, especialmente, maior reprovação a tais comportamentos.[145]

A tutela penal de animais, no Brasil, realizava-se por meio de um único tipo penal, o chamado *crime de crueldade contra animais*, situado no capítulo dos crimes contra a fauna, da Lei nº 9.605/1998 (*Lei dos Crimes Ambientais*):

> Art. 32. Praticar ato de abuso, maus-tratos, ferir ou mutilar animais silvestres, domésticos ou domesticados, nativos ou exóticos: Pena – detenção, de três meses a um ano, e multa. § 1º Incorre nas mesmas penas quem realiza experiência dolorosa ou cruel em animal vivo, ainda que para fins didáticos ou científicos, quando existirem recursos alternativos. § 2º A pena é aumentada de um sexto a um terço, se ocorre morte do animal.[146]

Porém, com a atual versão do *Anteprojeto do novo Código Penal* (versão do *relatório final*), a tutela penal de animais está sendo ampliada para dois tipo penais. Manteve-se o tipo penal de *crueldade contra animais*, com majoração das penas previstas. Criou-se o crime de *promoção de confronto entre animais*, proibindo penalmente as chamadas *rinhas*.

---

[143] Conforme a ideia sustentada na nota de rodapé nº 24, ao tratar da compreensão de FARIA COSTA sobre o conceito de direito penal.

[144] Segundo D'AVILA, "o direito penal contemporâneo" é "um direito pensado para uma sociedade muito diferente daquela que hoje vivenciamos", pois "os grandes perigos sempre foram experienciados pelas comunidades, porém não como elementos que se refratassem em nível jurídico-penal". (D'AVILA, Fabio Roberto. *Ofensividade e crimes omissivos próprios: contributo à compreensão do crime como ofensa ao bem jurídico.* Coimbra: Coimbra Editora, 2005. p. 31).

[145] *Anteprojeto do novo Código Penal*, 18 de junho de 2012. [versão da Comissão Especial de Juristas]. p. 408.

[146] *Lei nº 9.605* (Lei dos Crimes Ambientais), 12 de fevereiro de 1998.

Art. 408 (*crueldade contra animais*). Praticar ato de abuso ou maus-tratos a animais domésticos, domesticados ou silvestres, nativos ou exóticos: Pena – prisão, de um a três anos. §1º Incorre nas mesmas penas quem realiza experiência dolorosa ou cruel em animal vivo, ainda que para fins didáticos ou científicos, quando existirem recursos alternativos. §2º A pena é aumentada de um terço se ocorre lesão grave permanente ou mutilação do animal. §3º A pena é aumentada de metade se ocorre morte do animal.[147]

Art. 409 (*promoção de confronto entre animais*). Promover, financiar, organizar ou participar de confronto entre animais de que possa resultar lesão, mutilação ou morte: Pena – prisão, de um a quatro anos. §1º A pena é aumentada de metade se ocorre lesão grave permanente ou mutilação do animal. §2º A pena é aumentada do dobro se ocorre morte do animal.[148]

Analisemos os argumentos, da *comissão de juristas*, para as criações e inovações nos dois referidos tipos penais:

Como se sabe, o abuso ou maus-tratos aos animais [...] eram considerados comportamentos contravencionais. A Lei 9.605, de 1998, criminalizou o abuso e os maus-tratos aos animais, punindo-os com privação de liberdade de 3 (três) meses a 1 (um) ano. A proposta da Comissão não somente reprime com maior vigor a conduta, como também suas consequências, notadamente se ocorre morte do animal. [...] Passa a ter autonomia em sede penal, eis que antes era conduta absorvida pelo crime de maus-tratos, a promoção, o financiamento, a organização e mesmo a participação em confronto entre animais de que possa resultar lesão, mutilação ou morte.[149]

O *Anteprojeto do novo Código Penal*, na sua versão originária, criado pela *comissão especial de juristas*, propunha uma ampliação da tutela penal de animais ainda mais expressiva. Tal proposta previa a inclusão de mais três tipos penais para a proteção de animais. Porém, tais tipos penais foram excluídos na versão do *relatório final*. Não obstante a recusa dos referidos tipo penais, tal proposta merece aqui ser analisada, pois possui um valor histórico que vai ao encontro dos objetivos aqui pretendidos. Os tipos penais previam a proteção penal de animais contra: *transporte em condições inadequadas, abandono* e *omissão de socorro*.

Art. 392. Transportar animal em veículo ou condições inadequadas, ou que coloquem em risco sua saúde ou integridade física ou sem a documentação estabelecida por lei. Pena – prisão, de um a quatro anos.[150]

Art. 393. Abandonar, em qualquer espaço público ou privado, animal doméstico, domesticado, silvestre ou em rota migratória, do qual se detém a propriedade, posse ou guarda, ou que está sob cuidado, vigilância ou autoridade. Pena – prisão, de um a quatro anos.[151]

Art. 394. Deixar de prestar assistência ou socorro, quando possível fazê-lo, sem risco pessoal, a qualquer animal que esteja em grave e iminente perigo, ou não pedir, nesses casos, o socorro da autoridade pública. Pena – prisão, de um a dois anos. Parágrafo único – A pena é aumentada de um terço a um sexto, se o crime é cometido por servidor público com atribuição em matéria ambiental.[152]

---

147 *Anteprojeto do novo Código Penal*, 17 de dezembro de 2013 [versão do Relatório Final]. p. 433.

148 *Anteprojeto do novo Código Penal*, 17 de dezembro de 2013 [versão do Relatório Final]. p. 433.

149 *Anteprojeto do novo Código Penal*, 18 de junho de 2012. [versão da Comissão Especial de Juristas]. p. 408 e 409.

150 *Anteprojeto do novo Código Penal*, 18 de junho de 2012. [versão da Comissão Especial de Juristas]. p. 409.

151 *Anteprojeto do novo Código Penal*, 18 de junho de 2012. [versão da Comissão Especial de Juristas]. p. 409.

152 *Anteprojeto do novo Código Penal*, 18 de junho de 2012. [versão da Comissão Especial de Juristas]. p. 409.

Estando em pauta, hoje, a discussão de tantos aspectos da tutela penal de animais, surpreende a remanescente falta de compreensão do que ela verdadeiramente venha a ser. Uma vez mais o legislador brasileiro erra na sistematização dos tipos penais, levando à confusão entre a tutela penal da fauna e a tutela penal de animais.[153] Os referidos tipos penais – tanto na versão originária, elaborada pela *comissão de juristas*, quanto na versão do *relatório final* – estão localizados dentro de um título de *crimes contra a fauna*. Porém, como já demonstrado no primeiro capítulo da investigação, não se trata de *crimes contra a fauna*, mas, sim, de *crimes contra animais*. E a diferença longe está de ser meramente terminológica. Mais. O legislador brasileiro jamais realizou qualquer espécie de delimitação para esclarecer quais animais estariam protegidos pela lei penal. Revela-se, aqui, uma vez mais, a urgência em se investigar a *possibilidade de os animais serem titulares de bens jurídico-penais* e todas as suas questões decorrentes, tais como a delimitação de quais animais estariam protegidos pela lei penal e quais bens jurídicos estariam sendo tutelados. As respostas a essas questões poderão, de alguma maneira, contribuir para colocar fim à confusão hermenêutica que se apresenta.

### *b) O testemunho legislativo alemão: Lei de Proteção dos Animais (Tierschutzgesetz)*

Na Alemanha as coisas se passam de um modo diferente. Por essa razão, enquanto comparativo, revela-se um importante testemunho. A legislação alemã distingue os crimes contra a fauna (crimes ambientais) dos crimes contra animais.[154] A Constituição Federal alemã, com a emenda de 26 de julho de 2002, passou a prever a proteção dos "fundamentos naturais da vida e os animais" (*die natürlichen Lebensgrundlagen und die Tiere*).[155]

> O Estado protegerá, também em virtude da sua responsabilidade para com as gerações futuras, no âmbito da ordem constitucional, os fundamentos naturais da vida e os animais,

[153] Como exemplo de tal erro de sistematização, veja-se o referido artigo 32 da Lei nº 9.605/1998 (*Lei dos Crimes Ambientais*). O raio de tutela, do referido tipo penal, alcança os animais domésticos, manifestamente excluídos do conceito de fauna. Também, proíbe a realização de "experiência dolorosa ou cruel", que nada tem haver com a lógica de proteção da fauna ou do equilíbrio ecológico, já que não se está a falar na preservação da vida do animal – não obstante a sua morte seja causa de aumento de pena –, mas, tão somente, em evitar o seu sofrimento. O art. 32 parece ter por finalidade evitar o sofrimento desnecessário do animal. Mas o sofrimento não pode ser perspectivado a partir da fauna, uma dimensão da coletividade animal, pois diz respeito a cada um dos animais, diz respeito ao animal enquanto indivíduo.

[154] Na Alemanha, há uma específica lei de proteção dos animais (*Tierschutzgesetz*), contendo a previsão legal de crimes que em nada tem haver com a tutela penal do meio ambiente, tratando-se, tão somente, da tutela penal de animais. No Brasil, a proteção dos animais se mostra diferente, principalmente porque não há, no ordenamento jurídico brasileiro, uma lei específica de proteção dos animais, constitucionalmente recepcionada, mas, apenas, um Decreto de 1934, do então Presidente Getúlio Vargas, que – não obstante ser um importante instrumento para a interpretação de determinados termos legais, como "maus-tratos aos animais" – não mais opera efeitos jurídicos.

[155] *Grundgesetz für die Bundesrepublik Deutschland*, 23 de maio de 1949, artigo. 20a.

por meio da legislação, e, em conformidade com a lei e o direito, por meio dos Poderes Executivo e Judiciário.[156]

Em âmbito infraconstitucional, a *Lei de Proteção dos Animais* (*Tierschutzgesetz*) vai considerar o animal como "cocriatura" (*Mitgeschöpf*), protegendo a sua "vida" (*Leben*) e o seu "bem-estar" (*Wohlbefinden*).[157]

> O objetivo desta lei, com a responsabilização dos seres humanos, é proteger a vida e o bem-estar dos animais enquanto cocriaturas. Ninguém poderá, sem motivo razoável, causar dor, sofrimento ou lesão a um animal.[158]

A referida lei também opera a tutela penal de tais valores, por meio do seu §17, que estabelece o tipo penal de *crueldade contra animais* (*Tierquälerei*),[159] delimitando quais animais serão protegidos:

> Será punido com pena privativa de liberdade de até três anos ou multa, quem: 1. Matar um animal vertebrado sem motivo razoável; 2. Infligir a um animal vertebrado: a) consideráveis dores ou sofrimentos por mera crueldade ou b) consideráveis dores ou sofrimentos prolongados ou repetidos.[160]

### *c) O testemunho legislativo português: criminalização dos atos de abandono e maus-tratos a animais de companhia*

Em Portugal, a partir de 29 de agosto de 2014, passaram a ser considerados crimes as condutas de abandono e maus-tratos a animais de companhia. A *exposição de motivos* do parlamento português, por si só, já seria um valioso testemunho sobre a urgência da discussão proposta:

> A necessidade de proteção da vida animal reúne hoje, nas sociedades contemporâneas, um amplo e generalizado consenso. A dignidade e o respeito atribuídos à vida animal são princípios integradores do léxico da política legislativa da União Europeia, encontrando concretização nos diferentes ordenamentos jurídicos Nacionais. Esta evolução legislativa, além de conceptual, é civilizacional já que tem atribuído à vida animal a dignidade de um "ser vivo". [...] Com estas novas tipificações criminais pretende-se garantir as exigências de prevenção geral, especial e de retribuição aceitáveis pela consciência social atual.[161]

---

[156] *Grundgesetz für die Bundesrepublik Deutschland*, 23 de maio de 1949, artigo. 20a. (Tradução livre).

[157] *Tierschutzgesetz*, 24 de julho de 1972 [alterada em 28 de julho de 2014], Erster Abschnitt, Grundsatz, § 1.

[158] *Tierschutzgesetz*, 24 de julho de 1972 [alterada em 28 de julho de 2014], Erster Abschnitt, Grundsatz, § 1. (Tradução livre).

[159] Segundo HIRT, MAISACK e MORIZ, o crime de crueldade contra animais (*Tierquälerei*), tipificado no § 17 da lei de proteção dos animais (*Tierschutzgesetz*), pode ser cometido tanto na forma comissiva, quanto omissiva. Observa-se o crime na forma omissiva quando a crueldade é realizada por meio do não cumprimento de um dever de cuidado. (HIRT, Almuth; MAISACK, Christoph; MORITZ, Johanna. *Tierschutzgesetz: Kommentar*. München: Verlag Franz Vahlen, 2003. p. 401 e 402).

[160] *Tierschutzgesetz*, 24 de julho de 1972 [alterada em 28 de julho de 2014], Erster Abschnitt, Grundsatz, § 17. (Tradução livre). Observa-se, na referida lei, uma importante delimitação quanto aos animais tutelados. A proibição penal diz respeito a "matar um animal vertebrado". HIRT, MAISACK e MORIZ sustentam que na lei de proteção dos animais (*Tierschutzgesetz*), "entende-se por morte a morte encefálica" (*der Hirntod*). (HIRT, Almuth; MAISACK, Christoph; MORITZ, Johanna. *Tierschutzgesetz: Kommentar*. München: Verlag Franz Vahlen, 2003. p. 401). (Tradução livre).

[161] *Projeto de Lei nº 475/XII* (altera o Código Penal, criminalizando os maus-tratos a animais de companhia), 05 de dezembro de 2013. p. 1. Observamos, na segunda linha da referida *exposição de motivos* do

Portugal já possuía legislação de proteção dos animais, a exemplo dos seguintes diplomas legislativos: *(c.1)* Lei nº 92, de 12 de setembro 1995, alterada pela Lei nº 19, de 31 de julho de 2002 (*proteção dos animais*); *(c.2)* Decreto-Lei nº 129, de 6 de julho de 1992, alterado pelo Decreto-Lei nº 197, de 16 de outubro de 1996 (*proteção dos animais utilizados para fins experimentais e outros fins específicos*); *(c.3)* Decreto-Lei nº 276, de 17 de outubro 2001, com as alterações subsequentes (*aplicação da Convenção Europeia para a proteção dos animais*). Buscou-se adequar, a essa legislação, a tutela penal de animais de companhia, por meio da criação de dois tipos penais (*abandono* e *maus-tratos a animais de companhia*), além do conceito de animal de companhia, inclusos no título "Dos crimes contra animais de companhia":

> Artigo 387º (*Maus-tratos a animais de companhia*) 1 – Quem, sem motivo legítimo, infligir dor, sofrimento ou quaisquer outros maus-tratos físicos a um animal de companhia é punido com pena de prisão até um ano ou com pena de multa até 240 dias. 2 – Se dos factos previstos no número anterior resultar a morte do animal, o agente é punido com a pena de prisão até dois anos ou com pena de multa até 360 dias.[162]
>
> Artigo 388º (*Abandono de animais de companhia*) Quem abandonar animal de companhia, tendo o dever de o guardar, vigiar ou assistir, é punido com pena de prisão até seis meses de prisão ou com pena de multa até 120 dias.[163]
>
> Artigo 389º (*Conceito de animal de companhia*) Para efeitos do disposto neste título, entende-se por animal de companhia, qualquer animal detido ou destinado a ser detido pelo homem, designadamente no seu lar, para seu entretenimento e companhia.[164]

Com os testemunhos apresentados, nas diferentes experiências dos três referidos países, demonstra-se a atualidade da discussão sobre a tutela penal de animais e, portanto, confirma-se a atualidade da pergunta da presente investigação.

## § 9. O método fenomenológico da investigação

Para que sejam alcançados os resultados pretendidos pela investigação, além de conferir sentido ao que até aqui foi conquistado, torna-se uma tarefa indispensável a *identificação* e *explicação* do método. A passagem ideal

parlamento português, uma exaltação da ideia de "consenso", talvez na tentativa de traduzi-lo como legitimidade da intervenção jurídico-penal: "A necessidade de proteção da vida animal reúne hoje, nas sociedades contemporâneas, um amplo e generalizado consenso". Porém, deve-se atentar que o consenso não basta, pois "a ordem jurídica não é só, nem fundamentalmente, uma ordem de consenso ou de consensos. A validade ou a legitimidade materiais não se estruturam nem ganham a sua razão de ser unicamente através da legitimidade que advém do consenso". (FARIA COSTA, José de. *O perigo em direito penal: contributo para a sua fundamentação e compreensão dogmáticas*. Coimbra: Coimbra Editora, 2000. p. 31).

[162] *Projeto de Lei nº 475/XII* (altera o Código Penal, criminalizando os maus-tratos a animais de companhia), 05 de dezembro de 2013. p. 3.

[163] *Projeto de Lei nº 475/XII* (altera o Código Penal, criminalizando os maus-tratos a animais de companhia), 05 de dezembro de 2013. p. 3.

[164] *Projeto de Lei nº 475/XII* (altera o Código Penal, criminalizando os maus-tratos a animais de companhia), 05 de dezembro de 2013. p. 4.

para a realização de uma tal tarefa deve ser essa, pois suficientemente clara já está a nossa interrogação e o horizonte teórico em que nos movemos.

*a) A fenomenologia*

A "fenomenologia" não é "um ponto de vista", nem tampouco uma "corrente". Ela possui o "significado primário de um conceito de método". A "fenomenologia" é um método que caracteriza "o como" (*das Wie*) dos objetos da investigação,[165] exprimindo a máxima "às coisas elas mesmas" (*zu den Sachen selbst*).[166] Opõe-se, essa máxima, "às construções soltas no ar, aos achados acidentais, à admissão de conceitos apenas aparentemente verificados, às pseudoquestões que frequentemente são transmitidas ao longo das gerações como 'problemas'".[167] Portanto, enquanto método, a "fenomenologia" busca o rigor na pesquisa.[168] A expressão "fenomenologia" é composta pela soma de dois componentes: *fenômeno* e *logos*. Revelando-se como ciência dos fenômenos.[169]

*b) O fenômeno*

O termo *fenômeno*, primeiro componente da "fenomenologia", decorre da palavra grega *phainomenon* (*φαινόμενο*), que – por sua vez – é derivada do verbo *phainesthai* (*φαίνεται*). O significado de *phainesthai* seria "o mostrar-se,

[165] HEIDEGGER, Martin. *Sein und Zeit*. Tübingen: Max Niemeyer Verlag, 2006. p. 27. (Tradução livre). HERRMANN esclarece que a "fenomenologia significa 'primariamente' um conceito de método" e "nisto reside uma certa restrição (*Einschränkung*)", pois "a fenomenologia, enquanto conceito de método, refere-se ao 'como' (*Wie*) na investigação filosófica" e não ao "'o que' (*Was*) do objeto tematizado". (HERRMANN, Friedrich-Wilhelm von. *Hermeneutische Phänomenologie des Daseins: Eine Erläuterung von „Sein und Zeit". Band I*. Frankfurt am Main: Vittorio Klostermann, 1987. p. 284). (Tradução livre).

[166] Para evitar distorções na compreensão, devemos atentar que na expressão "às coisas elas mesmas", a palavra "coisas" remete – no original em alemão – à *Sachen* e não à *Dingen*, pois esta corresponderia à "coisa física (a *res* de Descartes)", enquanto que aquela corresponderia a "problema" ou "questão". (DEPPRAZ, Natalie. *Compreender Husserl*. Petrópolis: Vozes, 2007. p. 27).

[167] HEIDEGGER, Martin. *Sein und Zeit*. Tübingen: Max Niemeyer Verlag, 2006. p. 28. (Tradução livre).

[168] Não à toa, HUSSERL, o fundador da fenomenologia, buscava – por meio de tal método – a ideia de "filosofia como ciência rigorosa". (HUSSERL, Edmund. *Die Philosophie als strenge Wissenschaft*. Hamburg: Felix Meiner Verlag, 2009). Porém, vale lembrar que tal ideia – de uma "filosofia como ciência rigorosa" – é anterior ao pensamento de HUSSERL, estando presente já na obra de REINHOLD. (REINHOLD, Karl Leonhard. *Über das Fundament des philosophischen Wissens. Über die Möglichkeit der Philosophie als strenge Wissenschaft*. Hamburg: Felix Meiner Verlag, 1978 [1ª edição em 1790]). De todo o modo, importante é atentar para as diferenças teóricas, quanto à concepção de fenomenologia, entre HUSSERL e HEIDEGGER. (Sobre o tema, ver, por todos, SEPP [SEPP, Hans Rainer. Husserl, Heidegger und die Differenz. In: BERNET, Rudolf; DENKER, Alfred; ZABOROWSKI, Holger. *Heidegger und Husserl*. Freiburg/München: Verlag Karl Alber, 2012. p. 233-248]); (Sobre a utilização da "fenomenologia" husserliana, especificamente no direito penal, ver, por todos, VELO [VELO, Joe Tennyson. A fenomenologia do dolo eventual. *RBCCrim*, 108 (2014), ano 22, Mai/Jun, p. 15-54]).

[169] HEIDEGGER, Martin. *Sein und Zeit*. Tübingen: Max Niemeyer Verlag, 2006. p. 28. HERRMANN, explicando a definição heideggeriana de fenomenologia, enfatiza: "portanto, a fenomenologia é nomeadamente a ciência dos fenômenos, no entanto, não no aspecto temático, mas sim metódico". (HERRMANN, Friedrich-Wilhelm von. *Hermeneutische Phänomenologie des Daseins: Eine Erläuterung von "Sein und Zeit". Band I*. Frankfurt am Main: Vittorio Klostermann, 1987. p. 291). (Tradução livre).

o manifesto". Trata-se, em verdade, da forma média de *phaino* (φαίνω), que possui o sentido de "trazer à luz do dia, pôr em claro". Nesse contexto, os *fenômenos* podem ser definidos como "o conjunto daquilo que está ou pode ser colocado à luz, aquilo que por vezes os gregos identificavam simplesmente com *ta onta* (o ente)". Portanto, o *fenômeno* é "aquilo que se mostra em si mesmo, o manifesto".[170] Porém, nesse mostrar-se, o ente pode aparentar ser aquilo que ele não é, ou seja, ele pode *parecer-ser*. Deparamo-nos, aqui, com o segundo sentido da palavra grega *phainomenon*. Se, num primeiro sentido, *phainomenon* é aquilo que se mostra, então, num segundo sentido, *phainomenon* é o *parecer-ser*, ou seja, aparência. Os dois sentidos se complementam, pois "somente na medida em que algo pretende se mostrar conforme o seu sentido, isto é, ser fenômeno, é que pode mostrar-se como algo que ele não é [...]".[171] O conceito de *fenômeno* (*phainomenon*) pode ainda ser classificado de dois modos: *(i) conceito vulgar de fenômeno*: é o ente que se manifesta; *(ii) conceito fenomenológico de fenômeno*: é o ser que se manifesta, mostrando-se em si mesmo, ocultando-se no ente.[172]

### *c) O logos*

O termo *logos* (λόγος), segundo componente da "fenomenologia", é entendido fundamentalmente como *discurso*. Encontra-se aqui um problema de delimitação. Sete diferentes interpretações, desenvolvidas pela tradição filosófica, encobrem o sentido próprio de *discurso* (*Rede*). O *discurso*, e consequentemente o *logos*, já foi interpretado como: *(i)* razão; *(ii)* juízo; *(iii)* conceito; *(iv)* definição; *(v)* fundamento; *(vi)* relação; *(vii)* proporção.[173] Observa-se que essas "interpretações múltiplas e arbitrárias da filosofia mascaram [...] o sentido de discurso",[174] dificultando enormemente a delimitação do *logos*. O motivo de tais interpretações destoantes seria "a passagem do grego para o latim e deste para as línguas nacionais", resultando na obstrução das "dimensões originárias" da palavra primitiva.[175]

Originalmente, *logos*, enquanto *discurso*, significava *deloun* (δηλουν). *Deloun*, por sua vez, significava "tornar manifesto aquilo de que trata o discurso". O *logos*, então, significava "tornar manifesto aquilo de que trata

---

[170] HEIDEGGER, Martin. *Sein und Zeit*. Tübingen: Max Niemeyer Verlag, 2006. p. 28. (Tradução livre). Para HERRMANN: "Fenômeno, então, indica apenas o modo como deve ser dado o objeto temático da filosofia para a investigação filosófica (*logos*)" . (HERRMANN, Friedrich-Wilhelm von. *Hermeneutische Phänomenologie des Daseins: Eine Erläuterung von "Sein und Zeit". Band I*. Frankfurt am Main: Vittorio Klostermann, 1987. p. 291). (Tradução livre).

[171] HEIDEGGER, Martin. *Sein und Zeit*. Tübingen: Max Niemeyer Verlag, 2006. p. 29. (Tradução livre).

[172] STEIN, Ernildo. *Introdução ao pensamento de Martin Heidegger*. Porto Alegre: Edipucrs, 2011. p. 54 e 55.

[173] HEIDEGGER, Martin. *Sein und Zeit*. Tübingen: Max Niemeyer Verlag, 2006. p. 32.

[174] STEIN, Ernildo. *Compreensão e finitude: estrutura e movimento da interpretação heideggeriana*. 2ª ed. rev. Ijuí: Unijuí, 2016. p. 169.

[175] STEIN, Ernildo. *Compreensão e finitude: estrutura e movimento da interpretação heideggeriana*. 2ª ed. rev. Ijuí: Unijuí, 2016. p. 170.

o discurso".[176] Segundo Heidegger, somente com Aristóteles foi possível a explicitação dessa função do *logos*, "tornar manifesto aquilo de que trata o discurso", como *apophainesthai*:

> O *logos* deixa ver (*phainesthai*) algo, a saber, aquilo sobre o que se discorre e o faz para quem discorre (*medium*) e para todos aqueles que discorrem uns com os outros. O discurso "deixa ver" *apo*... a partir daquilo sobre o que se discorre. No discurso (*apophansis*), na medida em que é autêntico, o que é dito no discurso deve ser extraído daquilo sobre o que se discorre, de tal forma que a comunicação discursiva torne manifesto no dito e, assim, acessível aos outros aquilo de que discorre [...].[177]

A função do *logos* apresenta-se como um "deixar-ver", ou seja, "o 'ser verdadeiro' do *logos* [...] significa: [...] tirar o ente de que se discorre do seu velamento, deixando-o ver como não velado, desvelado [...]".[178] Com a delimitação da função do *logos*, pode-se compreender a "fenomenologia" como um "deixar-ver a partir de si mesmo aquilo que se mostra, tal como se mostra por si mesmo", o que consagra a ideia de um retorno "às coisas elas mesmas" (*zu den Sachen selbst*).[179] Essa força primordial do *método fenomenológico* é inspirada pela *aletheia*.[180]

*d) A aletheia*

A importância da *aletheia* (*ἀλήθεια*) para a "fenomenologia" é verificada por ela ser "o ponto de partida, o caminho e o ponto de chegada do pensamento e da interrogação".[181] Trata-se de mais uma palavra grega de enorme complexidade, cujo o esclarecimento do seu significado é condição

---

176 HEIDEGGER, Martin. *Sein und Zeit*. Tübingen: Max Niemeyer Verlag, 2006. p. 32. (Tradução livre). BECKE, ao afirmar que o "logos" torna os objetos da investigação filosófica acessíveis, sustenta que "assim interpreta Heidegger a estrutura do *logos* como *apophainesthai*, apresentando-o como deixar-ver (*Sehenlassen*)". (BECKE, Andreas. *Der Weg der Phänomenologie: Husserl, Heidegger, Rombach*. Hamburg: Verlag Dr. Kovač, 1999. p. 83 e 84). (Tradução livre).

177 HEIDEGGER, Martin. *Sein und Zeit*. Tübingen: Max Niemeyer Verlag, 2006. p. 32. (Tradução livre).

178 HEIDEGGER, Martin. *Sein und Zeit*. Tübingen: Max Niemeyer Verlag, 2006. p. 33. (Tradução livre). DUBOIS, explicando a relação entre "logos" e "fenômeno", a partir da função daquele, sustenta que "se o fenômeno é o que se mostra por si mesmo, se o logos tem por finalidade mostrar a partir de si mesmo aquilo que se mostra, então um corresponde ao outro". (DUBOIS, Christian. *Heidegger: introdução a uma leitura*. Trad. Bernardo Barros Coelho de Oliveira. Rio de Janeiro: Jorge Zahar Editor, 2004. p. 23).

179 HEIDEGGER, Martin. *Sein und Zeit*. Tübingen: Max Niemeyer Verlag, 2006. p. 34.

180 STEIN, Ernildo. *Compreensão e finitude: estrutura e movimento da interpretação heideggeriana*. 2ª ed. rev. Ijuí: Unijuí, 2016. p. 15. Sobre a relação entre "aletheia", "logos" e "phainomenon", NUNES sustenta que HEIDEGGER reinterpretou "a descrição fenomenológica enquanto intuição das essências como *logos, phainomenon* e *aletheia*: o primeiro significando tornar patente ou manifesto aquilo de que se fala, portanto objeto do discurso; o segundo, aquilo que se mostra por si mesmo; e o terceiro, não velamento e não encobrimento". (NUNES, Benedito. *Heidegger & Ser e Tempo*. 3 ed. Rio de Janeiro: Zahar, 2010. p. 13). A análise desenvolvida, por NUNES, permite-nos avistar a importância da "aletheia" para a compreensão da *fenomenologia*.

181 STEIN, Ernildo. *Compreensão e finitude: estrutura e movimento da interpretação heideggeriana*. 2ª ed. rev. Ijuí: Unijuí, 2016. p. 15. BECKE, ao explicar a compreensão heideggeriana do método fenomenológico, afirma que na *aletheia* "desvela-se o ente como ele é" e "este é o caminho para as coisas elas mesmas (*zu den Sachen selbst*)". (BECKE, Andreas. *Der Weg der Phänomenologie: Husserl, Heidegger, Rombach*. Hamburg: Verlag Dr. Kovač, 1999. p. 85). (Tradução livre).

necessária para alcançarmos os objetivos dessa passagem da investigação, quais sejam, *identificação* e *explicação* do método que conduz a nossa interrogação.

Deve-se à *aletheia* a criação das "possibilidades e a atmosfera em que se desenvolve o método fenomenológico". Pode-se dizer que a *aletheia* é "a tarefa do próprio pensamento", pois, segundo Heidegger, ela é "o impensado digno de ser pensado, é o objeto por excelência do pensamento".[182] Mas concretamente o que isso significa? Como definir a *aletheia* de modo direto e objetivo? Por meio de uma palavra simples, que traduz a ideia central da "fenomenologia": *desvelamento*. Heidegger sustenta que *aletheia* é *desvelamento*.[183] Porém, o desvelamento pressupõe o velamento. Pode-se dizer que velamento e desvelamento são duas dimensões de uma mesma realidade. Essa é a chamada ambivalência da *aletheia*, tão bem expressa no fragmento nº 16 de Heráclito: "como pode alguém esconder-se diante daquilo que jamais tem ocaso?" (*τὸ μὴ δῦνόν ποτε πῶς ἄν τις λάθοι;*).[184] A *aletheia*, em certa medida, "resume o pensamento grego e contém em si o destino da filosofia ocidental", pois ela corresponde ao apelo daquilo que deve ser pensado, ao apelo da *atitude fenomenológica*.[185]

### *e) A atitude fenomenológica*

Para compreender a *atitude fenomenológica* é necessário *ab initio* confrontá-la com a *atitude natural*. Deve-se, primeiramente, ter em mente que a expressão *atitude* é aqui usada com o sentido de *perspectiva*, de *olhar*. A *atitude natural* é aquela do dia a dia, da cotidianidade, a "perspectiva padrão",

---

[182] STEIN, Ernildo. *Compreensão e finitude: estrutura e movimento da interpretação heideggeriana*. 2ª ed. rev. Ijuí: Unijuí, 2016. p. 59 e 61.

[183] HEIDEGGER, Martin. *Introdução à filosofia*. Trad. Marco Antonio Casanova. São Paulo: Martins Fontes, 2009. p. 81. HEIDEGGER esclarece, porém, que nem sempre a "aletheia" era compreendida com um significado positivo pelos gregos. Ela era também compreendida como "verdade", porém, em um sentido pejorativo: "o α [da palavra *ἀλήθεια*] é um α-particular. Eles tem assim uma expressão negativa para uma coisa (*Sache*) que nós compreendemos positivamente. 'Verdade' tem para os gregos o mesmo significado negativo que, em alemão, por exemplo, 'imperfeição' (*Unvollkommenheit*)". (HEIDEGGER, Martin. *Platon: Sophistes*. [Gesamtausgabe, Band n. 19]. Frankfurt am Main: Vittorio Klostermann, 1992. p. 15). (Tradução livre).

[184] STEIN, Ernildo. *Compreensão e finitude: estrutura e movimento da interpretação heideggeriana*. 2ª ed. rev. Ijuí: Unijuí, 2016. p. 113. HEIDEGGER, reconhecendo o valor e a importância dessa passagem da obra de HERÁCLITO, afirma que o fragmento nº 16 "talvez deva ser o primeiro" dentre todos. (HEIDEGGER, Martin. *Vorträge und Aufsätze*. [Gesamtausgabe, Band n. 7]. Frankfurt am Main: Vittorio Klostermann, 2006. p. 267). (Tradução livre). A ambivalência da "aletheia" é operada por meio de uma relação de contraste. DE GENNARO, explicando tal ideia, utiliza uma imagem poética – presente já na obra de HERÁCLITO – sobre a ambivalente relação entre dia e noite: "[...] dia e noite são alternadamente como apenas uma troca e um deixar-mudar, e, assim, possuem em sua natureza uma mútua conservação e recuperação [...]". (DE GENNARO, Ivon. *Logos – Heidegger liest Heraklit*. Berlin: Duncker & Humblot, 2001. p. 255). (Tradução livre). A imagem poética utilizada ilustra a relação entre "velamento" e "desvelamento".

[185] STEIN, Ernildo. *Compreensão e finitude: estrutura e movimento da interpretação heideggeriana*. 2ª ed. rev. Ijuí: Unijuí, 2016. p. 76 e 77. Fala-se, hoje, na existência de uma *doutrina da aletheia*. (WIESNER, Jürgen. *Parmenides – der Beginn der Aletheia*. Berlin: De Gruyter, 1996. p. 160).

utilizada para intencionar "coisas, situações, fatos e quaisquer outros tipo de objetos". Estamos originalmente na *atitude natural*. Nela nos relacionamos com as coisas do mundo e "a maneira pela qual aceitamos as coisas do mundo e o mundo mesmo é um modo de crença", descrita na palavra grega *doxa*.[186] Porém, essa crença pode ser refinada:

> Com o passar do tempo e à medida que nos tornamos mais velhos e mais inteligentes, introduzimos modalidades dentro de nossa crença; depois de descobrir que fomos enganados em algumas instâncias, gradualmente introduzimos as dimensões de ilusão, erro, decepção ou "mera" aparência. Gradualmente descobrimos que as coisas não são sempre como elas parecem; uma distinção entre ser e parecer entra em jogo, mas esta distinção é exercida só episodicamente, e exige grande sofisticação produzi-la.[187]

Entretanto, tudo o que até agora foi sustentado sobre a *atitude natural* não poderia ter sido desenvolvido por meio da própria *atitude natural*. Mostra-se aqui, de um modo quase autoexplicativo, a *atitude fenomenológica*. A *atitude fenomenológica* é mais "radical e abrangente" que a *atitude natural*, pois com ela "conseguimos 'alcançar o andar superior' de um modo que é único". Passar da *atitude natural* para a *atitude fenomenológica* não significa tornar-se um especialista em um determinado campo, mas, sim, "tornar-se filósofo".[188] A *atitude fenomenológica* deve ser ampliada "até se tornar o verdadeiro comportamento do filósofo".[189] Ao estar na *atitude fenomenológica*, deixa-se de ser um participante no mundo para contemplar "o que é ser um participante no mundo e nas suas manifestações". Pode-se realizar uma tal atitude por meio da suspensão das nossas crenças. Deve-se colocar "o mundo e as coisas nele" entre "parênteses",[190] pois a "essência da fenomenologia" seria "abrir, mediante a descrição e análise, o espaço em que se dão as coisas".[191]

Por todas as razões referidas, o *método fenomenológico* e, consequentemente, a *atitude fenomenológica*, pode ser aplicado em diversos campos, inclusive no direito. Importante é ressaltar a existência de uma forte tradição na utilização do *método fenomenológico* no direito, falando-se, inclusive, numa "doutrina fenomenológica do direito" (*Phänomenologische Rechtslehre*).[192]

---

[186] SOKOLOWSKI, Robert. *Introdução à fenomenologia*. Trad. Alfredo de Oliveira Moraes. São Paulo: Edições Loyola, 2012. p. 51 e 54.

[187] SOKOLOWSKI, Robert. *Introdução à fenomenologia*. Trad. Alfredo de Oliveira Moraes. São Paulo: Edições Loyola, 2012. p. 54.

[188] SOKOLOWSKI, Robert. *Introdução à fenomenologia*. Trad. Alfredo de Oliveira Moraes. São Paulo: Edições Loyola, 2012. p. 56.

[189] STEIN, Ernildo. *Um breve introdução à filosofia*. 2ª ed. Ijuí: Unijuí, 2005. p. 48.

[190] SOKOLOWSKI, Robert. *Introdução à fenomenologia*. Trad. Alfredo de Oliveira Moraes. São Paulo: Edições Loyola, 2012. p. 57 e 58.

[191] STEIN, Ernildo. *Um breve introdução à filosofia*. 2ª ed. Ijuí: Unijuí, 2005. p. 43.

[192] HRUSCHKA, Elisabeth. *Die Phänomenologische Rechtslehre und das Naturrecht*. [Inaugural Dissertation]. München: Charlotte Schön, 1967. HRUSCHKA refere que "a teoria fenomenológica do direito (*die phänomenologische Rechtstheorie*) é uma tendência própria da filosofia jurídica dos anos cinquenta". A autora expressa uma visão saudosista, ao afirmar que "em certa medida, com os escritos de Gerhard Husserl conhecemos o ponto alto e ao mesmo tempo o fim do movimento da fenomenologia do direito". (HRUSCHKA, Elisabeth. *Die Phänomenologische Rechtslehre und das Naturrecht*. [Inaugural Dissertation]. München: Charlotte Schön, 1967. p. 11 e 27). (Tradução livre).

Aplicar o *método fenomenológico* no direito "significa tentar apanhar o pré-lógico, o antepredicativo [...] do direito".[193]

O *método fenomenológico* será utilizado, na investigação, com o intuito de superar a atitude natural da dogmática jurídico-penal frente à questão-dos-animais e à *pergunta pela possibilidade de os animais serem titulares de bens jurídico-penais*. Utilizar o *método fenomenológico*, da maneira pretendida, é desvelar os caminhos encobertos – na tradição dogmática – que permitem a pergunta da investigação, percebendo a dogmática jurídico-penal como "ciência procurada" (*episteme zetoumene*), abertura, não obturação.[194]

## § 10. As conquistas do 2º Capítulo (Parte Primeira)

*(i)* Apresentou-se uma (breve incursão numa) analítica ôntico-ontológica dos animais, dividida em duas partes: (a) analítica ôntica dos animais; e (b) analítica ontológica dos animais. Na analítica ôntica dos animais, especialmente por meio dos achados das ciências biológicas, conquistou-se a compreensão da senciência animal. Na analítica ontológica dos animais, explicou-se que ao tratar da tutela penal de animais, presumimos continuamente a estrutura ontológica dos animais. Porém, essa contínua presunção não dispensa uma adequada analítica ontológica dos animais, pelo contrário, a exige. A *analítica ontológica dos animais* identificou um solo ontológico. Conquistou-se a compreensão do "mundo dos animais";

*(ii)* Desvelou-se a tarefa de uma desconstrução (desleitura) do antropocentrismo-radical na dogmática jurídico-penal. Delimitou-se o antropocentrismo-radical, na dogmática jurídico-penal, como um modo de compreender as coisas do direito penal em que está em causa apenas a proteção do humano. Trouxe-se à luz o fato de que o antropocentrismo-radical assumiu uma forma canônica na dogmática jurídico-penal, de modo a

[193] STEIN, Ernildo. *Sobre a verdade: lições preliminares ao parágrafo 44 de Ser e Tempo*. Ijuí: Unijuí, 2006. p. 248.

[194] O método fenomenológico já foi utilizado, na investigação, nas seguintes tarefas: *(i)* considerando que à *pergunta pela possibilidade de os animais serem titulares de bens jurídico-penais* não falta apenas uma resposta, mas, também, faltava o esclarecimento das condições de possibilidade da própria pergunta, já que a mesma estava velada por inúmeras camadas de incompreensões e simplificações, foi primeiramente necessária a utilização do método fenomenológico para o desvelamento da pergunta; *(ii)* No esclarecimento da estrutura formal da pergunta da investigação, tornou-se necessário o método fenomenológico para desaprisionar conceitos e categorias utilizados na pergunta, permitindo-se (re)pensar, por exemplo, o que é ser-titular-de-bem-jurídico-penal; *(iii)* Por meio do método fenomenológico, pôde-se colocar em liberdade um horizonte para o cumprimento da dupla tarefa na elaboração da questão-dos-animais: (a) a tarefa de uma (breve incursão numa) analítica ôntico-ontológica dos animais; (b) a tarefa de uma desconstrução (desleitura) do antropocentrismo-radical na dogmática jurídico-penal. Quanto à tarefa de uma (breve incursão numa) analítica ôntico-ontológica dos animais, o método fenomenológico permitiu a identificação de um elemento ontológico decisivo para a investigação: o "mundo dos animais". Quanto à tarefa de uma desconstrução (desleitura) do antropocentrismo-radical na dogmática jurídico-penal, o método fenomenológico permitiu a identificação e descrição de um modo crônico de pensar a dogmática jurídico-penal: o *paradigma antropocêntrico-radical*.

podermos falar na existência de um *paradigma antropocêntrico-radical*. Explicou-se a desconstrução do antropocentrismo-radical, demonstrando que tal desconstrução não é o fim do antropocentrismo na dogmática jurídico-penal, mas, apenas, um novo modo de reconhecê-lo e adentrá-lo. Apresentou-se, assim, a necessidade de um novo adentramento no antropocentrismo, desvelando o papel dos animais nele oculto. Apresentou-se a circularidade na desconstrução (desleitura) do antropocentrismo-radical na dogmática jurídico-penal: o reconhecimento da *possibilidade de os animais serem titulares de bens jurídico-penais* implica o reconhecimento da possibilidade de desconstrução do antropocentrismo-radical na dogmática jurídico-penal; porém, devido à circularidade, também, o reconhecimento da possibilidade de desconstrução do antropocentrismo-radical na dogmática jurídico-penal implica o reconhecimento da *possibilidade de os animais serem titulares de bens jurídico-penais;*

*(iii)* Confirmou-se a atualidade da pergunta (da investigação) a partir de três testemunhos legislativos: (a) o *Anteprojeto do novo Código Penal*, com a criação de novas figuras típicas que ampliam a tutela penal dos animais (Brasil); (b) a *Lei de Proteção dos Animais*, com o tipo penal de crueldade contra animais (Alemanha); (c) a *criminalização dos atos de abandono e maus-tratos a animais de companhia* (Portugal). Apresentou-se, no que diz respeito à tutela penal de animais no Brasil, os principais aspectos do Anteprojeto do novo Código Penal (versão do relatório final), datado de 17 de dezembro de 2013, que prevê a ampliação da tutela penal de animais. Apresentou-se, sobre a tutela penal de animais na Alemanha, a alteração resultante da emenda à Constituição Federal, de 26 de julho de 2002, que passou a prever a proteção dos "fundamentos naturais da vida e os animais" (*natürlichen Lebensgrundlagen und die Tiere*). Demonstrou-se o reflexo da alteração constitucional, no âmbito infraconstitucional, especificamente, na *Lei de Proteção dos Animais* (*Tierschutzgesetz*), que vai considerar o animal como "cocriatura" (*Mitgeschöpf*), protegendo a sua "vida" (*Leben*) e o seu "bem-estar" (*Wohlbefinden*). A referida lei foi alterada em 28 de julho de 2014. Por fim, sobre a tutela penal de animais em Portugal, apresentou-se a alteração legislativa que resultou, a partir de 29 de agosto de 2014, na criminalização das condutas de abandono e maus-tratos a animais de companhia;

*(iv)* Apresentou-se o método fenomenológico da investigação, explicando-se que a "fenomenologia" é um método que caracteriza "o como" (*das Wie*) dos objetos da investigação, exprimindo a máxima "às coisas elas mesmas" (*zu den Sachen selbst*). Ressaltou-se que essa máxima se opõe "às construções soltas no ar, aos achados acidentais, à admissão de conceitos apenas aparentemente verificados, às pseudoquestões que frequentemente são transmitidas ao longo das gerações como 'problemas'". Demonstrou-se que a "fenomenologia", enquanto método, busca o rigor na pesquisa. Explicou-se os dois sentidos o termo *fenômeno*: (a) num primeiro sentido, *phainomenon* é aquilo que se mostra; (b) num segundo sentido, *phainomenon* é o *parecer-ser*, ou seja, aparência. Concluiu-se que os dois sentidos se complementam, pois "somente na medida em que algo pretende se mostrar

conforme o seu sentido, isto é, ser fenômeno, é que pode mostrar-se como algo que ele não é [...]". Explicitou-se, também, o *logos* como um "deixar-ver". Portanto, "o 'ser verdadeiro' do *logos* [...] significa: [...] tirar o ente de que se discorre do seu velamento, deixando-o ver como não velado".

# 3º Capítulo
# O direito penal e os animais: um caminho para a desconstrução (desleitura) do antropocentrismo-radical na dogmática jurídico-penal (concretizações do § 7º)

## § 11. O direito penal e a abertura à "historicidade" (*Geschichtlichkeit*): dogmática jurídico-penal como "ciência procurada" (*episteme zetoumene*)

Existiria um "absoluto", que tudo fecha e tudo responde, na dogmática jurídico-penal? Com outras palavras, poderíamos ainda perguntar: existiriam "soluções definitivas" na dogmática jurídico-penal? A resposta, ao ora questionado, determina essencialmente toda compreensão que possamos ter do direito penal. O pensamento de Faria Costa ilumina o caminho onde procuramos uma tal resposta.

> O direito penal, tal como qualquer outro ramo do multiversum jurídico, nunca deixou de se transformar. [...]. Na verdade, sempre os conteúdos se alteram e alterarão ao longo dos tempos, da mesma forma que não ficaram nem ficarão estáticos os modos de perspectivar e compreender o direito. [...] É, pois, este constante fluir que tem que ser percebido, não como algo degenerativo que torne a ciência do direito penal insusceptível de apreensão e captação metódicas mas, ao invés, como um dado em relação ao qual devem ser afeiçoados os instrumentos de análise e compreensão.[195]

Sabemos da existência de uma "ponte" entre o direito penal e a filosofia.[196] Trata-se de uma relação de laços tão profundos quanto qualquer outra ligação entre o *multiversum* do direito e a filosofia,[197] tornando-se desnecessário discorrer sobre as linhas da interrogação kaufmanniana: "para

---

[195] FARIA COSTA, José de. *O perigo em direito penal: contributo para a sua fundamentação e compreensão dogmáticas*. Coimbra: Coimbra Editora, 2000. p. 179 e 180.

[196] FARIA COSTA, José de. Uma ponte entre o direito penal e a filosofia pena: lugar de encontro sobre o sentido da pena. *Linhas de direito penal e de filosofia: alguns cruzamentos reflexivos*. Coimbra: Coimbra Editora, 2005. A metáfora da "ponte" encontra alguma dificuldade na sua harmonização com o pensamento de HEIDEGGER. O filósofo sustenta que não haveria "ponte" entre ciência e pensamento (filosofia), mas apenas "salto", pois considerava haver, entre elas, a separação por meio de um abismo. (STEIN, Ernildo. *Compreensão e finitude: estrutura e movimento da interpretação heideggeriana*. 2ª ed. rev. Ijuí: Unijuí, 2016. p. 181). Porém, não obstante a posição de HEIDEGGER, pensamos, ainda, sim, ser adequada a utilização da metáfora da "ponte", pois ela consegue, colocando-se "frente a frente" com a situação paradoxal, descrever a distância e, ao mesmo tempo, a proximidade entre os dois campos teóricos.

[197] STEIN, analisando a relação entre direito e filosofia, sustenta que "sem a presença da Filosofia, contudo, na qual se definem as questões do paradigma e dos métodos pelo standard de racionalidade, o Direito se dilui num simples superfatualismo, numa sucessão de respostas historicistas ou numa analiticidade esterilizadora" (STEIN, Ernildo. *Exercícios de fenomenologia: limites de um paradigma*. Ijuí: Unijuí, 2004. p. 136).

que filosofia do direito hoje?" ("*Wozu Rechtsphilosophie heute?*").[198] Por meio do pensar filosófico, caminhos são desvelados para a dogmática jurídico-penal.[199] A filosofia antiga já apontava para tais caminhos.[200]

Aristóteles, na sua *Metafísica*, afirmou a existência de um "absoluto". Tal "absoluto" condicionou o desenvolvimento do pensamento ocidental, não somente na filosofia, mas, também, no direito. O "absoluto" de Aristóteles propiciou uma série de enganos filosóficos, que repercutiram em disciplinas da "razão prática".[201] O direito penal foi tocado por tal compreensão de um "absoluto".[202]

Mas o que seria o "absoluto" aristotélico? O filósofo apresentou tal ideia por meio de uma imagem: "o motor que move sem ser movido" (*théon*).[203] Para evitar o regresso *ad infinitum*,[204] o filósofo estabelece uma origem para todas as coisas do mundo. As causas, de uma maneira geral, decorreriam de causas anteriores, porém, haveria uma causa que não decorreria de qualquer outra. Ela apenas moveria. Não podendo ser movida.

---

198 KAUFMANN ressalta que o instigante título de seu trabalho *Para que filosofia jurídica hoje* (*Wozu Rechtsphilosophie heute*) "foi o tema central da sessão alemã do congresso organizado pela Associação Internacional de Direito e Filosofia Social, de outubro de 1970, em Freiburg im Breisgau". O autor, no referido trabalho, questiona o desaparecimento da filosofia do direito na Alemanha por quase um século. (KAUFMANN, Arthur. *Wozu Rechtsphilosophie heute*. Frankfurt am Main: Athenäum Verlag 1971. p. 11). (Tradução livre).

199 Um dos tantos caminhos a serem desvelados diz respeito à distinção entre a "solução de problemas" e os "problemas da solução". Segundo STEIN, "a presença da Filosofia no Direito deve, primeiro, dar consciência a ele de que no debate jurídico, na teoria e na Filosofia do Direito, se confundem a solução de problemas e os problemas da solução. Essa superposição dos dois aspectos torna o debate jurídico inacabável no exame de casos e cada vez mais retórico na definição do campo de razões". (STEIN, Ernildo. *Exercícios de fenomenologia: limites de um paradigma*. Ijuí: Unijuí, 2004. p. 136).

200 Estamos a referir, quanto à filosofia antiga, especificamente, ARISTÓTELES. Quanto aos caminhos, já apontados por uma tal filosofia, interessa-nos, aqui, sobretudo, a análise de duas possibilidades: *(i)* o caminho do "absoluto" (fechamento); *(ii)* o caminho da "historicidade" (abertura).

201 FARIA COSTA sustenta que "o mundo da juridicidade é, como se sabe, sobretudo sustentado e fabricado pela razão prática". (FARIA COSTA, José de. *Linhas de direito penal e de filosofia: alguns cruzamentos reflexivos*. Coimbra: Coimbra Editora, 2005. p. 37).

202 Ao se falar na compreensão de um "absoluto" que toca o direito penal, quer se referir à crença nas "respostas absolutas" – com a pretensão de ser "resposta final" – para o direito penal. Pense-se no funcionalismo em direito penal. Uma tal forma de compreensão que possui a pretensão de ser a única efetivamente "racional", uma espécie de "resposta final" para a dogmática jurídico-penal. Lembre-se do rótulo "teleológico-funcional e racional". (FIGUEIREDO DIAS, Jorge de. *Direito penal: parte geral. Tomo I. Questões fundamentais: a doutrina geral do crime*. 2ª ed. Coimbra: Coimbra Editora, 2007. p. 113, 114, 248, 249 e 251). Sobre a crítica à pretensão, do funcionalismo, de ser "a única resposta racional", e o questionamento da "impressão, altamente sedutora, de que o funcionalismo seria o fim da história da dogmática", ver: MOURA. (MOURA, Bruno de Oliveira. *Ilicitude penal e justificação: reflexões a partir do ontologismo de Faria Costa*. Coimbra: Coimbra Editora, 2015. p. 15 e 22 [nota de rodapé nº 30]).

203 ARISTÓTELES. *Metafísica: ensaio introdutório, texto grego com tradução e comentário de Giovanni Reale*. Trad. Marcelo Perine. Tomo II. [Livro A-XII, Cap. 8]. 3ª ed. São Paulo: Edições Loyola, 2013. p. 575.

204 ARISTÓTELES vai sustentar: "[...] é evidente que existe um princípio primeiro e que as causas dos seres não são (A) nem uma série infinita 'no âmbito de uma mesma espécie', (B) nem um número infinito de espécies. (A) Com efeito, (1) quanto à causa material, não é possível derivar uma coisa de outra procedendo ao infinito: por exemplo, a carne da terra, a terra do ar, o ar do fogo, sem parar. (2) E isso também não é possível quanto à causa motora: por exemplo, que o homem seja movido pelo ar, este pelo sol, o sol pela discórdia, sem que haja um termo desse processo". (ARISTÓTELES. *Metafísica: ensaio introdutório, texto grego com tradução e comentário de Giovanni Reale*. Trad. Marcelo Perine. Tomo II. [Livro A-II, Cap. 2]. 3ª ed. São Paulo: Edições Loyola, 2013. p. 73).

Tratar-se-ia do "motor imóvel", que "não tem nada acima de si" e "não depende de nada".[205] A ideia do "motor que move sem ser movido" (*théon*), na idade média, fundamentou a existência de um Deus (*ipsum esse*) na filosofia.[206] Se o "ser" era a ideia que não comportaria qualquer ideia anterior, então haveria uma identificação entre "ser" e "Deus".[207] O "ser" se identificaria com "Deus". Essa compreensão tornar-se-ia um cânone filosófico. Se o "ser" é "Deus", então não haveria a necessidade de investigar o "ser", pois o sagrado resume-se ao ato de fé. Pode-se aqui falar numa compreensão *onto-teológica*, ou seja, unia-se ontologia e teologia.[208]

Porém, essa compreensão das coisas nada mais foi que um grande engodo filosófico. Por meio da *Metafísica* de Aristóteles, percebeu-se um dos maiores mal-entendidos do pensamento ocidental. A começar pelo próprio título da sua obra que condicionou toda a tradição filosófica, fazendo nascer a principal disciplina da filosofia: a metafísica ou ontologia. *Metafísica* foi o nome conferido pelo bibliotecário responsável pela primeira catalogação da obra completa do filósofo. Ocorre que a obra de Aristóteles, que, hoje, chamamos de *Metafísica*, era um texto inominado. Desconhece-se o motivo pelo qual o filósofo não cunhou um título ao seu texto. Mas, ao contrário, conhece-se o motivo que levou o bibliotecário a catalogar o referido texto como *Metafísica*: tratava-se de escritos produzidos pelo filósofo imediatamente após a sua obra *Física*. Portanto, o nome *Metafísica* indicaria apenas que o texto era posterior à *Física*.[209]

O mal-entendido sobre o conteúdo da obra talvez tenha sido ainda maior que o mal-entendido sobre o seu título. A ideia do "absoluto", o "motor que move sem ser movido", identificado na *Metafísica* de Aristóteles, foi por muito tempo considerado como único caminho na obra do filósofo. Mais. Foi considerado como único caminho para o pensamento ocidental. Trata-se, porém, de um grande equívoco. Não obstante o filósofo

---

[205] BERTI, Enrico. *Estrutura e significado da metafísica de Aristóteles*. Trad. José Bortolini. São Paulo: Paulus, 2012. p. 171.

[206] É claro que para os gregos o "motor imóvel" já representava a ideia de um "deus", muito embora com "d" minúsculo, já que seria "um" dentre vários deuses. Esta compreensão tinha as suas razões: (i) o "motor imóvel" podia "viver", "pensar" e "experimentar prazer"; (ii) considerando essas três possibilidades, "se o motor imóvel pensa, isso significa que é ente vivente, que se é um vivente eterno e, portanto, imortal, e feliz, porque experimenta prazer, então é um deus". (BERTI, Enrico. *Estrutura e significado da metafísica de Aristóteles*. Trad. José Bortolini. São Paulo: Paulus, 2012. p. 171).

[207] Sobre o tema, "Ser" e "Deus", ainda que analisado numa perspectiva diferente, ver, por todos, PUNTEL. (PUNTEL, Lorenz B. *Sein und Gott: Ein systematischer Ansatz in Auseinandersetzung mit M. Heidegger, É. Lévinas und J.-L. Marion*. Tübingen: Mohr Siebeck, 2010).

[208] HEIDEGGER, Martin. *Identität und Differenz*. [Gesamtausgabe, Band n. 11]. Frankfurt am Main: Vittorio Klostermann, 2006. p. 63. Lembra-se que "pela ontologia a questão do ser foi ligada à teologia, recebendo, assim, uma espécie de expansão incontrolável no campo das origens e do fundamento. Desse modo, todo pensamento ocidental recebeu, como porta de saída, os recursos da ontoteologia que levaram a uma forma de completude em qualquer campo fundamental da filosofia". (STEIN, Ernildo. *Às voltas com a metafísica e a fenomenologia*. Ijuí: Unijuí, 2014. p. 46).

[209] BERTI sustenta que "esse título [Metafísica] no início teria indicado simplesmente a posição em que essa obra havia sido colocada por Andrônico [organizador da obra de Aristóteles], isto é, depois das obras da física. [...] O nome 'metafísica' significa simplesmente 'aquilo que vem depois da física'". (BERTI, Enrico. *Estrutura e significado da metafísica de Aristóteles*. Trad. José Bortolini. São Paulo: Paulus, 2012. p. 22).

ter desenvolvido o caminho do "motor imóvel", o caminho *onto-teológico*, desenvolveu, também, outro caminho em sua *Metafísica*. Um caminho que vai de encontro àquela compreensão. Esse outro caminho permitiu que Heidegger, por meio de uma leitura fenomenológica, realizasse uma "destruição" (*Destruktion*) da tradição metafísica.[210] Stein vai descrever esse outro caminho como "o segundo caminho de Aristóteles". Trata-se do caminho da "ciência procurada" (*episteme zetoumene*).[211]

O segundo caminho de Aristóteles, o caminho da "ciência procurada" (*episteme zetoumene*), o caminho fenomenologicamente identificado por Heidegger na obra de Aristóteles, diz-nos que a metafísica é abertura, não fechamento, não obturação, está sempre a caminho, é "ciência procurada" (*episteme zetoumene*). Portanto, o segundo caminho de Aristóteles nega a existência de um "absoluto" que tudo fecha e responde, acenando para novas possibilidades não apenas na filosofia, mas no pensamento ocidental de uma maneira geral. Podemos reconhecer, nesse caminho, que a *finitude* não é apenas "finitude da existência", mas é também "finitude da compreensão".[212] Pode-se dizer que a "finitude significa que a compreensão encontra um fim".[213] Mais. Se com Heidegger podemos reconhecer que "ser" é "tempo",[214] então, também, podemos reconhecer que "compreensão" é "finitude".[215] Ao relacionarmos "ser e tempo" com "compreensão e finitude", estamos apenas utilizando dois registros filosóficos diferentes para descrever o cerne do mesmo fenômeno, pois "ser é compreensão", assim como "tempo é finitude".[216] Mas de que modo o que acabamos de conquistar nos permite uma vantagem para avançarmos na investigação?

---

[210] Importante é lembrar que para HEIDEGGER, "filosofia é necessariamente destruição, ou seja, uma desconstrução do que foi legado, realizada em meio a um retrocesso historiológico à tradição". (HEIDEGGER, Martin. *Die Grundprobleme der Phänomenologie*. [Gesamtausgabe, Band n. 24]. Frankfurt am Main: Vittorio Klostermann, 1989. p. 31). (Tradução livre).

[211] STEIN, Ernildo. *Às voltas com a metafísica e a fenomenologia*. Ijuí: Unijuí, 2014. p. 27 e 39.

[212] A "finitude da compreensão" está numa relação circular junto à "compreensão da finitude", ou seja, trata-se de uma relação de "vinculação". STEIN sustenta que "a compreensão da finitude para a qual se movimenta a analítica existencial, interrogando pela circularidade do ser-aí, já aponta, assim, para a finitude da compreensão [...]". (STEIN, Ernildo. *Compreensão e finitude: estrutura e movimento da interpretação heideggeriana*. 2ª ed. rev. Ijuí: Unijuí, 2016. p. 297).

[213] REIS, Róbson Ramos dos. Historicidade e mudanças relacionais: os limites da compreensão. In: STEIN, Ernildo; STRECK, Lenio (org.). *Hermenêutica e epistemologia: 50 anos de Verdade e Método*. Porto Alegre: Livraria do Advogado, 2011. p. 66.

[214] Em *Sein und Zeit*, a relação, descrita por HEIDEGGER, entre "ser" e "tempo" não é uma simples relação de mera sobreposição de dois conceitos filosóficos. Pode-se dizer, com segurança, que a tese mais geral – e talvez até, por que não dizer, a mais fundamental – de *Sein und Zeit* seria a de que "ser" é "tempo". (HEIDEGGER, Martin. *Sein und Zeit*. Tübingen: Max Niemeyer Verlag, 2006). STEIN, no mesmo sentido, ao analisar o desvelamento do ser no horizonte da temporalidade, sustenta que "o próprio ser é tempo". (STEIN, Ernildo. *Introdução ao pensamento de Martin Heidegger*. Porto Alegre: Edipucrs, 2011. p. 48).

[215] STEIN, discorrendo sobre a "finitude da compreensão", assevera que "a finitude do ser-aí deve, portanto, ser compreendida como o fato de o ser-aí somente manifestar o ser velando-o, apontando para o velamento do ser. O ser-aí é, portanto, pensado e compreendido, como finitude, em função da finitude da compreensão do ser". (STEIN, Ernildo. *Compreensão e finitude: estrutura e movimento da interpretação heideggeriana*. 2ª ed. rev. Ijuí: Unijuí, 2016. p. 299).

[216] Para além da relação entre "ser e tempo", "compreensão e finitude", "tempo e finitude", observa-se que "a compreensão de ser é o sinal da finitude". (STEIN, Ernildo. *Compreensão e finitude: estrutura e movimento da interpretação heideggeriana*. 2ª ed. rev. Ijuí: Unijuí, 2016. p. 159).

A compreensão da "ciência procurada" (*episteme zetoumene*) é uma premissa da presente investigação. A pergunta da investigação é colocada a partir da compreensão de que a dogmática jurídico-penal é "ciência procurada" (*episteme zetoumene*).[217] Porém, essa premissa, inicialmente presumida, precisaria chegar à superfície do campo teórico em que estamos trabalhando. A premissa precisaria ser desvelada para que os desdobramentos seguintes, da investigação, ganhem em sentido e coerência.

Portanto, se a *finitude* não é apenas "finitude da existência", mas, também, é "finitude da compreensão", então não apenas a metafísica seria "ciência procurada", mas todo e qualquer conhecimento humano. Nada há fora da "historicidade".[218] A compreensão humana finita é fruto do devir histórico.[219] O tempo do mundo muda a nossa compreensão. Por isso, *o tempo do mundo muda o mundo do direito penal*, desvelando-se a dogmática jurídico-penal como "ciência procurada".

Reconhecer a dogmática jurídico-penal como "ciência procurada" não é uma premissa qualquer. A partir de tal reconhecimento, desdobram-se consequências necessárias decisivas. Se a dogmática jurídico-penal é "ciência procurada", então não poderá haver "respostas absolutas" em direito penal.[220] Por "respostas absolutas" deve-se entender as respostas com pretensão de acabamento, fechamento, obturação, ou seja, respostas que querem ser "resposta final". A conquista dessa compreensão pode parecer algo simples, talvez até uma trivialidade, mas, em verdade, trata-se de um modo de compreender as coisas do direito penal que é *conditio sine qua non* para o verdadeiro desenvolvimento da dogmática jurídico-penal. Sem tal compreensão a dogmática jurídico-penal não poderia submeter-se "a uma crise de seus conceitos fundamentais",[221] tornando-se apenas uma dogmática de vocação *onto-teológica*. Uma dogmática de vocação *onto-teológica* é a dogmática do "absoluto", do fechamento, da obturação, da canonização de determinadas formas de compreender as coisas do direito penal, da negação da "historicidade". Não raramente uma tal dogmática, pobremente constituída, está filosoficamente enraizada. Porém, enraizada em equívocos filosóficos, como o primeiro caminho de Aristóteles, o caminho do "motor imóvel".[222]

---

[217] Vale já adiantar: compreender a dogmática jurídico-penal como "ciência procurada" é, sobretudo, enxergá-la iluminada pelo devir histórico.

[218] FARIA COSTA, ao desenvolver uma reflexão que aponta para o mesmo sentido, sustenta que "nada se passa fora da história" (FARIA COSTA, José de. *O perigo em direito penal: contributo para a sua fundamentação e compreensão dogmáticas*. Coimbra: Coimbra Editora, 2000. p. 143).

[219] A compreensão dá-se na temporalidade. Mais. A vida, a existência concreta, "mergulha na temporalidade, porque compreende o ser", e, portanto, "ser e vida comungam o tempo na historicidade de ambos". (STEIN, Ernildo. *Introdução ao pensamento de Martin Heidegger*. Porto Alegre: Edipucrs, 2011. p. 48).

[220] Vislumbra-se, com essa constatação, a existência de uma "dificuldade", porém, uma natural "dificuldade". Trata-se da "salutar dificuldade – sentida em todos os quadrantes do agir e pensar humanos – de não haver correntes absolutas [...]". (FARIA COSTA, José de. *O perigo em direito penal: contributo para a sua fundamentação e compreensão dogmáticas*. Coimbra: Coimbra Editora, 2000. p. 27 e 28).

[221] HEIDEGGER, Martin. *Sein und Zeit*. Tübingen: Max Niemeyer Verlag, 2006. p. 9. (Tradução livre).

[222] ARISTÓTELES. *Metafísica: ensaio introdutório, texto grego com tradução e comentário de Giovanni Reale*. Trad. Marcelo Perine. Tomo II. [Livro A-XII, Cap. 8]. 3ª ed. São Paulo: Edições Loyola, 2013. p. 575.

A sedução do "absoluto" contaminou muitas "dogmáticas", especialmente aquelas orientadas exclusivamente pelo idealismo alemão.[223] A utilização de paradigmas filosóficos do idealismo alemão na constituição de modos de compreender as coisas do direito penal apontam para concessões necessárias.[224] Concessões a diferentes formas de "absoluto". Variações de um mesmo tema que resultam na crença em "respostas finais". Em Kant: a "razão pura". Em Hegel: o "espírito absoluto".[225] Porém, há que se fazer uma diferenciação. Haverá "dogmáticas" a utilizar tais construções filosóficas apenas de "modo ornamental", ou seja, apenas para corroborar determinadas ideias que não constituirão a base de suas compreensões. Entretanto, haverá "dogmáticas" a utilizar tais construções filosóficas de "modo paradigmático", ou seja, que assumirão tais ideias, enquanto paradigma, para constituir a base de suas compreensões. É no quadro referencial teórico destas que se encontrará o "perigo". O "perigo" seria a tentação do "absoluto", poder-se-ia dizer, noutro registro de análise, a tentação da "utilização dogmática da dogmática jurídico-penal".[226]

Pensar e errar são dois caminhos que caminham juntos.[227] Heidegger vai dizer que "quem pensa profundamente, muito deve errar" (*wer groß denkt,*

---

[223] STEIN, ao tratar da filosofia do direito de Hegel, uma das mais fortes expressões do idealismo alemão, afirma que "a filosofia do direito aparece como título e como uma pretensão de fantástica amplitude e sistematicidade em Hegel", porém, reconhece-se que "Hegel pensa o direito na filosofia, no sistema absoluto". (STEIN, Ernildo. *Pensar e errar: um ajuste com Heidegger*. 2ª ed. Ijuí: UNIJUÍ, 2015. p. 214). O "absoluto", em HEGEL, poderá, também, ser pensado como "o puro aniquilamento da finitude". (STEIN, Ernildo. *Melancolia: ensaios sobre a finitude no pensamento ocidental*. Porto Alegre: Editora Movimento, 1976. p. 54-61).

[224] Não desconhecemos os contributos do *idealismo alemão* ao direito e, sobretudo, ao direito penal. Não desconhecemos, também, as novas possibilidades de leitura do idealismo alemão, em especial aquelas desenvolvidas no seio da chamada Escola de Frankfurt. Ver, por todos, SAAVEDRA (SAAVEDRA, Giovani. *Traditionelle und kritische Rechtstheorie: Die Reflexionsstufen der Rechtsanalyse*. [Inauguraldissertation – Rechtswissenschaft]. Frankfurt am Main: Universität Frankfurt, 2008). Porém, não podemos desconsiderar – em termos de "concessões necessárias" ao se utilizar as filosofias oriundas do *idealismo alemão* na dogmática – que a "paralaxe cognitiva" estará, necessariamente, presente na base de tais construções teóricas e, inevitavelmente, acompanhará as suas (neo)intepretações, por melhores que possam ser.

[225] Sobre uma breve análise dos contributos oferecidos pelo idealismo alemão à filosofia jurídica, especialmente no que diz respeito à KANT e HEGEL, vide BRAUN. (BRAUN, Johann. *Einführung in die Rechtsphilosophie*. 2ª ed. Tübingen: Mohr Siebeck, 2011. [sobre KANT: p. 227-239; sobre HEGEL: p. 329-342]). Sobre os contributos do idealismo alemão especificamente no campo da teoria da pena, ver, por todos, MERLE (MERLE, Jean-Christophe. *Strafen aus Respekt vor der Menschenwürde: eine Kritik am Retributivismus aus der Perspektive des deutschen Idealismus*. Berlin: De Gruyter, 2007. [sobre KANT: p. 34-73; sobre FICHTE: 74-92; sobre HEGEL: 93-129]).

[226] TEIXEIRA NETO, João Alves. A serenidade para com as coisas do direito penal: no limiar entre o pensamento que medita e o pensamento que calcula. *Revista de Estudos Criminais*, v. 48, 2013. p. 197-208. Lembra-se que o conceito de "utilização dogmática da dogmática jurídico-penal" é apresentado no dicionário de conceitos da investigação (Conceitos fundamentais utilizados). ADEODATO, movendo-se num horizonte teórico muito próximo ao nosso, sustenta que "a dogmática é uma realidade sobre a qual se debruça a ciência do direito, mas a atitude mesma desta ciência não deve ser dogmática". (ADEODATO, João Maurício. *Ética e retórica: para uma teoria da dogmática jurídica*. São Paulo: Saraiva, 2007. p. 141).

[227] Justifica-se, assim, dentre tantos motivos, o título da obra de STEIN. (STEIN, Ernildo. *Pensar e errar: um ajuste com Heidegger*. 2ª ed. Ijuí: UNIJUÍ, 2015).

*muß groß irren*).[228] Diz-nos, também, que "tudo é caminho" (*alles ist Weg*).[229] Compreender as coisas por meio desse olhar é considerar a irremediável marca da *finitude*, pois como um ser-finito, determinado pela sua "historicidade", finito na temporalidade e na compreensão, poderia apontar "respostas finais" e "absolutas"? A fenomenologia hermenêutica não aponta "um caminho", antes, aponta que "tudo é caminho".[230] O ser-aí é o ente que somos nós.[231] O "aí" do ser-aí é o aí-histórico. O ser-aí é o seu "aí".[232] O ser-aí é a sua "historicidade". Concluindo-se que o pensamento é tarefa da *finitude*.[233]

Realizamos uma incursão a partir do objeto da investigação – já analisado até aqui – até a explicitação de uma premissa determinante: a compreensão da dogmática jurídico-penal como "ciência procurada". Realizemos, agora, a incursão de volta, da explicitação da premissa determinante ao objeto da investigação novamente: em que medida a compreensão da dogmática jurídico-penal como "ciência procurada", especificamente, determina o objeto da investigação? Determina que as respostas, oferecidas pela tradição dogmática aos problemas da tutela penal de animais, até hoje, são provisórias. Mais. Elementos estruturais da própria teoria do delito, tais como o rol de titulares de bens jurídico-penais, nada mais são do que manifestações de um tempo do mundo, inteiramente abertas à "historicidade". Portanto, a compreensão da dogmática jurídico-penal como "ciência procurada" coloca em liberdade o horizonte de compreensão do objeto da investigação. Só há sentido na *pergunta pela possibilidade de os animais serem titulares de bens jurídico-penais* se compreendermos que a dogmática jurídico-penal não está acabada, ou seja, se compreendermos que ela é "ciência procurada".[234]

---

[228] HEIDEGGER, Martin. *Aus der Erfahrung des Denkens*. Frankfurt am Main: Vittorio Klostermann, 2002. p. 17.

[229] HEIDEGGER, Martin. *Unterwegs zur Sprache*. Frankfurt am Main: Vittorio Klostermann, 1985. p. 198.

[230] A ideia heideggeriana de que "tudo é caminho" possui um sentido profundo que – em certa medida – revela a sua própria compreensão da fenomenologia. STEIN, ao analisar a "fenomenologia hermenêutica", afirma que "o caráter inconcluso do pensamento de Heidegger, tão marcadamente em seus ensaios, se impõe como um 'caminho', uma 'senda perdida', 'um caminho do campo', segundo falam os títulos de seus livros". Porém, devemos ter a consciência de que "esse caráter de inacabado não pode ser visto como atitude reticente que mantém reservas na interrogação filosófica". Muito pelo contrário, em verdade "o método fenomenológico liga-se a essa estrutura itinerante da interrogação [...]". (STEIN, Ernildo. *Compreensão e finitude: estrutura e movimento da interpretação heideggeriana*. 2ª ed. rev. Ijuí: Unijuí, 2016. p. 205 e 206).

[231] HEIDEGGER, no § 9 de *Sein und Zeit*, vai afirmar que "o ente, que está na tarefa de análise, somos nós mesmos. O ser deste ente é cada vez meu". (HEIDEGGER, Martin. *Sein und Zeit*. Tübingen: Max Niemeyer Verlag, 2006. p. 41). (Tradução livre).

[232] HEIDEGGER, Martin. *Sein und Zeit*. Tübingen: Max Niemeyer Verlag, 2006. p. 135.

[233] STEIN, na esteira de HEIDEGGER, vai afirmar que "precisamente porque finito, o ser-aí põe a questão do ser". (STEIN, Ernildo. *Compreensão e finitude: estrutura e movimento da interpretação heideggeriana*. 2ª ed. rev. Ijuí: Unijuí, 2016. p. 295).

[234] No contrário, a colocação da pergunta seria um devaneio, frente a total impossibilidade de se questionar uma forma petrificada, canônica, "sacralizada", de compreender as coisas do direito penal.

Porém, o fenômeno do "absoluto" – ou da absolutização de conceitos – no direito penal ainda não foi inteiramente desvelado. Torna-se necessário, agora, analisar o fenômeno sob a ótica dos modos-de-ser (*Seinsmodus*) autêntico (*eigentlich*) e inautêntico (*uneigentlich*) do ser-aí. Somente assim poderemos conquistar um horizonte onde o fenômeno poderá ser plenamente desvelado.

## § 12. A "autenticidade" (*Eigentlichkeit*) e a "inautenticidade" (*Uneigentlichkeit*) na compreensão do direito penal: absolutizar ou não absolutizar conceitos e categorias?

A questão sobre a "autenticidade" (*Eigentlichkeit*) e a "inautenticidade" (*Uneigentlichkeit*) na compreensão do direito penal,[235] que apontará para a possibilidade, ou não, de se absolutizar conceitos e categorias, está umbilicalmente ligada ao reconhecimento da dogmática jurídico-penal como "ciência procurada".[236]

O ser-aí, na maior parte das vezes, é apenas impropriamente si-mesmo, ou seja, o seu estado predominante é inautêntico.[237] Perde-se, o ser-aí, no "impessoal" (*das Man*) da cotidianidade,[238] estando em "decadência" (*Verfallen*).[239] Nesse "perder-se", esquece-se o ser-aí quem realmente é. Esquece-se

---

[235] MAIHOFER vislumbra a possibilidade de uma relação entre o "direito" e a "inautenticidade", sustentando que a "indiferença" (*Indifferenz*) ou mesmo a "deficiência" (*Defizienz*) podem marcar o "modo da inautenticidade" (*Modus der Uneigentlichkeit*) no jurídico. (MAIHOFER, Werner. *Recht und Sein: Prolegomena zu einer Rechtsontologie*. Frankfurt am Main: Vittorio Klostermann, 1954. p. 125). (Tradução livre). WULFF, trabalhando no plano da "culpa" e do seu significado para o direito penal, sustenta que "a essência do ser autêntico ou inautêntico é baseada no ser-culpado (*Schuldigsein*)". (WULFF, Agnes. *Die Existenziale Schuld: Der fundamentalontologische Schuldbegriff Martin Heideggers und seine Bedeutung für das Strafrecht*. Berlin: LIT Verlag, 2008. p. 257 e 258). (Tradução livre).

[236] O direito penal é tarefa do ser-aí e, enquanto tal, estará sujeito aos modos-de-ser do ser-aí. Enquanto modos-de-ser, "autenticidade e inautenticidade se conjugam no ser-aí" (STEIN, Ernildo. *Introdução ao pensamento de Martin Heidegger*. Porto Alegre: Edipucrs, 2011. p. 73). Pode-se dizer que a "autenticidade" e a "inautenticidade" do ser-aí são projeções da ambivalência da "aletheia". Nesse sentido, está o pensamento de STEIN, ao sustentar que "a ambivalência que surge da aletheia determina, em última análise, o ser-aí em sua autenticidade e inautenticidade, abertura e fechamento, verdade e não-verdade". (STEIN, Ernildo. *Compreensão e finitude: estrutura e movimento da interpretação heideggeriana*. 2ª ed. rev. Ijuí: Unijuí, 2016. p. 273).

[237] O ser-aí possui "a tendência comum, cotidiana, de se refugiar na articulação, no discurso". Essa tendência faz o ser-aí "decair na inautenticidade [...]".(STEIN, Ernildo. *Introdução ao pensamento de Martin Heidegger*. Porto Alegre: Edipucrs, 2011. p. 70). STEIN relaciona a "inautenticidade" com a "reificação", quando afirma que a "não-reificação" é o "estado existencial da 'autenticidade'". (STEIN, Ernildo. *Seis estudos sobre "Ser e Tempo"*. 4ª ed. Petrópolis: Editora Vozes, 2008. p. 14).

[238] "[...] o impessoal (*das Man*) vem ao encontro do ser-aí na tendência de facilitação e superficialização". (HEIDEGGER, Martin. *Sein und Zeit*. Tübingen: Max Niemeyer Verlag, 2006. p. 127 e 128). (Tradução livre).

[239] HEIDEGGER, ao tratar a "decadência" (*Verfallen*), conceito umbilicalmente ligado à "inautenticidade", destaca que "esse termo não exprime qualquer valoração negativa (*Bewertung ausdrückt*), deve significar: o ser-aí, em primeira aproximação e na maior parte das vezes, está junto ao 'mundo' das ocupações. Esse empenhar-se (*Aufgehen*) junto... tem, frequentemente, o caráter de perder-se (*Verlorenseins*) na publicidade do impessoal (*Öffentlichkeit des Man*)". (HEIDEGGER, Martin. *Sein und Zeit*. Tübingen: Max Niemeyer Verlag, 2006. p. 175). (Tradução livre).

que é "cuidado" (*Sorge*).[240] Mais. Esquece-se que é "ser-para-a-morte" (*Sein zum Tode*), irremediavelmente finito. Porém, a "inautenticidade" (*Uneigentlichkeit*) é um recurso para a manutenção da existência. Perdendo-se na "inautenticidade" (*Uneigentlichkeit*) do dia a dia, torna-se mais fácil, para o ser-aí, a sua condição de frágil e finito.[241]

Quando, porém, o ser-aí está na sua clave inautêntica, quem pode-morrer não é o si-mesmo, mas o "nós".[242] Eu não morro; morre-se. A individualidade autêntica é diluída no *caldo* do "impessoal" (*das Man*). Em tal processo a existência é superficializada. Mas não se trata de algo que possa ser considerado bom ou ruim para o ser-aí.[243] A "inautenticidade" (*Uneigentlichkeit*) faz parte da constituição do ser-aí.[244]

Ainda que seja na menor parte das vezes, o ser-aí também é autêntico, ou seja, ele é propriamente si-mesmo.[245] No estado de "autenticidade" (*Eigentlichkeit*), ele sabe exatamente quem é. Sabe da sua *finitude* de "ser-para-morte" (*Sein zum Tode*). Sabe da sua condição de fragilidade que lhe faz "cuidado". Aceita possuir um irremediável destino: a morte. Ao mesmo tempo sabe "não saber" sua origem, nem a razão de "ser-no-mundo" (*In-der-Welt-sein*). Sabe-se jogado entre os dois extremos: futuro (a morte) e passado (o nascimento). Sabe-se, portanto, arremessado no presente tendo-que-ser.[246]

A antecipação da morte é uma das manifestações de "autenticidade",[247] ainda que não seja necessariamente a sua causa. O que desencadeia o processo de *ser-si-mesmo*, tornando o ser-aí autêntico, é a "angústia". Por essa

---

240 HEIDEGGER, Martin. *Sein und Zeit*. Tübingen: Max Niemeyer Verlag, 2006. p. 198.

241 A "autenticidade" permanente seria insustentável para o ser-aí. STEIN afirma que "o homem em seu acontecer banal e cotidiano não suporta o sempre se assumir como facticidade, como existência e discurso". Por tal razão, "ele decai na inautenticidade", ou seja, "perde-se junto aos entes". (STEIN, Ernildo. *Introdução ao pensamento de Martin Heidegger*. Porto Alegre: Edipucrs, 2011. p. 69).

242 Esse fenômeno é verificado, pois – ao estar em sua clave inautêntica – o ser-aí "rotula-se com o 'a gente'". (STEIN, Ernildo. *Introdução ao pensamento de Martin Heidegger*. Porto Alegre: Edipucrs, 2011. p. 69).

243 HEIDEGGER, ao analisar o "impessoal" (*das Man*), afirma, categoricamente, que "a interpretação tem um propósito puramente ontológico (*rein ontologische Absicht*) e está muito distante de qualquer crítica moralizante (*moralisierenden Kritik*) do ser-aí cotidiano (*alltäglichen Daseins*) e de qualquer aspiração de uma 'filosofia da cultura'" (*kulturphilosophischen*). (HEIDEGGER, Martin. *Sein und Zeit*. Tübingen: Max Niemeyer Verlag, 2006. p. 167). (Tradução livre).

244 STEIN vai afirmar que "o homem nunca se liberta, completamente, de sua decaída [...]". (STEIN, Ernildo. *Compreensão e finitude: estrutura e movimento da interpretação heideggeriana*. 2ª ed. rev. Ijuí: Unijuí, 2016. p. 273). A "inautenticidade", assim, "não é uma falta produzida historicamente, nem representa uma falha que possa ser preenchida", trata-se de uma condição existencial, e, portanto, "constitui a estrutura do estar-aí" (STEIN, Ernildo. *Seis estudos sobre "Ser e Tempo"*. 4ª ed. Petrópolis: Editora Vozes, 2008. p. 14).

245 Deve-se ter a clareza de que "a autenticidade jamais é posse, é sempre conquista. Por isso, o ser-aí sempre é tentação para si mesmo". (STEIN, Ernildo. *Introdução ao pensamento de Martin Heidegger*. Porto Alegre: Edipucrs, 2011. p. 69).

246 "A essência desse ente [ser-aí] está em seu ter-que-ser". (*Das "Wesen" dieses Seienden liegt in seinem Zu-sein*). (HEIDEGGER, Martin. *Sein und Zeit*. Tübingen: Max Niemeyer Verlag, 2006. p. 42). (Tradução livre).

247 STEIN defende que "somente quando o ser-aí na experiência da morte rompe a tendência comum", a tendência de estar na "inautenticidade", então ele "reconquista sua autenticidade". (STEIN, Ernildo. *Introdução ao pensamento de Martin Heidegger*. Porto Alegre: Edipucrs, 2011. p. 70).

razão, a "angústia" é considerada o *cogito* heideggeriano. Mas a "angústia" não se confunde com o "medo". O "medo" é a "angústia" inautêntica. Ao angustiar-se o ser-aí alcança o seu modo-de-ser mais próprio.

Mas como *ser-autêntico* em tempos de uma liquidez débil? Como *ser--autêntico* em tempos de uma avassaladora e incessante simplificação e – por que não dizer – infantilização da existência e das relações humanas?[248] A existência humana está cada vez mais rica em funcionalidades para as coisas do mundo e, ao mesmo tempo, mais pobre em sentido. A riqueza das funcionalidades parece ser proporcional à pobreza de sentido. Se o ser-aí está "órfão de sentido",[249] então as tarefas por ele desempenhadas carregarão essa marca. A dogmática jurídico-penal é tarefa do ser-aí e não pode estar imune a essa realidade.[250]

A dogmática jurídico-penal está sujeita ao "modo de inautenticidade" (*Modus der Uneigentlichkeit*) do ser-aí. Em tempos de *sobre-inautenticidade*, aquela sofrerá as consequências da superficialidade de uma compreensão demasiadamente inautêntica das coisas do direito penal.[251] O império da técnica e a produção de eficiência já chegaram ao campo do direito penal, notadamente, por meio dos mais diversos funcionalismos.[252] A "inautenticidade" manifestada na dogmática jurídico-penal, ao reduzir – por meio de simplificações – a compreensão do nosso campo existencial, torna-se solo fértil para o esquecimento da *finitude*. Esquece-se, especialmente, a "finitude da compreensão".[253] Ao esquecer a "finitude da compreensão",

---

248 FARIA COSTA, noutro diapasão, mas num sentido muito próximo daquele que buscamos aqui, assevera que "estes são tempos de 'razão débil'". (FARIA COSTA, José de. Uma ponte entre o direito penal e a filosofia pena: lugar de encontro sobre o sentido da pena. *Linhas de direito penal e de filosofia: alguns cruzamentos reflexivos*. Coimbra: Coimbra Editora, 2005. p. 208).

249 Permitimo-nos, aqui, modular a metáfora steiniana de "órfãos de utopia" para "órfãos de sentido". (STEIN, Ernildo. *Weisenkinder der Utopie. Die Melancholie der Linken*. Münster: Westfälische Wilhelms--Universität, 1997).

250 D'AVILA, desenvolvendo uma reflexão crítica sobre a morte do "pensar meditativo" e o império do "pensamento calculador", assevera que "o problema se encontra no homem que já não lembra mais como refletir, em uma sociedade que não tem espaço para o pensamento que medita, onde o valor de todas as coisas é atribuído única e exclusivamente pela sua utilidade e, aí também, diferente não pode ser no que compete ao valor de cada um dos homens em particular. O homem é aquilo que produz, aquilo que faz, aquilo que rende. Torna-se apenas número ou, mais propriamente, uma engrenagem, um subsistema de um sistema maior, que precisa, sem sabermos ou questionarmos o por quê, estar sempre em harmônico funcionamento. Não há qualquer razão em interrogarmos sobre o sentido das coisas, sobre o sentido do ser, pois já não há mais lugar para o ser, em um mundo que se constrói e se compreende a partir e nos limites estritos da lógica da utilidade e da produtividade". (D'AVILA, Fabio Roberto. Ontologismo e ilícito penal. Algumas linhas para uma fundamentação onto-antropológica do direito penal. In: SCHMIDT, Andrei Zenkner (Org.). *Novos rumos do direito penal contemporâneo: livro em homenagem ao Prof. Dr. Cezar Roberto Bitencourt*. Rio de Janeiro: Lumen Juris, 2006. p. 260).

251 Segundo FERRAZ JÚNIOR, "podemos observar que, em sua transformação histórica, o saber jurídico foi tendo alterado seu estatuto teórico. De saber eminentemente ético, nos termos da prudência romana, foi atingindo as formas próximas do que se poderia chamar hoje de saber tecnológico. [...]". (FERRAZ JÚNIOR, Tércio Sampaio. *Introdução ao estudo do direito: técnica, decisão, dominação*. São Paulo: Atlas, 2003. p. 84 e 85).

252 Para uma visão panorâmica e crítica do funcionalismo, ver, por todos, SCHNEIDER (SCHNEIDER, Hendrik. *Kann die Einübung in Normanerkennung die Strafrechtsdogmatik leiten? Eine Kritik des strafrechtlichen Funktionalismus*. Berlin: Duncker & Humblot, 2004).

253 Reveja-se a nota de rodapé nº 212.

esquece-se, também, que não há "respostas absolutas" em direito penal.[254] Vela-se, assim, a condição mais originária e autêntica da dogmática jurídico-penal.[255] Vela-se a sua condição de "ciência procurada".[256]

O direito penal, na sociedade do risco (*Risikogesellschaft*),[257] é um dos quadrantes do *multiversum* jurídico mais vulneráveis aos processos de funcionalização.[258] Torna-se, o direito penal, mais uma engrenagem do grande circuito da técnica.[259] O império da *produção* determina consequências ao direito penal. Busca-se, ao máximo, produzir eficiência em direito penal. A dogmática jurídico-penal, nesse horizonte técnico, está cada vez mais rica em eficiência e mais pobre em sentido.[260] Num tal contexto de "inautenticidade", acredita-se – mais que nunca – em "respostas finais". Para o inautêntico "pensamento calculador" (*rechnende Denken*),[261] fácil é vislumbrar "respostas finais", basta que se maximize ao limite a funcionalidade de algo, a sua eficácia, a sua utilidade, a sua eficiência.[262] No reino do planeamento, a melhor resposta é a que resulta numa maior *produtibilidade*. Nesse

[254] Volte-se ao argumento sobre as consequências de se reconhecer a dogmática jurídico-penal como "ciência procurada", § 11, "O direito penal e a abertura à 'historicidade' (*Geschichtlichkeit*): dogmática jurídico-penal como 'ciência procurada' (*episteme zetoumene*)".

[255] Trata-se da condição mais originária e autêntica da dogmática jurídico-penal, pois estaria na clave mais originária e autêntica do ente que faz a dogmática jurídico-penal: o ser-aí.

[256] O conceito de "ciência procurada", vale lembrar, está exposto no dicionário de conceitos da investigação (Conceitos fundamentais utilizados).

[257] Lembra-se que o conceito de "sociedade do risco" (*Risikogesellschaft*) está, também, exposto no dicionário de conceitos da investigação (Conceitos fundamentais utilizados).

[258] Sobre o "direito penal do risco", ver, por todos, PRITTWITZ (PRITTWITZ, Cornelius. *Strafrecht und Risiko: Untersuchungen zur Krise von Strafrecht und Kriminalpolitik in der Risikogesellschaft*. Frankfurt am Main: Vittorio Klostermann: 1993). Sobre a "sociedade do risco", ver, por todos, BECK (BECK, Ulrich. *Die Risikogesellschaft: Auf dem Weg in eine andere Moderne*. Frankfurt am Main: Suhrkamp, 1995).

[259] FERRAZ JÚNIOR, discorrendo sobre as consequências de considerar o direito como tecnologia, afirma que "a ciência dogmática cumpre as funções típicas de uma tecnologia. Sendo um pensamento conceitual, vinculado ao direito posto, a dogmática pode instrumentalizar-se a serviço da ação sobre a sociedade. [...] Nesses termos, um pensamento tecnológico é, sobretudo, um pensamento fechado à problematização de seus pressupostos – suas premissas e conceitos básicos têm de ser tomados de modo não problemático – a fim de cumprir sua função: criar condições para a ação. No caso da ciência dogmática, criar condições para a decidibilidade de conflitos juridicamente definidos". (FERRAZ JÚNIOR, Tércio Sampaio. *Introdução ao estudo do direito: técnica, decisão, dominação*. São Paulo: Atlas, 2003. p. 84 e 85).

[260] Veja-se o funcionalizador pensamento de FIGUEIREDO DIAS, que – ao exaltar o papel exercido pela "finalidade" – sustenta ser a dogmática jurídico-penal "aplicação do direito, dotada dos seus pressupostos metodológicos específicos e comandada por finalidades prático-normativas autónomas". (FIGUEIREDO DIAS, Jorge de. *Direito penal: parte geral. Tomo I. Questões fundamentais: a doutrina geral do crime*. Coimbra: Coimbra Editora, 2007. p. 19).

[261] Relaciona-se o "pensamento calculador" com um "vazio", assumindo-se que "esse vazio que se quer racional e só racional, não convocando nem invocando nenhum valor transcendental, apela, [...] a um modelo de homem cuja razão é necessariamente calculante". (FARIA COSTA, José de. *O perigo em direito penal: contributo para a sua fundamentação e compreensão dogmáticas*. Coimbra: Coimbra Editora, 2000. p. 68).

[262] FERRAZ JÚNIOR assume que "a ideia do cálculo em termos de relação custo/benefício está presente no saber jurídico-dogmático da atualidade". (FERRAZ JÚNIOR, Tércio Sampaio. *Introdução ao estudo do direito: técnica, decisão, dominação*. São Paulo: Atlas, 2003. p. 86). A "funcionalidade" e a "eficiência" caminham pelo mesmo caminho do planeamento na juridicidade. Sobre a "eficiência" no direito, ver, por todos, FISAHN (FISAHN, Andreas. Effizienz des Rechts und Soziale Praxis. *Rechtstheorie*, 34 (2003), Heft 2. Berlin: Duncker & Humblot. p. 269-290).

horizonte, para a compreensão funcionalista, considerar a dogmática jurídico-penal como "ciência procurada" seria perder-se no inútil, pois como poderia a técnica não garantir uma "resposta final"? Considerar a dogmática jurídico-penal como abertura, incompletude, não obturação, sempre a caminho, num tal contexto de exacerbação da técnica, seria o mesmo que assumir uma derrota. A derrota da *finitude*. A derrota de reconhecer os limites da técnica.[263]

A absolutização de conceitos e categorias, enquanto resultado de um descabido alargamento do grande circuito da técnica, revela-se como manifestação forte do inautêntico "pensamento calculador" (*rechnende Denken*).[264] O "perigo" de tal pensamento seria, sobretudo, "a utilização dogmática da dogmática jurídico-penal".[265] Esse modo de compreender as coisas do direito penal é incompatível com o quadro referencial teórico da presente investigação.[266] Ao tomar como premissa a "ciência procurada", enquanto condição mais originária e autêntica da dogmática jurídico-penal, não mais se pode aceitar as inautênticas pseudo-ofertas de soluções teóricas definitivas, resultado, em grande parte, dos superficializantes processos de funcionalização do direito penal. Se a dogmática jurídico-penal é "ciência procurada", então não é possível absolutizar conceitos e categorias do direito penal, como se tal "sacralização" de ideias fosse verdadeira "resposta final". A "autenticidade" é consciência da *finitude*. Uma dogmática jurídico-penal que se move numa clave de "autenticidade", necessariamente, tem que considerar o irremediável caráter da sua *finitude*. Se a dogmática jurídico-penal é uma tarefa do ser-aí, então a *finitude* deste projeta-se naquela. Se a dogmática jurídico-penal é uma tarefa do ser-aí, então os modos-de-ser (*Seinsmodus*) autêntico ou inautêntico deste, também, projetam-se naquela. Reserva-se ao olhar atento e autêntico, o olhar fenomenológico, a tarefa de vigiar os (des)caminhos da dogmática jurídico-penal.[267]

Vigiar os (des)caminhos da dogmática jurídico-penal passa por observar os seus paradigmas e a superação deles. Precisa-se, agora, desvelar o

---

[263] A "derrota", em verdade, nada teria de derrota. A "derrota", que aqui referimos, aproxima-se – ainda que em outro registro de análise – daquilo que D'AVILA vai chamar de "fracasso". O autor destaca que o funcionalismo radical não "leva a sério a possibilidade de existirem limites materiais intransponíveis", não leva a sério a existência de "limites tão fortes que o 'fracasso diante do seu inimigo' [o inimigo do Estado] seja inevitável, em prol da manutenção dos valores ainda mais preciosos". Nessa linha de compreensão, percebe-se que "mesmo o eficientismo mais acerbado encontra barreiras axiológicas inultrapassáveis", que "em nada teria de fracasso". (D'AVILA, Fabio Roberto. Os limites normativos da política criminal no âmbito da ciência conjunta do direito penal. Algumas considerações críticas ao pensamento funcional de Claus Roxin. *Zeitschrift für Internationale Strafrechtsdogmatik*, v. 10, p. 485-495, 2008. p. 492).

[264] HEIDEGGER, Martin. *Gelassenheit*. 2ª ed. Tübingen: Verlag Günter Neske, 1960. p. 14 e 15.

[265] TEIXEIRA NETO, João Alves. A serenidade para com as coisas do direito penal: no limiar entre o pensamento que medita e o pensamento que calcula. *Revista de Estudos Criminais*, v. 48, 2013. p. 197-208.

[266] Assume-se um quadro referencial teórico onto-antropológico, em que a dimensão do "onto" (ontológico) é "não-onto-teológico". Vale por se dizer: a ontologia assumida na investigação está manifestamente apartada de qualquer compreensão *onto-teológica*. Lembra-se que o conceito de "quadro referencial teórico" é apresentado no dicionário de conceitos da investigação (Conceitos fundamentais utilizados).

[267] Sobre a "fenomenologia" ver o § 9, "O método fenomenológico da investigação".

que são os "paradigmas dogmáticos" e como se dá a sua vagarosa superação. Somente assim será possível conquistar o horizonte de compreensão suficiente – mas, sobretudo, necessário – para, genuinamente, avistar-se a possibilidade de superação do antropocentrismo-radical na dogmática jurídico-penal.

## § 13. Dogmática jurídico-penal e mudança de paradigmas: a tutela penal de animais como caminho para a superação do paradigma antropocêntrico-radical

O paradigma é um modelo compartilhado por uma comunidade científica.[268] No campo das ciências do espírito (*Geisteswissenschaften*), pode-se falar numa realidade multiparadigmática.[269] Porém, não obstante tal realidade das ciências do espírito, pode-se, ainda, identificar paradigmas que durante um período orientam a pesquisa científica na busca por soluções de problemas. O direito penal – e o direito de uma maneira geral – não escapa à ideia de paradigma.[270] Há determinadas formas de compreender as coisas do direito penal que constituem paradigmas. Trata-se de formas de compreensão que se consolidam no tempo e passam a orientar a pesquisa jurídica.[271]

Já afirmamos que, segundo Kuhn, quando o cientista se depara com um dado ou fenômeno novo que não se ajusta ao paradigma vigente, possui ele duas alternativas: *(i) ignora o dado ou fenômeno novo*; *(ii) distorce o dado ou fenômeno novo*, de modo a ajustá-lo ao paradigma vigente.[272] Pode-se dizer que essas duas alternativas são recursos em favor da manutenção de um paradigma vigente. As sucessivas alterações de paradigmas são momentos rupturais. A superação de um paradigma coloca as bases de um campo teórico em relativa suspensão. Trata-se de um momento com foros de insegurança para o cientista. A insegurança é vista *prima facie* como um mal para a ciência. O cientista, então, busca afastá-la sempre que possível. Porém, a insegurança é conatural ao desenvolvimento científico, pois "a

---

[268] Pode-se definir um paradigma, no sentido do pensamento de STEIN, como uma "matriz teórica", ou seja, "um campo delimitado em que se desenvolvem determinados processos de conhecimento". (STEIN, Ernildo. *Diferença e metafísica: ensaios sobre a desconstrução.* 2ª ed. Ijuí: UNIJUÍ, 2008. p. 53).

[269] Falar em "realidade multiparadigmática" significa assumir a possibilidade de haver a sobreposição de paradigmas nas *ciências do espírito* (*Geisteswissenschaften*).

[270] Vale referir – como um testemunho, em favor da consagração da ideia dos "paradigmas dogmáticos" – que D'AVILA, ainda que não exatamente na mesma perspectiva que a nossa, trabalha com a ideia de paradigma na dogmática jurídico-penal. (D'AVILA, Fabio Roberto. A crise da modernidade e suas consequências no paradigma penal. *Boletim IBCCRIM*, São Paulo, v. 98, 2001).

[271] Pode-se falar, no direito penal, por exemplo, em *paradigma causalista*, *paradigma finalista*, *paradigma funcionalista*. Porém, devido ao fato de ser a realidade jurídica multiparadigmática, pode-se, também, falar em paradigmas simultâneos noutros quadrantes da realidade jurídica. Pode-se falar, por exemplo, na existência de uma *paradigma antropocêntrico-radical.*

[272] KUHN, Thomas. Trad. Nelson Boeira. *A estrutura das revoluções científicas.* 7ª ed. São Paulo: Perspectiva, 2003. p. 78.

emergência de novas teorias é geralmente precedida por um período de insegurança". A insegurança manifesta a existência de uma zona nebulosa na resolução de problemas científicos.[273]

Por vezes o dado ou fenômeno novo não poderá ser ignorado, nem distorcido de modo a ser ajustado ao paradigma vigente, surgindo a semente das revoluções científicas. Haverá dados ou fenômenos novos que devido a sua magnitude, a sua robustez, a sua notoriedade, não poderão ser ignorados ou distorcidos. Haverá, também, dados ou fenômenos novos que até poderão ser ignorados ou distorcidos por determinado período, mas que em algum momento emergirão mostrando-se como realmente são. Esse período de ignorância ou distorção de novos dados, ou fenômenos, persiste na inexistência de uma crise científica. Verificou-se, na história das ciências, que "antecipações foram ignoradas, precisamente por não haver crise".[274] Mas haverá situações em que a crise será induzida, justamente, pela tentativa de ignorar ou distorcer os dados ou fenômenos novos, pois "o fracasso repetido na tentativa de ajustar uma anomalia pode induzir à emergência de uma crise".[275] Kuhn sustenta que quando se torna difícil "esquivar-se das anomalias que subvertem a tradição existente da prática científica", aí é que "então começam as investigações extraordinárias", conduzindo a atividade científica para "um novo conjunto de compromissos, a uma nova base para a prática da ciência".[276]

Pode-se dizer que o *paradigma dogmático é um modelo de compreensão das coisas do direito penal, construído por meio de realizações teóricas reconhecidas com certa universalidade, com duração por determinado período, fornecendo explicações aos fenômenos jurídico-penais e resolução para os seus decorrentes problemas, investigados pela comunidade científica.*[277]

A *superação de um paradigma dogmático é verificada quando esse paradigma não mais atende às necessidades explicativas e resolutivas dos fenômenos jurídico-penais, ou seja, quando o paradigma encontra-se defasado.*[278] Poder-se-ia dizer, ainda, que tal defasagem se mostra no descompasso entre a complexidade

---

273 KUHN, Thomas. Trad. Nelson Boeira. *A estrutura das revoluções científicas.* 7ª ed. São Paulo: Perspectiva, 2003. p. 95.

274 KUHN, Thomas. Trad. Nelson Boeira. *A estrutura das revoluções científicas.* 7ª ed. São Paulo: Perspectiva, 2003. p. 103. Não obstante, deve-se lembrar, com STEIN, que "as mudanças de paradigmas que resultam de seu envelhecimento ou de sua obsolescência não extinguem as idéias produzidas no seu contexto. As idéias produzidas ficam como camadas históricas e podem, muitas vezes, ser usadas no contexto dos novos paradigmas". (STEIN, Ernildo. *Exercícios de fenomenologia: limites de um paradigma.* Ijuí: Unijuí, 2004. p. 138).

275 KUHN, Thomas. Trad. Nelson Boeira. *A estrutura das revoluções científicas.* 7ª ed. São Paulo: Perspectiva, 2003. p. 14.

276 KUHN, Thomas. Trad. Nelson Boeira. *A estrutura das revoluções científicas.* 7ª ed. São Paulo: Perspectiva, 2003. p. 25.

277 Trata-se da nossa circunscrição do conceito de *paradigma dogmático*, que poderia ser chamado, também, de *paradigma na dogmática jurídico-penal.* Desenvolvemos tal circunscrição com base na linhas fundamentais de KUHN.

278 Trata-se, no mesmo sentido da definição anterior, da nossa circunscrição do conceito de *superação do paradigma dogmático*, que poderia ser chamado, também, de *superação de paradigma na dogmática jurídico-penal.* Desenvolvemos tal circunscrição, também, com base na linhas fundamentais de KUHN.

dos fenômenos jurídico-penais e as limitações operativas do paradigma. O paradigma dogmático estaria defasado – portanto, devendo ser superado – quando não mais puder explicar os fenômenos próprios do seu campo, nem resolver os problemas colocados a partir deste.

O antropocentrismo-radical na dogmática jurídico-penal – e, consequentemente, o rol dos titulares de bens jurídico-penais – tornou-se uma evidência meridiana, de tal maneira que questionar esse antropocentrismo-radical passou a ser visto como um equívoco metodológico.[279] Tais "certezas" alimentam a dispensa do questionamento. Tem-se como uma compreensão de todo evidente. Porém, o "evidente", aquilo que Kant vai chamar de "os juízos secretos da razão comum", segundo Heidegger, "deve ser e permanecer o tema explícito da analítica" (*ausdrückliches Thema der Analytik werden und bleiben soll*), pois, em verdade, trata-se do "ofício dos filósofos" (*Philosophen Geschäft*).[280]

Conforme já afirmamos, o antropocentrismo-radical na dogmática jurídico-penal é um modo de compreender as coisas do direito penal em que está em causa apenas a proteção do humano. Toda e qualquer forma de proteção por meio do direito penal, nesse modo de compreensão, possuiria – ao fim e ao cabo – um único destinatário: o homem.[281] Apresenta-se, o antropocentrismo-radical, como um modelo de compreensão das coisas do direito penal, construído por meio de realizações científicas que gozam de certa universalidade, tratando-se, portanto, de um paradigma. O antropocentrismo-radical, durante um determinado período, ofereceu explicações convincentes para os fenômenos jurídico-penais. Mais. Ofereceu soluções razoáveis aos problemas fundamentais da dogmática jurídico-penal. Porém, esse modelo, o paradigma antropocêntrico-radical, está defasado. Não mais consegue dar conta da complexidade de determinados fenômenos jurídico-penais. Não mais oferece explicações convincentes a tais fenômenos, nem soluções razoáveis aos problemas decorrentes. O antropocentrismo-radical de há muito vem tentando "esquivar-se das anomalias que subvertem a tradição existente da prática científica",[282] ou seja, vem tentado

---

[279] O questionamento do antropocentrismo-radical na dogmática jurídico-penal passou a poder ser visto como um equívoco metodológico, devido às "certezas" da tradição dogmática, no sentido do indubitável caráter antropocêntrico-radical do direito penal, a exemplo de FIGUEIREDO DIAS, quando afirma: "claro que também os bens jurídicos colectivos só existem *por causa do homem* de acordo com o antiquíssimo brocardo latino *omme ius hominis causa constitutum*". (FIGUEIREDO DIAS, Jorge de. *Direito Penal: parte geral*. [1ª edição brasileira; 2ª edição portuguesa]. São Paulo: Editora Revista do Tribunais; Coimbra: Coimbra Editora, 2007. p. 147)

[280] HEIDEGGER, Martin. *Sein und Zeit*. Tübingen: Max Niemeyer Verlag, 2006. p. 10. (Tradução livre). Acreditamos que questionar o "evidente" é, mais do que o ofício do filósofos, tarefa de um pensar crítico, seja no campo da filosofia, seja no campo da dogmática jurídico-penal. FIGUEIREDO DIAS, na passagem suprarreferida, na nota de rodapé anterior, aponta para o "evidente" na compreensão antropocêntrica-radical. Ao nosso juízo, na linha de HEIDEGGER, esse "evidente" – assim como todos os outros "evidentes" – "deve ser e permanecer" objeto de questionamento.

[281] Essa ideia foi desenvolvida no § 7, "A tarefa de uma desconstrução (desleitura) do antropocentrismo-radical na dogmática jurídico-penal".

[282] KUHN, Thomas. Trad. Nelson Boeira. *A estrutura das revoluções científicas*. 7ª ed. São Paulo: Perspectiva, 2003. p. 25.

ajustar os dados ou fenômenos novos que não se ajustam aos limites do seu próprio horizonte, a exemplo da tutela penal de animais. Anunciou-se, assim, a superação do paradigma antropocêntrico-radical.[283]

A tutela penal de animais mostra-se como um fenômeno paradigmático. Um fenômeno que nos permite (re)pensar o paradigma antropocêntrico-radical. Trata-se de um fenômeno que impulsiona o questionamento pelos limites de um direito penal liberal e, em última análise, questiona o próprio ser do direito penal. A tutela penal de animais desafia a dogmática jurídico-penal. A tutela penal de animais questiona a defasagem do paradigma no qual a dogmática jurídico-penal estaria imersa: o paradigma antropocêntrico-radical.

Se um paradigma, enquanto modelo de compreensão, está defasado, então tal defasagem aponta para a existência de um novo paradigma. Um paradigma que consiga oferecer explicações e soluções mais adequadas. Porém, a substituição de um paradigma não é algo que possa ser verificado instantaneamente.[284] Trata-se de um processo de sedimentações. Os sentidos e significados dos conceitos e categorias jurídico-penais passam a ser historicamente (re)significados. A compreensão de tais conceitos e categorias, sempre aberta à "historicidade", vai sendo esculpida pelo *Zeitgeist* (*genius seculi*). Se *o tempo do mundo muda o mundo do direito penal*, então os paradigmas que sustentam a dogmática jurídico-penal serão sempre temporários. Se a substituição de um paradigma por outro não ocorre automaticamente, mas, sim, no processo de sedimentação dos novos sentidos e significados dos conceitos e categorias, então, ao menos, a constatação da defasagem de um paradigma apresenta-se de um modo mais simples. A constatação da defasagem de um paradigma mostra-se na sua incapacidade de explicar determinados fenômenos, bem como na incapacidade para oferecer soluções razoáveis aos problemas oriundos de tais fenômenos.

O paradigma antropocêntrico-radical não consegue explicar convincentemente o fenômeno da tutela penal de animais, nem consegue oferecer soluções razoáveis aos problemas jurídico-penais dela decorrentes, inevitavelmente entrando em aporia.

Entra em aporia, conforme já sustentado,[285] porque o seguinte silogismo não é verdadeiro: *(a)* a função do direito penal, por meio da criminalização de condutas, seria a exclusiva tutela subsidiária de bens jurídicos,

---

[283] Trata-se de ideia desenvolvida em conformidade com a nossa circunscrição do conceito de superação do paradigma dogmático.

[284] Os paradigmas, no campo das "ciências do espírito", costumam ter vida longa, ou seja, alteram-se vagarosamente, ao contrário do que se verifica no campo das "ciências da natureza". Portanto, há uma diferença de "timing". (STEIN, Ernildo. *Weisenkinder der Utopie. Die Melancholie der Linken*. Münster: Westfälische Wilhelms-Universität, 1997. p. 13).

[285] Apresentou-se essa ideia, já, no início da investigação, no § 1, "A necessidade de uma prévia exposição da pergunta pela possibilidade de os animais serem titulares de bens jurídico-penais", nota de rodapé nº 16.

os bens da vida;[286] *(b)* os bens jurídicos seriam bens da vida humana, indispensáveis ao convívio comunitário, portanto, a titularidade, de tais bens, estaria sempre centrada no humano; *(c)* logo, considerando haver um bem jurídico tutelado no crime de crueldade contra animais, seria esse, necessariamente, um bem jurídico da vida humana, como, por exemplo, o *sentimento de piedade*. Surgem as seguintes questões: *(i)* na esteira da interrogação de Pitz, o crime de crueldade contra animais não seria, verdadeiramente, contra animais, mas, sim, contra humanos? Mesmo que quem sofra os atos de crueldade seja o animal?;[287] *(ii)* o sentimento de piedade poderia ser considerado um bem jurídico?; *(iii)* na esteira da interrogação de Hörnle, o direito penal poderia tutelar sentimentos sem incorrer num flagrante problema de legitimidade, ou seja, há um espaço de legitimidade para o chamado "crime de proteção de sentimentos" (*Gefühlsschutzdelikt*)?;[288] *(iv)* para resolver o problema, poder-se-ia abolir o tipo penal, ou seja, descriminalizar a crueldade contra animais, mesmo frente ao atendimento dos requisitos atinentes à dignidade penal e carência de tutela? A aporia parece inevitável. Essa aporia pode também ser lida como manifestação de "anacronismo e impotência". D'Avila utiliza essas duas expressões para fazer referência a um "chamamento" ao direito penal, que "questiona o seu efetivo papel" e "convida ao redimensionamento de sua tarefa".[289]

Se, com Heidegger, aceitarmos a premissa de que "tudo é caminho" (*alles ist Weg*),[290] e, também, a premissa de que "quem pensa profundamente muito deve errar" (*wer groß denkt, muß groß irren*),[291] então somos levados a perceber a tutela penal de animais como um caminho.[292] Um caminho que nos leva à errância fenomenológica. O fenômeno da tutela penal de animais, ao desafiar os limites de um direito penal liberal, que quer ser *ultima ratio*,[293] apresenta-se verdadeiramente como um caminho para a superação do antropocentrismo-radical. Mostra-se, a tutela penal de animais, como um *Leitmotiv* para (re)pensarmos o paradigma antropocêntrico-radical,

---

[286] FARIA COSTA destaca que "a função do direito penal é a de proteger bens jurídicos". (FARIA COSTA, José de. *Noções Fundamentais de Direito Penal: Fragmenta Iuris Poenalis*. 4ª ed. Coimbra: Coimbra Editora, 2015. p. 13).

[287] PITZ, Norbert. *Das Delikt der Tierquälerei Tierschutz, oder Gefühlsschutz*. [Inaugural Dissertation]. Köln: Universität zu Köln, 1929.

[288] HÖRNLE, Tatjana. Der Schutz von Gefühlen im StGB. In: HEFENDEHL, Roland; HIRSCH, Andrew von; WOHLERS, Wolfgang (Orgs.). *Die Rechtsgutstheorie: Legitimationsbasis des Strafrechts oder dogmatisches Glasperlenspiel?* Baden-Baden: Nomos Verlagsgesellschaft, 2003. p. 268-270.

[289] D'AVILA, Fabio Roberto. *Ofensividade e crimes omissivos próprios: contributo à compreensão do crime como ofensa ao bem jurídico*. Coimbra: Coimbra Editora, 2005. p. 30.

[290] HEIDEGGER, Martin. *Unterwegs zur Sprache*. Frankfurt am Main: Vittorio Klostermann, 1985. p. 198.

[291] HEIDEGGER, Martin. *Aus der Erfahrung des Denkens*. Frankfurt am Main: Vittorio Klostermann, 2002. p. 17.

[292] Lembra-se que o conceito de "caminho" é apresentado no dicionário de conceitos da investigação (Conceitos fundamentais utilizados).

[293] A *ultima ratio* é um princípio e, por essa razão, necessariamente, deve ser colocada "no instrumentário (*Instrumentarium*) do legislador". (LANDAU, Herbert. Die deutsche Strafrechtsdogmatik zwischen Anpassung und Selbstbehauptung – Grenzkontrolle der Kriminalpolitik durch die Dogmatik? *Zeitschrift für die gesamte Strafrechtwissenschaft*, 121 (2009), Hefte 4, p. 965-976. p. 971).

questionando os seus limites para a explicação dos fenômenos jurídico-penais, bem como para a resolução dos problemas fundamentais da dogmática jurídico-penal.[294]

O escândalo não é ainda não termos encontrado uma justificável razão antropocêntrica-radical para a tutela penal de animais, o escândalo é ainda procurarmos tal razão dentro do paradigma antropocêntrico-radical.[295] Na procura de uma tal razão antropocêntrica-radical, para a tutela penal de animais, tropeça-se na aparente incompatibilidade entre um tal âmbito de intervenção jurídico-penal e a ideia de direito penal mínimo. Surge, então, uma aparente aporia que precisará ser desvelada, colocando-se em liberdade o caminho para a continuidade da investigação.

## § 14. Direito penal mínimo e tutela penal de animais: a superação da aparente aporia

A defesa da tutela penal de animais não contradiz a manutenção da ideia de um direito penal mínimo. Se houver uma aporia, resultante da tentativa de conciliação das duas ideias, então será uma aporia aparente, ou seja, um mero *parecer-ser*.[296] Para analisarmos o fenômeno, então, precisaremos desvelá-lo, retirando-o da condição de aparência.[297] Porém, não obstante o presente esforço teórico, ressalta-se que o questionamento sobre a legitimidade da tutela penal de animais não é uma tarefa direta da pergunta da investigação.[298]

A ideia de um direito penal mínimo, que quer ser *ultima ratio*,[299] tem a sua razão de ser na natureza da intervenção jurídico-penal. O direito penal

---

294 Entende-se por "problemas fundamentais da dogmática jurídico-penal" aqueles relacionados aos temas de base do direito penal.

295 Considerando que o primeiro tipo penal a tutelar animais, de que se tem notícia, é do ano de 1838, considerando, também, que – desde a criação do referido tipo penal – até os dias de hoje, a tradição dogmática busca uma justificação antropocêntrica-radical para o fenômeno da tutela penal de animais, parece-nos um tempo escandalosamente longo para que ainda se procure uma tal justificação dentro desse mesmo paradigma, muito embora se reconheça que a mudança de paradigmas nas ciências humanas ocorra num tempo longo.

296 Tratou-se do "parecer-ser", o segundo sentido da palavra *phainomenon*, na apresentação do método da investigação, § 9, "O método fenomenológico da investigação".

297 Vale lembrar que essa é a tarefa da "fenomenologia", o método que elegemos para a presente investigação. Lembra-se que o conceito de "fenomenologia" é apresentado não apenas no § 9, como referido, mas, também, no dicionário de conceitos da investigação (Conceitos fundamentais utilizados).

298 Não é uma tarefa direta da pergunta da investigação, já que a pergunta visa apenas à interpretação de um fenômeno que está aí: a tutela penal de animais. A tutela penal de animais é um fenômeno que já existe. Busca-se, então, desvelar esse fenômeno por meio da investigação da possibilidade de os animais serem titulares de bens jurídico-penais. Se a tutela penal de animais é legítima ou não, razoável ou não, adequada ou não, são questionamentos que estão para além da tarefa imediata da pergunta da investigação.

299 A ideia de *ultima ratio* é, em certa medida, conduzida pela compreensão do princípio da subsidiariedade. FARIA COSTA defende que "a subsidiariedade traduz a ideia, também hoje praticamente consensual, de que a norma penal só deve intervir para a protecção de um determinado bem jurídico como *ultima ratio*". (FARIA COSTA, José de. *Tentativa e dolo eventual: ou da relevância da negação em direito*

é o mais gravoso ramo do direito e, portanto, deve ser chamado a tutelar somente os mais caros bens da vida. Assiste-se, ainda, ao espetáculo da desenfreada expansão do direito penal.[300] Cada dia mais, o direito penal toca novos âmbitos de intervenção, subvertendo a lógica estabelecida por sua principiologia.[301] Quanto mais dilatado estiver o direito penal, mais próximo ele estará da sua "autodestruição".[302] A subversão de princípios limitadores, como o da intervenção mínima, é o caminho para a destruição dos pilares dogmáticos que sustentam, desde as conquistas dos "vários iluminismos",[303] a edificação de um direito penal de índole liberal.

A dogmática jurídico-penal tem a tarefa de ser "barreira intransponível à política criminal".[304] Uma dogmática crítica não pode ceder às tentações antiliberais.[305] O processo de funcionalização da dogmática sinaliza-nos o "perigo": o fetiche pela *utilização dogmática da dogmática jurídico-penal*.[306] Anuncia-se, cada vez mais, a morte do "pensamento meditativo" e o império do planeamento, o apogeu do "pensamento calculador".[307]

A mais tênue franja de criticidade no pensamento jurídico-penal, frente à apresentação desse quadro de desmandos, leva-nos a questionar toda e qualquer forma de expansão do direito penal. É salutar que assim seja. Porém, a vocação crítica de um pensamento jurídico-penal não pode resultar, justamente, naquilo que ele quer evitar: a análise superficial dos fenô-

---

*penal*. [Reimpressão]. [Separata do número especial do Boletim da Faculdade de Direito de Coimbra – "Estudos em homenagem ao Prof. Doutor Eduardo Correia" – 1984]. Coimbra: Coimbra Editora, 1995. p. 17).

300 Sobre a "expansão do direito penal", ver, por todos, SILVA SANCHEZ (SILVA SANCHEZ, Jesus-Maria. *La expansión del Derecho Penal: Aspectos de la Política criminal en las sociedades postindustriales*. Madrid: Civitas, 2001).

301 Subvertendo, especialmente, o "princípio da fragmentariedade". Sobre a fragmentariedade no direito penal, ver, por todos, KULHANEK (KULHANEK, Tobias Oliver. Der fragmentarische Charakter des Strafrechts als Argumentationsfigur Exemplifiziert an der Frage nach einem Deliktskatalog für eine Verbandsstrafbarkeit. *Zeitschrift für Internationale Strafrechtsdogmatik*, nº 13, 2014, p. 674-678).

302 O nosso raciocínio está amparado na lógica de que *se tudo é direito penal, então nada é direito penal*, ou seja, quanto mais espraiado estiver o direito penal pelos mais variados e desnecessários âmbitos de intervenção, então mais diluída estará a sua força.

303 Somos forçados a reconhecer, com FARIA COSTA, que – longe de haver apenas um iluminismo – há vários iluminismos, cada um com as marcas do quadrante geográfico onde se desenvolveu. (FARIA COSTA, José de. Uma ponte entre o direito penal e a filosofia pena: lugar de encontro sobre o sentido da pena. *Linhas de direito penal e de filosofia: alguns cruzamentos reflexivos*. Coimbra: Coimbra Editora, 2005. p. 216).

304 LISZT, Franz von. *Strafrechtliche: Aufsätze und Vorträge*. Berlin: J. Guttentag Verlagsbuchhandlung, 1905. p. 80.

305 As tentações antiliberais se manifestaram fortemente na ideia de uma *Daseinsvorsorge*, de modo que "o legislador foi-se deixando seduzir pela ideia, perniciosa mas difícil de evitar, de pôr o aparato das sanções criminais ao serviço dos mais diversos fins de política social". (FIGUIREDO DIAS, Jorge de. Para uma dogmática do direito penal secundário. *RLJ*, 116-7, 1983-4/1984/5. p. 265).

306 Segundo a nossa definição, apresentada em trabalho publicado no ano de 2013, "a *utilização dogmática da dogmática jurídico-penal* é a própria morte do pensar, a morte do *pensamento que medita*, [...] é acreditar que o *pensamento que calcula* se basta, desmerecendo a reflexão, [...] é ceder ao império do planeamento, é a rendição total à utilidade". (TEIXEIRA NETO, João Alves. A serenidade para com as coisas do direito penal: no limiar entre o pensamento que medita e o pensamento que calcula. *Revista de Estudos Criminais*, v. 48, 2013 p. 197-208.).

307 HEIDEGGER, Martin. *Gelassenheit*. 2ª ed. Tübingen: Verlag Günter Neske, 1960. p. 14, 15 e 27.

menos jurídico-penais. Dizendo com outras palavras, talvez, até mesmo, de uma forma menos invulgar: manter a "guarda alta" para as tentações antiliberais não significa fechar as portas da "historicidade" para os bens protegidos pelo direito penal. Âmbitos de intervenção que fogem ao corpo do direito penal clássico devem sempre ser analisados com sobrecautela, mas devem ser verdadeiramente analisados. Se as coisas não se passarem assim, então teremos uma *dogmática jurídico-penal mutilada*. Mutilar a real criticidade da dogmática jurídico-penal é torná-la estéril.

A tutela penal de animais não pode ser considerada, exatamente, um novo âmbito de intervenção. Na Alemanha existe desde 1838.[308] Porém, podemos, sim, considerar que a tutela penal de animais é um âmbito de intervenção que escapa ao corpo do chamado "direito penal clássico". Mas escapa em certa e determinada medida. Os chamados "crimes contra animais" causam um estranhamento – e, talvez, até mesmo um desconforto – ao *common sense* da dogmática jurídico-penal.[309] Proteger os animais por meio do mais gravoso ramo do direito, *prima facie*, pode *parecer-ser* um uso indevido do direito penal. Se assim fosse, ilegítimo seria contra-argumentar afirmando a existência de outros âmbitos de intervenção realmente considerados – em absoluto – descabidos. A existência de âmbitos de intervenção descabidos não poderia justificar, *a simile*, a existência de outros âmbitos de intervenção, também, descabidos. Portanto, a linha de argumentação teria de ser outra.

Quando falamos em proteção de animais por meio do direito penal estamos a falar, especialmente, na tutela de dois modos-de-ser frágil: o "poder-morrer" e o "poder-sofrer". Esse duplo "poder-ser" qualifica a vida animal. Somente homem e animal dividem esses dois modos-de-ser. O animal morre, ainda que não possa compreender a morte. O animal sofre, ainda que não possa compreender o sofrimento.[310] O homem morre e sofre. O homem compreende a morte e o sofrimento, mas compreende não somente a sua morte e o seu sofrimento, compreende, também, a morte e o sofrimento do animal. Percebemos, aqui, com clareza, a diferença fundamental entre ser "formador de mundo" e ser "pobre de mundo".[311] O homem, "formador de mundo", compreende a fragilidade contida na *diferença*. Porque o

[308] HAEBERLIN, Carl Franz Wilhelm Jérôme. *Grundsätze des Criminalrechts: Nach den neuen deutschen Strafgesetzbüchern*. Leipzig: Friedrich Fleischer Verlag, 1848. p. 319 e 320.

[309] Principalmente para aquele *common sense* que ainda se move na cartesiana compreensão de que o animal é *automata mechanica*, estranhando toda e qualquer proteção de animais: "todas as coisas são essencialmente para o ser humano. [...] Os animais são simples coisas. [...]. A (sobre)vivência e(ou) a necessidade justificaram a brutalidade [...]". (RODRIGUES, João Vaz. Animais: que direitos? *Boletim da Ordem dos Advogados* [Portugal], n. 27, jul/ago, 2003. p. 64-66).

[310] HUSSERL, Gerhart. Opfer, Unrecht und Strafe. In: HUSSERL, Gerhart. *Recht und Zeit: Fünf rechtsphilosophische Essays*. Frankfurt am Main: Vittorio Klostermann, 1964. p. 190

[311] HEIDEGGER, Martin. *Os conceitos fundamentais da metafísica: mundo, finitude, solidão*. Trad. Marco Antônio Casanova. 2ª ed. Rio de Janeiro: Forense Universitária, 2011. p. 230. A diferença fundamental entre "pobre de mundo" e "formador de mundo" será analisada na sequência, no § 17, "Pobres de mundo, mas possuidores de mundo".

animal é frágil, sendo a morte e o sofrimento possibilidades constantes,[312] precisa ser protegido. Por meio da tipificação dos "crimes contra os animais" não se tutela um valor, ou interesse, qualquer. Os valores e interesses relacionados tanto ao "poder-morrer", quanto ao "poder-sofrer", são especiais. Tais valores e interesses tocam um núcleo de intersecção ontológica entre homens e animais. O "poder-morrer" e o "poder-sofrer" são dados ontológicos, dois modos-de-ser, que – apesar de toda a *diferença* – aproximam homem e animal. A domesticação de animais constitui um importantíssimo testemunho em favor de uma tal aproximação.[313] Os animais domésticos, animais que o homem leva a morar dentro da sua casa, corroboram a verificação de uma relação comunicacional entre homem e animal. Essa relação não é apenas comunicacional.[314] É também uma relação de cuidado. Trata-se de uma relação de cuidado-de-perigo (para-com-os-animais).[315] A perversão dessa relação de cuidado, em nível intolerável, não poderá deixar aberto o "buraco" na teia de cuidado-de-perigo. Vislumbra-se, aqui, um chamamento ao direito penal. Somente a *pena justa* poderá restabelecer a teia de cuidado-de-perigo.[316] Quando as mais intoleráveis ações perverterem a onto-antropológica relação de cuidado-de-perigo (para-com-os-animais), então necessária será a *pena justa* para reintegrar os fios que compõem a teia onto-antropológica de cuidado-de-perigo.

A tutela penal de animais, portanto, não pode confrontar a ideia de um direito penal mínimo, que encontra limites, sobretudo, no "interesse da liberdade individual" (*Interesse der individuellen Freiheit*).[317] Porém, para que todos esses argumentos ganhem em sentido e coerência, inevitável será ingressarmos no caminho de uma ontologia da vida animal. O desvelamento ontológico a ser, ainda, realizado – em verdade, concretizações do § 6º da investigação – permitirá enxergar o ente em questão, o animal, sem os

[312] Porque a morte e o sofrimento são possibilidades constantes, também constante é a possibilidade da crueldade contra animais, possibilidade que – diga-se de passagem – sempre existiu. WILLIGE, num caminho de compreensão muito próximo ao nosso, defende que "sempre houve crueldade contra animais" (*Tierquälerei hat es immer gegeben*). (WILLIGE, Hans Georg. *Hundert Jahre Tierschutz in Dresden. Mit einem Schlußaufsatz von Herbert pause. Herausgegeben vom Tierschutzverein Dresden und Umgebung aus Anlaß seines hundertjährigen Bestehens 1839-1939*. Dresden-Löbtau: Verlag W. Ostwald, 1939. p. 9). (Tradução livre).

[313] HEIDEGGER, Martin. *Os conceitos fundamentais da metafísica: mundo, finitude, solidão*. Trad. Marco Antônio Casanova. 2ª ed. Rio de Janeiro: Forense Universitária, 2011. p. 269.

[314] No § 19, "Comunicação para além da 'casa-do-ser' (*Haus des Seins*) e a interpretação da relação entre homem e animal como ser-com (*Mitsein*)", será analisada, notadamente por meio do testemunho da domesticação, a possibilidade de haver comunicação entre homem e animal.

[315] A relação de cuidado-de-perigo (para-com-os-animais) será abordada no § 23, "A confirmação da interpretação da 'relação entre homem e animal como ser-com' a partir de um testemunho pré-ontológico e a matricial relação de cuidado-de-perigo (para-com-os-animais)".

[316] FARIA COSTA, José de. Uma ponte entre o direito penal e a filosofia pena: lugar de encontro sobre o sentido da pena. *Linhas de direito penal e de filosofia: alguns cruzamentos reflexivos*. Coimbra: Coimbra Editora, 2005. p. 224.

[317] LISZT, ao tratar dos limites do Leviatã, defende que o "direito penal é o poder punitivo do Estado, juridicamente limitado (*rechtlich begrenzte*). Juridicamente limitado em suas condições e conteúdo (*Voraussetzung und Inhalt*). Juridicamente limitado no interesse da liberdade individual". (LISZT, Franz von. *Strafrechtliche Aufsätze und Vorträge*. Tomo II. Berlin: J. Guttentag Verlagsbuchhandlung, 1905. p. 60). (Tradução livre).

encobrimentos que frequentemente distorcem a sua imagem e, consequentemente, distorcem, também, a imagem da tutela penal de animais.[318]

## § 15. As conquistas do 3º Capítulo (Parte Primeira)

*(i)* Desvelou-se a dogmática jurídico-penal como "ciência procurada" (*episteme zetoumene*), conquistando-se uma premissa decisiva, pois a pergunta da investigação é colocada a partir dessa compreensão. Esclareceu-se que a *finitude* não é apenas "finitude da existência", mas, é, também, "finitude da compreensão". Demonstrou-se que se as coisas se passam assim, então não apenas a metafísica seria "ciência procurada", mas todo e qualquer conhecimento humano, pois nada há fora da "historicidade" e *o tempo do mundo muda o mundo do direito penal*. Concluiu-se que as respostas, até hoje, oferecidas pela tradição dogmática aos problemas da tutela penal de animais, são provisórias. Mais. Elementos estruturais da própria teoria do delito, tais como o rol de titulares de bens jurídico-penais, são manifestações de um tempo do mundo, inteiramente abertas à "historicidade". Portanto, a compreensão da dogmática jurídico-penal como "ciência procurada" colocou em liberdade o horizonte de compreensão do objeto da investigação, pois só há sentido na *pergunta pela possibilidade de os animais serem titulares de bens jurídico-penais* se compreendermos que a dogmática jurídico-penal não está acabada, ou seja, se compreendermos que ela é "ciência procurada";

*(ii)* Desvelou-se a "autenticidade" (*Eigentlichkeit*) e a "inautenticidade" (*Uneigentlichkeit*) na compreensão do direito penal, conquistando-se a compreensão de que o império da técnica e a produção de eficiência já chegaram ao campo do direito penal, notadamente, por meio dos mais diversos funcionalismos. Reconheceu-se que o império da *produção* determina consequências para o direito penal, já que a dogmática jurídico-penal, nesse horizonte técnico, está cada vez mais rica em eficiência e mais pobre em sentido. Reconheceu-se, também, que num tal contexto de "inautenticidade" acredita-se – mais que nunca – em "respostas finais". Demonstrou-se que a absolutização de conceitos e categorias, enquanto resultado de um descabido alargamento do grande circuito da técnica, revela-se como manifestação forte do inautêntico "pensamento calculador" (*rechnende Denken*) e o "perigo" de tal pensamento seria "a utilização dogmática da dogmática jurídico-penal". Explicou-se que esse modo de compreender as coisas do direito penal é incompatível com o quadro referencial teórico da presente investigação, pois ao tomar como premissa a "ciência procurada", enquanto condição mais originária e autêntica da dogmática jurídico-penal, não mais se pode aceitar as ofertas de soluções teóricas definitivas, em

[318] O adentramento no caminho de uma ontologia da vida animal se dará no capítulo quarto (parte primeira), "Nas proximidades de uma ontologia da vida animal: desvelando condições de possibilidade (concretizações do § 6)".

grande parte resultado dos processos de funcionalização do direito penal. Concluiu-se que se a dogmática jurídico-penal é "ciência procurada", então não é possível absolutizar conceitos e categorias do direito penal, como se tal sacralização de ideias fosse verdadeira "resposta final", pois uma dogmática jurídico-penal que se move numa clave de "autenticidade", necessariamente tem que considerar o caráter da sua *finitude*. Colocou-se em liberdade a compreensão de que se a dogmática jurídico-penal é uma tarefa do homem, então a *finitude* deste projeta-se naquela, ou seja, se a dogmática jurídico-penal é uma tarefa do homem, então os modos-de-ser (*Seinsmodus*) autêntico ou inautêntico deste, também, projetam-se naquela;

*(iii)* Desvelou-se o que é e quando ocorre a superação de um paradigma dogmático. Descreveu-se o paradigma como um modelo compartilhado por uma comunidade científica. Explicou-se que o direito penal – e o direito de uma maneira geral – não escapa à ideia de paradigma. Sustentou-se que há determinadas formas de compreender as coisas do direito penal que constituem paradigmas, trata-se de formas de compreensão que se consolidam no tempo e passam a orientar a pesquisa jurídica. Desvelou-se a ideia de *paradigma dogmático*, descrevendo-o como *um modelo de compreensão das coisas do direito penal, construído por meio de realizações científicas reconhecidas com certa universalidade, com duração por determinado período, fornecendo explicações aos fenômenos jurídico-penais e resolução para os seus decorrentes problemas, investigados pela comunidade científica*. Desvelou-se a *superação de um paradigma dogmático*, descrevendo-se o contexto em que é verificada, isto é, quando o *paradigma não mais atende às necessidades explicativas e resolutivas dos fenômenos jurídico-penais, ou seja, quando o paradigma encontra-se defasado*. Sustentou-se que tal defasagem se mostra no descompasso entre a complexidade dos fenômenos jurídico-penais e as limitações operativas do paradigma. Explicou-se, ainda, que o paradigma dogmático estaria defasado, portanto, devendo ser superado, quando não mais puder explicar os fenômenos próprios do seu campo, nem resolver os problemas decorrentes;

*(iv)* Desvelou-se a tutela penal de animais como caminho para a superação do paradigma antropocêntrico-radical da dogmática jurídico-penal. Demonstrou-se que o antropocentrismo-radical na dogmática jurídico-penal – e, consequentemente, o rol dos titulares de bens jurídico-penais – tornou-se uma evidência meridiana, de tal maneira que questionar esse antropocentrismo-radical passou a ser visto como um equívoco metodológico, pois tais "certezas" alimentam a dispensa do questionamento, tendo-se como uma compreensão de todo evidente. Compreendeu-se que a tutela penal de animais se mostra como um fenômeno paradigmático que nos permite (re)pensar o paradigma antropocêntrico-radical. Mais. Reconheceu-se tratar de um fenômeno que impulsiona o questionamento pelos limites de um direito penal liberal e, em última análise, vem a questionar o próprio ser do direito penal. Concluiu-se que se um paradigma, enquanto modelo de compreensão, está defasado, então tal defasagem aponta para a existência de um novo paradigma, um paradigma que consiga oferecer explicações e

soluções mais adequadas. Conclui-se, também, que a substituição de um paradigma não é algo que possa ser verificado instantaneamente, pois é um processo de sedimentações, já que os sentidos e significados dos conceitos e categorias jurídico-penais passam a ser historicamente (re)significados, de modo que a compreensão de tais conceitos e categorias, sempre aberta à "historicidade", vai sendo esculpida pelo *Zeitgeist* (*genius seculi*). Demonstrou-se que se *o tempo do mundo muda o mundo do direito penal*, então os paradigmas que sustentam a dogmática jurídico-penal serão sempre temporários. Mais. Se a substituição de um paradigma por outro não ocorre automaticamente, mas, sim, no processo de sedimentação dos novos sentidos e significados de conceitos e categorias, então, ao menos, a constatação da defasagem de um paradigma, apresenta-se de um modo mais simples, mostrando-se na sua incapacidade de explicar determinados fenômenos, bem como na incapacidade de oferecer soluções razoáveis aos problemas oriundos de tais fenômenos;

*(v)* Desvelou-se a aparente aporia oriunda da relação entre direito penal mínimo e tutela penal de animais, demonstrando-se que a defesa da tutela penal de animais não contradiz a manutenção da ideia de um direito penal mínimo. Demonstrou-se que frente à apresentação de um quadro de desmandos, oriundo da desenfreada expansão do direito penal, a mais tênue franja de criticidade, no pensamento jurídico-penal, leva-nos a questionar toda e qualquer forma de expansão do direito penal, sendo salutar que assim seja, porém, a vocação crítica de um pensamento jurídico-penal não pode resultar naquilo que justamente quer evitar: a análise superficial dos fenômenos jurídico-penais. Explicou-se que os âmbitos de intervenção que fogem ao corpo do "direito penal clássico" devem sempre ser analisados com sobrecautela, mas devem ser verdadeiramente analisados, pois se as coisas não se passarem assim, então teremos uma *dogmática jurídico-penal mutilada* e, sobretudo, mutilar a real criticidade da dogmática jurídico-penal é torná-la estéril. Desvelou-se que proteger os animais por meio do mais gravoso ramo do direito, *prima facie*, pode *parecer-ser* um uso indevido do direito penal, porém, por meio da tipificação dos "crimes contra animais" não se tutela um bem qualquer, já que os bens relacionados tanto ao "poder-morrer", quanto ao "poder-sofrer", são especiais, pois tocam um núcleo de intersecção ontológica entre homens e animais. Avistou-se uma relação de cuidado-para-com-os-animais. Explicou-se que a perversão dessa relação de cuidado, em nível intolerável, não poderá deixar aberto o "buraco" na teia de cuidado-de-perigo, vislumbrando-se, aqui, um chamamento ao direito penal, pois somente a *pena justa* poderá restabelecer a teia de cuidado-de-perigo. Concluiu-se, por todas essas razões, que a tutela penal de animais não pode confrontar a ideia de um direito penal mínimo, necessitando-se adentrar no caminho de uma ontologia da vida animal para que tais argumentos ganhem em sentido e coerência.

## 4º Capítulo
## Nas proximidades de uma ontologia da vida animal: desvelando condições de possibilidade (concretizações do § 6º)

### § 16. O "outro" da relação e a dupla fragilidade estrutural: "poder-morrer" e "poder-sofrer" enquanto possibilidades ontológicas

> [...] nada impede ao legislador de reconhecer também o animal como 'outro'" ([...] *ist der Gesetzgeber nicht gehindert, auch ein Tier als "anderen" anzuerkennen*).[319]

Não problematizar a ontologia da vida animal torna problemática, em seus fundamentos, toda a compreensão da tutela penal de animais. Heidegger, com as conquistas de *Ser e Tempo*, deixou aberto o caminho para a investigação ontológica dos entes que não possuem o modo-de-ser do ser-aí, portanto, inescapavelmente, deixou aberto o caminho para uma ontologia da vida animal:

> Na medida, porém, em que se desvendam o sentido do ser e as estruturas fundamentais do ser-aí em geral, abre-se o horizonte para qualquer posterior investigação ontológica dos entes não dotados do caráter de ser-aí.[320]

Mas será que, problematizando a ontologia da vida animal, não se estará tornando tal fenômeno ainda mais enigmático? Sem dúvidas que sim. Deve-se, primeiramente, colocar em liberdade todo o enigma desse fenômeno.

Problematizar a ontologia da vida animal passa pela pergunta sobre quem seria o "outro" da relação. Tal pergunta é anterior a toda juridicidade, despontando repercussões diretas no direito penal, porém, não apenas no direito penal, mas em todo *multiversum* jurídico. A pergunta pelo "outro" da relação, sobretudo, diz respeito a uma compreensão ético-existencial. Faria Costa, ao discorrer sobre a matricial relação onto-antropológica de cuidado-de-perigo, sustenta se tratar de uma especial forma de relação:

> Conexão ético-existencial de um "eu" concreto – de "carne e osso" – que, exatamente pela sua condição de permanente abertura ou incompletude (projecto), só pode "ser" se tiver o "outro", cuidar do "outro", cuidar de si mesmo cuidando o "outro" e ao cuidar este cuidar de si mesmo. Uma especial forma de *relatio* [...].[321]

---

[319] ROXIN, Claus. *Strafrecht. Allgemeiner Teil. Band I: Grundlagen – Der Aufbau der Verbrechenslehre*. München: Verlag C.H Beck, 2006. p. 671. (Tradução livre).

[320] HEIDEGGER, Martin. *Sein und Zeit*. Tübingen: Max Niemeyer Verlag, 2006. p. 37. (Tradução livre).

[321] FARIA COSTA, José de. Sobre o objecto de protecção do Direito Penal: o lugar do bem jurídico na doutrina de um Direito Penal não iliberal. *RLJ*, 3978, 2013, p. 158-173. p. 171.

Falar sobre um fundamento onto-antropológico, então, é falar, antes de tudo, numa relação do "eu" para com o "outro".[322] Tratando-se de uma relação ético-existencial, esta é condição de possibilidade para a juridicidade. A ordem jurídico-penal emerge como uma refração dessa relação. Se as coisas assim se passam, então, desvelar – em nível ontológico – quem seria o "outro" da relação determina consequências diretas para o direito penal. Se o meu cuidado-para-com-o-outro, mas, especialmente, o meu não-cuidado-para-com-o-outro, é um chamamento ao direito penal, então conhecer – com precisão ontológica – quem seria esse "outro" não se trataria de um mero detalhe. Trata-se, em verdade, de um elemento constitutivo do direito penal.

A tradição dogmática parece, efetivamente, não ter se interessado em investigar esse elemento.[323] Pergunta-se, então, por quê? Por que teria a tradição dogmática negligenciado a análise de quem seria o "outro" da relação? Por uma razão muito simples. Em verdade, mais simplista do que simples. O "outro" da relação, no direito penal e no *multiversum* jurídico de uma maneira geral, estaria definido, determinado, conceitualizado, com a precisão iluminada por uma clareza solar. O "outro" da relação é, sempre foi e sempre será, o "outro" ser-homem, diria as entrelinhas – e, muitas vezes, as próprias linhas – da tradição dogmática.[324] Porém, "sempre" é tempo demais para a *finitude*. É tempo demais para um ser, o ser-homem, que forma o seu mundo na temporalidade. Poderia, então, a definição do "outro" da relação ser um "absoluto"? Poderia ser um conceito canonizado pela tradição? Algo tão claro, e fácil de delimitar, que não precisaria ser investigado? A falta de resposta à pergunta sobre quem seria o "outro" da relação não é exatamente surpreendente. Surpreendente, talvez seja, a pergunta ser considerada desnecessária.[325]

Para pensarmos ontologicamente o "outro" da relação, precisamos delimitar um campo das condições de possibilidade. Quais seriam as condições necessárias que nos permitiriam falar num "outro"? Haveria elementos ontológicos que demarcariam "quem" poderia ser o "outro"? A pedra, por exemplo, poderia ser o "outro" da relação? Sem pensar muito, responde-

[322] FARIA COSTA, ao desvelar a referida relação, afirma que "o 'eu' só existe porque o 'outro' existe". (FARIA COSTA, José de. *Ilícito típico, resultado e hermenêutica (ou o retorno à limpidez do essencial)*, Lisboa: Universidade Lusíada, 2000. p. 16). FARIA COSTA fala no "aparecimento de uma nova consciência colectiva que, depois de ter arrancado o homem do centro do universo e de o ter banido como medida de si mesmo – como o fizeram algumas correntes do estruturalismo – quer agora que aquele vazio se preencha por uma especial relação do homem com a natureza, emergindo esta, não como personagem estática a que se afivelasse a máscara de uma deusa morta, mas antes como um novo 'outro' com o qual o *homo dolens* deste fim de milénio não pode deixar de dialogar". (FARIA COSTA, José de. *Linhas de direito penal e de filosofia: alguns cruzamentos reflexivos*. Coimbra: Coimbra Editora, 2005. p. 15).

[323] Desconhecemos, até o momento, uma obra que trate especificamente da questão de "quem" seria o "outro" da relação no direito penal. Consideramos, por essa razão, salvo melhor juízo, que a dogmática jurídico-penal parece não ter se interessado, ainda, em investigar o fenômeno.

[324] Pense-se no, já "canonizado", brocardo latino *omne ius hominis causa constitutum*.

[325] Para o antropocentrismo-radical está pergunta é desnecessária, pois seria inquestionável que apenas o homem poderia ser o "outro" da relação.

ríamos que não.[326] Poderíamos, então, de plano, vislumbrar que o "outro" precisaria *ser-vivo*. Seria a vida, nesse exato sentido, a premissa mais básica para podermos falar num "outro"? Parece-nos, indubitavelmente, que sim. O "outro" da relação precisa ser um ente vivo. Mas por qual razão poderíamos afirmar categoricamente uma tal ideia? Porque apenas os entes vivos possuem *interesse*. A pedra não possui o *interesse* em continuar a ser pedra. Para a pedra não pode haver diferença entre ser chutada ou não, entre ser destruída ou não. Podemos, assim, estabelecer a compreensão de que o *interesse* é sempre "interesse-da-vida" (*Lebensinteresse*).[327] Por mais simples que esse avanço teórico possa parecer, conquistamos, aqui, mais uma premissa determinante para os caminhos da investigação.[328]

O "outro" da relação precisa *ser-vivo* e, portanto, ter o potencial para possuir *interesse*. Mas bastaria essa característica para "poder-ser" o "outro" da relação? Muitos entes possuem vida, dos mais simples aos mais complexos, do *ser-vivo* vegetal ao *ser-vivo* animal. A grama, diariamente pisada, é um ente vivo. A mosca, a barata, a pulga também são entes vivos. Se tudo é algo, então nada é algo. Se todos são o "outro" da relação, então ninguém verdadeiramente é o "outro" da relação.[329] Torna-se necessário avançar, refinando o critério. Precisará haver uma característica com o condão de se tornar ponto de corte. Vale por se dizer: será necessário um critério que possa distinguir a "vida" da "vida", um critério que permita falar numa "vida qualificada". Uma vida que precise sobremaneira ser cuidada. Haveremos de concordar que não poderá ser um critério qualquer. Precisará ser um critério ontologicamente demonstrável.[330] Terá que ser anterior a todo o universo ôntico.[331] Tal critério, necessitando ser desvelado nas profundezas do ontológico, apenas num segundo momento, a título de confirmação, poderá tocar a superfície ôntica. Para que haja um avanço em termos de coerência ético-existencial, o critério precisará tocar a ontológica fragilidade estrutural do animal.[332]

---

[326] Uma tal resposta poderia ser facilmente intuída, já que a pedra tem o modo-de-ser dos utensílios, ou seja, trata-se de um ente inanimado, é uma "coisa" e, portanto, não possui *interesse*.

[327] Apoiemo-nos na ideia de LISZT (LISZT, Franz von. *Lehrbuch des deutschen Strafrechts*. Berlin: J. Guttentag Verlagsbuchhandlung, 1900. p. 53).

[328] A presente premissa é determinante para a investigação porque esse *interesse*, o "interesse-da-vida" (*Lebensinteresse*), mostra-se como uma condição de possibilidade para a identificação do "outro" da relação. Esse genérico *interesse*, num segundo momento, manifestar-se-á como *interesse* em *não-sofrer*.

[329] Justifica-se, esse argumento, pelo simples fato de se tratar de uma relação de contraste entre o "outro" e o "não-outro". A generalização no reconhecimento do "outro" aniquilaria a sua especificidade. Por essa razão, se, até mesmo, os entes inanimados fossem considerados o "outro" da relação, então um tal reconhecimento já se tornaria carente de sentido.

[330] A necessidade de ser um "critério ontológico" vai ao encontro da proposta deste capítulo, que busca desvelar "condições de possibilidade" no caminho para uma "ontologia da vida animal", considerando, como já afirmado, que: não problematizar a ontologia da vida animal torna problemática, em seus fundamentos, toda a compreensão da tutela penal de animais.

[331] Essa é uma das principais caraterísticas de um "dado ontológico", a anterioridade em relação aos dados fornecidos pelas ciências ônticas.

[332] Vale lembrar que o primeiro critério, o "ser-vivo" com o seu consequente "poder-morrer", já toca a fragilidade estrutural do animal.

Falou-se, já, naquela que seria a mais básica das premissas para ser o "outro" da relação: *ser-vivo*. A necessidade de *ser-vivo* revela um critério já ontológico.[333] Trata-se de um critério que – por mais básico que possa ser – revela uma ontológica possibilidade de ser: o "poder-morrer". *Ser-vivo*, antes de tudo, é ter a ontológica possibilidade de "deixar-de-ser". Porém, lembremo-nos que esse "poder-morrer" é necessário, mas não suficiente para ser o "outro" da relação.[334] Ser o "outro" da relação exige um duplo "poder-ser". Precisa-se, então, de mais um fundamental modo de "poder-ser" frágil: um critério que, também, o faça frágil a cada instante, assim como o "poder-morrer", que é uma constante possibilidade. Esse "poder-ser" teria que ser uma possibilidade latente durante todo o lapso temporal de vida do ente. Um "poder-ser" a cada instante. Porém, ao contrário da morte, teria que ser um "poder-ser" que ao acontecer não faça o ente "deixar-de-ser", ou seja, não pode ser uma possibilidade da total impossibilidade.

A segunda fragilidade estrutural, verdadeiro ponto de corte que distingue a "vida" da "vida", desvelando a "vida qualificada", é a ontológica possibilidade de sofrer: o "poder-sofrer". Trata-se de um ontológico modo-de-ser frágil. Assim, "poder-sofrer" por meio da doença, da dor, da falta de alimento, da agressão, e de tantas outras formas, é um radical "poder-ser". Trata-se do elemento ontológico que vai determinar "quem" poderá ser o "outro" da relação. Os entes que possuem essa dupla fragilidade estrutural, o "poder-morrer" e o "poder-sofrer", poderão ser reconhecidos como o "outro" da relação. Portanto, tais entes poderão ser destinatários do cuidado-para-com-o-outro, serão sujeitos passivos de uma relação de cuidado-de-perigo.[335] A ontológica possibilidade de sofrer confere, ao ente, a titularidade de um "interesse qualificado".[336] Os entes vivos possuem *interesse*, portanto, como já sustentado, o *interesse* é sempre "interesse-da-vida" (*Lebensinteresse*). Porém, o *interesse* de um ente que possui o "poder-sofrer" é especial e marcará a sua peregrinação temporal enquanto ele viver.[337]

Esse radical modo-de-ser frágil não surge do nada. Há uma anterior causa ontológica, consequentemente, essa causa é também anterior ao universo ôntico. Consequentemente, estando no plano ontológico não necessitaria ser onticamente demonstrada, muito embora possa ser comprovada por diversos quadrantes das ciências ônticas. Poder-se-ia dizer que essa anterior causa ontológica é um solo fenomenológico. Trata-se do "mundo dos animais". A posse de um mundo, por mais pobre que ele possa ser, garante, ao ente, o acesso aos demais entes, ainda que não o acesso ao ente enquanto ente. Portanto, a posse de mundo permite, aos animais, o sofrimento.

[333] Ser-vivo é um "poder-ser".

[334] A possibilidade de "deixar-de-ser" é o modo mais fundamental de "poder-ser" frágil, mas não é o único.

[335] Porém, para oferecer "cuidado", ou seja, para ser também sujeito ativo numa tela de "cuidado-de-perigo", necessário será mais um elemento: a autodeterminação.

[336] O "poder-sofrer" confere o *status* de vida qualificada ao ente.

[337] Trata-se do qualificado *interesse* em *não-sofrer*. O "outro" da relação, por conta da sua fragilidade estrutural, possui o qualificado *interesse* em *não-sofrer*.

O que até aqui foi conquistado, por meio do desvelamento da dupla fragilidade estrutural dos animais, permitiu-nos um significativo avanço teórico na errância da investigação. Precisa-se, agora, com um grau de verticalidade ainda maior do que até aqui foi desenvolvido, desvelar o fenômeno do "mundo dos animais".

## § 17. Pobres de mundo, mas possuidores de mundo

### *a) Possuindo mundo, sem ser-no-mundo*

Seria o animal um ser-no-mundo? Somos forçados a reconhecer que não. O animal não é um ser-no-mundo, na acepção heideggeriana do conceito, pois o existencial ser-no-mundo não significa um mero estar fisicamente no mundo. Significa, antes, uma dimensão de sentido.[338] O ser-no-mundo, necessariamente, compreende-se desde sempre enquanto tal. Portanto, o elemento da compreensão é indispensável para o ser-no-mundo, o homem é ser-no-mundo.[339] Ser-no-mundo é, sobretudo, saber-se ser-no-mundo. O animal não possui a dimensão de sentido, não possui o elemento da compreensão, portanto, não poderia ser classificado como ser-no-mundo. Mas como poderia o animal não ser privado de mundo e, ao mesmo tempo, não ser um ser-no-mundo? Afirmou-se que o animal não é ser-no-mundo, mas, também, afirmou-se que o animal possui mundo. Como seria possível solucionar esse aparente paradoxo?

O animal não é ser-no-mundo porque não possui a dimensão de sentido, não possui o elemento da compreensão, mas, ainda sim, possui um mundo. Esse mundo é pobre em comparação com o mundo do ser-aí. Na pobreza de mundo, o animal possui acesso ao ente, mas não ao ente enquanto ente. Torna-se necessária a comparação. Se o animal possui mundo e não é ser-no-mundo, então, considerando que o ser-aí é ser-no-mundo, qual seria a relação deste com o mundo? Certamente uma relação especial. Muito mais complexa. Um "mais", um excesso de relação, no melhor sentido da palavra, em comparação a todos os outros entes do planeta. A relação do ser-aí com o mundo, absolutamente distinta da que os animais estabelecem, é uma relação de "formação". O ser-aí não dispõe de uma mera posse de mundo: o ser-aí é "formador de mundo".[340] O ser-aí é "formador de

---

[338] STEIN sustenta que "somente o homem é um ser-no-mundo", pois "o 'no' não aponta lugar circunscrito", mas, sim, "o sentido de familiarizado com, estar em casa, ter laços, dar sentido ao que nos rodeia". (STEIN, Ernildo. *Introdução ao pensamento de Martin Heidegger*. Porto Alegre: Edipucrs, 2011. p. 66).

[339] O conceito de ser-no-mundo é utilizado não apenas na filosofia, mas, também, na filosofia do direito. Ver, por todos, HUSSERL: "o ser-aí humano é um ser-no-mundo". (HUSSERL, Gerhart. Recht und Welt. In: HUSSERL, Gerhart. *Recht und Welt: Rechtsphilosophische Abhandlungen*. Frankfurt am Main: Vittorio Klostermann, 1964. p. 67). (Tradução livre).

[340] HEIDEGGER, Martin. *Os conceitos fundamentais da metafísica: mundo, finitude, solidão*. Trad. Marco Antônio Casanova. 2ª ed. Rio de Janeiro: Forense Universitária, 2011. p. 230 e seg.

mundo" porque "ele instaura o sentido".[341] O ser-aí é o seu "aí",[342] sempre aberto à temporalidade do seu ser, sempre inacabado, sempre projeto. Essa comparação nos permite assentar algumas linhas de compreensão. Ser-no-mundo e ser possuidor de um mundo são conceitos absolutamente distintos. Torna-se claro que ser-no-mundo é muito mais que possuir um mundo, de modo que, por essa razão, o animal pode ser possuidor de mundo sem ser-no-mundo.

*b) Como seria o mundo dos animais?*

O "mundo dos animais" é radicalmente diferente do mundo do ser-aí.[343] Por esse motivo, opta-se por distinguir terminologicamente os dois mundos. O mundo do ser-aí seria o "mundo" (*Welt*) propriamente dito, enquanto o "mundo dos animais" seria o "mundo ambiente" (*Umwelt*).[344] A relação que o ser-aí estabelece com o mundo é uma relação de interdependência. Enquanto o mundo recebe o ser-aí, como ser-no-mundo, aquele confere-lhe o sentido, ou seja, reconhece-lhe como mundo. Já a relação que o animal estabelece com o seu mundo é totalmente diversa. O sentido não pode ser instaurado pelo animal, pois lhe falta o elemento da compreensão. Não podendo receber o sentido, o "mundo dos animais" é apenas um ambiente. Por essa razão, reconhece-se o "mundo dos animais", tão somente, como um "mundo ambiente" (*Umwelt*). Inevitavelmente esse mundo terá de ser pobre. Mas a pobreza apenas surge da comparação com o "mundo" (*Welt*) propriamente dito, o mundo do ser-aí.[345]

---

341 STEIN, Ernildo. *Antropologia filosófica: questões epistemológicas*. Ijuí: Unijuí, 2010. p. 15.

342 A tese de que "o ser-aí é o seu aí" foi expressamente apresentada em *Ser e Tempo*: "O ente que possui o caráter (*Charakter*) de ser-aí é seu aí (*ist sein Da*), no sentido de se dispor, expressamente ou não em seu estar-jogado" (*Geworfenheit befindet*). (HEIDEGGER, Martin. *Sein und Zeit*. Tübingen: Max Niemeyer Verlag, 2006. p. 135). Porém, a referida tese foi apresentada, também, em textos anteriores: "O ser do ser-aí como ser-no-mundo [...] é o seu próprio aí" (*Das Sein des Daseins als In-der-Welt-sein [...], ist das Da selbst*). (HEIDEGGER, Martin. *Prolegomena zur Geschichte des Zeitbegriffs*. [Gesamtausgabe, Band 20]. Frankfurt am Main: Vittorio Klostermann, 1979. p. 349). (Tradução livre).

343 STEIN estabelece a distinção entre "mundo" e "mundo não-humano". O primeiro estaria ligado à ideia de "mundanidade existencial", enquanto que o segundo à ideia de "mundanidade categorial". O filósofo afirma que "a mundanidade é um existencial do ser-aí", enquanto que "os entes puramente subsistentes, neutros, estão num mundo não-humano, e sua mundanidade é categorial e não existencial". (STEIN, Ernildo. *Introdução ao pensamento de Martin Heidegger*. Porto Alegre: Edipucrs, 2011. p. 67).

344 HEIDEGGER sustenta expressamente: "o animal tem seu mundo ambiente". (HEIDEGGER, Martin. *Os conceitos fundamentais da metafísica: mundo, finitude, solidão*. Trad. Marco Antônio Casanova. 2ª ed. Rio de Janeiro: Forense Universitária, 2011. p. 256). STEIN sustenta que o "mundo ambiente não é o mundo em si", mas, sim, "a primeira referência decisiva a uma estrutura do mundo". (STEIN, Ernildo. *Introdução ao pensamento de Martin Heidegger*. Porto Alegre: Edipucrs, 2011. p. 66). Não obstante a presente investigação distanciar-se da ideia de mundo desenvolvida por STEIN, esta permitiu uma importante distinção – cara à investigação – entre "mundo" (*Welt*) e "mundo ambiente" (*Umwelt*).

345 STEIN, ao explicar o "mundo dos animais", aponta alguns elementos, presentes na filosofia de HEIDEGGER, fundamentais para a compreensão da diferença daquele em relação ao mundo do ser-aí: "com relação ao animal, se afirma que ele é pobre em mundo o que, à primeira vista, passa a ter um sentido extremamente complexo. Como Heidegger irá descrever, essa pobreza de mundo vem, justamente, do fato de o animal ter o seu mundo determinado como território ou ambiente delimitado. Nesse sentido, representa o mundo essencial para o animal, enquanto é mundo acabado, completo, determinado

Apontar a pobreza do "mundo dos animais", como já se afirmou, não é uma descrição depreciativa.[346] Trata-se apenas de um mundo diferente daquele do ser-aí. O olhar fenomenológico não pode ignorar a diferença. Ser-animal é abissalmente diferente de ser-homem. Mais. Toda e qualquer tentativa de compreender tal diferença será, sempre, uma antropomórfica tentativa, mas, ainda sim, será um necessária tentativa. A animalidade do animal não poderia ser desvelada de outro modo. Conhecer a animalidade do animal, necessariamente, passa por conhecer o seu específico mundo. É no "mundo dos animais" que eles estabelecem relações com os demais entes. Estabelecem relações com o ser-aí, estabelecem relações com o seu *habitat*, seja ele natural ou artificial (doméstico), estabelecem relações com as suas presas, com os seus parceiros sexuais. Todas essas relações apenas podem acontecer porque o animal possui o acesso ao ente. Possui acesso aos mais diversos entes. Porém, o acesso ao ente e, consequentemente, todas essas relações apenas podem acontecer porque existe um mundo por detrás: o "mundo dos animais".

> O animal pode ter o ente acessível de uma maneira diversa e em limites mais estreitos. Mesmo assim, porém, ele não é absolutamente privado de mundo. O animal possui mundo. A privação de mundo não pertence pura e simplesmente ao animal.[347]

Esse dado ontológico não pode ser ignorado. No contrário, a "invisibilidade" de tal dado ontológico, repercutirá na "invisibilidade" do ser-animal, acompanhada de todas as consequentes simplificações e incompreensões que lhe serão inerentes.

*c) O mundo dos animais como locus do "poder-sofrer"*

Apenas porque os animais possuem um mundo é que podem sofrer. O "poder-sofrer" está diretamente ligado ao possuir-um-mundo, pois o "mundo ambiente" (*Umwelt*) é o solo fenomenológico da possibilidade de os animais sofrerem. Nesse mundo é que os animais podem ter acesso à dor, à doença, à falta de alimento. É nesse mesmo mundo que o ser-animal poderá se relacionar com o ser-homem, sujeitando-se ao seu domínio e, consequentemente, muitas vezes, à crueldade, ao abuso e aos maus-tratos, intoleráveis formas de "não-cuidado".

O "mundo dos animais" é o *locus* do seu "poder-sofrer", é nele que o animal poderá ser titular de um "interesse qualificado": o *interesse* em

---

através de uma série de iniciativas do animal sobre aquilo que o cerca. É nele que o animal sabe viver e encontrar segurança. O mundo do animal, portanto, é um mundo fixo, marcado". (STEIN, Ernildo. *Pensar é pensar a diferença: filosofia e conhecimento empírico*. 2ª ed. Ijuí: UNIJUÍ, 2006. p. 121 e 122).

[346] HEIDEGGER, Martin. *Os conceitos fundamentais da metafísica: mundo, finitude, solidão*. Trad. Marco Antônio Casanova. 2ª ed. Rio de Janeiro: Forense Universitária, 2011. p. 250 e 251.

[347] HEIDEGGER, Martin. *Os conceitos fundamentais da metafísica: mundo, finitude, solidão*. Trad. Marco Antônio Casanova. 2ª ed. Rio de Janeiro: Forense Universitária, 2011. p. 256

*não-sofrer*. A vida animal, nesse contexto, é uma "vida qualificada".[348] O *não-sofrer*, enquanto *interesse* mais geral da qualificada vida animal, permite muitos desdobramentos, como, por exemplo, o *interesse* à *integridade física*. Esse genérico *interesse* em *não-sofrer* tem o condão de elevar o animal ao *status* de ente exemplar do "mundo ambiente" (*Umwelt*). Se o ser-homem é o ente exemplar do "mundo" (*Welt*) propriamente dito,[349] porque é o único ente que pode ter acesso aos demais entes e ao ente enquanto ente, então o ser-animal seria o ente exemplar do "mundo ambiente" (*Umwelt*), porque seria o único ente, para além do humano, que pode ter acesso ao demais entes, ainda que não ao ente enquanto ente.

## § 18. O "ser-animal" como "ser-frágil" e o seu "poder-ser-dominado": a terceira fragilidade estrutural dos animais

Com os avanços conquistados, até o momento, pôde-se perceber que o reconhecimento do "outro" da relação não pode estar obstruído por velamentos *especistas*, ou seja, o "outro" está para além dos humanos. Conquistou-se a premissa de que o animal pode ser o "outro" da relação, sobretudo, porque possui a ontológica possibilidade de sofrer. Percebeu-se que a ontológica possibilidade de sofrer está assentada numa anterior condição de possibilidade: o "mundo dos animais". Nesse mundo, com todas as suas particularidades, o animal pode sofrer. Porém, ainda não foi inteiramente esclarecida a sua ontológica fragilidade estrutural. O "ser-animal" é "ser-frágil". O animal, enquanto viver, terá a constante e irremediável possibilidade de morrer e sofrer. Ele não compreende essas possibilidades radicais, mas o homem as compreende. O homem compreende o seu próprio "poder-morrer" e "poder-sofrer", mas compreende ainda mais, compreende o "poder-morrer" e o "poder-sofrer" do animal. O ser-aí é o ente privilegiado que pode compreender o seu ser. É tão expressivo o privilégio do ser-aí que ele pode compreender, também, o ser dos outros entes.[350] Qual seria, então, o ser do animal? Primeiramente, interroga-se: em que medida o desvelamento do ser do animal seria uma vantagem para a presente investigação? Considerando o quadro referencial teórico que se está a trabalhar, ou seja, um quadro onto-antropológico, mas, sobretudo, analítico-existencial, tem-se que o desvelamento do ser do ente que é objeto da pergunta da investigação pode oferecer um contributo valioso, pelas mesmas razões já apresentadas sobre a questão-dos-animais.[351] Vale por se dizer: precisa-se

---

[348] Qualificada pelo especial *interesse* em *não-sofrer*. Possuindo um mundo, o animal pode sofrer, fazendo-se titular de um *interesse*, o *interesse* em *não-sofrer*. Esse *interesse* torna a sua vida qualificada.

[349] "[...] o ser-aí mesmo, se comparado a qualquer outro ente, é um ente privilegiado (*ausgezeichnet*)". (HEIDEGGER, Martin. *Sein und Zeit*. Tübingen: Max Niemeyer Verlag, 2006. p. 11). (Tradução livre).

[350] Reveja-se a citação de HEIDEGGER, sobre "a investigação ontológica dos entes não dotados do caráter de ser-aí", apresentada no início deste capítulo.

[351] Reveja-se o § 4, "A precedência da questão-dos-animais (filosófica e dogmática)".

saber, com precisão ontológica, quem é o ente que – não tendo o modo-de-ser do ser-aí – poderia ser titular de bens jurídico-penais.

Considerando haver um ser desse ente, precisa-se investigar o que ele seria. Investigar o ser que se esconde por detrás do ente animal não é uma tarefa fácil. Não obstante o esforço da tradição filosófica, ainda não há uma resposta consagrada.[352] Porém, se não há uma resposta, então há muitos caminhos.[353] O ser do animal deve passar pela sua fragilidade estrutural. O animal não é ser-para-morte, pois não compreende a sua *finitude*, mas irremediavelmente morrerá. O animal não é cuidado, pois não compreende o cuidado, mas a continuidade da sua vida do cuidado dependerá. O animal não é ser-no-mundo, pois não compreende o "mundo", mas está num "mundo ambiente" (*Umwelt*). Todas as antropomórficas tentativas de definir o ser do animal parecem esbarrar na ausência do elemento da "compreensão". O animal não compreende. Essa premissa torna-se verdadeira âncora. Se sabemos que o animal não compreende, sabemos, também, que ele morre e sofre. Sua peregrinação é temporal e a possibilidade de ele "deixar-de-ser" é sempre constante. Tantas são as características divididas com o ser-humano que é difícil fugir ao antropomorfismo. Se a exata definição do ser do animal é uma tarefa que transcende as pretensões da presente investigação,[354] então podemos – ao menos – vislumbrar um caminho seguro. Aberto, mas seguro.[355] Podemos nos avizinhar do ser do animal: o ser do animal, certamente, passa pela sua fragilidade estrutural, fragilidade de a qualquer momento "poder-morrer", "poder-sofrer" e, ao mesmo tempo, "poder-ser-dominado" pelo homem, o ente que possui interesses não raramente conflitantes aos seus. *O "ser-animal" é "ser-frágil", especialmente frágil, por haver a constante possibilidade da morte, do sofrimento e da dominação.*[356]

Inegavelmente o animal – o ente que, também, é o "outro" da relação, consoante a compreensão conquistada – possui a ontológica possibilidade de ser dominado. Se por meio de uma análise ontológica pôde-se identificar que o animal é "pobre de mundo", enquanto o homem é "formador de mundo", então aí surge a possibilidade da dominação: "[...] o outro (*der Andere*) pode tornar-se dependente (*Abhängigen*) e dominado (*Beherrschten*),

---

[352] Reconhece-se o esforço, sobretudo, de HEIDEGGER e JONAS, no caminho para uma ontologia da vida animal. Porém, forçosamente, reconhece-se, também, a inexistência de uma resposta – no que diz respeito ao "ser do animal" – que goze de consagração pela tradição filosófica.

[353] Remontemos, uma vez mais, àquela que – pode-se dizer, com segurança – se tornou ideia-força da fenomenologia-hermenêutica: "tudo é caminho" (*Alles ist Weg*).

[354] A exata definição do "ser do animal" exigiria uma investigação filosófica específica, delimitada exclusivamente por esse objeto. Porém, para os intuitos da presente investigação, uma tal definição exata, aqui, não é necessária, tornando-se suficiente um mero avizinhamento do "ser do animal".

[355] Um caminho pode ser objetivamente aberto e, ao mesmo tempo, também, ser seguro, já que – no âmbito da metáfora – a "amplitude" não necessariamente contradiz a "segurança". Vislumbramos, assim, especificamente neste ponto, um caminho de possibilidades teóricas que possui não apenas margens amplas, mas, também, amplo espaço de confiabilidade.

[356] Trata-se, aqui, tão somente, de uma circunscrição provisória e incompleta do "ser do animal", mas suficiente para os presentes intuitos da investigação. Para nós, o "ser do animal" está em meio ao referido caminho, amplo e seguro, consoante a descrição apresentada.

mesmo que esse domínio seja tácito (*stillschweigende*) e permaneça encoberto (*verborgen*) para o dominado".[357]

Se o ser-aí, o ser-homem, é o único ente que possui o elemento da "compreensão", então ele goza da possibilidade de dominar todos os demais entes do planeta.[358] Porém, em relação à dominação dos animais, as coisas se passam de maneira singular. Ao contrário dos demais entes, dominados pelo ser-aí, mas que não têm o modo-de-ser do ser-aí, o animal é o único ente que possui uma "vida qualificada" pelo duplo modo-de-ser frágil: "poder-morrer" e "poder-sofrer". Vislumbra-se, a partir daí, uma problemática ético-existencial. No domínio sobre todos os demais entes do planeta as coisas se passam de um modo mais simples. Ao dominar os entes que não possuem vida, por exemplo, o grau de responsabilidade do ser-aí é diferente. Indesmentivelmente menor. Ao dominar os entes que possuem vida, mas não uma "vida qualificada" pela ontológica possibilidade de sofrer, como, por exemplo, a dominação humana de entes como insetos ou vegetais, o grau de responsabilidade do ser-aí, também, é outro. Poder-se-ia falar em graus de responsabilidade do ser-aí no domínio dos diferentes entes do planeta. É claro que a dominação de entes mesmo que sem vida pode resultar num não insignificante grau de responsabilidade, principalmente se pensarmos na exploração de recursos naturais como um "fundo inesgotável de reserva".[359] Porém, não há como comparar o domínio do ente animal com o domínio dos demais entes.

O grau de responsabilidade do ser-aí, no domínio dos mais diversos entes do planeta, está forçosamente aberto à "historicidade". Houve um tempo do mundo em que o ser-aí dominava livremente o outro ser-aí. Lembre-se da sociedade escravocrata. Havia algum grau de responsabilidade nesse domínio. O tempo do mundo foi mudando o mundo do ser-aí. O grau de responsabilidade na relação de domínio do ser-aí pelo ser-aí foi

---

[357] HEIDEGGER, Martin. *Sein und Zeit*. Tübingen: Max Niemeyer Verlag, 2006. p. 122. (Tradução livre). É claro que HEIDEGGER, nesta passagem, em *Ser e Tempo*, não está a falar do animal, enquanto "outro" da relação, muito embora trate da relação entre "homem" e "animal" em outros textos. Porém, a sua descrição fenomenológica - do "domínio" sobre o "outro" - permite-nos desdobramentos importantes para a investigação, como, por exemplo, trazer à luz a possibilidade de o "domínio" permanecer "encoberto", o que inevitavelmente tende a dificultar a sua identificação.

[358] Porque é "formador de mundo", mas, também, pela consciência da sua *finitude*, o homem é levado a dominar, já que "finito é também o tempo que o homem vive", fazendo-o "ser limitado ao agora, mas também ao aqui", de modo que uma tal limitação "constrange e simultaneamente acicata o homem, na sua relação com o mundo exterior, a aspirar a uma relação de domínio sobre a natureza [...]". (FARIA COSTA, José de. *O perigo em direito penal: contributo para a sua fundamentação e compreensão dogmáticas*. Coimbra: Coimbra Editora, 2000. p. 285 e 286).

[359] Estamos a referir, aqui, naturalmente, a exploração de recursos naturais abióticos, mas que podem resultar num impacto, não insignificante, à flora e à fauna. Pensemos na desmedida exploração de minerais. A desmedida exploração da natureza possui uma - cotidianamente oculta - razão de ser, ligada à própria representação que o homem tem da natureza. HEIDEGGER, ao analisar tal fenômeno, em relação com a técnica moderna, afirma que "[...] o homem da idade da técnica é especialmente desafiado a comprometer-se com o desencobrimento. Isso atinge, em primeiro lugar, a natureza como o principal reservatório de energia (*Hauptspeicher des Energiebestandes*). [...] O seu modo de representação encara a natureza como um sistema operativo e calculável de forças". (HEIDEGGER, Martin. *Die Technik und die Kehre*. Stuttgart: Klett-Cotta, 2011. [1ª ed. 1962]. p. 21).

mudando. A escravidão foi paulatinamente diminuída até a sua extinção.[360] Lembre-se, também, dos primórdios do domínio da técnica, em que a natureza inquestionavelmente estava aí para ser explorada no limite das possibilidades do ser-aí. O tempo do mundo – novamente e como sempre – foi mudando o mundo do ser-aí. O grau de responsabilidade na relação de domínio da natureza pelo ser-aí foi mudando. A exploração da natureza encontrou limites.[361] Hoje, mas não somente hoje, vislumbra-se a mudança do grau de responsabilidade na relação de domínio do animal pelo ser-aí.[362] Os diferentes exemplos da mudança no grau de responsabilidade, verificada na relação de dominação realizada pelo ser-aí, apresentam-se como um testemunho – absolutamente simples, mas inegavelmente notório – da "historicidade" que conduz tal mudança. O tempo pede tempo para a mudança acontecer, mas ela – mais cedo ou mais tarde – acontece.

Compreende-se, então, que o ser-aí pensante possui um "poder". Trata-se de um "poder de domínio". Este "poder de domínio" implica responsabilidade. Responsabilidade no domínio. Descortina-se, essa responsabilidade, como possibilidade de oferecer cuidado. O homem é cuidado,[363] cuidado-para-consigo-mesmo, cuidado-para-com-o-outro, "o cuidado o possuirá enquanto ele existir".[364] Essa condição de "ser-cuidado" não poderá ser indiferente ao "cuidado-para" com um "ente diferente", que não seja também ser-aí. O ser do ser-aí não o faz ontologicamente *especista*. A "historicidade" pode permitir, em específicos momentos, franjas de especismo ao ser-aí. Mas essa mesma "historicidade" pode, também, permitir a viravolta, ou seja, pode permitir o gradual enxugamento – e, por que não dizer, desaparecimento – de tais franjas de *especismo*. Pensar num cuidado especista, racista, machista ou limitado por quaisquer dos "ismos" simplificadores, é lançar o olhar ao raso, permanecendo – em nível de análise –

---

[360] Lembra-se que a utilização dessa imagem, a "situação dos escravos negros" (*Situation schwarzer Sklaven*), enquanto um recurso argumentativo em favor da proteção de animais, não é uma novidade. (GRIMM, Herwig; WILD, Markus. *Tierethik zur Einführung*. Hamburg: Junius Verlag, 2016. p. 41). (Tradução livre).

[361] Ressalta-se, porém, com FARIA COSTA, que "em termos antropológicos, a relação do homem com a natureza foi sempre, e continua a ser, uma relação profundamente interessada" (FARIA COSTA, José de. *O perigo em direito penal: contributo para a sua fundamentação e compreensão dogmáticas*. Coimbra: Coimbra Editora, 2000. p. 288 e 289).

[362] Conforme já referido, no § 1, "A necessidade de uma prévia exposição da pergunta pela possibilidade de os animais serem titulares de bens jurídico-penais", [nota de rodapé nº 20], observou-se, sobretudo, a partir da década de setenta, do séc. XX, uma sobrevalorização da proteção dos animais, notadamente, por meio de três obras paradigmáticas: *(i) Animal Liberation*, obra escrita por SINGER e publicada no ano de 1974; *(ii) Das Prinzip Verantwortung*, obra escrita por JONAS, discípulo de HEIDEGGER, publicada em 1979, sustentando a necessidade de uma *ética da responsabilidade*, que trataria da responsabilidade do homem para com todos os seres vivo; *(iii) The Case for Animal Rights*, obra escrita por REGAN, que viria a se tornar um verdadeiro manifesto em favor do reconhecimento de direitos dos animais, publicada no ano de 1983.

[363] Sobre a interpretação do "homem" como "cuidado" (*Sorge*), veja-se o § 22, "A analítica existencial: incidência das estruturas de Ser e Tempo no fundamento onto-antropológico do direito penal".

[364] HEIDEGGER apresentará a fábula nº 220, de Higino, como um testemunho pré-ontológico que comprova a interpretação do "homem" como "cuidado". (HEIDEGGER, Martin. *Sein und Zeit*. Tübingen: Max Niemeyer Verlag, 2006. p. 198). Analisaremos a referida fábula, conhecida como a "Fábula do Cuidado", no § 22 da investigação.

apenas na superfície, no *parecer-ser*, do fenômeno.[365] Num tal nível de análise, distante do olhar "às coisas elas mesmas" (*zu den Sachen selbst*), distante do desvelamento do fenômeno, não se poderia perceber o animal como o "outro" da relação, tendo-se que assumir – tanto no campo da ética, quanto no campo do direito – todos os problemáticos desdobramentos desse "não-ver".

Se podemos nos avizinhar do ser do animal, ao considerarmos sua ontológica fragilidade estrutural, manifestada no seu "poder-morrer", "poder-sofrer", para além do seu "poder-ser-dominado", reconhecendo-o como o "outro" da relação, então somos levados a uma conclusão: a relação do ser-aí com o ser-animal não pode ser orientada pelas mesmas regras que orientam a relação do ser-aí com os demais entes. Ao intencionarmos aquela relação, por meio do desvelamento do fenômeno acima apresentado, percebemos que se trata de uma relação permeada por um singular sentido ético-existencial. Torna-se muito difícil – para não dizer impossível – pensar tal relação apartada da ideia de cuidado. A privilegiada condição do ser-aí, enquanto "formador de mundo", carrega consigo custos de índole ético-existencial. O ser-aí não pode limitar o seu cuidado somente ao "outro" ser-aí, tal cuidado deve abrir-se ao cuidado-para-com-o-outro "ente diferente" que possua a estrutural fragilidade de "poder-morrer", "poder-sofrer", para além de "poder-ser-dominado".

## § 19. Comunicação para além da "casa-do-ser" (*Haus des Seins*) e a interpretação da relação entre homem e animal como "ser-com" (*Mitsein*)

O ser-aí habita a *linguagem*. Heidegger diz-nos que "a linguagem é casa-do-ser" (*Haus des Seins*).[366] Essa assertiva não impõe grandes dificuldades ao entendimento. A *linguagem* é a "casa-do-ser", pois o "ser" apenas pode ser compreendido por meio da *linguagem*.[367] Compreensão e *linguagem* possuem uma relação de interdependência, da mesma forma que "compreensão" e "ser". Apenas há o "ser" porque há "compreensão".[368] Mas a *linguagem* não seria possível sem a "compreensão", não seria possível sem

[365] Veja-se, sobre o *parecer-ser*, o § 9, "O método fenomenológico da investigação".

[366] HEIDEGGER, Martin. *Brief über den Humanismus*. [Gesamtausgabe, Band n. 9] Frankfurt am Main: Vittorio Klostermann, 1967. p. 145.

[367] STEIN, esclarecendo o pensamento de HEIDEGGER, afirma que "a palavra está ligada à compreensão do ser pelo 'aí' do ser-aí". O filósofo explica, ainda, que "o ser instaura no homem a sua casa" e "essa casa é a própria essência do homem enquanto eksistência". (STEIN, Ernildo. *Compreensão e finitude: estrutura e movimento da interpretação heideggeriana*. 2ª ed. rev. Ijuí: Unijuí, 2016. p. 370 e 371).

[368] HEIDEGGER sustenta que "nós nos movemos sempre numa compreensão de ser". (HEIDEGGER, Martin. *Sein und Zeit*. Tübingen: Max Niemeyer Verlag, 2006. p. 5). STEIN vai afirmar que "o ser dá-se a partir da compreensão do *Dasein* [ser-aí] e o *Dasein* [ser-aí] se dá a partir da compreensão do ser". (STEIN, Ernildo. *Nas proximidades da antropologia filosófica: ensaios e conferências filosóficas*. Ijuí: Editora Unijuí, 2003. p. 17).

"mundo".[369] Trata-se do nevrálgico ponto de distinção entre homem e animal. Os animais não possuem a "compreensão". Mais. Os animais não possuem nem mesmo *linguagem*.[370] Não possuem a *linguagem*, ao menos, não no antropomórfico padrão que a concebemos. Os humanos comunicam-se por meio da *linguagem*. Porém, se os animais não possuem *linguagem*, então seriam privados de *comunicação*? Se admitirmos que os animais não são privados de *comunicação*, então somos forçados a concluir que existe *comunicação* para além da *linguagem*.

A pergunta projeta-se em dois sentidos: *(i)* os animais teriam a possibilidade de *comunicação* uns com os outros, ou seja, seria possível a *comunicação* entre eles?; *(ii)* os animais seriam privados da *comunicação* com os humanos, ou seja, não seria possível a *comunicação* entre animais e humanos? Os dois distintos sentidos da pergunta podem ser lidos, em verdade, como duas distintas perguntas. A resposta à primeira não necessariamente condiciona a resposta à segunda. A primeira pergunta parece carregar uma maior vocação para a resposta afirmativa. Os animais, em seu estado de natureza, vivem uns com os outros. Nesse *viver comunitário* uma qualquer *comunicação* – por uma questão de sobrevivência – parece necessária.[371] A segunda pergunta nos exige uma reflexão um pouco mais demorada. Os animais, em seu estado de domesticação, vivem com o homem. Surge, então, a seguinte questão: seria possível toda e qualquer domesticação sem algum nível de *comunicação*?[372] Refere-se, a pergunta, a um nível qualquer de *comunicação*, ainda que seja a mais rudimentar que se possa pensar.

A resposta à pergunta, forçosamente, parece-nos ser negativa. Haveria, sim, alguma espécie de *comunicação*, por mais rudimentar que possa ser, entre homem e animal, que possibilitaria a domesticação. Não fosse assim, a coabitação da casa – por homem e animal – não seria possível. Coabitar a casa não é um fenômeno qualquer. Trata-se de um testemunho em favor do reconhecimento da *comunicação* entre homem e animal. Mais. Trata-se de um testemunho em favor do reconhecimento de um "ser-com".[373] O animal

---

[369] Destaca-se que "a linguagem nunca se dá sem mundo, que ela sempre ocorre num horizonte de sentido, e que, portanto, ela não se reduz simplesmente à sintaxe", antes "a linguagem está dada em sua possibilidade desde que o homem se compreende no mundo". Mais. "Um tal tipo de autocompreender-se e interpretar-se na linguagem é um modo de ser do ser humano [...]". (STEIN, Ernildo. *Antropologia filosófica: questões epistemológicas*. Ijuí: Unijuí, 2010. p. 162).

[370] Aos animais falta a linguagem porque não estão colocados livremente na clareira do ser. (HEIDEGGER, Martin. *Brief über den Humanismus*. [Gesamtausgabe, Band n. 9] Frankfurt am Main: Vittorio Klostermann, 1967. p. 157).

[371] Pensemos na necessidade da *comunicação* de um perigo avistado no seu *habitat* natural.

[372] Poder-se-ia ampliar o horizonte do questionamento: seria possível todo e qualquer adestramento sem algum nível de comunicação, por mais singelo que possa ser, entre homem e animal?

[373] HEIDEGGER, a partir da referência aos animais domésticos, vai sustentar a existência de um "ser-com" na relação entre homem e animal: "Animais domésticos são mantidos em casa por nós, eles 'vivem' conosco. [...] Estamos com eles. Este ser-com também não é, contudo, nenhum coexistir". (HEIDEGGER, Martin. *Os conceitos fundamentais da metafísica: mundo, finitude, solidão*. Trad. Marco Antônio Casanova. 2ª ed. Rio de Janeiro: Forense Universitária, 2011. p. 269).

vive com o homem, muito embora o homem não viva com o animal.[374] O animal vive com o homem porque o homem compreende essa relação e todas as suas consequências. O homem não vive com o animal porque este não compreende a relação nem as suas consequências. A sua percepção da relação limita-se ao que os seus óbvios sentidos podem perceber. Porém, ainda sim, coabitam – homem e animal – a mesma casa e, nessa mesma casa, comunicam-se.

Frente ao que acabamos de conquistar, poderia a metáfora heideggeriana – sobre a *linguagem* enquanto "casa-do-ser" – dizer-nos algo mais? O homem "habita" a *linguagem*. A *linguagem* é metaforicamente a sua "casa". O animal, em virtude da domesticação, habita a casa não metafórica (casa real) do homem. Nesse habitar há *comunicação*. Para além da habitação do animal na casa não metafórica (casa real) do homem, também, "habitaria" o animal a casa da metáfora? De alguma maneira, por mais primitiva que possa ser, também, o animal "habitaria" a *linguagem*? Essa pergunta, antes da pretensão de qualquer resposta, necessariamente, coloca outra pergunta: de qual *linguagem* se está a falar? A *linguagem* humana? Mas haveria uma *linguagem* não humana? Dizendo melhor: haveria uma *linguagem* que estaria para além da linguagem conhecida como *linguagem* humana? Não é possível avançar sem assumir alguma resposta ao último questionamento. Se considerarmos que não há uma *linguagem* para além da *linguagem* conhecida como *linguagem* humana, então os animais não poderiam também "habitar" a "casa da metáfora". Porém, se reconhecêssemos poder haver uma *linguagem* para além da *linguagem* conhecida como *linguagem* humana, então seríamos levados à conclusão de que os animais poderiam, sim, "habitar" a "casa da metáfora", ou seja, "habitariam" a *linguagem*.

Esse "habitar" seria necessariamente pobre, pois "habitariam" uma *linguagem* que não lhes permitiria a compreensão. A *linguagem* é "casa-do-ser" porque há uma umbilical relação entre *linguagem* e "ser".[375] A compreensão dá-se na *linguagem* e "nos movemos sempre numa compreensão de ser". Porém, no caso dos animais não haveria "compreensão de ser". Não haveria compreensão. Parece-nos, então, que não haveria qualquer sentido falar na possibilidade de os animais "habitarem" a *linguagem*. Se houver uma *linguagem* para além da *linguagem* humana, então essa *linguagem* em nada terá relação com a "compreensão de ser", portanto, no que diz respeito aos animais, não terá sentido o uso da metáfora da *linguagem* enquanto "casa-do-ser".

Não obstante tais considerações, sobre uma possível *linguagem* para além da *linguagem* conhecida como *linguagem* humana, somos forçados a reconhecer a possibilidade de *comunicação* entre homem e animal, especialmente, nas relações de domesticação. Esse dado nos permite avançar. Falar

---

[374] HEIDEGGER afirma que "nós não vivemos com eles [...]. Não obstante, estamos com eles". (HEIDEGGER, Martin. *Os conceitos fundamentais da metafísica: mundo, finitude, solidão*. Trad. Marco Antônio Casanova. 2ª ed. Rio de Janeiro: Forense Universitária, 2011. p. 269).

[375] HEIDEGGER, Martin. *Brief über den Humanismus*. [Gesamtausgabe, Band n. 9] Frankfurt am Main: Vittorio Klostermann, 1967. p. 145.

na existência dessa relação comunicacional, entre homem e animal, permite-nos vislumbrar – por meio de uma razão forte – a existência de um "ser-com" na relação entre homem e animal. A existência dessa relação comunicacional, entre homem e animal, é, verdadeiramente, um testemunho em favor do reconhecimento de um "ser-com".[376] Precisa-se, então, investigar a existência desse "ser-com".

Falar na interpretação da relação entre homem e animal como um "ser-com" (*Mitsein*) é, de antemão, assumir não se tratar de uma coexistência.[377] O homem existe, mas o animal apenas vive.[378] A diferença não é sutil. A complexidade da existência passa pelo existencial da "compreensão".[379] O "mundo dos animais" é pobre e, por essa razão, o seu reino não é o "reino da existência", ele não é ser-no-mundo (*In-der-Welt-sein*). O animal não se sabe finito, portanto, não é ser-para-a-morte (*Sein zum Tode*). O animal sente o medo, mas não a angústia. Alguma dessas características – nenhuma delas discriminatórias, diga-se de passagem – poderia oferecer alguma resistência ao reconhecimento da relação entre homem e animal como "ser-com"? De modo algum, já que o "ser-com" não é coexistência. Trata-se, apenas, de um "ser-com" o "outro" ente que não necessariamente seja da mesma espécie. O "ser-com", assim, pode "ser-com-o-outro-ser-aí" ou "ser-com-outro-ente que-não-o-ser-aí". Não há grandes dificuldades para compreender essas relações.

É claro que esse "ser-com" não se dará nas relações do ser-aí com qualquer ente. Certamente não haverá um "ser-com", por exemplo, nas relações que o ser-aí estabelecer com os entes inanimados. Mais. Não é a relação do ser-aí com qualquer ente vivo que será reconhecida como "ser-com". Precisará ser uma "vida qualificada" pela ontológica possibilidade de sofrer. A relação do ser-aí com o animal constituirá um "ser-com", pois o animal possui os dois estruturais modos-de-ser frágil: o "poder-morrer" e o "poder-sofrer". Falar num "ser-com" é falar no reconhecimento de um "outro" da relação.[380] O reconhecimento do "ser-com" nas relações entre homem e animal e, consequentemente, o reconhecimento do animal enquanto o "outro" da relação, implica responsabilidade para o ser-aí. Responsabilidade de cuidar. Na possibilidade de oferecer cuidado-para-com-o-outro, nota-

---

[376] Destaca-se que "este ser-com é de um tal modo que deixamos o animal se movimentar em nosso mundo". (HEIDEGGER, Martin. *Os conceitos fundamentais da metafísica: mundo, finitude, solidão*. Trad. Marco Antônio Casanova. 2ª ed. Rio de Janeiro: Forense Universitária, 2011. p. 270).

[377] HEIDEGGER, Martin. *Os conceitos fundamentais da metafísica: mundo, finitude, solidão*. Trad. Marco Antônio Casanova. 2ª ed. Rio de Janeiro: Forense Universitária, 2011. p. 269.

[378] WEBBER, ao descrever a diferença entre o ser-aí e os demais entes, sustenta que "o termo existência, neste contexto, é utilizado para caracterizar esta distinção no modo de ser do homem frente aos entes intramundanos, especialmente na relação com o ser, a qual pertence apenas ao ser humano". Por essa razão, "só o homem existe", já que "só o homem possui uma relação com o ser, o que se dá na forma de compreensão do ser". (WEBBER, Marcos André. *Ética e existência: uma contribuição heideggeriana*. Caxias do Sul: Educs, 2016. p. 24 e 25).

[379] HEIDEGGER, Martin. *Sein und Zeit*. Tübingen: Max Niemeyer Verlag, 2006. p. 142 e seg.

[380] Esse "ser-com" será confirmado por meio de um "testemunho pré-ontológico" a ser apresentado no § 23, "A confirmação da interpretação da "relação entre homem e animal como ser-com" a partir de um testemunho pré-ontológico e a matricial relação de cuidado-de-perigo (para-com-os-animais)".

damente, está o "poder-ser" mais autêntico do ser-aí. Portanto, se o ser-aí pode oferecer cuidado-para-com-os-animais, então as formas mais intoleráveis do "não-cuidado" chamarão o direito penal, pois este é, sobretudo, refração da originária relação de cuidado-de-perigo.[381]

### § 20. As conquistas do 4º Capítulo (Parte Primeira)

*(i)* Desvelou-se o "outro" da relação e o duplo "poder-ser" frágil: "poder-morrer" e "poder-sofrer" como possibilidades ontológicas. Conquistou-se a compreensão de que não problematizar a ontologia da vida animal torna problemática, em seus fundamentos, toda a compreensão da tutela penal de animais. Demonstrou-se que problematizar a ontologia da vida animal passa pela pergunta sobre quem seria o "outro" da relação, considerando-se que tal pergunta é anterior a toda juridicidade e desponta repercussões diretas no direito penal. Compreendeu-se que falar num fundamento onto-antropológico é falar, antes de tudo, numa relação do "eu" para com o "outro". Esclareceu-se que se as coisas assim se passam, então, desvelar – em nível ontológico – quem seria o "outro" da relação determina consequências diretas para o direito penal, pois se o meu cuidado-para-com-o-outro, mas, especialmente, o meu não-cuidado-para-com-o-outro, é um chamamento ao direito penal, então conhecer – com precisão ontológica – quem seria esse "outro" tratar-se-ia de um elemento constitutivo do direito penal. Sustentou-se que para pensarmos ontologicamente o "outro" da relação precisamos delimitar um campo das condições de possibilidade: o "outro" da relação precisa ser um ente vivo, pois apenas os entes vivos possuem *interesse*, concluindo-se que o *interesse* é sempre "interesse-da-vida" (*Lebensinteresse*). Questionou-se se bastaria essa característica para "poder-ser" o "outro" da relação, inferindo-se – na sequência – que seria necessário mais: haveria a necessidade de mais uma característica, a ontológica possibilidade de sofrer, o "poder-sofrer". Desvelou-se esse elemento ontológico como aquele que vai determinar "quem" poderá ser o "outro" da relação, concluindo-se que os entes que possuem o duplo "poder-ser" frágil, o "poder-morrer" e o "poder-sofrer", poderão ser reconhecidos como o "outro" da relação, portanto, tais entes poderão ser destinatários de cuidado, o cuidado-para-com-o-outro;

*(ii)* Desvelou-se a condição de os animais serem "pobres de mundo", mas possuidores de mundo, conquistando-se a compreensão de que o animal não é um ser-no-mundo, na acepção heideggeriana do conceito, pois o existencial ser-no-mundo não significa um mero estar fisicamente no mundo, mas, antes, significa uma dimensão de sentido. Questionou-se, então,

[381] A "relação de cuidado-de-perigo" será analisada no § 21, "O fundamento onto-antropológico do direito penal: um caminho de resistência ao processo de funcionalização da dogmática jurídico-penal". Lembra-se que o conceito de "relação onto-antropológica de cuidado-de-perigo" é apresentado no dicionário de conceitos da investigação (Conceitos fundamentais utilizados).

como poderia o animal não ser privado de mundo e – ao mesmo tempo – não ser um ser-no-mundo? Identificou-se que o animal não é ser-no-mundo, pois não possui a dimensão de sentido, não possui o elemento da compreensão, mas, ainda sim, possui um mundo, que – devido a essa falta – é pobre em comparação com o mundo do ser-aí. Compreendeu-se que na "pobreza de mundo", o animal possui acesso ao ente, ainda que não ao ente enquanto ente. Concluiu-se, por essas razões, que o animal é possuidor de mundo sem ser-no-mundo;

*(iii)* Conquistou-se a compreensão do "mundo dos animais", que é radicalmente diferente do mundo do ser-aí e, por essa razão, optou-se por distinguir terminologicamente os dois mundos: o mundo do ser-aí seria o "mundo" (*Welt*) propriamente dito, enquanto o "mundo dos animais" seria o "mundo ambiente" (*Umwelt*). Explicou-se que a relação que o ser-aí estabelece com o mundo é uma relação de interdependência, já que enquanto o mundo recebe o ser-aí, como ser-no-mundo, este confere-lhe o sentido, ou seja, reconhece-lhe como mundo. Explicou-se, também, que a relação que o animal estabelece com o seu mundo é totalmente diversa, já que o sentido não pode ser instaurado pelo animal, pois lhe falta o elemento da compreensão. Não podendo receber o sentido, o "mundo dos animais" é apenas um ambiente. Descreveu-se, por esse motivo, "o mundo dos animais" como um "mundo ambiente" (*Umwelt*). Compreendeu-se que inevitavelmente esse mundo terá de ser pobre, mas a pobreza apenas surge na comparação com o "mundo" (*Welt*) propriamente dito, o mundo do ser-aí. Porém, apontar a "pobreza de mundo" dos animais não é uma descrição depreciativa, trata-se apenas de um mundo diferente daquele do ser-aí. Explicou-se que o ser-animal é abissalmente diferente do ser-homem e toda tentativa de compreender tal diferença será sempre uma antropomórfica tentativa, mas, ainda sim, será uma necessária tentativa. Conquistou-se a compreensão de que conhecer a animalidade do animal, necessariamente, passa por conhecer o seu específico mundo, pois é neste que o animal estabelece relação com os demais entes, podendo ter acesso à dor, à doença, à falta de alimento, é nesse mesmo mundo que o ser-animal pode relacionar-se com o ser-homem, sujeitando-se ao domínio deste e, consequentemente, muitas vezes, à crueldade, ao abuso e aos maus-tratos, intoleráveis formas de "não-cuidado";

*(iv)* Desvelou-se o "mundo dos animais" como o *locus* do "poder-sofrer", já que apenas porque os animais possuem um mundo, porque possuem acesso aos entes, é que podem sofrer, ou seja, o "poder-sofrer" está diretamente ligado ao possuir-um-mundo, concluindo-se que o "mundo ambiente" (*Umwelt*) é o solo fenomenológico da possibilidade de os animais sofrerem. Conquistou-se a compreensão de que possuindo mundo, o animal se faz titular de *interesses*, especialmente o *interesse* em *não-sofrer*, que tem o condão de elevá-lo ao *status* de ente exemplar do "mundo ambiente" (*Umwelt*). Demonstrou-se que se o ser-homem é o ente exemplar do "mundo" (*Welt*) propriamente dito, porque é o único ente que pode ter acesso aos demais entes e ao ente enquanto ente, então o ser-animal seria o

ente exemplar do "mundo ambiente" (*Umwelt*), porque seria o único ente – para além do humano – que pode ter acesso ao demais entes, ainda que não ao ente enquanto ente;

*(v)* Elucidou-se que todas as antropomórficas tentativas de definir o ser do animal parecem esbarrar na ausência do elemento da "compreensão", porém, se sabemos que o animal não compreende, sabemos, também, que ele morre e sofre, inferindo-se que o ser do animal passa pela sua fragilidade estrutural, fragilidade de a qualquer momento "poder-morrer", "poder-sofrer", e, ao mesmo tempo, "poder-ser-dominado" pelo homem, o ente possuidor de *interesses* não raramente conflitantes aos seus. Por meio de uma análise ontológica, pôde-se identificar que o animal é "pobre de mundo", enquanto o homem é "formador de mundo", mostrando-se, aí, a gênese da possibilidade de dominação, ou seja, se o ser-aí, o ser-homem, é o único ente que possui o elemento da compreensão, então ele goza da possibilidade de dominar todos os demais entes do planeta. Compreendeu-se, então, que o ser-aí pensante possui um poder, ou seja, um poder de domínio, que implica responsabilidade. Colocou-se em liberdade essa responsabilidade para ser compreendida como possibilidade de oferecer cuidado, pois o homem é cuidado, cuidado-para-consigo-mesmo, cuidado-para-com-o-outro, "o cuidado o possuirá enquanto ele existir". Portanto, essa condição de ser-cuidado não poderá ser indiferente ao "cuidado-para" com um ente diferente, que não seja também ser-aí. Concluiu-se que se podemos nos avizinhar do ser do animal, ao considerarmos sua ontológica fragilidade estrutural, manifestada no seu "poder-morrer", "poder-sofrer", para além do seu "poder-ser-dominado", considerando-o também como o "outro" da relação, então somos levados a uma conclusão: a relação do ser-aí com o ser-animal não pode ser orientada pelas mesmas regras que orientam a relação do ser-aí com os demais entes, pois a privilegiada condição do ser-aí, enquanto "formador de mundo", carrega consigo custos de índole ético-existencial, ou seja, o ser-aí não pode limitar o seu cuidado somente ao "outro" ser-aí, tal cuidado deve abrir-se ao cuidado-para-como-outro ente que possua a estrutural fragilidade de "poder-morrer", "poder-sofrer", para além de "poder-ser-dominado";

*(vi)* Desvelou-se a possibilidade de haver *comunicação* entre homens e animais. Compreendeu-se que os animais não possuem a "compreensão", os animais não possuem nem mesmo *linguagem*, ou seja, não possuem a *linguagem*, ao menos, não no antropomórfico padrão que a concebemos. Questionou-se: se os animais não possuem *linguagem*, então seriam privados de *comunicação*? Admitiu-se que se os animais não são privados de *comunicação*, então existiria *comunicação* para além da *linguagem*. Considerou-se que os animais, em seu estado de natureza, vivem uns com os outros e nesse *viver comunitário* uma qualquer *comunicação* – por uma questão de sobrevivência – parece necessária. Considerou-se, também, que os animais, em seu estado de domesticação, vivem com o homem, surgindo, então, a seguinte questão: seria possível toda e qualquer domesticação sem algum nível de *comunicação*? Referiu-se, a pergunta, a um nível qualquer de "comunicação",

ainda que seja a mais rudimentar que se possa pensar. Respondeu-se negativamente à pergunta, concluindo-se que haveria, sim, alguma espécie de *comunicação*, por mais rudimentar que possa ser, entre homem e animal, que possibilitaria a domesticação;

*(vii)* Desvelou-se a relação entre homem e animal como "ser-com" (*Mitsein*), explicando-se que tal interpretação não é uma coexistência, pois o homem existe, mas o animal apenas vive e a diferença não é sutil. Sustentou-se que a existência passa pelo existencial da "compreensão", concluindo-se que o "mundo dos animais" é pobre, e, por essa razão, o seu reino não é o "reino da existência", ele não é ser-no-mundo. Questionou-se se tais características poderiam oferecer alguma resistência ao reconhecimento da relação entre homem e animal como "ser-com"? Respondeu-se negativamente, considerando que o "ser-com" não é necessariamente coexistência, trata-se apenas de um "ser-com" junto ao "outro" ente, que não necessariamente seja da mesma espécie, concluindo-se que o "ser-com" pode ser "ser-com o 'outro' ser-aí" ou "ser-com 'outro' ente que não o ser--aí". Ressaltou-se que esse "ser-com" não se dará nas relações do ser-aí com qualquer ente, pois certamente não haverá um "ser-com", por exemplo, nas relações que o ser-aí estabelecer com os entes inanimados. Também não será a relação do ser-aí com qualquer ente vivo que será reconhecida como "ser-com", precisará ser uma "vida qualificada" pela ontológica possibilidade de sofrer. Demonstrou-se que o reconhecimento do "ser-com" nas relações entre homem e animal e, consequentemente, o reconhecimento do animal enquanto o "outro" da relação, implica responsabilidade para o ser-aí, trata-se de uma responsabilidade de cuidar. Concluindo-se que na possibilidade de oferecer cuidado-para-com-o-outro, notadamente, está o "poder-ser" mais autêntico do ser-aí. Portanto, se o ser-aí pode oferecer cuidado-para-com-os-animais, então as formas mais intoleráveis do "não--cuidado" chamarão o direito penal, pois este é, sobretudo, refração da originária relação de cuidado-de-perigo.

*Parte Segunda*

# O fundamento onto-antropológico da tutela penal de animais e a conformação dogmática da possibilidade de os animais serem titulares de bens jurídico-penais

"Nichts ist ohne Grund".
Heidegger, *Der Satz vom Grund* (1957), p. 16

## 1º Capítulo
## Fundamento onto-antropológico do direito penal e analítica existencial: desvelando a matricial relação de cuidado-de-perigo (para-com-os-animais)

### § 21. O fundamento onto-antropológico do direito penal: um caminho de resistência ao processo de funcionalização da dogmática jurídico-penal

O dogmático parte de pressupostos, os quais ele aceita como verdadeiros sem questioná-los, ele pensa "ex datis". [...] Isto necessariamente não significa que a dogmática jurídica proceda de forma acrítica; porém, também, onde ela criticamente avance, na análise crítica de alguma norma da lei, ela continuamente argumenta de um modo imanente ao sistema, o sistema vigente mantém-se intacto. No âmbito da dogmática jurídica esta atitude é absolutamente legítima; ela se tornará perigosa, então, quando rejeitar o modo de pensar não dogmático da filosofia jurídica e da teoria jurídica, como desnecessário, como "meramente teórico" ou até mesmo como não científico. (*Der Dogmatiker geht von Voraussetzungen aus, die er ungeprüft als wahr annimmt, er denkt "ex datis". [...]. Das heißt nicht notwendig, daß die Rechtsdogmatik unkritisch verführe; aber auch wo sie kritisch vorgeht, etwa eine Norm des Gesetzes kritisch überprüft, argumentiert sie stets systemimmanent, das geltende System bleibt unangetastet. Im Rahmen der Rechtsdogmatik ist diese Haltung durchaus legitim; sie wird erst dann gefährlich, wenn sie die nicht-dogmatische Denkweise der Rechtsphilosophie und der Rechtstheorie als unnötig, als "rein theoretisch" oder gar als unwissenschaftlich zurückweist*).[382]

[382] KAUFMANN, Arthur. Rechtsphilosophie, Rechtstheorie, Rechtsdogmatik. In: KAUFMANN, Arthur; HASSEMER, Winfried (Org.). *Einführung in Rechtsphilosophie und Rechtstheorie der Gegenwart*. Heidelberg: C.F Müller Juristischer Verlag, 1977. p. 1 e 2). (Tradução livre). A citação, de KAUFMANN, permite-nos abrir um caminho de reflexão sobre o papel do fundamento onto-antropológico do direito penal frente a tradição da dogmática jurídico-penal funcionalista.

A dogmática jurídico-penal está em "perigo" (*Gefahr*).[383] Ela experimenta, no momento, as tentações das mais variadas formas de funcionalismo.[384] Trata-se do "perigo", já não mais novo, que Heidegger referia: o perigo da morte do pensar.[385] Argumentar-se-ia, em contrário, que com os funcionalismos a dogmática jurídico-penal nunca pensou tanto. Mas como ela pensa com os funcionalismos? Pensa tão somente em nível ôntico. Recusa-se a pensar em nível ontológico.[386] Recusa-se a pensar "ao modo dos pensadores".[387] Figueiredo Dias, de um modo emblemático, transmite o cerne da orientação funcionalista, desprovida de qualquer criticidade ontológica:

> O fundamento do sistema jurídico-penal se não deve procurar em qualquer concepção filosófica de ordem naturalista, normativista ou ontologista, como até há pouco se pensou e hoje ainda muitos continuam a pensar. Fundamento do sistema jurídico-penal é antes o conjunto das proposições político-criminais [...].[388]

A citação de Figueiredo Dias nos ajuda a perceber que – ao esquecer-se do ser[389] – a dogmática jurídico-penal funcionalista entifica todos os fenômenos que se lhe apresentam, realizando o "império do planeamento", limitando-se ao "pensamento que calcula" (*rechnende Denken*). Nessa sobrevalorização do ôntico, em relação ao ontológico, mora o "perigo": o perigo

---

383 Constatando o "perigo", que será demonstrado na sequência do texto, é necessário nos avizinharmos dele, pois, segundo HEIDEGGER, "quanto mais nos avizinharmos do perigo (*Gefahr nähern*), com maior clareza começarão a brilhar os caminhos para aquilo que salva, tanto mais questões haveremos de questionar. Porque questionar é a piedade do pensamento" (*die Frömmigkeit des Denkens*). (HEIDEGGER, Martin. *Die Technik und die Kehre*. Stuttgart: Klett-Cotta, 2011. [1ª ed. 1962]. p. 36). (Tradução livre).

384 Do "funcionalismo racional-teleológico" de ROXIN, ao "funcionalismo-radical" de JAKOBS.

385 HEIDEGGER, Martin. *Gelassenheit*. 2ª ed. Tübingen: Verlag Günter Neske, 1960. p. 27.

386 Pensar em nível ontológico é pensar o "pensamento que medita", é pensar as "condições de possibilidade".

387 Distingue-se o "pensamento calculador" do "pensamento meditativo", de modo que este seria o "pensar segundo o modo dos pensadores". (HEIDEGGER, Martin. "O que quer dizer pensar?" In: *Ensaios e conferências*. Petrópolis: Vozes, 2006. p. 115). O "pensar segundo o modo dos pensadores" seria o pensamento "capaz de sentido", oposto à "formalização" e ao "cálculo". (STEIN, Ernildo. *Uma breve introdução à filosofia*. Ijuí: Unijuí, 2005. p. 25).

388 FIGUEIREDO DIAS, Jorge de. Para um sistema renovado do facto punível. *RBCCrim*, 112 (2015), ano 23, Jan/Fev, p. 107-122. p. 110. O autor parece ignorar a "diferença ontológica" – a diferença entre "ser" e "ente", entre "ôntico" e "ontológico" – quando afirma, num primeiro momento, que "o sistema dogmático não deve ser comandado por orientações filosóficas apriorísticas (positivistas, normativistas ou ônticas". Num segundo momento, o autor fala em "concepção filosófica de ordem naturalista, normativista ou ontologista", o que resulta na impressão de haver uma identificação entre o "ôntico" e o "ontológico". (FIGUEIREDO DIAS, Jorge de. Para um sistema renovado do facto punível. *RBCCrim*, 112 (2015), ano 23, Jan/Fev, p. 107-122. p. 110). Porém, essa dogmática, que defende o autor, é uma dogmática ôntica. Uma dogmática ôntica é uma dogmática que recusa orientações "apriorísticas", pois o "ôntico" diz respeito às "ciências" – sejam elas, utilizando a classificação de DILTHEY, "ciências do espírito" ou "ciências da natureza" – não à filosofia.

389 A dogmática jurídico-penal não pode esquecer o "ser", pois – concordando com MAIHOFER – "o direito está em direta referência ao ser". (MAIHOFER, Werner. *Recht und Sein: Prolegomena zu einer Rechtsontologie*. Frankfurt am Main: Vittorio Klostermann, 1954. p. 125). (Tradução livre). No mesmo horizonte de compreensão está o pensamento de HEINEMANN, quando sustenta que "a pergunta fundamental para todo o esforço jurídico-filosófico é a pergunta pelo ser do direito". (HEINEMANN, Walter. *Die Relevanz der Philosophie Martin Heideggers für das Rechtsdenken*. [Inaugural-Dissertation] Freiburg: Albert-Ludwigs-Universität zu Freiburg im Breisgau, 1970. p. 50). (Tradução livre).

de morte do "pensamento meditativo" (*Nachdenken*) em relação às coisas do direito penal. Esse "perigo" pode ser descrito como a *utilização dogmática da dogmática jurídico-penal*.[390] Trata-se da "inautenticidade" (*Uneigentlichkeit*) manifestada no campo das coisas do direito penal. Essa "inautenticidade", verdadeira entificação da dogmática jurídico-penal,[391] é o campo fértil para a absolutização de conceitos e categorias, para a canonização de determinadas formas de compreender as coisas do direito penal.[392] Porém, ao contrário, pensar ontologicamente a dogmática jurídico-penal é manter a "vigia do ser".[393] Esse modo de pensar as coisas do direito penal consagra a abertura à historicidade, culminando na compreensão da dogmática jurídico-penal como "ciência procurada" (*episteme zetoumene*).[394] O fundamento onto-antropológico do direito penal resgata o pensar em nível ontológico na dogmática jurídico-penal, (re)articulando o direito penal com o nosso campo existencial.[395] Por esse motivo, não está limitado à "solução de problemas", interessa-se, também, pelos "problemas da solução".[396] O fundamento onto-antropológico desvela a estrutura primeva do direito penal.

Os funcionalismos jurídico-penais, ao contrário, superficializam incessantemente o direito penal,[397] e, por via reflexa, a existência humana.[398]

---

[390] TEIXEIRA NETO, João Alves. A serenidade para com as coisas do direito penal: no limiar entre o pensamento que medita e o pensamento que calcula. *Revista de Estudos Criminais*, v. 48, 2013. p. 197-208.

[391] A entificação, aqui referida, diz respeito ao encobrimento do ser no campo da dogmática jurídico-penal.

[392] A questão da "inautenticidade" na compreensão do direito penal, enquanto campo fértil para a absolutização de conceitos e categorias foi desenvolvida no § 12, "A autenticidade (*Eigentlichkeit*) e a inautenticidade (*Uneigentlichkeit*) na compreensão do direito penal: absolutizar ou não-absolutizar conceitos e categorias(?)".

[393] STEIN, ao analisar o "problema do ser", vai sustentar que "o ser, no entanto, nunca é determinável objetivamente, mas o filósofo pode vigiar sua manifestação inesgotável". (STEIN, Ernildo. *Um breve introdução à filosofia*. 2. Ed. Ijuí: Unijuí, 2005. p. 22).

[394] A compreensão da dogmática jurídico-penal como "ciência procurada" foi desenvolvida no § 11, "O direito penal e a abertura à 'historicidade' (*Geschichtlichkeit*): dogmática jurídico-penal como 'ciência procurada' (*episteme zetoumene*)".

[395] O fundamento onto-antropológico (re)articula o direito penal com o nosso campo existencial porque coloca o ser do ser-aí no cerne da compreensão da discursividade jurídico-penal.

[396] Tomamos por premissa a diferenciação entre "solução de problemas" e "problemas da solução" no direito. (STEIN, Ernildo. *Exercícios de fenomenologia: limites de um paradigma*. Ijuí: Unijuí, 2004. p. 136). FARIA COSTA parece adotar uma compreensão próxima da posição de STEIN, quando afirma que "compreender e defender esta ontologificação não pode representar a (u)topia de querer solucionar os problemas concretos com indevidos e ilegítimos chamamentos do ser". (FARIA COSTA, José de. *O perigo em direito penal: contributo para a sua fundamentação e compreensão dogmáticas*. Coimbra: Coimbra Editora, 2000. p. 148).

[397] WEDY desenvolve a crítica ao funcionalismo: "não se pode, assim, ao que nos parece, erigir-se uma ideia de eficiência legítima em direito penal deambulando pelos caminhos do funcionalismo jurídico, seja ele um funcionalismo jurídico material, um funcionalismo sistêmico ou um funcionalismo econômico" (WEDY, Miguel Tedesco. A eficiência em direito penal. *Revista de Estudos Criminais*, v. 49, 2013. p. 69-93. p. 76). D'AVILA, também, em crítica ao pensamento funcional, ressalta a oposição entre fundamento onto-antropológico e funcionalismo: "o reconhecimento de uma teia de cuidados recíprocos que estrutura o ser comunitário e cuja ressonância em âmbito normativo-dogmático resulta, em assumida oposição a elaborações funcionalistas". (D'AVILA, Fabio Roberto. Os limites normativos da política criminal no âmbito da ciência conjunta do direito penal. Algumas considerações críticas ao pensamento funcional de Claus Roxin. *Zeitschrift für Internationale Strafrechtsdogmatik*, v. 10, p. 485-495, 2008. p. 493 e 494).

Operam por meio da lógica de produtibilidade, consagrando a produção de eficiência em direito penal,[399] donde decorre que se algo é eficiente, então sua eficiência é autolegitimante.[400] O "perigo", reflexo à morte do pensar, é transformar o direito penal em mais uma peça do grande circuito da técnica.[401] Assim, torna-se o direito penal cada vez mais eficaz e destrutivo. Torna-se cada vez mais rico em eficácia e pobre em sentido.[402]

Pode-se dizer que o fundamento onto-antropológico do direito penal é uma leitura fenomenológica do direito penal.[403] Faria Costa, por meio de uma interessada leitura da analítica existencial, concebe a ordem jurídico-penal como "refracção de uma originária relação de cuidado-de-perigo". Tratar-se-ia, essa relação, de uma verdadeira "conexão ético-existencial".[404] O autor assume o cuidado (*die Sorge*) heideggeriano como noção central da sua teoria. Mas o que exatamente seria o cuidado? Heidegger, na analítica existencial, vai considerar o cuidado como "o ser do ser-aí" (*Das Sein des Daseins*).[405] Não limitando-se à construção de Heidegger, Faria Costa vislumbra uma dimensão fraternal no cuidado originário. Em virtude da originalidade da construção teórica, aliada a sua ampla aceitação pela

---

[398] Superficializam a existência humana porque – na carência de criticidade ontológica – ignoram o ser do ser-aí, movendo-se, inescapavelmente, em fundamentos ontológicos não discutidos, em princípio.

[399] WEDY sustenta que "o tema da 'eficiência penal' ganha cada vez mais relevo". (WEDY, Miguel Tedesco. A eficiência em direito penal. *Revista de Estudos Criminais*, v. 49, 2013. p. 69-93. p. 70). Sobre a "eficiência" no direito, ver, por todos, FISAHN (FISAHN, Andreas. Effizienz des Rechts und Soziale Praxis. *Rechtstheorie*, 34 (2003), Heft 2. Berlin: Duncker & Humblot. p. 269-290).

[400] Os funcionalismos jurídico-penais constantemente sobrevalorizam a "adequação" e a "utilidade", porém, "a delimitação do espaço de legitimidade propiciado pela análise normativa", são palavras de D'AVILA, "deve, necessariamente, preceder a reflexão em termos de adequação e utilidade por parte da política criminal". (D'AVILA, Fabio Roberto. Os limites normativos da política criminal no âmbito da ciência conjunta do direito penal. Algumas considerações críticas ao pensamento funcional de Claus Roxin. *Zeitschrift für Internationale Strafrechtsdogmatik*, v. 10, p. 485-495, 2008. p. 492).

[401] Em reflexão, num sentido muito próximo à nossa abordagem aqui desenvolvida, FARIA COSTA defende que "o grande perigo que a razão calculadora traz ao pensamento jurídico está, em nossa opinião, menos – apesar de também aí se solidificar, não já como perigo, mas como dano – na subversão da racionalidade prático-hermenêutica que fundamenta e guia os juízos argumentativos da decisão prática que na tentação de transformar as regras do jurídico em elementos de maquinaria a que a 'técnica jurídica' daria o seu beneplácito". (FARIA COSTA, José de. *O perigo em direito penal: contributo para a sua fundamentação e compreensão dogmáticas*. Coimbra: Coimbra Editora, 2000. p. 343 [nota de rodapé nº 120]). WEDY vai falar no "grande problema" de a "ciência penal", assim, "transformar-se num mero instrumento" (WEDY, Miguel Tedesco. A eficiência em direito penal. *Revista de Estudos Criminais*, v. 49, 2013. p. 69-93. p. 71).

[402] STEIN, em crítica ao funcionalismo, sustenta que "o método científico que se torna auto-suficiente termina se convertendo num quisto que progressivamente cresce como algo estranho dentro do corpo jurídico" e, portanto, "termina sempre se levantando a perplexidade do já sempre conhecido que retorna infinitamente". (STEIN, Ernildo. *Exercícios de fenomenologia: limites de um paradigma*. Ijuí: Unijuí, 2004. p. 153).

[403] Remonta-se, aqui, ao sentido heideggeriano de "fenomenologia", que identifica-se com "ontologia".

[404] FARIA COSTA, José de. Sobre o objecto de protecção do Direito Penal: o lugar do bem jurídico na doutrina de um Direito Penal não iliberal. *RLJ*, 3978, 2013, p. 158-173. p. 171.

[405] HEIDEGGER, Martin. *Sein und Zeit*. Tübingen: Max Niemeyer Verlag, 2006. p. 191 e seg.

comunidade acadêmica, ousamos dizer que, com Faria Costa, inicia-se um novo movimento jurídico-fenomenológico.[406]

O fundamento onto-antropológico do direito penal é um modo de compreender as coisas do direito penal por meio de um olhar ontológico, mais especificamente analítico-existencial, mas, também, por meio de um olhar antropológico.[407] Ontologia e antropologia caminham juntas nesse caminho de fundamentação do direito penal.[408] Valendo-se de análises feno-

---

[406] A existência de inúmeros trabalhos – tanto no Brasil, quanto em Portugal – sobre o fundamento onto-antropológico do direito penal demonstra a continuidade de uma linha de pensamento, inicialmente desenvolvida por FARIA COSTA, corroborando a ideia de um movimento jurídico-fenomenológico. Eis alguns trabalhos, a título exemplificativo, que levam no título a teoria do autor: *(i)* D'AVILA, Fabio Roberto; MACHADO, Tomás Grings. Primeiras linhas sobre o fundamento onto-antropológico do direito penal e sua ressonância em âmbito normativo. In: Ney Fayet Júnior; André Machado Maya. (Org.). *Ciências Penais. Perspectivas e tendências da contemporaneidade.* Curitiba: Juruá, 2011. p. 147-163; *(ii)* ALBRECHT, Diego Alan Schöfer; BAGATINI, Júlia. O fundamento material do ilícito-típico à luz da compreensão onto-antropológica do Direito Penal de Faria Costa: a ofensividade e os seus distintos níveis. *Diritto & Diritti,* 2011; *(iii)* SCHMIDT, Andrei Zenkner. O Direito Penal econômico sob uma perspectiva onto-antropológica. Tese de doutorado. Porto Alegre: Pontifícia Universidade Católica do Rio Grande do Sul, 2014; *(iv)* BUONICORE, Bruno Tadeu. *O fundamento onto-antropológico da culpa: contributo para o estudo do conteúdo material da culpabilidade na dogmática penal contemporânea.* Dissertação de Mestrado. Porto Alegre: Pontifícia Universidade Católica do Rio Grande do Sul, 2014; *(v)* BUONICORE, Bruno Tadeu. O fundamento onto-antropológico do direito penal em face da sociedade brasileira contemporânea. *Revista Jurídica,* Porto Alegre, v. 439, p. 63-78, 2014; *(vi)* MOURA, Bruno. *Ilicitude penal e justificação: reflexões a partir do ontologismo de Faria Costa.* 1ª ed. Coimbra: Coimbra Editora, 2015. Refere-se, também, a título exemplificativo, outros trabalhos que – muito embora não levem a teoria de FARIA COSTA no título – foram desenvolvidos a partir do fundamento onto-antropológico do direito penal: *(i)* D'AVILA, Fabio Roberto. Das Unrecht der Umweltdelikte. Einige Reflexionen über den Angriff auf Rechtsgüter im Bereich des Umweltstrafrechts. *Goltdammer's Archiv für Strafrecht – GA,* v. 10, p. 578-588, 2011; *(ii)* D'AVILA, Fabio Roberto. *Ofensividade e crimes omissivos próprios. Contributo à compreensão do crime como ofensa ao bem jurídico.* Coimbra: Coimbra Editora, 2005; *(iii)* D'AVILA, Fabio Roberto. *Ofensividade em Direito Penal. Escritos sobre a teoria do crime como ofensa a bens jurídicos.* Porto Alegre: Livraria do Advogado Editora, 2009; *(iv)* RUIVO, Marcelo Almeida. *Criminalidade financeira: contribuição à compreensão da gestão fraudulenta.* Porto Alegre: Livraria do Advogado, 2011; *(v)* DEODATO, Felipe Augusto Forte de Negreiros. *Adequação social: sua doutrina pelo cânone compreensivo do cuidado-de-perigo.* Belo Horizonte: Del Rey, 2012; *(vi)* VILELA, Alexandra. *O Direito de mera ordenação social: entre a ideia de "recorrência" e a de "erosão" do Direito Penal clássico.* Coimbra: Coimbra Editora, 2013; *(vii)* GODINHO, Inês Fernandes. *Eutanásia, homicídio a pedido da vítima e os problemas de comparticipação em Direito Penal.* Coimbra: Coimbra Editora, 2015; *(viii)* CAETANO, Matheus Almeida. *Delitos de acumulação e ofensividade no Direito Penal ambiental da sociedade de risco.* Dissertação de Mestrado. Florianópolis: Universidade Federal de Santa Catarina, 2011; *(ix)* MOURA, Bruno. *A não-punibilidade do excesso na legítima defesa.* Coimbra: Coimbra Editora, 2013; *(ix)* SANTOS, Daniel Leonhardt dos. Ofensividade e bem jurídico-penal: conceitos e fundamentos do modelo de crime como ofensa ao bem jurídico-penal. *RBCCrim,* 121 (2016), ano 24, Jul/Ago, p. 13-50.

[407] CASTANHEIRA NEVES, ao tratar das perspectivas da "reflexão filosófico-jurídica", ajuda-nos a compreender o fundamento onto-antropológico, referindo a corrente que vai chamar de "existencialismo jurídico". Tratar-se-ia de uma orientação "sob directa influência de Heidegger", que "via na existência (*Dasein*), enquanto modo-de-ser do homem como 'ser-no-mundo', na sua finitude e temporalidade, o sentido radical do ser humano, o fundamento para a explicitação de uma nova ontologia humano-social, [...] que estaria na base do direito e que ele assimilaria". O autor vai referir a possibilidade de um tal fundamento ser "verdadeiramente, uma onto-antropologia". (CASTANHEIRA NEVES, A. *A crise actual da filosofia do direito no contexto da crise global da filosofia: tópicos para a possibilidade de uma reflexiva reabilitação.* Coimbra: Coimbra Editora, 2003. p. 39 e 40).

[408] FARIA COSTA assinala para a dimensão antropológica da sua fundamentação, quando – revisitando LEVI-STRAUSS – refere que "foi a proibição do incesto que fez passar a comunidade de hominídeos a verdadeira comunidade humana", ressaltando o "caráter radical, ontologicamente centrado e onticamente desflorado, da proibição. [...] Da proibição como momento genésico de contenção à perversão da relação de cuidado-de-perigo". (FARIA COSTA, José de. Uma ponte entre o direito penal e a filosofia

menológicas, o fundamento onto-antropológico do direito penal é capaz de desvelar a estrutura primeva que dá sentido à ordem jurídico-penal.[409] Vale por se dizer: a ordem jurídico-penal, que se mostra na superfície ôntica, possui um fundamento metajurídico,[410] um fundamento que está para além do direito penal. Esse fundamento está nas profundezas do ontológico, ou seja, é anterior ao campo de razões normalmente alcançado – em nível ôntico-científico – pela ciência do direito penal, a dogmática jurídico-penal. Trata-se de um solo, onde brotam as ramificações do fenômeno jurídico-penal. Falar num fundamento ontológico é – o mesmo que – falar num "fundo", numa "base", num "solo", que é condição de possibilidade para a pesquisa científica, para o desenvolvimento da dogmática jurídico-penal.[411] O fundamento onto-antropológico do direito penal, desse modo, descreve uma realidade anterior ao direito, um fenômeno da relação comunicacional que pode ser compreendido como a gênese da juridicidade.

Uma das tantas bondades desta descrição – diga-se de passagem, descrição fenomenológica proporcionada por um fundamento onto-antropológico do direito penal – é enriquecer o campo de visão da dogmática jurídico-penal, refinando o debate e servindo como instrumento de renovação e de aprofundamento dos conceitos e categorias jurídico-penais. Ao descrever essa realidade pré-jurídica, ou metajurídica, essa gênese que dá sentido à ordem jurídico-penal, o fundamento onto-antropológico do direito penal não tem como tarefa necessária e direta solucionar problemas, mas, antes, problematizar soluções, muito embora tantas sejam as possibilidades de solucionar problemas jurídico-penais a partir da assunção de uma posição de base onto-antropológica.[412] Ocorre que o fundamento

---

pena: lugar de encontro sobre o sentido da pena. *Linhas de direito penal e de filosofia: alguns cruzamentos reflexivos*. Coimbra: Coimbra Editora, 2005. p. 224 e 225). GAUER, identificando esse fenômeno como "a fundação da norma", vai sustentar que "a proibição do incesto, uma norma inflexível, fonte de todo limite, portanto, de todas as leis, [...] foi o primeiro Não que o homem opôs à natureza. Esse tabu, embora pareça não ter justificação biológica, nem razão de ser, é a raiz de toda proibição, constitui-se ao mesmo tempo na norma, no fato e no valor". (GAUER, Ruth Maria Chittó. *A fundação da norma: para além da racionalidade histórica*. Porto Alegre: Edipucrs, 2011. p. 20).

409 Descrevendo o mesmo fenômeno, só que por meio de outro registro de análise, FARIA COSTA vai afirmar que "a relação onto-antropológica do cuidado-de-perigo desempenha o papel e é uma estrutura capaz de dar sentido à pena". (FARIA COSTA, José de. *O perigo em direito penal: contributo para a sua fundamentação e compreensão dogmáticas*. Coimbra: Coimbra Editora, 2000. p. 384).

410 Ao tratar do "metajurídico", FARIA COSTA sustenta que "a metajuridicidade que procura o fundamento onto-antropológico é aquela que, queiramo-lo ou não, mais ligada está à estrutura primeira ou primeva do direito". (FARIA COSTA, José de. Uma ponte entre o direito penal e a filosofia pena: lugar de encontro sobre o sentido da pena. *Linhas de direito penal e de filosofia: alguns cruzamentos reflexivos*. Coimbra: Coimbra Editora, 2005. p. 214).

411 FARIA COSTA, ao analisar a possibilidade de haver um "fundamento ontológico para a ordem jurídica", sustenta que esse fundamento, "enquanto prius é, em sentido metafísico, o horizonte para lá do qual não há retorno mas que simultaneamente ilumina o permanente fluir histórico que lhe vai essencialmente conexo". (FARIA COSTA, José de. *O perigo em direito penal: contributo para a sua fundamentação e compreensão dogmáticas*. Coimbra: Coimbra Editora, 2000. p. 43 e 44).

412 STEIN, ao tratar da aplicação da filosofia no direito, sustenta que aquela – quando utilizada num campo científico, como na dogmática jurídica – deve assumir "o lugar de standard de racionalidade", relembrando que "a ciência busca a solução dos problemas e a Filosofia se ocupa com os problemas da solução". (STEIN, Ernildo. *Exercícios de fenomenologia: limites de um paradigma*. Ijuí: Unijuí, 2004. p. 134).

onto-antropológico do direito penal – assim como qualquer outro fundamento ontológico, de qualquer campo teórico – não precisa assumir o compromisso de diretamente solucionar questões prático-empíricas, pois o seu método e objeto dizem respeito a um específico registro de análise, aquele das condições de possibilidade.[413] Porém, esse registro de análise potencializa – e tantas vezes o faz – a capacidade de uma ciência, no caso a dogmática jurídico-penal, solucionar questões prático-empíricas. Há a potencialização da capacidade de uma ciência solucionar problemas quando as suas ferramentas operatórias são enriquecidas por meio de novos vetores de racionalidade, certos *topoi*, trazidos por novas formas de abordagem, normalmente oferecidas pela filosofia.[414] A filosofia (penal) não pode saber mais que a ciência (penal), mas, pode, sim, potencializar a reflexão do fenômeno jurídico-penal no âmbito da "ciência conjunta do direito penal" (*gesamte Strafrechtswissenschaft*).

A tarefa de um fundamento onto-antropológico do direito penal é oferecer sentido ao ordenamento jurídico-penal por meio do desvelamento – e, consequentemente, da descrição – do fenômeno que seria a gênese da juridicidade: a *relatio*. A relação do "eu" para com o "outro" e do "outro" para com o "eu". Trata-se de uma relação de abertura, uma relação comunicacional, em que se desnuda a fragilidade do "eu" e a fragilidade do "outro".[415] No seio de uma tal relação comunicacional, como *conditio sine qua non* de ser-com-os-outros,[416] emerge o cuidado (*die Sorge*). O cuidado não é uma noção qualquer, é ele o nosso ser.[417] Somos cuidado. A vida para continuar a ser vida do cuidado dependerá, donde surge que aquela relação comunicacional é uma relação de cuidado. Mas cuidado em relação a que? Ao perigo.[418] Cuidado e perigo são duas dimensões de uma

---

[413] Deve-se ter claro que as "condições de possibilidade" significam "condições que vão surgindo para pensar a possibilidade de abordagem dos objetos da ciência", como no caso da ciência do direito penal, a dogmática jurídico-penal, de tal modo que "as condições de possibilidade dão, portanto, critérios de racionalidade no campo do trabalho científico". (STEIN, Ernildo. *Analítica existencial e psicanálise: Freud, Binswanger, Lacan, Boss. Conferências*. Ijuí: Editora UNIJUÍ, 2012. p. 24).

[414] A dogmática se beneficia com o enriquecimento de suas ferramentas operatórias, por meio da interdisciplinaridade entre filosofia e direito. Porém, o benefício não é apenas da dogmática. A filosofia também se beneficia por meio de uma tal relação interdisciplinar, pois esta é a chave para a "inovação na filosofia". STEIN defende que "o contato entre as diversas formas de conhecimento, no entanto, parece ser a base para novos projetos de trabalho que trazem um potencial inovador". Mais. "O que visamos é encontrar uma compreensão da Filosofia que a torne receptiva ao conhecimento científico, no sentido de inovar e mudar seu próprio modo de trabalho e produção de saber". (STEIN, Ernildo. *Inovação na filosofia*. Ijuí: Editora UNIJUÍ, 2011. p. 91 e 94).

[415] FARIA COSTA defende que "o *abrir-se para* ou o *abrir-se com* são manifestações que apontam e despertam uma intensa fragilidade no relacionamento estrutural-comunicativo. De modo que "aquele que se abre despoja-se para se encontrar. Abre-se à fragilidade da sua própria condição e torna-se, sendo-o já, vulnerável". (FARIA COSTA, José de. *O perigo em direito penal: contributo para a sua fundamentação e compreensão dogmáticas*. Coimbra: Coimbra Editora, 2000. p. 398).

[416] Nunca é demais lembrar que o ser-aí, o ente que somos nós, é sempre ser-com-os-outros. O existencial "ser-com" será desenvolvido no § 22, "A analítica existencial: incidência das estruturas de 'Ser e Tempo' no fundamento onto-antropológico do direito penal".

[417] HEIDEGGER, Martin. *Sein und Zeit*. Tübingen: Max Niemeyer Verlag, 2006. p. 191 e seg.

[418] Este *perigo* em nada tem haver com o "perigo" antes analisado, o "perigo da morte do pensamento".

mesma realidade.[419] Aquela relação é uma relação de cuidado-de-perigo. Porém, se ela é uma relação que constitui as comunidades humanas, desde o seu surgimento, desde a "fundação da norma",[420] então ela é uma relação primeva, uma relação matricial. Trata-se de uma matricial relação onto-antropológica de cuidado-de-perigo.[421] A ordem jurídico-penal vem para delimitar o objeto do cuidado, ou seja, a ordem jurídico-penal objetiva – por meio da norma penal – aquilo que necessita ser cuidado.[422] Vale por se dizer: a normatividade penal deverá consagrar os valores e interesses mais sensíveis ao cuidado, ou seja, os valores e interesses mais caros e que indispensavelmente necessitarão ser cuidados.[423] Porém, "cuidar" e "não--cuidar" são sempre possibilidades para o ser-aí livre.[424] Quando, contrariando a ordem jurídico-penal, o ser-aí deixar de cuidar o "outro", romperá a relação onto-antropológica de cuidado-de-perigo. Mas essa relação não poderá permanecer rompida. Ela está inserida dentro de um âmbito maior. Há uma teia de relações onto-antropológicas de cuidado-de-perigo.[425] Esse âmbito maior não poderá restar desestabilizado: um bem poderá recompor

[419] A relação entre "cuidado" e "perigo" se dá – dentre outras razões – "porque o perigo e o cuidado são uma matriz ontológica do ser-aí-diferente comunitariamente inserido", e, dessa forma, "é que os podemos ver reflectidos, e diferenciadamente reflectidos, no nosso existir". (FARIA COSTA, José de. *O perigo em direito penal: contributo para a sua fundamentação e compreensão dogmáticas*. Coimbra: Coimbra Editora, 2000. p. 327).

[420] GAUER, Ruth Maria Chittó. *A fundação da norma: para além da racionalidade histórica*. Porto Alegre: Edipucrs, 2011.

[421] O "cuidado-de-perigo" é uma estrutura ontológica, pois "o ser-aí-diferente, desde o instante originário da passividade desperta é um ser confrontado com perigos e que tende inapelavelmente para a morte, a qual é centro e vértice, no imaginário primitivo e não só, de todos os males e de todos os perigos. Daí que a comunidade jurídica se caracterize também, ontologicamente, como comunidade de perigos em cuja tensão superadora se inserem os cuidados". Compreende-se, assim, que "o ser-aí-diferente e a comunidade jurídica que lhe subjaz assume-se (são) como estruturas ontológicas de cuidado-de-perigo". (FARIA COSTA, José de. *O perigo em direito penal: contributo para a sua fundamentação e compreensão dogmáticas*. Coimbra: Coimbra Editora, 2000. p. 327).

[422] FARIA COSTA defende que "o cuidar-se reclama a necessidade de uma definição daquilo de que se deve cuidar", de modo que "a norma de proibição penal, enquanto definição ético-jurídica dos comportamentos relevantes, se impõe como referente de um cuidado". (FARIA COSTA, José de. *O perigo em direito penal: contributo para a sua fundamentação e compreensão dogmáticas*. Coimbra: Coimbra Editora, 2000. p. 251).

[423] Refere-se, como exemplo de tais valores e *interesses*: a vida; a integridade física; a liberdade; o patrimônio; dentre tantos outros.

[424] WULF, apesar de não trabalhar com a noção de "cuidado" (*Sorge*), desenvolve a ideia da "liberdade ontológica" – sobretudo a partir de HEIDEGGER – no seio do direito penal, oferecendo-nos uma base para a compreensão das "possibilidades" do "ser-aí" livre. (WULFF, Agnes. *Die Existenziale Schuld: Der fundamentalontologische Schuldbegriff Martin Heideggers und seine Bedeutung für das Strafrecht*. Berlin: LIT Verlag, 2008. p. 229 e seg). Em outro diapasão, WELZEL trabalha esta relação, entre "liberdade" e "possibilidade", como um "poder agir de acordo com a norma", já que "a censura da culpabilidade (*Schuldvorwurf*) pressupõe que o autor podia ter-se motivado em conformidade com a norma". (WELZEL, Hans. *Das Deutsche Strafrecht: Eine systematische Darstellung*. Berlin: Gruyter, 1969. p. 141). (Tradução livre).

[425] FARIA COSTA assume que "o direito penal, tal como o direito em geral, se move em uma teia complexa de relações de matriz onto-antropológica [...]". Na verdade mais: "tudo na vida se passa, tudo no direito se passa, sempre, através de uma complexa teia de concretas relações [...]", pois "a comunidade humana realiza-se e forma-se por meio de uma teia de cuidados". (FARIA COSTA, José de. *O perigo em direito penal: contributo para a sua fundamentação e compreensão dogmáticas*. Coimbra: Coimbra Editora, 2000. p. 15, 150 e 319).

os fios rompidos da teia, ou seja, poderá reestabilizar a teia de relações de cuidado-de-perigo. Esse bem é a pena criminal justa.[426] Assim, "ilícito" e "pena" são duas projeções jurídico-penais de uma fenômeno metajurídico: a matricial relação onto-antropológica de cuidado-de-perigo. O "ilícito" diz respeito ao objeto que deverá ser cuidado na relação. A "pena" diz respeito à estabilidade da teia onde se inserem tais relações. Nesse exato contexto, "ilícito" e "pena" são duas dimensões da projeção jurídico-penal do cuidado. Mais detalhadamente. A previsão do "ilícito", *in abstrato*, estabelece *o que* deve ser cuidado.[427] A realização do "ilícito", *in concreto*, materializa o "não-cuidado", que rompe a relação de cuidado-de-perigo do "eu" para com o "outro" e do "outro" para com o "eu".[428] A previsão da "pena", *in abstrato*, estabelece o *como* será mantida a estabilidade da teia de cuidado-de-perigo. A cominação da "pena", *in concreto*, recompõe os fios rompidos da teia onto-antropológica de cuidado-de-perigo.

*a) Consequências do fundamento onto-antropológico do direito penal para a teoria da pena*

Pelo que foi exposto, pode-se já vislumbrar que o fundamento onto-antropológico do direito penal oferece uma nova e mais consistente forma de compreender a pena, rejeitando *ab initio* o distante pensamento funcional.[429] Compreende-se a pena, assim, desde uma relação anterior a toda juridicidade. Com outras palavras: o sentido da pena encontra raízes numa primeva relação que é a gênese da juridicidade. Uma relação que – num segundo momento – vai elevar o ser do ser-aí, o cuidado, ao panteão do fenômeno jurídico-penal. O cuidado passará de "existencial" para "categoria" central da juridicidade, ou seja, o cuidado que, num primeiro momento, é reconhecido como "o ser do ser-aí" (*das Sein des Daseins*),[430] num segundo momento, passará a ser reconhecido, também, como uma categoria do

---

[426] FARIA COSTA assume, expressamente, "a pena" como "um bem", quando afirma que "a pena, se quisermos, assume, assim, o papel da reposição, da repristinação e, por conseguinte, da eficácia de um bem. Ou, se ousarmos ser ainda mais radicais, ela é um *bem*". (FARIA COSTA, José de. Uma ponte entre o direito penal e a filosofia pena: lugar de encontro sobre o sentido da pena. *Linhas de direito penal e de filosofia: alguns cruzamentos reflexivos*. Coimbra: Coimbra Editora, 2005. p. 224).

[427] Torna-se claro que "o cuidado objetiva-se na exacta formulação de uma ordem de valores, ou seja, na formulação dos valores que a ordem penal consagra". (FARIA COSTA, José de. *O perigo em direito penal: contributo para a sua fundamentação e compreensão dogmáticas*. Coimbra: Coimbra Editora, 2000. p. 251).

[428] Sublinha-se que "qualquer ilícito material, penalmente relevante" é "assim, ruptura da relação originária do cuidado-de-perigo". (FARIA COSTA, José de. *O perigo em direito penal: contributo para a sua fundamentação e compreensão dogmáticas*. Coimbra: Coimbra Editora, 2000. p. 398).

[429] Sobre a compreensão funcionalista da pena, ver, por todos, ROXIN (ROXIN, Claus. *Strafrechtliche Grundlagen Probleme*. Berlin; New York: Walter de Gruyter, 1973. p. 3 e seg). Lembre-se que – não obstante toda a distância entre compreensões teóricas tão distintas – há autores a tentar um diálogo de conciliação entre "funcionalismo" e "ontologismo". Ver, por todos, LAMPE. (LAMPE, Ernst-Joachim. Zur funktionalen Begründung des Verbrechenssystems. SCHÜNEMANN, Bernd; ACHENBACH, Hans; BOTTKE, Wilfried; HAFFKE, Bernhard; RUDOLPHI, Hans-Joachim. [Orgs.]. *Festschrift für Claus Roxin zum 70*. Berlin: Walter de Gruyter, 2001. p. 58).

[430] HEIDEGGER, Martin. *Sein und Zeit*. Tübingen: Max Niemeyer Verlag, 2006. p. 191 e seg.

"mundo do direito" (*Rechtswelt*),[431] uma categoria jurídico-penal. A negação do cuidado, portanto o "não-cuidado", no que diz respeito aos bens mais caros da vida, será a *ratio* da pena.

> Se a relação do "eu" para com os outros é desvirtuada ao ponto do aniquilamento ou violação dos valores essenciais, a relação primária e original que o "eu" estabelece com a comunidade, erigida em Estado e detentora do ius puniendi, impõe a agressão à esfera personalíssima do "eu", pois só assim se refaz aquela relação primitiva do "eu" para com os outros.[432]

Assumir uma tal forma de compreender as coisas do direito penal, mais especificamente uma tal forma de compreender a pena, implica a rejeição *ab initio* de qualquer posição prevencionista.[433] Uma posição prevencionista é manifestação forte de uma compreensão funcionalista da pena,[434] absolutamente incompatível com a compreensão de base onto-antropológica. A aplicação da pena, para o prevencionismo, tem olhos especialmente – ou, até mesmo, por que não dizer, olhos quase que inteiramente – voltados para o futuro. Funcionaliza-se, assim, a pena.[435] Simplifica-se, assim, o sentido da pena. A pena passa a ser reduzida a um meio. O meio de evitar a prática de novos crimes. Ainda pior. É a pessoa humana, em última análise, que passa a ser o meio. Não se pode pensar a aplicação da pena sem a pessoa humana. Funcionalizar aquela significa também funcionalizar esta. Tal funcionalização manifesta-se – para além de uma simplificação, ou, até mesmo, infantilização da compreensão das coisas do direito penal – como uma redução do nosso campo existencial. Reduz-se o campo existencial do ser-aí quando a *produção* – de eficácia, de eficiência, de "fazer funcionar" – rege tarefas que não poderiam ser absorvidas pelo grande *circuito da técnica*, como é o caso do direito penal e de todo o *multiversum* jurídico de uma maneira geral. Situar o direito penal dentro do grande *circuito da técnica* é não apenas ameaçar de morte o "pensamento meditativo" (*Nachdenken*) no

---

[431] Sobre o "mundo do direito" (*Rechtswelt*), ver, por todos, HUSSERL. (HUSSERL, Gerhart. Recht und Welt. In: HUSSERL, Gerhart. *Recht und Welt: Rechtsphilosophische Abhandlungen*. Frankfurt am Main: Vittorio Klostermann, 1964).

[432] FARIA COSTA, José de. *O perigo em direito penal: contributo para a sua fundamentação e compreensão dogmáticas*. Coimbra: Coimbra Editora, 2000. p. 384.

[433] É importante termos em vista, independentemente da posição aqui assumida, que "o pensamento cuja ideia central se baseia na prevenção criminal esteve sempre presente ao longo de toda a história do direito penal". (FARIA COSTA, José. *A caução de bem viver: um subsídio para o estudo da evolução da prevenção criminal*. [Dissertação de Mestrado]. Coimbra: Universidade de Coimbra, 1980. p. 11).

[434] Na defesa do "prevencionismo" está o pensamento de FIGUEREDO DIAS: "as penas criminais possuem finalidades exclusivamente preventivas (de prevenção geral e de prevenção especial) e não natureza de castigo, paga ou retribuição do mal do crime". (FIGUEIREDO DIAS, Jorge de. Para um sistema renovado do facto punível. *RBCCrim*, 112 (2015), ano 23, Jan/Fev, p. 107-122. p. 111).

[435] O pensamento funcional, segundo FARIA COSTA, "se matizou com as cores da ética e dos direitos fundamentais". Trata-se de um "modo de ver e de valorar que rapidamente emigrou para o reino do direito penal, tendo aí tido generoso acolhimento. Desse modo, o pensamento penal, justamente aconchegado pela cultura dos direitos fundamentais, enquanto limite inultrapassável de eventuais desmandos funcionais ou simplesmente utilitaristas, podia entregar-se, de boa consciência ao sedutor e operatório modo de ver o que a autopoiesis sugeria e, talvez mais importante, o que ela se mostrava capaz de realizar". (FARIA COSTA, José de. Uma ponte entre o direito penal e a filosofia pena: lugar de encontro sobre o sentido da pena. *Linhas de direito penal e de filosofia: alguns cruzamentos reflexivos*. Coimbra: Coimbra Editora, 2005. p. 213).

campo da dogmática jurídico-penal, mas, antes, sobretudo, é render-se ao "império do planeamento".

A pena funcionalizada, nesse contexto, terá de atender sobremaneira às finalidades político-criminais, enfraquecendo a força da "barreira" (*Schrank*) que deveria ser construída pela dogmática jurídico-penal.[436] A funcionalização da pena é, primeiramente, entificação da compreensão da pena. Ao se entificar a compreensão da pena afasta-se o ontológico. Afasta-se o ser. Para ser mais preciso: encobre-se o ser. Sobrevaloriza-se o "pensamento calculador" em detrimento do "pensamento meditativo". Mas qual o perigo de tudo isso? Segundo Heidegger, "a morte do pensar", ou, como já sustentamos, *a utilização dogmática da dogmática jurídico-penal*.[437] Porém, ao olharmos especificamente para a pena, avistamos um perigo mais específico, relacionado ao inevitável enfraquecimento de limites, conatural aos processos de funcionalização: a sedução das tentações autoritárias que "funcionam". Lembre-se a maior das tentações autoritárias que – inegavelmente, apenas dentro de aspas – "funcionam": a pena de morte.[438]

A compreensão onto-antropológica da pena, ao contrário do quadro de funcionalização prevencionista descrito, revela-se como uma posição retributivista. Porém, não com as fragilidades do retributivismo clássico.[439] Revela-se, antes, sim, como uma posição neorretributiva.[440] Uma tal posição neorretributiva consagra os princípios da responsabilidade e da igualdade. Consagra a responsabilidade na medida em que apenas por meio desta, decorrente de um livre poder-agir, poderá haver um apenamento. Consagra

[436] Lembre-se, uma vez mais, o pensamento de LISZT, que sustentava ser o direito penal "barreira intransponível" (*unübersteigbare Schranke*) para a política criminal. (LISZT, Franz von. *Strafrechtliche: Aufsätze und Vorträge*. Tomo II. Berlin: J. Guttentag Verlagsbuchhandlung, 1905. p. 80).

[437] TEIXEIRA NETO, João Alves. A serenidade para com as coisas do direito penal: no limiar entre o pensamento que medita e o pensamento que calcula. *Revista de Estudos Criminais*, v. 48, 2013. p. 197-208.

[438] Uma tal forma de ver as coisas do direito penal ganha expressão, sobretudo, no chamado "direito penal do inimigo" (*Feindstrafrecht*), defendido por JAKOBS, que chega – até mesmo – a questionar o conceito de "pessoa". (JAKOBS, Günter. Terroristen als Personen im Recht? *Zeitschirift für die gesamt Strafrechtwissenschaft*, 117 (2005), p. 839-851); (JAKOBS, Günter. Individuum und Person: Strafrechtliche Zurechnung und die Ergebnisse moderner Hirnforschung. *Zeitschirift für die gesamt Strafrechtwissenschaft*, 117 (2005), Hefte 2, p. 247-266). Para uma análise das diferentes dimensões e perspectivas do conceito de "direito penal do inimigo", ver, por todos, HÖRNLE e GRECO (HÖRNLE, Tatjana. Deskriptive und normative Dimensionen des Begriffs "Feindstrafrecht". *Goltdammer's Archiv für Strafrecht*, 153, (2006/02), p. 80-95; GRECO, Luis. Über das so genannte Feindstrafrecht. *Goltdammer's Archiv für Strafrecht*, 153, (2006/02), p. 96-113).

[439] Sobre o "retributivismo clássico" ou "retributivismo tradicional", ver, por todos, RUIVO (RUIVO, Marcelo Almeida. O fundamento e as finalidades da pena criminal. A imprecisão das doutrinas absolutas e relativas. *RBCCrim*, 121 (2016), ano 24, Jul/Ago, p. 163-190).

[440] Não desconhecemos que essa nem sempre foi a posição adotada pelo pai da teoria onto-antropológica do direito penal. FARIA COSTA já sustentou que "se a prevenção criminal é um dos principais deveres do Estado, que deve ser perseguido em dois planos: num, a eliminação dos componentes sociais que levem ao crime; noutro a actuação sobre o sujeito, de modo a que não pratique infracções, não é menos certo que aquele dever terá que ser cumprido dentro dos estritos limites da própria constitucionalidade". (FARIA COSTA, José. *A caução de bem viver: um subsídio para o estudo da evolução da prevenção criminal*. [Dissertação de Mestrado]. Coimbra: Universidade de Coimbra, 1980. p. 198). Porém, ainda que noutra perspectiva teórica, o autor já ressaltava a preocupação com os "estritos limites" do *jus puniendi* frente a "constitucionalidade".

o princípio da igualdade na medida em que está assentada na justa distribuição das penas. Para além disso, supera a concepção hegeliana da pena. Para Hegel, a pena seria um bem. Porém, segundo a compreensão onto-antropológica do direito penal, não seria simplesmente a *pena* um bem, mas, sim, tão somente, a *pena justa*. Mais. A *pena justa* seria um direito.[441]

*b) Consequências do fundamento onto-antropológico do direito penal para a teoria do crime*

O fundamento onto-antropológico do direito penal reforça a ideia da tutela penal de bens jurídicos enquanto função e limite do direito penal.[442] Reforça, também, o reconhecimento da ofensa a bens jurídico-penais como única e verdadeira medida do crime.[443] O reforço da ideia referente à tutela de bens jurídico-penais se apresenta por meio do reconhecimento de que a ordem jurídico-penal elege os objetos de cuidado, elege os interesses e valores que necessitam ser cuidados. A matricial relação onto-antropológica de cuidado-de-perigo projeta-se na ordem jurídico-penal por meio da tipificação das condutas que representam a subversão do cuidado, o "não-cuidado", resultante em ofensa aos interesses e valores eleitos como mínimo ético por uma comunidade jurídica. O reforço da ideia referente à necessidade de ofensa ao bem jurídico se apresenta por meio do reconhecimento de que não é qualquer negação do cuidado que tem o condão de romper a matricial relação onto-antropológica de cuidado-de-perigo. A negação do cuidado, o "não-cuidado", deverá ser de tal modo que resulte na ofensa daquele objeto de cuidado, na subversão da relação. Fios da teia onto-antropológica de cuidado-de-perigo deverão ser rompidos – por meio da ofensa objetiva a interesses e valores consagrados pela ordem jurídico-penal – para que haja a necessidade de reconstrução daquela por meio da *pena justa*. O "não-cuidado" insignificante, inofensivo, não poderá romper

---

[441] Deve-se observar, entretanto, os seguintes pressupostos: *(i)* indisponibilidade; *(ii)* natureza de um direito humano fundamental; *(iii)* prossecução do bem da pena; *(iv)* o cumprimento integral da penal como plenitude de realização. (FARIA COSTA, José de. Uma ponte entre o direito penal e a filosofia pena: lugar de encontro sobre o sentido da pena. *Linhas de direito penal e de filosofia: alguns cruzamentos reflexivos*. Coimbra: Coimbra Editora, 2005. p. 232 e 233). A compreensão da "pena justa" como um "direito humano fundamental", necessariamente, passa pela impossibilidade de o infrator ser "degradado à condição res". Uma tal compreensão deve orientar a "tensão" que se estabelece entre o "'eu' infrator" e o "detentor do ius puniendi". (FARIA COSTA, José de. *O perigo em direito penal: contributo para a sua fundamentação e compreensão dogmáticas*. Coimbra: Coimbra Editora, 2000. p. 384).

[442] MOURA refere que "Faria Costa assume e desenvolve a noção de 'cuidado' (*Sorge*) – a categoria onto-antropológica matricial ou fundamental – não só na teoria da culpabilidade, mas também e sobretudo na teoria da ilicitude criminal". (MOURA, Bruno de Oliveira. *Ilicitude penal e justificação: reflexões a partir do ontologismo de Faria Costa*. Coimbra: Coimbra Editora, 2015. p. 16).

[443] O fundamento onto-antropológico do direito penal, nesse sentido, consagra o contributo de BECCARIA, já que "a única e verdadeira medida dos delitos é o dano provocado à nação" (*l'unica e vera misura dei delitti è il danno fato alla nazione*). (BECCARIA, Cesare. *Dei delitti e delle pene*. Milano: Feltrinelli Editore, 2009. p. 46). (Tradução livre). Sobre a "ofensividade" no direito penal, ver, por todos, D'AVILA. (D'AVILA, Fabio Roberto. *Ofensividade em Direito Penal. Escritos sobre a teoria do crime como ofensa a bens jurídicos*. Porto Alegre: Livraria do Advogado, 2009).

os fios da teia onto-antropológica de cuidado-de-perigo. Portanto, a ofensa à bens jurídico-penais, na ótica do fundamento onto-antropológico do direito penal, é um elemento constitutivo do crime.

O fundamento onto-antropológico do direito penal oferece, também, um contributo à compreensão da legítima defesa. O fenômeno da legítima defesa é ricamente descrito pelo fundamento onto-antropológico do direito penal como a suspensão do cuidado-para-com-o-outro em nome do cuidado-para-comigo-mesmo.[444] No mesmo sentido, a legítima defesa de terceiro pode ser compreendida como a suspensão do cuidado-para-com-o-outro em nome do cuidado-para-com-o-outro-terceiro. A matricial relação onto-antropológica de cuidado-de-perigo consagra a possibilidade de se "repelir", com os meios moderados, uma agressão injusta, atual ou iminente, seja em favor próprio ou de terceiro, pois uma tal agressão injusta manifesta o "não-cuidado" por meio de uma tentativa de subverter a teia onto-antropológica de cuidado-de-perigo. Esse "repelir", em última análise, evita – em sede de autotutela justificada – o rompimento da relação onto-antropológica de cuidado-de-perigo.

## § 22. A analítica existencial: incidência das estruturas de "Ser e Tempo" no fundamento onto-antropológico do direito penal

A filosofia de Heidegger é essencial para o fundamento onto-antropológico do direito penal, especialmente a noção de cuidado (*Sorge*). Por meio de uma leitura jurídico-penalmente interessada, o fundamento onto-antropológico do direito penal se vale de alguns dos conceitos fundamentais da analítica existencial heideggeriana para desvelar camadas encobridoras do fenômeno jurídico-penal. Com a utilização de tais conceitos consegue colocar em liberdade aquela que seria a gênese da juridicidade: a matricial relação onto-antropológica de cuidado-de-perigo.

### I. O cuidado (*die Sorge*)

Heidegger, no § 41 de *Ser e Tempo*, define o ser do ser-aí (homem) como "cuidado" (*Sorge*),[445] valendo-se, no § 42, de uma antiga fábula – a fábula de nº 220, escrita, originalmente em língua latina, pelo poeta romano Higino

[444] Na legítima defesa, segundo FARIA COSTA, "o justo prevalece sobre o injusto e o 'eu' que se defende expandindo uma relação de cuidado sobre si (ou sobre terceiro) age acoberto do justo". (FARIA COSTA, José de. *O perigo em direito penal: contributo para a sua fundamentação e compreensão dogmáticas.* Coimbra: Coimbra Editora, 2000. p. 516). A riqueza e a importância do instituto da "legítima defesa" faz com que o mesmo seja elevado ao *status* de princípio, falando-se em "princípio da legítima defesa". (MOURA, Bruno de Oliveira. *Ilicitude penal e justificação: reflexões a partir do ontologismo de Faria Costa.* Coimbra: Coimbra Editora, 2015. p. 51 e 88).

[445] HEIDEGGER, Martin. *Sein und Zeit*. Tübingen: Max Niemeyer Verlag, 2006. p. 191 e seg.

– como um testemunho pré-ontológico que confirma essa interpretação.[446] O filósofo defende que "o ontologicamente 'novo' dessa interpretação é onticamente bastante antigo", de modo que "a explicação do ser do ser-aí como cuidado não o subsume a uma ideia artificial, mas conceitua existencialmente o que já foi aberto de modo ôntico-existenciário".[447] O valor desse testemunho é especial porque se trata de uma autointerpretação do ser-aí, anterior a toda tradição filosófica:

> Quando um dia o cuidado atravessou um rio, viu ele terra em forma de barro: meditando, tomou uma parte dela e começou a dar-lhe forma. Enquanto medita sobre o que havia criado, aproxima-se Júpiter. O Cuidado lhe pede que dê espírito a esta figura esculpida com barro. Isto Júpiter lhe concede com prazer. Quando, no entanto, o Cuidado quis dar seu nome a sua figura, Júpiter o proibiu e exigiu que lhe fosse dado o seu nome. Enquanto Cuidado e Júpiter discutiam sobre os nomes, levantou-se também a Terra e desejou que à sua figura fosse dado o seu nome, já que ela tinha-lhe oferecido uma parte do seu corpo. Os conflitantes tomaram Saturno para Juiz. Saturno pronunciou-lhes a seguinte sentença, aparentemente justa: Tu, Júpiter, porque deste o espírito, receberás na sua morte o espírito; tu, Terra, porque lhe presenteaste o corpo, receberás o corpo. Mas porque o Cuidado por primeiro formou esta criatura, irá o Cuidado possuí-la enquanto ela viver. Como, porém, há discordância sobre o nome, irá chamar-se *homo* já que é feita de *humus*.[448]

Ao analisar a opção metodológica de utilizar uma fábula no cerne da reflexão filosófica, Stein observa uma semelhança entre Heidegger, Platão e Kant. Enquanto que Platão utilizou o mito da caverna e Kant utilizou a alegoria da pomba, "Heidegger realizava a experiência de confirmar a análise das estruturas do estar-aí através da alegoria do cuidado".[449] Na verdade mais. A alegoria do cuidado, em *Ser e Tempo*, assume contornos de

---

[446] HEIDEGGER sustenta a necessidade de – nesta passagem de *Ser e Tempo*, mais especificamente no § 42 – apresentar a fábula: "deve-se agora trazer um testemunho pré-ontológico". Adverte o filósofo, entretanto, que a "força probatória [de tal fábula] é 'apenas histórica'". Porém, ainda antes de apresentar a fábula, HEIDEGGER faz um convite à reflexão: "[...] nesse testemunho o ser-aí se expressa sobre si mesmo de 'modo originário', não se determinando por interpretações teóricas e nem ambicionando a isso. Além disso, deve-se observar que o ser do ser-aí é caracterizado pela historicidade [...]. Se, com base em seu ser, o ser-aí é 'histórico', então um enunciado oriundo de sua história e que a ela remete, sendo anterior a toda ciência, possui um peso particular, ainda que certamente não seja um peso puramente ontológico. A compreensão de ser que reside no ser-aí pronuncia-se de modo pré-ontológico. No testemunho apresentado a seguir, deve-se evidenciar que a interpretação ontológica não é uma invenção. Enquanto construção ontológica ela possui um solo, no qual seus elementos estão previamente delineados". (HEIDEGGER, Martin. *Sein und Zeit*. Tübingen: Max Niemeyer Verlag, 2006. p. 197). (Tradução livre).

[447] HEIDEGGER, Martin. *Sein und Zeit*. Tübingen: Max Niemeyer Verlag, 2006. p. 196. (Tradução livre).

[448] HEIDEGGER, Martin. *Sein und Zeit*. Tübingen: Max Niemeyer Verlag, 2006. p. 198. (Trad. Ernildo Stein. In: STEIN, Ernildo. *Seis estudos sobre "Ser e Tempo"*. 4ª ed. Petrópolis: Editora Vozes, 2008. p. 98). Importante é observarmos a referida fábula, também, no original em latim, pois assim podemos perceber o sentido originário de algumas expressões centrais, como é o caso da palavra "cuidado" (*Cura*): "*Cura cum fluvium transiret, videt cretosum lutum sustulitque cogitabunda atque coepit fingere. dum deliberat quid iam fecisset, Jovis intervenit. rogat eum Cura ut det illi spiritum, et facile impetrat. cui cum vellet Cura nomen ex sese ipsa imponere, Jovis prohibuit suumque nomen ei dandum esse dictitat. dum Cura et Jovis disceptant, Tellus surrexit simul suumque nomen esse volt cui corpus praebuerit suum. sumpserunt Saturnum iudicem, is sic aecus iudicat: 'tu Jovis quia spiritum dedisti, in morte spiritum, tuque Tellus, quia dedisti corpus, corpus recipito, Cura enim quia prima finxit, teneat quamdiu vixerit. sed quae nunc de nomine eius vobis controversia est, homo vocetur, quia videtur esse factus ex humo'*". (HEIDEGGER, Martin. *Sein und Zeit*. Tübingen: Max Niemeyer Verlag, 2006. p. 197 e 198).

[449] STEIN, Ernildo. *Seis estudos sobre "Ser e Tempo"*. 4ª ed. Petrópolis: Editora Vozes, 2008. p. 89.

uma conclusão parcial, pois é "com esta alegoria que Heidegger encerra a apresentação do seu resultado da analítica existencial".[450] O filósofo, dessa forma, conquista uma nova definição de homem.

Afirmar que o ser do ser-aí é "cuidado" (*Sorge*), indesmentivelmente, é afirmar que o homem é "cuidado". Trata-se de uma leitura fenomenológica, absolutamente nova e original na filosofia, rompendo com a multissecular tradição filosófica, superando a definição tradicional de homem. Essa interpretação permite riquíssimos desdobramentos no campo da discursividade jurídico-penal. Mas, antes, porém, é necessário compreender melhor o que exatamente significa uma tal interpretação.[451]

Heidegger expõe algumas razões para que a fábula possa ser considerada como um testemunho pré-ontológico de especial significado. O "cuidado", na fábula, é descrito não somente como "aquele a quem pertence o ser-aí humano 'enquanto ele viver', mas também [...] essa primazia do 'cuidado' aparece em conexão com a conhecida concepção do homem como composição de corpo (terra) e espírito". *(i) Cura prima finxit*: "esse ente possui a 'origem' de seu ser no cuidado"; *(ii) Cura teneat, quamdiu vixerit*: "esse ente não é abandonado por sua origem, mas por ela mantido e dominado enquanto esse ente 'for e estiver no mundo'". Já que "o 'ser-no-mundo' possui a marca ontológica do 'cuidado'". Observa-se que o homem "recebe o seu nome (*homo*) não em referência ao seu ser, mas em relação àquilo que o constitui (*humus*)". Então, "onde se deve ver o ser 'originário' desta criatura?". Não à toa, "decide Saturno: o 'tempo'", pois "a determinação pré-ontológica da essência do homem, expressa na fábula, desde o início visa o modo-de-ser que domina sua *passagem temporal pelo mundo*".[452]

De grande importância é perceber que o "cuidado" ontológico é que possibilita o cuidado-de-perigo, pois, segundo Heidegger, "a condição existencial de possibilidade do 'cuidado-com-a-vida' e da 'dedicação' deve ser concebida como cuidado em sentido originário, ou seja, ontológico".[453] Mais. O "cuidado" ontológico é o solo para interpretar o ser-aí, já que "a 'universalidade' transcendental do fenômeno do cuidado e de todos os existenciais fundamentais tem [...] a envergadura exigida para que se torne já dado o solo no qual se move toda interpretação do ser-aí [...]".[454] Mas o "cuidado" ôntico, também, possui uma particular importância, é ele que "permite ainda a visualização de outras estruturas fundamentais do

---

[450] STEIN, Ernildo. *Seis estudos sobre "Ser e Tempo"*. 4ª ed. Petrópolis: Editora Vozes, 2008. p. 98.

[451] HEIDEGGER refere, também, a última carta de Sêneca (ep. 124), como um testemunho que corrobora a interpretação do homem como cuidado: "Dentre as quatro naturezas existentes (árvore, animal, homem, Deus), distinguem-se as duas últimas das demais, por serem as únicas dotadas de razão , e distinguem-se ainda entre si, porque Deus é imortal e o homem mortal. Nelas, na perfeição de uma, a saber, de Deus, o bem realiza sua natureza, e na perfeição do outro, o cuidado". (HEIDEGGER, Martin. *Sein und Zeit*. Tübingen: Max Niemeyer Verlag, 2006. p. 199). (Tradução livre).

[452] HEIDEGGER, Martin. *Sein und Zeit*. Tübingen: Max Niemeyer Verlag, 2006. p. 198 e 199. (Tradução livre).

[453] HEIDEGGER, Martin. *Sein und Zeit*. Tübingen: Max Niemeyer Verlag, 2006. p. 199. (Tradução livre).

[454] HEIDEGGER, Martin. *Sein und Zeit*. Tübingen: Max Niemeyer Verlag, 2006. p. 199 e 200. (Tradução livre).

ser-aí". Budach, nessa linha de compreensão, vislumbra um duplo sentido da expressão "cuidado": "o qual não significa apenas 'esforço angustiado', mas também 'solicitude' e 'entrega'".[455] Porém, o "cuidado" em Heidegger é ainda mais; é, em verdade, a superação da definição tradicional de homem.

Com a definição do homem como "cuidado" (*Sorge*), Heidegger pretendia encontrar "uma estrutura prática", o ser-no-mundo, confrontando a "definição tradicional de homem". Percebe-se, aqui, uma "virada paradigmática". Ocorre que a definição tradicional de homem, como *animal rationale*, é marcada pelo dualismo platônico. Trata-se, esse dualismo, de "um longo caminho metafísico", superado por meio da analítica existencial. O paradigma instaurado, por Heidegger, resulta numa "redução das pretensões do conhecimento metafísico". Afasta-se a ambição pelo conhecimento absoluto, pelas "respostas finais", pelas verdade eternas. Verifica-se "um corte", que Stein vai chamar de "encurtamento hermenêutico". O "encurtamento hermenêutico" é "a exclusão do mundo teológico e a forclusão do mundo natural" na filosofia.[456] A analítica existencial, desse modo, é desenvolvida a partir de uma dupla ruptura: a ruptura com o "modelo teológico" e com o "mundo natural". O adjetivo "racional", utilizado na tradicional definição de homem, estaria relacionado ao "modelo teológico", enquanto que o substantivo "animal" estaria relacionado ao "mundo natural".[457]

O "encurtamento hermenêutico", realizado como um recurso para a analítica existencial, conduz a interpretação do ser do ser-aí como "cuidado" (*Sorge*).[458] Trata-se da "ruptura mais drástica do filósofo com a tradição metafísica". Portanto, a determinação do homem passa a ser desenvolvida em "um espaço não mais metafísico". A interpretação do ser do ser-aí como "cuidado" é fruto de uma descrição fenomenológica. É fruto de uma interpretação. Fala-se, notadamente, por esse motivo, numa "hermenêutica do estar-aí". Não é utilizada uma "teoria sobre o homem" para realizar a interpretação, pois "nada mais há fora do homem", para proceder à sua definição. Realiza-se, assim, aquilo que Stein vai chamar de a "autoinstituição do cuidado".[459]

Destaca-se, entretanto, que não foi em *Ser e Tempo* a primeira vez que Heidegger analisou o tema do "cuidado" (*Sorge*). Em verdade, o "cuidado" apresentado em 1927, na obra *Ser e Tempo*, é o ápice do desenvolvimento de

[455] HEIDEGGER, Martin. *Sein und Zeit*. Tübingen: Max Niemeyer Verlag, 2006. p. 199. (Tradução livre). O sentido de "solicitude", da expressão "cuidado", será analisado quando da abordagem do "cuidado-para" (*Fürsorge*).

[456] STEIN, Ernildo. *Seis estudos sobre "Ser e Tempo"*. 4ª ed. Petrópolis: Editora Vozes, 2008. p. 95 e 96.

[457] STEIN explica que "o modelo teológico ausente suprime a possibilidade do adjetivo *racional* aplicado ao homem, e a forclusão do mundo natural afasta o substantivo *animal* de uma possível definição do homem. É assim que o filósofo liquida com a definição metafísica de homem, o homem apenas referido na auto-reflexão. A auto-reflexão surge com o fato de ser-no-mundo. O homem não é mais exterior a si mesmo como observador. Está referido a si como *tarefa de ser*. 'To be or not to be'". (STEIN, Ernildo. *Seis estudos sobre "Ser e Tempo"*. 4ª ed. Petrópolis: Editora Vozes, 2008. p. 96).

[458] HEIDEGGER, Martin. *Sein und Zeit*. Tübingen: Max Niemeyer Verlag, 2006. p. 191 e seg.

[459] STEIN, Ernildo. *Seis estudos sobre "Ser e Tempo"*. 4ª ed. Petrópolis: Editora Vozes, 2008. p. 96.

um conceito que aparece nos trabalhos do filósofo desde o início dos anos vinte.[460] Identifica-se cinco trabalhos, anteriores a *Ser e Tempo*, em que Heidegger trata da questão do "cuidado": *(i) Interpretações fenomenológicas de Aristóteles: introdução à pesquisa fenomenológica* de 1921/1922;[461] *(ii) Ontologia: hermenêutica da facticidade* de 1923;[462] *(iii) O conceito de tempo* de 1924;[463] *(iv) Prolegômenos à história do conceito de tempo* de 1925;[464] *(v) Lógica: a pergunta pela verdade* de 1926.[465]

No texto intitulado *Interpretações fenomenológicas sobre Aristóteles: introdução à pesquisa fenomenológica* (1921/1922), o filósofo apresenta uma análise sobre "o cuidar" (*die Sorgen*), relacionando "cuidado" e "vida fática".[466] Já no texto intitulado *Ontologia: hermenêutica da facticidade* (1923), Heidegger vai relacionar "cuidado" e "cotidianidade".[467] No texto *O conceito de tempo* (1924), foi analisada a relação entre "cuidado" e "mundo".[468] Em *Prolegômenos à história do conceito de tempo* (1925), a relação entre "cuidado" e "ser" é objeto de investigação, definindo-se, já, o "cuidado" como "ser do ser-aí".[469] Trata-se do adiantamento de um dos achados mais importante que, posteriormente, apareceriam em *Ser e Tempo*.[470] No último texto a tratar do "cuidado" antes de *Ser e Tempo*, intitulado *Lógica: a pergunta pela verdade* (1926), Heidegger vai analisar a relação entre "cuidado" (*Sorge*), "cuidado-para" (*Fürsorge*) e "ocupação" (*Besorge*).[471] Verifica-se – aqui, da mesma forma – um importante adiantamento de achados que aparecerão em *Ser e Tempo*, como, por exemplo, a ideia de que o ser-aí possui uma relação de "ocupação" (*Besorge*) com os utensílios, mas com o "outro" possui uma relação de "cuidado-para" (*Fürsorge*).[472] Ao olhar para todos esses textos, anteriores a *Ser e Tempo*, que – de uma forma ou de outra – tratam da

---

[460] ALMEIDA, Rogério da Silva. *O cuidado no Heidegger dos anos 20*. [Tese de doutorado]. Porto Alegre: Universidade Federal do Rio Grande do Sul, 2012.

[461] HEIDEGGER, Martin. *Interpretações fenomenológicas sobre Aristóteles: introdução à pesquisa fenomenológica*. Trad. Enio Paulo Giachini. Petrópolis: Editora Vozes, 2011.

[462] HEIDEGGER, Martin. *Ontologia: hermenêutica da faticidade*. Trad. Renato Kichner. Petrópolis: Editora Vozes, 2013.

[463] HEIDEGGER, Martin. *Der Begriff der Zeit*. [Gesamtausgabe, Band 64]. Frankfurt am Main: Vittorio Klostermann, 2004.

[464] HEIDEGGER, Martin. *Prolegomena zur Geschichte des Zeitbegriffs*. [Gesamtausgabe, Band 20]. Frankfurt am Main: Vittorio Klostermann, 1979.

[465] HEIDEGGER, Martin. *Logik: Die Frage nach der Wahrheit*. [Gesamtausgabe, Band 21]. Frankfurt am Main: Vittorio Klostermann, 1976.

[466] HEIDEGGER, Martin. *Interpretações fenomenológicas sobre Aristóteles: introdução à pesquisa fenomenológica*. Trad. Enio Paulo Giachini. Petrópolis: Editora Vozes, 2011. p. 102 e seg.

[467] HEIDEGGER, Martin. *Ontologia: hermenêutica da faticidade*. Trad. Renato Kichner. Petrópolis: Editora Vozes, 2013. p. 91 e seg.

[468] HEIDEGGER, Martin. *Der Begriff der Zeit*. [Gesamtausgabe, Band 64]. Frankfurt am Main: Vittorio Klostermann, 2004.

[469] HEIDEGGER, Martin. *Prolegomena zur Geschichte des Zeitbegriffs*. [Gesamtausgabe, Band 20]. Frankfurt am Main: Vittorio Klostermann, 1979. p. 346 e seg.

[470] HEIDEGGER, Martin. *Sein und Zeit*. Tübingen: Max Niemeyer Verlag, 2006. p. 191 e seg.

[471] HEIDEGGER, Martin. *Logik: Die Frage nach der Wahrheit*. [Gesamtausgabe, Band 21]. Frankfurt am Main: Vittorio Klostermann, 1976. p. 220 e seg.

[472] HEIDEGGER, Martin. *Sein und Zeit*. Tübingen: Max Niemeyer Verlag, 2006. p. 121 e seg.

questão do "cuidado", vislumbra-se a possibilidade de já identificar três principais desdobramentos para o "cuidado" (*Sorge*): *(i)* o cuidado-para--consigo (*die Selbstsorge*);[473] *(ii)* o cuidado-para-com-os-utensílios (*die Besorge*); e *(iii)* o cuidado-para-com-o-outro (*die Fürsorge*).

Com a substituição da definição do homem como "animal racional" pela definição heideggeriana do homem como "cuidado", supera-se a ideia do *homo metaphysicus* por meio da ideia do *homo mortalis*. Poderia essa virada paradigmática, no tocante à definição do homem, não resultar em modificações no campo de razões das ciências humanas e, especificamente, no campo da dogmática jurídico-penal? Com outras palavras: poderiam as ciências humanas, bem como a dogmática jurídico-penal, saírem ilesas a uma radical (re)definição do homem, como a que foi realizada por Heidegger? De modo algum.

Somos forçados a reconhecer, no mesmo sentido do pensamento de Stein, que "é a partir da definição do homem como cuidado que Heidegger nos provoca a recolocar a questão das ciências humanas num contexto vinculado a uma espécie de *cogito prático*", pois com "a fenomenologia existencial, simbolizada com a alegoria da cura", abre-se "um espaço não metafísico", ou seja, desde então "as ciências humanas se determinam a partir do cuidado".[474] Mais. Desde então, também, o direito penal pode se determinar a partir do "cuidado" (*Sorge*). Essa é, de certa forma, a tarefa assumida por Faria Costa ao desenvolver o fundamento onto-antropológico do direito penal. O "cuidado", por meio da teoria onto-antropológica do direito penal, foi colocado no âmago da discursividade jurídico-penal.

Não há como a dogmática jurídico-penal, a ciência do direito penal, enquanto ciência humana, quando pensada na sua radicalidade, ignorar as "estruturas ontológicas da fenomenologia existencial". Essas estruturas, a partir da definição realizada por Heidegger, "não são mais metafísicas", ou seja, não são mais *onto-teológicas*, já que se desenvolveu "uma descrição do homem colocado diante do seu fato de estar-no-mundo, como ser-jogado e como ser-para-a-morte, diante de uma tarefa finita, na qual já está empenhado desde sempre como cuidado".[475] O direito penal, nesse paradigma, encontra um novo espaço.

O fato de o ser-aí ter o "cuidado" como seu ser, projeta-se em existenciais talvez ainda mais fecundos para as ciências humanas,[476] talvez ainda mais fecundos para o direito penal. O ser-aí não é apenas "cuidado" (*Sorge*), ele é também "cuidado-para" (*Fürsorge*). Esse existencial é uma projeção do

---

473 FARIA COSTA vai afirmar que "é impensável o ser-aí-diferente sem a afirmação da sua própria e 'cuidada' existência". (FARIA COSTA, José de. *O perigo em direito penal: contributo para a sua fundamentação e compreensão dogmáticas*. Coimbra: Coimbra Editora, 2000. p. 249).

474 STEIN, Ernildo. *Seis estudos sobre "Ser e Tempo"*. 4ª ed. Petrópolis: Editora Vozes, 2008. p. 99 e 100.

475 STEIN, Ernildo. *Seis estudos sobre "Ser e Tempo"*. 4ª ed. Petrópolis: Editora Vozes, 2008. p. 100.

476 O conceito de "existenciais" é apresentado no dicionário de conceitos da investigação (Conceitos fundamentais utilizados).

ser do ser-aí, sendo determinante para a compreensão da onto-antropológica relação de cuidado-de-perigo, desenvolvida por Faria Costa.

## II. O cuidado-para (*die Fürsorge*)

O ser do ser-aí é "cuidado" (*Sorge*),[477] mas, também, o ser-aí é "cuidado-para" (*Fürsorge*).[478] O que isso quer dizer? O que significa ser "cuidado-para"? Primeiramente há que se referir que o "cuidado-para" é um existencial,[479] ou seja, é uma característica ontológica que pertence exclusivamente ao ente que possui o modo-de-ser do ser-aí: o homem. O "cuidado-para" é uma "parte" –[480] por que não dizer um desdobramento – do ser do ser-aí: o "cuidado". Subdivide-se o "cuidado", na cotidianidade, em: *(i)* "ocupação" (*Besorge*). É o cuidado-para-com-os-utensílios, ou seja, o cuidado com as coisas inanimadas; e *(ii)* "cuidado-para" (*Fürsorge*). É o cuidado-para-com-o-outro, o "cuidado" com os entes que não tem o modo-de-ser das coisas inanimadas. Como não é possível "ocupar-se" com o "outro", já que ele não é um utensílio, então com o "outro" tem-se o "cuidado-para".[481] Segundo Heidegger, mesmo nos modos deficitários de "cuidado-para", portanto, no *não-cuidado-para*, na *indiferença-para-com-o-outro*, não se verifica uma relação de "ocupação". Com o "outro", a relação é sempre de "cuidado-para", ainda que essa relação seja deficitária, ou seja, de negação do "cuidado-para", pois a relação de "ocupação" só pode ser estabelecida com os entes inanimados.

O crime, que Faria Costa vai considerar o rompimento – ou a perversão – da matricial relação onto-antropológica de cuidado-de-perigo, é, antes de tudo, uma relação deficitária – ou um modo deficiente – de "ser-com" (*Mitsein*). Heidegger corrobora essa ideia quando afirma que "[...] o cuidado-para está guiado pela *consideração* [respeito] e pela *tolerância* [indulgência]" ([...] *die Fürsorge geleitet durch die Rücksicht und Nachsicht*), porém, "ambas

[477] HEIDEGGER, Martin. *Sein und Zeit*. Tübingen: Max Niemeyer Verlag, 2006. p. 191 e seg.

[478] HEIDEGGER, Martin. *Sein und Zeit*. Tübingen: Max Niemeyer Verlag, 2006. p. 121 e seg. O filósofo, antes de *Ser e Tempo*, vai sustentar: "o cuidado-para; também essa expressão precisa ser compreendida como conceito fenomenológico" (*Fürsorge; auch dieser Ausdruck muß als phänomenologischer Begriff verstanden werden*). (HEIDEGGER, Martin. *Logik: Die Frage nach der Wahrheit*. [Gesamtausgabe, Band 21]. Frankfurt am Main: Vittorio Klostermann, 1976. p. 223). (Tradução livre).

[479] HEIDEGGER, Martin. *Sein und Zeit*. Tübingen: Max Niemeyer Verlag, 2006. p. 121.

[480] WROBLEWSKI, Thorsten. *Der Andere und die Reflexion: Untersuchungen zur existenzphilosophischen Phänomenologie*. Freiburg im Breisgau: Verlag Karl Alber, 2008. p. 107.

[481] HEIDEGGER sustenta que "desse ente [o ser-aí] não se ocupa, mas está no cuidado-para". (*Dieses Seiende wird nicht besorgt, sondern steht in der Fürsorge*). (HEIDEGGER, Martin. *Sein und Zeit*. Tübingen: Max Niemeyer Verlag, 2006. p. 121). (Tradução livre). Para FARIA COSTA, o cuidado "só tem verdadeiramente sentido" na hipótese de ele não se "estiolar na contemplação narcísica de um 'eu' fora da história", pois o cuidado é, também, a "transposição da 'minha' inquietação originária que se quer ver aplacada na solidariedade de todos". Ainda mais. A segurança passa por essa abertura ao "outro", já que "o cuidado individual, isto é, o cuidado do 'eu' sobre si mesmo, só tem sentido se se abrir aos cuidados para com os outros, porque também unicamente desse jeito, unicamente nessa reciprocidade se encontra a segurança". (FARIA COSTA, José de. *O perigo em direito penal: contributo para a sua fundamentação e compreensão dogmáticas*. Coimbra: Coimbra Editora, 2000. p. 249, 250 e 319).

podem acompanhar os modos deficientes e indiferentes correspondentes ao cuidado-para, até a total desconsideração [desrespeito] e a tolerância [máxima indulgência], que guia a indiferença". (*Beide können mit der Fürsorge die entsprechenden defizienten und indifferenten Modi durchlaufen bis zur Rücksichtslosigkeit und dem Nachsehen, das die Gleichgültigkeit leitet*).[482] Pode-se considerar o crime, enquanto perversão da onto-antropológica relação de cuidado-de-perigo, como a total desconsideração e desrespeito para com o "outro", ou seja, a máxima negação do "cuidado-para".[483] Uma tal negação é a gênese da responsabilidade, pois "é o cuidado para com o 'outro' que nos responsabiliza".[484] Vale por se dizer: é o não-cuidado-para-com-o-outro o que, em nível jurídico-penal, gera a responsabilidade.

Observa-se que o "cuidado-para" é uma abertura ética na obra de Heidegger.[485] Frise-se, porém, ser tão somente uma abertura, ou seja, o início para um caminho de interpretação, já que é duramente criticada a possibilidade de haver uma ética heideggeriana, considerando que não era essa a preocupação do filósofo.

Feita essa sistematização preliminar, voltamos a questionar: o que, exatamente, significa "cuidado-para"? A resposta é simples: "cuidado-para" é "assistência" e "solicitude".[486] Mas para quem é o "cuidado-para"? É para o "outro", por isso o "cuidado-para" é cuidado-para-com-o-outro. Mas quem é o "outro"? Indubitavelmente o "outro" ser-aí. Porém, segundo a hipótese da investigação, não apenas o "outro" ser-aí, mas, também, o "outro" diferente: o animal. O animal estaria abrangido pelo "cuidado-para", notadamente, em razão de ele dividir com o ser-aí duas possibilidades fundamentais: a morte e o sofrimento.

Cuida-se daquilo que é frágil. *Cuidar-do-outro* é, sobretudo, reconhecer a fragilidade do "outro". Mais. É identificar no "outro" a minha fragilidade de "poder-morrer" e "poder-sofrer", de modo que "a relação-de-ser para com os outros torna-se, então, projeção do próprio ser para consigo mesmo

---

[482] HEIDEGGER, Martin. *Sein und Zeit*. Tübingen: Max Niemeyer Verlag, 2006. p. 123. (Tradução livre).

[483] HEIDEGGER ressalta que "de início e na maior parte das vezes, o cuidado-para se mantém nos modos deficientes ou ao menos indiferentes". (HEIDEGGER, Martin. *Sein und Zeit*. Tübingen: Max Niemeyer Verlag, 2006. p. 124). (Tradução livre). Pode-se inferir, a partir de uma tal reflexão, no caminho do pensamento de FARIA COSTA, que o crime é a manifestação dos mais perversos "modos deficientes ou ao menos indiferentes" do "cuidado-para". Deficiência ou indiferença estas, no "cuidado-para", que teriam o condão de romper a "matricial relação onto-antropológica de cuidado-perigo", sendo, em última análise, chamamento à pena criminal.

[484] FARIA COSTA, José de. *O perigo em direito penal: contributo para a sua fundamentação e compreensão dogmáticas*. Coimbra: Coimbra Editora, 2000. p. 381).

[485] Sobre a "abertura ética", especificamente na obra de HEIDEGGER, ver, por todos, AURENQUE e WEBBER. (AURENQUE, Diana. *Ethosdenken: Auf der Spur einer ethischen Fragestellung in der Philosophie Martin Heideggers*. Freiburg im Breisgau: Verlag Karl Alber, 2011); (WEBBER, Marcos André. *Ética e existência: uma contribuição heideggeriana*. Caxias do Sul: Educs, 2016).

[486] MULHAL compreende o "cuidado-para" (*Fürsorge*) como "solicitude" (MULHALL, Stephen. *Heidegger and Being and Time*. Londres; Nova Iorque: Routledge, 1996. p. 66 e 67). O "cuidado-para" (*Fürsorge*) é compreendido, por STEIN, como "assistência". (STEIN, Ernildo. *Introdução ao pensamento de Martin Heidegger*. 1ª Reimpressão. Porto Alegre: Edipucrs, 2011. p. 67). Acreditamos ser razoável conciliar as duas possibilidades de interpretação.

'num outro'. O outro é uma duplicação do mesmo" (*Das Seinsverhältnis zu Anderen wird dann zur Projektion des eigenen Seins zu sich selbst 'in ein Anderes'. Der Andere ist eine Dublette des Selbst*).[487] Portanto, o meu cuidado-para--comigo-mesmo projeta-se num cuidado-para-com-o-outro. Mas, também, ocorre o inverso, pelo cuidado-para-com-o-outro, o "eu", pode-se abrir ao cuidado-para-consigo-mesmo. Cuidar de um "outro" apenas é possível devido ao fato de o ser-aí nunca *ser-sozinho*, pois – ainda que na solidão – ele é sempre ser-com-os-outros. Somente há o "cuidado-para" porque o ser-aí é "ser-com".[488] Heidegger expõe de modo claro e objetivo a importância do "ser-com", enquanto existencial fundante do "cuidado-para": "o cuidado-para como instituição social fática, por exemplo, funda-se na constituição-de-ser do ser-aí como ser-com". (*Die "Fürsorge" als faktische soziale Einrichtung zum Beispiel gründet in der Seinsverfassung des Daseins als Mitsein*).[489] Torna-se indispensável, para os intuitos da investigação, a análise do "ser-com".

### III. O ser-com (*das Mitsein*)

Assim como o "cuidado-para" (*die Fürsorge*), o "ser-com" (*das Mitsein*), também, é um existencial.[490] Mais. O "ser-com" é o existencial que funda o "cuidado-para".[491] É o existencial que funda a abertura ética, a dimensão relacional do ser-aí. Mesmo que o ser-aí não esteja fisicamente com os "outros", não esteja geograficamente junto aos "outros", ou não queira estar em função dos "outros", ainda sim, estará na clave do "ser-com".

> Enquanto ser-com, o ser-aí é, essencialmente, em função dos outros. Isso precisa ser entendido, em sua essência, como uma proposição existencial. Também quando cada ser-aí fático não se volta para os outros, quando acredita não precisar deles ou quando os dispensa, ele ainda é no modo de ser-com.[492]

Afirmar que o ser-aí é "em função dos outros", enquanto uma proposição existencial, é assumir se tratar de uma condição ontológica, anterior ao universo ôntico-empírico. Da mesma forma que o "não-cuidado", enquanto negação do cuidado, não poderá tirar do ser-aí a sua condição de *ser-cuidado*, também, a negação do "ser-com", por meio do isolamento ou da crença de não precisar dos outros, não retirará a sua condição de "ser-com", antes a confirma, pois, assim como o "não-cuidado" apenas é possível devido ao fato de o ser-aí *ser-cuidado*, o isolamento só é possível

[487] HEIDEGGER, Martin. *Sein und Zeit*. Tübingen: Max Niemeyer Verlag, 2006. p. 124. (Tradução livre).

[488] ALMEIDA, Rogério da Silva. *O cuidado no Heidegger dos anos 20*. [Tese de doutorado]. Porto Alegre: Universidade Federal do Rio Grande do Sul, 2012. p. 82.

[489] HEIDEGGER, Martin. *Sein und Zeit*. Tübingen: Max Niemeyer Verlag, 2006. p. 121. (Tradução livre).

[490] Pode-se dizer que o "ser-com possui um sentido existencial-ontológico" (*Mitsein hat einen existenzial-ontologischen Sinn*). (THEUNISSEN, Michael. *Der Andere: Studien zur Sozialontologie der Gegenwart*. Berlin; New York: Walter de Gruyter: 1977. p. 165). (Tradução livre).

[491] HEIDEGGER, Martin. *Logik: Die Frage nach der Wahrheit*. [Gesamtausgabe, Band 21]. Frankfurt am Main: Vittorio Klostermann, 1976. p. 223.

[492] HEIDEGGER, Martin. *Sein und Zeit*. Tübingen: Max Niemeyer Verlag, 2006. p. 123. (Tradução livre).

porque o ser-aí é "ser-com".[493] Trata-se de uma ontológica condição de possibilidade. Essa condição de possibilidade é tão radical que já pertence à "compreensão-de-ser" do ser-aí, ou seja, a própria "compreensão-de--ser" do ser-aí envolve a compreensão da relação com os outros porque ele é "ser-com".

> Na compreensão-de-ser (*Seinsverständnis*) do ser-aí já subsiste uma compreensão dos outros porque seu ser é ser-com. Essa compreensão não é, como toda compreensão, um conhecimento nascido de um reconhecimento, mas é um modo de ser originariamente existencial que só então torna possível reconhecimento e conhecimento. Esse conhecer-se está fundado no ser-com que compreende originariamente.[494]

Quando o ser-aí compreende o seu ser já compreende os outros, porque o seu ser é "ser-com". É uma condição existencial do ser-aí, uma realidade ontológica, anterior a qualquer demonstração ôntica. Essa "compreensão dos outros" é possível não em razão do "reconhecimento", mas o "reconhecimento" é possível em razão da "compreensão dos outros".[495]

> A abertura original do ser-com-os-outros, através das relações primitivas com que se estrutura o ser-social, tem a marca do sentido único daquilo que refaz, sem paradoxos e na comunicação, o próprio ser-aí-diferente. Na verdade, o *abrir-se para* ou o *abrir-se com* são manifestações que apontam e despertam uma intensa fragilidade no relacionamento estrutural-comunicativo. Aquele que se abre despoja-se para se encontrar.[496]

O conceito de "ser-com", desenvolvido por Heidegger, segundo Almeida, foi influenciado pela obra de Aristóteles, como se pode observar no texto *Conceitos fundamentais da filosofia Aristotélica*. Vislumbra-se a importância de Aristóteles, em tal formulação, porque teria sido ele o primeiro a estabelecer – em sua obra *Política* – a noção de que o ser-aí vive com o "outro" ser-aí.[497] Argumenta-se que Heidegger pensa o "ser-com" por meio da análise da "cidade-estado" (*πόλις*), pois esta seria "o lugar, onde o ser humano se agrupa para assegurar a sua vida e a vida dos outros". A "cidade-estado" (*πόλις*) possuiria "precedência sobre o indivíduo", já que é

[493] HEIDEGGER sustenta que "o ser-com determina existencialmente o ser-aí mesmo quando um outro não é, de fato, dado ou percebido. Mesmo o estar só do ser-aí é ser-com no mundo. Somente *num* ser-com e *para* um ser-com é que o outro pode faltar. O estar-só é um modo deficiente de ser-com e sua possibilidade é uma prova disso". (HEIDEGGER, Martin. *Sein und Zeit*. Tübingen: Max Niemeyer Verlag, 2006. p. 120). (Tradução livre).

[494] HEIDEGGER, Martin. *Sein und Zeit*. Tübingen: Max Niemeyer Verlag, 2006. p. 123 e 124. (Tradução livre)

[495] No mesma lógica de compreensão, HEIDEGGER também afirma que "não é a 'simpatia' que constitui o ser-com, mas ela somente é possível sobre a base do ser-com [...]". (HEIDEGGER, Martin. *Sein und Zeit*. Tübingen: Max Niemeyer Verlag, 2006. p. 125). (Tradução livre). HEINEMANN, num caminho teórico próximo, vai reconhecer o "ser-com" (*das Mitsein*) como "socialidade" (*Sozialität*). (HEINEMANN, Walter. *Die Relevanz der Philosophie Martin Heideggers für das Rechtsdenken*. [Inaugural Dissertation] Freiburg: Albert-Ludwigs-Universität zu Freiburg im Breisgau, 1970. p. 70).

[496] FARIA COSTA, José de. *O perigo em direito penal: contributo para a sua fundamentação e compreensão dogmáticas*. Coimbra: Coimbra Editora, 2000. p. 398.

[497] ALMEIDA, Rogério da Silva. *O cuidado no Heidegger dos anos 20*. [Tese de doutorado]. Porto Alegre: Universidade Federal do Rio Grande do Sul, 2012. p. 79.

estruturada a partir da compreensão de que "cada ser humano que vive isolado" não seria "autossuficiente".[498]

O "ser-com" está vivamente ligado ao ser-no-mundo. Heidegger afirma que "o ser-com é um constitutivo existencial do ser-no-mundo" (*Das Mitsein ist ein existenziales Konstituens des In-der-Welt-seins*).[499] Ocorre que o ser-aí divide o "mundo" (*die Welt*) com o "outro" ser-aí, falando-se em coexistência (*Mitdasein*). Heidegger afirma que "com o ser-no-mundo, são igualmente originários: o ser-com e a coexistência". (*mit dem In-der-Welt--sein gleich ursprünglich sind: das Mitsein und Mitdasein*).[500] O "mundo" é sempre "mundo" do ser-aí, compartilhado pelo ser-aí "com" o "outro" ser-aí.[501]

> O "com" é uma determinação do ser-aí. [...] Na base desse ser-no-mundo determinado pelo com, o mundo é sempre o mundo compartilhado com os outros. O mundo do ser-aí é mundo compartilhado. O ser-em é ser-com os outros. O ser-aí é em si mesmo, essencialmente, ser-com.[502]

Conclui-se, a partir do que foi apresentado, que o ser-aí possui uma relação de "ser-com" o "outro" ser-aí. Em verdade mais. O ser-aí possui uma relação de coexistência com o "outro" ser-aí, já que dividem "mundo", pois ambos são ser-no-mundo.[503] Porém, considerando que o animal não é ser--no-mundo, pois não possui um "mundo" (*Welt*) como o do ser-aí, mas, tão somente, um "mundo ambiente" (*Umwelt*), como seria definida a relação entre ser-aí e animal? Haveria um "ser-com"? Haveria uma coexistência? Heidegger, conforme já referido, vai afirmar que na relação entre ser-aí e animal não há coexistência, mas há um "ser-com" (*Mitsein*).[504]

O "ser-com" não indiferencia a diferença do "outro", antes a reconhece. Na diferença e pela diferença entre o "eu" e o "outro" é que emerge a força do "ser-com" para a juridicidade. A proibição protege a diferença.

> O ser enquanto diferença e porque diferente é gerador de proibições e imposições que impedem que a "minha" diferença de ser-com-os-outros – justamente para subsistir como diferença

---

[498] ALMEIDA, Rogério da Silva. *O cuidado no Heidegger dos anos 20*. [Tese de doutorado]. Porto Alegre: Universidade Federal do Rio Grande do Sul, 2012. p. 82.

[499] HEIDEGGER, Martin. *Sein und Zeit*. Tübingen: Max Niemeyer Verlag, 2006. p. 125. GAUER, ao analisar o existencial "ser-no-mundo", relacionando-o com a *finitude*, vai sustentar que "o estar-aí (o ser--no-mundo) é o ser-para-a-morte que vive continuamente a possibilidade de não existir mais". (GAUER, Ruth M. Chittó. *O reino da estupidez e o reino da razão*. Rio de Janeiro: Lumens Juris, 2006. p. 145).

[500] HEIDEGGER, Martin. *Sein und Zeit*. Tübingen: Max Niemeyer Verlag, 2006. p. 114.

[501] STEIN, ao comentar a ideia de "mundo" que surge em *Ser e Tempo*, assevera que "somente o homem é ser-no-mundo. A pedra, a rosa, o pássaro, não são ser-no-mundo". (STEIN, Ernildo. *Introdução ao pensamento de Martin Heidegger*. 1ª Reimpressão. Porto Alegre: Edipucrs, 2011. p. 66).

[502] HEIDEGGER, Martin. *Sein und Zeit*. Tübingen: Max Niemeyer Verlag, 2006. p. 118 e 120. (Tradução livre).

[503] STEIN, descrevendo a *coexistência*, sustenta que "eu sou ser-com outra existência, mas o outro é ser com minha existência. [...] Só me é possível existir como ser-aí, porque sou com outros existentes". (STEIN, Ernildo. *Introdução ao pensamento de Martin Heidegger*. 1ª Reimpressão. Porto Alegre: Edipucrs, 2011. p. 67).

[504] HEIDEGGER, Martin. *Os conceitos fundamentais da metafísica: mundo, finitude, solidão*. Trad. Marco Antônio Casanova. 2ª ed. Rio de Janeiro: Forense Universitária, 2011. p. 269.

de ser-com-os-outros – seja rasoirada, aniquilada, por um qualquer outro ser-com-os-outros que, para afirmar a sua diferença, nadifique, justamente, a diferença-dos-outros.[505]

Deste modo, a proibição jurídico-penal, manifestada na tipificação de condutas, protege a fragilidade contida na diferença do "outro", convertendo um "interesse-da-vida" (*Lebensinteresse*) em bem jurídico.[506] Porém, a proibição, a tipificação, a proteção e a conversão referidas, seguem um sentido, um fluxo, que as determina: a "historicidade" (*die Geschichtlichkeit*).

## IV. A historicidade (*die Geschichtlichkeit*)

Faria Costa sustenta que "só a descoberta e a assunção do sentido da historicidade permitem a compreensão material de um ordenamento jurídico aberto".[507] A "historicidade" é um conceito central na obra de Heidegger, ela determina toda a analítica existencial. Mas o que seria a "historicidade"? A "historicidade" não se confunde com a história. A "historicidade" é a condição de possibilidade da história. Assim, "historicidade" é o caráter de *ser-histórico*. O ser-aí é *ser-histórico*. A realização das várias tarefas do ser-aí não estão apartadas do seu caráter histórico. O direito penal – e não apenas o direito penal, mas todo o *multiversum* jurídico – é uma tarefa do ser-aí e, como tal, carrega a marca da "historicidade". A juridicidade caminha no caminho da "historicidade". Assumir que a juridicidade leva consigo a marca da "historicidade" implica concessões necessárias. A mais importante delas: a assunção da consciência de que não há "respostas absolutas" – respostas com a pretensão de ser "resposta final" – em direito penal, nem em nenhum dos quadrantes do *multiversum* jurídico.[508] As respostas oferecidas pela dogmática estão sempre a caminho, nunca se esgotam.[509] Essa realidade encontra razões na relação entre *temporalidade* e "historicidade".

---

[505] FARIA COSTA, José de. *O perigo em direito penal: contributo para a sua fundamentação e compreensão dogmáticas*. Coimbra: Coimbra Editora, 2000. p. 79.

[506] LISZT, Franz von. *Lehrbuch des deutschen Strafrechts*. Berlin: J. Guttentag Verlagsbuchhandlung, 1900. p. 53.

[507] FARIA COSTA, José de. *O perigo em direito penal: contributo para a sua fundamentação e compreensão dogmáticas*. Coimbra: Coimbra Editora, 2000. p. 176. Para o autor, "os chamados movimentos de descriminalização e de neocriminalização mais não são do que expressões, com relevância jurídico-penal, da historicidade ínsita na multiplicidade de elementos que jogam dentro do ordenamento penal". O que nos faz atentar para a necessidade de relembrar que "o direito penal, tal como qualquer outro ramo do multiversum jurídico, nunca deixou de se transformar". (FARIA COSTA, José de. *O perigo em direito penal: contributo para a sua fundamentação e compreensão dogmáticas*. Coimbra: Coimbra Editora, 2000. p. 177 e 179).

[508] FARIA COSTA, em outro contexto, mas no mesmo sentido, sustenta que "a mutabilidade é um dos elementos caracterizadores dos ordenamentos penais". (FARIA COSTA, José de. *O perigo em direito penal: contributo para a sua fundamentação e compreensão dogmáticas*. Coimbra: Coimbra Editora, 2000. p. 187). O reconhecimento do elemento da "mutabilidade" corrobora que o direito penal irremediavelmente está aberto à historicidade.

[509] O fato de "não haver correntes absolutas" é compreendida, por FARIA COSTA, como uma "dificuldade salutar". (FARIA COSTA, José de. *O perigo em direito penal: contributo para a sua fundamentação e compreensão dogmáticas*. Coimbra: Coimbra Editora, 2000. p. 27 e 28).

> [...] a essência da temporalidade é a historicidade. Ela é a maturação da temporalidade. Ser histórico é ter um destino, correr adiante para a morte, deixar-se atirar para o fáctico aí e sua finitude, transmitir-se as possibilidades dadas no fato de estar-jogado e assim assumir a cada momento o presente. A historicidade tem suas raízes na tríade da temporalidade, porque a historicidade surge da consciência de que morremos, que nos faz retroceder para o fato que nos pôs na possibilidade de morrer, dando-nos, desse modo, as possibilidades do presente. A historicidade só se dá a cada momento e para o momento [...].[510]

A descrição do fenômeno merece alguns esclarecimentos. A *temporalidade* é constituída por uma tríade: futuro, passado e presente. Precisamente nessa ordem. Partindo-se da premissa de que o ser-aí é ser-para-a-morte, vislumbra-se que ele já possui um destino. Ao assumir esse destino (futuro), oferecido pela sua condição de *ser-finito*, o ser-aí remonta ao *fato gerador* de ele *ser*, o seu nascimento (passado), que por sua vez o remete para todas as possibilidades do agora (presente). Essa é a tríade da temporalidade. Pode-se dizer que ela é uma incursão no "ainda-não" (futuro), remetido ao "não-mais" (passado), que o coloca no "já-sendo" (presente). Portanto, *ser-histórico* é "ser" um ser-que-percorre-o-caminho-temporal. Mais. *Ser-histórico* é ser um "ser" esculpido pelo cuidado, já que nasceu para a *finitude*.[511] O cuidado, em *Ser e Tempo*, é o elemento que permite a unidade da tríade temporal, por essa razão, Heidegger fala na "tríplice estrutura do cuidado".[512] O filósofo vai sustentar: "temporalidade 'é' – o sentido do cuidado" (*Zeitlichkeit 'ist' – der Sinn der Sorge*), ou seja, a *temporalidade* é o sentido do ser do ser-aí.[513]

Voltando às consequências dessa compreensão para a discursividade jurídico-penal, mas, também, para a discursividade jurídica de uma forma geral, qual seja, a inexistência de "respostas absolutas" na dogmática, pode-se corroborar – por meio de um questionamento – o que já foi conquistado: como poderia um *ser-histórico*, um *ser-finito*, oferecer "respostas absolutas"? Seria necessário haver verdades eternas. Mas como seria possível uma verdade eterna se não há ser-aí eterno? Indubitavelmente não é possível, pois "apenas 'há' verdade contanto e enquanto o ser-aí é". (*Wahrheit 'gibt es' nur, sofern und solange Dasein ist*).[514]

---

[510] STEIN, Ernildo. *Introdução ao pensamento de Martin Heidegger*. 1ª Reimpressão. Porto Alegre: Edipucrs, 2011. p. 72.

[511] Conforme a fábula de Higino, o homem foi literalmente esculpido pelo cuidado, de modo que este possuiria aquele durante toda a sua vida. O homem nasceu para a *finitude* porque é ser-para-a-morte (*Sein zum Tode*). A morte é a constante possibilidade da total impossibilidade. Portanto, o caminho da existência é sempre um caminho temporal, desvelando-se o ser-aí como *ser-histórico*.

[512] GREISCH, Jean. *Ontologie et temporalité: Esquisse d'une interprétation intégrale de Sein und Zeit*. [Épiméthée]. Paris: P.U.F, 1994. p. 236-242.

[513] HEIDEGGER, Martin. *Sein und Zeit*. Tübingen: Max Niemeyer Verlag, 2006. p. 328. Portanto, com o que foi apresentado, vislumbra-se que a "historicidade", a "temporalidade" e o "cuidado" possuem laços profundos.

[514] HEIDEGGER, Martin. *Sein und Zeit*. Tübingen: Max Niemeyer Verlag, 2006. p. 226. STEIN afirma que "essa foi, certamente, nos anos 20, a afirmação mais escandalosa pronunciada por um filósofo". (STEIN, Ernildo. *Sobre a verdade: lições preliminares ao parágrafo 44 de Ser e Tempo*. Ijuí: Unijuí, 2006. p. 20).

A "historicidade" é a maturação do tempo, encontrando-se na clave da "autenticidade" (*Eigentlichkeit*),[515] já que leva em consideração as três êxtases da *temporalidade*. Já a intratemporalidade é a *temporalidade* inautêntica, que esquece das três êxtases, instalando-se apenas no presente. A intratemporalidade é a gênese do tempo vulgar, a sucessão de agoras, o tempo que passa no relógio, o tempo que falta. Porém, a *temporalidade* não passa, a *temporalidade* transpassa.

A *temporalidade* transpassa o ordenamento jurídico-penal.[516] Esse é um dado caro à investigação. Toda a norma penal apenas tem sentido dentro de um contexto histórico-temporal, já que *o tempo do mundo muda o mundo do direito penal*. As categorias jurídico-penais, no mesmo sentido, carregam a marca da "historicidade". Nada há fora da história. A pergunta da investigação, a *pergunta pela possibilidade de os animais serem titulares de bens jurídico-penais*, apenas pode ser colocada a partir de uma pré-compreensão da "historicidade" do direito penal. Se a teoria do bem jurídico não foi originalmente concebida para abranger os animais entre os seus titulares, então, frente à inescapável abertura à "historicidade", essa hipótese não pode *ab initio* ser rejeitada.[517] Precisa ser investigada. A "historicidade", nesse exato contexto, salva o direito penal da canonização de determinadas formas de compreender o fenômeno jurídico-penal. Ainda mais. A "historicidade" é aquilo que salva, o ordenamento jurídico, do "absoluto".

> O caráter finito que o ordenamento jurídico tem de assumir corresponde não só a um traço da sua historicidade mas, de igual modo, à necessidade de o conter sempre nos limites daquilo que a consciência colectiva faz seu e quer como juridicamente relevante. Contudo, na relação hermenêutica da sua inescapável historicidade, o ordenamento jurídico terá sempre também de ser aberto e inconcluso, pois a negação destas características seria, indubitavelmente, o caminho mais seguro para se chegar ao paroxismo de se ter que conceber ou admitir um ordenamento fechado, acabado e, porque fechado e acabado, infinito na completude do seu fechamento. Nada de mais írrito, porque violado de pressupostos inerentes à própria historicidade em que assenta o direito.[518]

---

[515] A questão da "autenticidade", lembra-se, foi analisada no § 12, "A 'autenticidade' (*Eigentlichkeit*) e a 'inautenticidade' (*Uneigentlichkeit*) na compreensão do direito penal: absolutizar ou não-absolutizar conceitos e categorias (?)". Lembra-se que a expressão "autenticidade" é apresentada no dicionário de conceitos da investigação (Conceitos fundamentais utilizados).

[516] GETZ, ao tratar do "princípio da legitimidade", consegue explicitar um dos tantos – quase sempre latentes, mas nem sempre expressos – pontos de incidência da temporalidade no direito penal: "o princípio da legitimidade [...] nasce no tempo, não permitindo assim ser conceituado de modo absoluto, senão apenas no tempo, e precisa por meio do tempo ser modificado, como tudo que é humano". (*Das Princip der Legitimität, [...] ist in der Zeit geboren, darf also nicht absolut, sondern nur in der Zeit begriffen, und muss durch die Zeit, wie alles Menschliche, modificirt werden*). (GENTZ, Friedrich. *Briefwechsel zwischen Friedrich Getz und Adam Heinrich Müller: 1800-1829*. Stuttgart: J.G Cotta, 1857. p. 202 e 203). (Tradução livre).

[517] ROXIN, por exemplo, ao analisar a tutela penal de animais, fala na possibilidade de alargamento e transformação da teoria do bem jurídico, no sentido de transformar-se numa "teoria do bem jurídico referente à criatura". (ROXIN, Claus. *O conceito de bem jurídico como padrão crítico da norma penal posto à prova*. Trad. Susana Aires de Sousa. Rev. Jorge de Figueiredo Dias. *Revista Portuguesa de Ciência Criminal*, Coimbra, Ano 23, n.º 1 (janeiro-março 2013), p. 7-43. p. 21).

[518] FARIA COSTA, José de. *Linhas de direito penal e de filosofia: alguns cruzamentos reflexivos*. Coimbra: Coimbra Editora, 2005. p. 24.

Os modos crônicos de pensar as coisas do direito penal estão sempre submetidos à constante possibilidade de *desleituras*. Tais *desleituras* são possibilitadas pela "historicidade". *Desleitura* e "historicidade", em direito penal, são dois caminhos que caminham juntos, no sentido contrário à ingênua absolutização de determinadas formas de compreender os conceitos e categorias jurídico-penais. A tradição pode petrificar formas de compreender os conceitos e categorias jurídico-penais, realizando *a utilização dogmática da dogmática jurídico-penal*.[519] E tantas vezes o faz. Mas o resgate da "historicidade" impõe limites aos limites impostos pela tradição, ou seja, o resgate da "historicidade" coloca em liberdade modos de compreender os conceitos e categorias.

## § 23. A confirmação da interpretação da "relação entre homem e animal como ser-com" a partir de um testemunho pré-ontológico e a matricial relação de cuidado-de-perigo (para-com-os-animais)

### I. O testemunho pré-ontológico sobre a relação entre homem e animal

Torna-se necessária uma confirmação pré-ontológica da interpretação da relação entre ser-aí e animal como "ser-com".[520] O ser-aí, desde muito cedo, pronunciou-se sobre a sua relação com os animais, ainda que pré-ontologicamente. Considerando a "historicidade" do ser-aí, apresentada no parágrafo precedente, pode-se vislumbrar um sentido especial num testemunho, anterior a toda ciência, que possua um singular valor – ainda que tão somente – histórico. No presente testemunho, verifica-se, distante de qualquer teorização científica, um pronunciamento do ser-aí sobre a sua relação com os animais. O testemunho que será apresentado, na sequência, corrobora que a interpretação ontológica da relação entre homem e animal, enquanto "ser-com", não é uma invenção teórica, mas, antes, uma realidade do mundo, que de há muito foi pensada, reconhecida e expressa por meio da linguagem escrita, numa antiga fábula que aponta para o início da civilização ocidental.

*Somnus abit: jacet illa gravis: jam scilicet intra*
*Viscera, Romanae conditor urbis eras.*
*Languida consurgit; nec scit cur languida surgat;*

[519] TEIXEIRA NETO, João Alves. A serenidade para com as coisas do direito penal: no limiar entre o pensamento que medita e o pensamento que calcula. *Revista de Estudos Criminais*, v. 48, 2013. p. 197-208.

[520] KLENK, ainda que nao sustente diretamente a existência de um "ser-com" (*Mitsein*) na relação entre homem e animal, sustenta que "a relação dos homens para com os animais possui uma história semelhante à relação dos homens entre si". (*Das Verhältnis des Menschen zum Tiere hat eine ähnlich Geschichte wie das Verhältnis der Menschen unter einander*). (KLENK, Philipp. *Tierquälerei und Sittlichkeit*. Langensalza: Verlag von Hermann Beyer & Söhne, 1902. p. 10). (Tradução livre).

*Et peragit tales arbore nixa sonos:*
*"Utile sit faustumque, precor, quod imagine somni*
*Vidimus; an somno clarius illud erat?*
*Ignibus Iliacis aderam, cum lapsa capillis*
*Decidit ante sacros lanea vitta focos.*
*Inde duae pariter, visu miserabile, palmae*
*Surgunt: ex illis altera major erat;*
*Et gravibus ramis totum protexerat orbem,*
*Contigeratque nova sidera summa coma.*
*Ecce meus ferrum patruus molitur in illas;*
*Terreor admonitu, corque timore micat;*
*Martia, picus, avis gemino pro stipite pugnant,*
*Et lupa: tuta per hos utraque palma fuit."*
*Dixerat, et plenam non firmis viribus urnam*
*Sustulit: implerat, dum sua visa refert.*
*Interea crescente Remo, crescente Quirino,*
*Coelesti tumidus pondere venter erat.*
*Quo minus emeritis exiret cursibus annus*
*Restabant nitido jam duo signa deo.*
*Silvia fit mater: Vestae simulacra feruntur*
*Virgineas oculis opposuisse manus.*
*Ara deae certe tremuit, pariente ministra;*
*Et subiit cineres territa flamma suos.*
*Haec ubi cognovit contemptor Amulius aequi,*
*Nam raptas fratri victor habebat opes,*
*Amne jubet mergi geminos: scelus unda refugit;*
*In sicca pueri destituuntur humo.*
*Lacte quis infantes nescit crevisse ferino,*
*Et picum expositis saepe tulisse cibos?* [521]

O sono termina: Reia Silvia grávida permanece no chão; agora, sem dúvida, já te encontravas dentro de suas entranhas, ó fundador da cidade de Roma.

A Vestal lânguida ergue-se com dificuldade. Ela não sabe por que razão levanta-se lânguida. Ela profere tais palavras apoiada numa árvore: – "Eu te peço que seja favorável e útil o que eu vi na imagem do sonho. Por acaso aquilo não era mais claro do que um sonho? Eu estava perto das chamas troianas, quando a fita de lã soltando-se do meu cabelo caiu diante dos altares sagrados. Daí, coisa terrível de ser vista, duas palmeiras, ao mesmo tempo, crescem: dentre elas, uma era maior do que a outra. Ela cobrira toda a terra com seus ramos imensos e tocara os astros mais elevados com a nova cabeleira. Eis que meu tio paterno vibra contra elas um machado. Eu estou aterrorizada pela advertência e o meu coração treme de medo. O pássaro do deus Marte, o picanço, e a loba lutam em favor das árvores gêmeas; por causa de ambos, as palmeiras ficaram seguras".

A Vestal proferia estas palavras e ergueu com forças débeis a urna cheia. Enchera-a enquanto reconstituía as suas visões. Neste ínterim, cresciam Remo e Quirino. O ventre intumescido estava pesado com um fardo celeste.

[521] OVIDE. *Les Fastes.* [Livro III, versos 24-54]. Paris: Garnier Frères Libraires-Éditeurs, 1861. p. 93 e 94.

Para que o ano saísse dos seus caminhos concluídos, já restavam duas constelações ao deus brilhante. Reia Silvia torna-se mãe. Dizem que as estátuas de Vesta colocaram as mãos virginais diante dos olhos. Certamente o altar da deusa tremeu enquanto a Vestal deu a luz e a chama aterrorizada escondeu-se sob suas cinzas.

Logo que Amúlio, que desprezava a justiça, soube disto, pois na verdade, como vencedor, havia usurpado os poderes ao seu irmão, ordena que os gêmeos sejam afogados no rio Tibre. A correnteza rejeita o crime. Os meninos são abandonados na terra seca.

Quem não sabe que os meninos cresceram com leite de uma fera e, muitas vezes, o picanço levou comida aos enjeitados?[522]

O valor do testemunho apresentado revela-se não apenas por mostrar que "homem" e "animal" estão, desde sempre, em relação, a partir do momento em que o ser-aí está no mundo, mas, antes, revela-se por mostrar que essa não é uma relação qualquer. Trata-se de uma relação de cuidado. Na fábula, é o animal que oferece cuidado ao homem. *Lacte quis infantes nescit crevisse ferino*: o animal alimenta o homem com o seu leite. *Et picum expositis saepe tulisse cibos*: o animal oferta comida ao homem tantas vezes. A fábula demonstra a existência de uma relação de cuidado entre homem e animal, independentemente de qualquer classificação, ôntica ou ontológica, de quem efetivamente poderia oferecer cuidado. Vale por se dizer: interessa-nos aqui, sobretudo, a comprovação da existência de uma relação de cuidado entre homem e animal, confirmando-se a verificação de um "ser-com" numa tal relação.

## II. O reconhecimento da matricial relação de cuidado-de-perigo (para-com-os-animais)

Faria Costa manifestou-se contra o reconhecimento de uma matricial relação de cuidado-de-perigo (para-com-os-animais):

> [...] a pretendida legitimação da tutela penal dos animais em si mesmos considerados ignora a estrutura onto-antropológica do direito penal: a ordem jurídico-penal ergue-se como refracção de uma originária relação de cuidado-de-perigo entre homens e mulheres em comunidade. Conexão ético-existencial de um "eu" concreto – de "carne e osso" – que, exatamente pela sua condição de permanente abertura ou incompletude (projecto), só pode "ser" se tiver o "outro", cuidar do "outro", cuidar de si mesmo cuidando o "outro" e ao cuidar este cuidar de si mesmo. Uma especial forma de *relatio* que, por definição, o ser humano só pode estabelecer, manter e romper diante de outro ser humano.[523]

[522] OVIDE. *Les Fastes*. [Livro III, versos 24-54]. Paris: Garnier Frères Libraires-Éditeurs, 1861. p. 93 e 94. (Trad. Eliana da Cunha Lopes. In: CUNHA LOPES, Eliana da. O mito como símbolo da fundação de Roma, segundo o III livro dos Fastos de Ovídio. *Cadernos do CNLF*, Vol. XVI, Nº 04, t. 1 – Anais do XVI CNLF).

[523] FARIA COSTA, José de. Sobre o objecto de protecção do Direito Penal: o lugar do bem jurídico na doutrina de um Direito Penal não iliberal. *RLJ*, 3978, 2013, p. 158-173. p. 171. Porém, lembra-se que, noutro registro de análise, o autor já questionou a "impossibilidade" dos crimes contra animais: "suponhamos uma Constituição, ainda que em uma sua acepção material, na qual não possa descortinar-se qualquer autónoma preocupação com, v.g., os chamados 'direitos' dos animais; será que daqui deve decorrer a impossibilidade para o legislador penal de criminalizar as ofensas dolosas à vida dos animais ou as mais graves lesões da sua integridade física, ainda que o animal não seja propriedade de ninguém e sendo, portanto, a conduta estranha aos atentados contra bens jurídicos patrimoniais? Deverá o legis-

Precisaremos dialogar com o pensamento do autor. Faria Costa é o pai da teoria onto-antropológica do direito penal.[524] O referido diálogo e o consequente enfrentamento dos principais nódulos de divergência constituem, aqui, uma das mais decisivas passagens da investigação.[525]

Faria Costa diz-nos que "a pretendida legitimação da tutela penal dos animais em si mesmo considerados ignora a estrutura onto-antropológica do direito penal".[526] Porém, ousamos divergir. Pensamos que muito antes de ignorar a estrutura onto-antropológica do direito penal, a tutela penal de animais – em si mesmos considerados – fortemente consagra tal estrutura. A estrutura é onto-antropológica, mas não é antropocêntrica-radical, como veremos neste capítulo.

O autor afirma, ainda, que a relação de cuidado-para-com-o-outro, "o ser humano só pode estabelecer, manter e romper diante de outro ser humano".[527] Ousamos, uma vez mais, divergir frontalmente. Para nós, o que define o "outro" da relação não é a espécie, mas, sim, a ontológica fragilidade estrutural. A argumentação, no contrário, poderia ser reduzida a um injustificado "especismo" (*speciesism*).[528] Mostraremos, na sequência, o caminho percorrido para chegar a essa compreensão.

Se aceitarmos, com Nietsche, que a melhor forma de conhecer uma comunidade humana seria conhecendo o seu direito penal,[529] então somos forçados a aceitar, também, que a história da tutela penal de animais diz muito sobre a modificação do olhar humano perante o que está para além

---

lador penal ficar assim manietado, dependente de um aperfeiçoamento da carta constitucional, mesmo que possa afirmar-se uma sólida consciência comunitária quanto à necessidade de não sujeitar os animais, enquanto tais, a maus-tratos excessivos? Eis um aspecto do qual não logramos convencer-nos". (FARIA COSTA, José de. *Direito penal especial: contributo a uma sistematização dos problemas "especiais" da parte especial*. [Reimpressão]. Coimbra: Coimbra Editora, 2007. p. 32).

[524] A teoria de FARIA COSTA, o fundamento onto-antropológico do direito penal, foi originalmente apresentada na sua tese de doutoramento, intitulada *O perigo em direito penal*, no ano de 1991. (FARIA COSTA, José de. *O perigo em direito penal: contributo para a sua fundamentação e contribuição dogmáticas*. [Dissertação de doutoramento]. Coimbra: Faculdade de Direito da Universidade de Coimbra, 1991).

[525] Esta passagem da investigação poderá ser considerada uma das mais decisivas, pois, aqui, temos o *locus* para o ajuste com o pensamento de FARIA COSTA, no que diz respeito às divergências de compreensão sobre a tutela penal de animais. Vale por se dizer: temos aqui um espaço especificamente destinado a comprovar a nossa posição, no tocante à existência de uma matricial relação onto-antropológica de cuidado-de-perigo (para-com-os-animais).

[526] FARIA COSTA, José de. Sobre o objecto de protecção do Direito Penal: o lugar do bem jurídico na doutrina de um Direito Penal não iliberal. *RLJ*, 3978, 2013, p. 158-173. p. 171.

[527] FARIA COSTA, José de. Sobre o objecto de protecção do Direito Penal: o lugar do bem jurídico na doutrina de um Direito Penal não iliberal. *RLJ*, 3978, 2013, p. 158-173. p. 171.

[528] O "especismo", relembra-se, manifesta-se no argumento de autoridade pela espécie, sem permitir-se analisar verdadeiramente o fenômeno em questão. A expressão "especismo" (*speciesism*) foi fortemente consagrada pela tradição da "ética animal" (*animal ethics*), principalmente a partir da principal obra de SINGER, a *Libertação Animal*. (SINGER, Peter. *Animal Liberation: The definitive classic of the animal movement*. New York: HarperCollins Publishers, 2009. p. 213 e seg.).

[529] GAUER, em outro registro de análise, por meio da utilização de outros autores, mas apontando para o mesmo sentido, vai afirmar que "os fenômenos jurídicos, da mesma forma que os da língua, são os mesmos que representam o que é de mais característico de uma sociedade". (GAUER, Ruth Maria Chittó. *A fundação da norma: para além da racionalidade histórica*. Porto Alegre: Edipucrs, 2011. p. 42).

do humano.[530] Mais. Se tomarmos por premissa a "historicidade" do ser-aí e de suas tarefas, como a construção do direito, já que "nada se passa fora da história",[531] então precisaremos concluir, em vias de um respeito mínimo para com a lógica formal, que nada, nem mesmo a compreensão que tem o homem sobre quem seria o "outro" da relação, estaria absolutizado.

Dois caminhos claros nos levam à compreensão de que há uma relação de cuidado-para-com-os-animais:[532] a) o primeiro diz respeito à *justificativa de o homem ser cuidado*; b) o segundo diz respeito à *dimensão relacional do cuidado*.

*a) A justificativa de o homem ser cuidado*

O que justifica o homem ser cuidado? Indubitavelmente a fragilidade.[533] Mas o que faz o homem *ser-frágil*? Forçosamente a constante possibilidade da morte e do sofrimento. Trata-se de dois modos de "poder-ser": o "poder-morrer" e o "poder-sofrer". O homem é *homo mortalis* e *homo dolens*. Mas somente o homem traz consigo esses dois modos de "poder-ser" frágil? Em hipótese alguma. Há um ente no mundo, para além do homem, que também detém o duplo "poder-ser" frágil: o animal. A morte e o sofrimento são possibilidades sempre latentes, também, para o animal. O animal é *creaturae mortalis* e *creaturae dolens*. Essa compreensão das coisas não necessita adentrar a superfície ôntica das ciências duras. Trata-se de uma compreensão ontológica, anterior a qualquer achado ôntico. Os animais possuem mundo, por mais peculiar que este possa ser. O seu mundo pode ser pobre, mas, ainda assim, continuarão a possuir mundo. Por conta da posse de mundo e, ao mesmo tempo, da pobreza deste, não compreendem o sofrimento, mas podem sofrer; não compreendem a morte, mas podem morrer. Não possuem a dimensão de sentido, mas possuem os óbvios sentidos: audição, visão, olfato, paladar, tato. Portanto, possuem acesso ao ente, ainda que não ao ente enquanto ente.

Revisitando a heideggeriana descrição do lagarto, pode-se perceber que este se deita sobre a pedra para banhar-se de sol.[534] Ele desfruta do

[530] A modificação do olhar humano perante o que está para além do humano é, sobretudo, o reconhecimento de um valor na vida dos entes que não possuem o modo-de-ser do ser-aí.

[531] FARIA COSTA, José de. *O perigo em direito penal: contributo para a sua fundamentação e compreensão dogmáticas*. Coimbra: Coimbra Editora, 2000. p. 143.

[532] HARNACK, em 1906, na sua obra sobre proteção de animais e vivissecção, ainda que num contexto específico, já assume uma ideia de cuidado-para-com-os-animais: "nós cuidamos e tratamos os animais" (*wir hegen und pflegen die Tiere*). Observa-se que o autor não chega a utilizar o substantivo "*Sorge*" ou o verbo "*sorgen*", mas utiliza os verbos "*hegen*" e "*pflegen*". (HARNACK, Erich. *Tierschutz und Vivisektion*. Berlin: Hüpeden & Merzyn Verlag, 1906. p. 5). (Tradução livre).

[533] A fábula de Higino, apresentada no § 22, I, enquanto testemunho pré-ontológico da interpretação do ser-aí como "cuidado", por meio da descrição de que o homem foi constituído de barro, já aponta para essa fragilidade.

[534] HEIDEGGER, quando vai descrever o lagarto e suas relações com o seu mundo ambiente, afirma que "o lagarto não aparece simplesmente sobre a pedra aquecida no sol. Ele procura a pedra, ele costuma procurá-la. Apartado dela, ele não fica em qualquer lugar: ele a busca novamente – se ele chega a

prazer de sentir o calor do sol em sua pele. Sente também o calor da pedra, previamente aquecida pelo mesmo sol. Percebe a luminosidade do sol. Sente o vento em seu corpo. Escuta o barulho do humano se aproximando. Percebe que a longa distância do humano, que também vai deitar-se sobre a pedra, ainda não o coloca em risco, fazendo-o permanecer no mesmo local. O humano, que deita na pedra também para banhar-se de sol, desfruta também do calor do sol em sua pele, sente também o calor da pedra, percebe também a luminosidade do sol, sente o vento no seu corpo, escuta barulhos, enxerga o lagarto. Os dois, homem e lagarto, estão lado a lado fazendo a mesma coisa, deitados sobre a pedra, banhando-se de sol. Qual a diferença? Ambos possuem acesso aos entes que ali estão: sol, pedra, vento, barulho, o "outro" (homem ou lagarto). Porém, o homem compreende o sol enquanto sol. Sabe que ele é uma estrela e que há um signo linguístico para referi-lo. O homem, também, poderia fazer uma descrição mineralógica da pedra sobre a qual está deitado. Mais. Sabe que o lagarto é lagarto, podendo descrevê-lo. Já o lagarto não pode fazer descrições, pois não pode nem mesmo compreender o sol, a pedra, o homem, a sua condição de lagarto. Mas mesmo frente a toda essa limitação, essa pobreza, ainda sim, o lagarto tem acesso ao sol, à pedra, ao vento, etc. Ainda sim ele possui um mundo, por mais pobre que possa ser. Possuindo mundo, possui ele também as duas possibilidade fundamentais da fragilidade: a possibilidade de morrer e a possibilidade de sofrer. O lagarto, enquanto *creaturae mortalis* e *creaturae dolens*, é uma vida qualificada. Qualificada pelo "poder-morrer" e pelo "poder-sofrer".

### *b) A dimensão relacional do cuidado*

Sobre a dimensão relacional do cuidado, Faria Costa sustenta existir uma "conexão ético-existencial de um 'eu' concreto – de 'carne e osso' – que, exatamente pela sua condição de permanente abertura ou incompletude (projecto), só pode 'ser' se tiver o 'outro', cuidar do 'outro'".[535] O cuidado originário não possui uma dimensão relacional.[536] A dimensão relacional é um dos tantos desdobramentos possíveis, decorrentes dos tantos

reencontrá-la, isto é indiferente. Ele se aquece ao sol. Assim o dizemos, apesar de ser duvidoso se ele se comportará como nós, quando deitamos sob o sol: se o sol é acessível para ele enquanto sol, se a rocha é experienciável para ele enquanto rocha. No entanto, sua ligação com o sol e com o calor é diferente da ligação da pedra simplesmente dada no sol aí aquecida. Mesmo se evitarmos toda a interpretação psicológica equivocada e precipitada do modo de ser do lagarto e não 'inserirmos' nele o que sentimos em nós mesmos, veremos em seu modo de ser, no modo de ser dos animais, uma diferença em relação ao modo de ser de uma coisa material". (HEIDEGGER, Martin. *Os conceitos fundamentais da metafísica: mundo, finitude, solidão*. Trad. Marco Antônio Casanova. 2ª ed. Rio de Janeiro: Forense Universitária, 2011. p. 254 e 255).

[535] FARIA COSTA, José de. Sobre o objecto de protecção do Direito Penal: o lugar do bem jurídico na doutrina de um Direito Penal não iliberal. *RLJ*, 3978, 2013, p. 158-173. p. 171.

[536] HEIDEGGER, Martin. *Sein und Zeit*. Tübingen: Max Niemeyer Verlag, 2006. p. 191 e seg.

existenciais do ser-aí. O ser do ser-aí é cuidado e o sentido do ser do ser-aí é a *temporalidade*.[537] Somente porque o ser-aí nunca é sozinho, mas, sempre, é "ser-com", ganha o cuidado uma dimensão relacional.[538] Pode-se dizer que o cuidado projeta-se na figura do "outro". Estaria o "ser-com" limitado somente às relações de um ser-homem para com o "outro" ser-homem? De modo algum. Como visto, há também um "ser-com" nas relações que o ser-homem estabelece com os "outros" animais.[539] Então qual seria o critério para podermos falar numa relação de "ser-com"? Inevitavelmente o critério não poderá ser a compreensão (*das Verstehen*). O critério seria a posse de um mundo. A possibilidade de ter acesso ao ente, ainda que não ao ente enquanto ente. A posse de mundo, sobretudo, significa possibilidade de sofrer e morrer. Ignorar esse dado ontológico é permanecer com o olhar somente na superfície do fenômeno.

O "outro" da relação é um "outro" de "carne e osso", que possui mundo, que pode morrer e pode sofrer. O mundo do "outro" da relação poderá ser um mundo rico ou um mundo pobre, mas esse "outro" igualmente poderá morrer ou sofrer a qualquer momento. A sua existência ou existencialidade será marcada pelo limite temporal. O "outro" da relação poderá ser homem ou animal, entes igualmente destinados à morte e sensíveis ao sofrimento. O reconhecimento do "outro" da relação, fruto da compreensão humana historicamente determinada, é abertura. Está aberta à "historicidade": o animal já foi considerado sagrado, mas também já foi considerado besta.

O tempo do mundo, num passado não tão distante, determinou que o negro não poderia ser o "outro" da relação. Falou-se, então, em "racismo". O tempo do mundo, num passado nada distante, questionou se a mulher seria o "outro" da relação. Falou-se, então, em "machismo". O tempo do mundo, num passado ainda menos distante, determinou que o animal não seria o "outro" da relação. Falou-se, então, em "especismo".[540] Trata-se de uma questão de reconhecimento. Sempre aberta à "historicidade". O atual desenvolvimento da compreensão do ser-aí, filho do tempo do mundo, não mais permite uma ignorância com razões meramente *especistas*. Ignorar a condição ontológica dos animais é negar a compreensão alcançada pelo ser-aí histórico.

Os animais domésticos, ou domesticados, constituem um importantíssimo testemunho em favor do "ser-com" vislumbrado na relação entre ser-homem e animal.[541] Trazer um ser para morar na sua casa não é uma

---

[537] HEIDEGGER, Martin. *Sein und Zeit*. Tübingen: Max Niemeyer Verlag, 2006. p. 323 e seg.

[538] HEIDEGGER, Martin. *Sein und Zeit*. Tübingen: Max Niemeyer Verlag, 2006. p. 117 e seg.

[539] HEIDEGGER, Martin. *Os conceitos fundamentais da metafísica: mundo, finitude, solidão*. Trad. Marco Antônio Casanova. 2ª ed. Rio de Janeiro: Forense Universitária, 2011. p. 269 e 270.

[540] SINGER, Peter. *Animal Liberation: The definitive classic of the animal movement*. New York: HarperCollins Publishers, 2009. p. 213 e seg.

[541] Não à toa, HEIDEGGER, em sua argumentação para a "consideração comparativa", utiliza o animal doméstico como um exemplo emblemático. (HEIDEGGER, Martin. *Os conceitos fundamentais da*

ação qualquer. O ato de dividir o mesmo teto é manifestação forte de uma relação comunicacional, ainda que esta seja sem palavras. O fato de os animais não serem dotados de *linguagem* (humana) não significa incapacidade de comunicação. A comunicação está para muito além da *linguagem* humana.[542] Na relação comunicacional entre homem e animal, mostra-se a especial fragilidade deste. Para além de ser marcado pelo "poder-morrer" e pelo "poder-sofrer", o animal – especialmente o animal doméstico ou domesticado – está sujeito ao poder do homem. O homem estabelece relações com o animal. Esse mesmo homem, "formador de mundo", domina o animal nessas relações. Vislumbra-se, então, uma especial fragilidade dos animais. Se, por um lado, com o homem dividem a constante possibilidade da morte e do sofrimento, por outro, estão, quase que absolutamente, submetidos à vontade desse mesmo homem. O reino do homem, o reino da compreensão, é inquestionavelmente superior ao reino do animal.[543] O homem, por essa razão, domina o animal. Se o animal, além de "poder-morrer" e "poder-sofrer", pode ser dominado pelo homem, "formador de mundo", então ele detém uma sobrefragilidade. A fragilidade do animal é mais aguda que a do homem. Se o homem, "formador de mundo", exerce poder sobre o animal, "pobre de mundo", então esse poder faz surgir um dever: o dever de cuidar. O "cuidado-para" (*die Fürsorge*), no âmbito da proteção de animais, não é uma novidade, pois, no ano de 1939, era já reconhecido na obra de Willige.[544]

O cuidado-para-com-os-animais existe porque cuidar-do-que-é-frágil é o que há de mais próprio no ser-aí. Oferecer cuidado-para-com-o-outro *ser-frágil* – ontologicamente frágil, diga-se de passagem – é o modo-de-ser mais radical do ser-aí. Por isso, mas não só por isso, a verdadeira proteção de animais é o cuidado-para-com-os-animais.[545] O ser-aí é cuidado,[546]

---

*metafísica: mundo, finitude, solidão*. Trad. Marco Antônio Casanova. 2ª ed. Rio de Janeiro: Forense Universitária, 2011. p. 269 e 270).

[542] Consoante a análise desenvolvida no § 19, "Comunicação para além da 'casa-do-ser' (*Haus des Seins*) e a interpretação da relação entre homem e animal como 'ser-com' (*Mitsein*)".

[543] É importante lembrar que não se trata de uma descrição depreciativa. (HEIDEGGER, Martin. *Os conceitos fundamentais da metafísica: mundo, finitude, solidão*. Trad. Marco Antônio Casanova. 2ª ed. Rio de Janeiro: Forense Universitária, 2011. p. 250 e 251).

[544] WILLIGE sustenta que o "cuidado-para" (*Fürsorge*) relaciona-se com a "necessidade de proteção" (*Schutzbedürftige*) dos animais. (WILLIGE, Hans Georg. *Hundert Jahre Tierschutz in Dresden. Mit einem Schlußaufsatz von Herbert pause. Herausgegeben vom Tierschutzverein Dresden und Umgebung aus Anlaß seines hundertjährigen Bestehens 1839-1939*. Dresden-Löbtau: Verlag W. Ostwald, 1939. p. 9). JONAS, também, fala no "cuidado-para" (*Fürsorge*) numa dimensão que está para além dos humanos, porém, no âmbito da "responsabilidade" para com todos os "seres vivos". (JONAS, Hans. *Das Prinzip Verantwortung: Versuch einer Ethik für die technologische Zivilisation*. Berlin: Suhrkamp, 1984. P 185). SALKOWSKI fala num "cuidado" (*Sorge*) no âmbito da proteção de animais. (SALKOWSKI, Georg. *Der Tierschutz im geltenden und zukünftigen Strafrecht des In-und Auslandes: Dogmatisch und kritisch dargestellt*. Borna-Leipzig: Buchdruckerei Robert Noske, 1911. p. 29). (Tradução livre).

[545] Nossa compreensão, em certa e determinada medida, desenvolve-se na esteira do pensamento de FÖRSTER. O autor sustenta que "a verdadeira proteção de animais não é amor pelos animais [...]" (*der wahre Tierschutz ist nicht Tierliebe [...]*). O amor pelos animais estaria numa esfera meramente emocional. O que distingue a nossa compreensão daquela, desenvolvida por FÖRSTER, nesse específico quadrante de análise, é que, para o autor, "a verdadeira proteção de animais é a representação dos di-

e, enquanto tal, não pode ignorar uma fragilidade que compreende. O ser-aí compreende a morte e o sofrimento. Mais. Compreende o poder que exerce sobre os animais. Compreende que esse poder é um "poder-dever" de responsabilidade: um "poder-dever" de cuidar. Nas relações entre homem e animal, o "não-cuidado" é uma possibilidade para o ser-aí. A liberdade ético-existencial permite que tanto o "cuidado" quanto o "não-cuidado" sejam sempre possibilidades para o ser-aí.[547] Porém, as mais intoleráveis ações de "não-cuidado" adquirem um particular significado: o rompimento da teia de cuidado-de-perigo.[548] Mas o "buraco" não poderá ficar aberto, "a ordem jurídico-penal ergue-se como refracção" da "originária relação de cuidado-de-perigo". Dá-se, essa relação, do ser-homem para com o "outro" ser-homem, mas, também, dá-se do ser-homem para com o "outro" animal. Se o "não-cuidado", em nível intolerável, atingir o "outro" ser-homem ou o "outro" animal, então o chamamento ao direito penal será necessário. Somente a *pena justa* poderá recompor os fios rompidos da teia de cuidado-de-perigo. Somente assim a ontológica condição do ser-aí – de ser-cuidado-para-com-o-outro – poderá conformar-se à ideia ético-existencial do justo.

## § 24. As conquistas do 1º Capítulo (Parte Segunda)

*(i)* Desvelou-se o fundamento onto-antropológico do direito penal como um caminho de resistência ao processo de funcionalização da dogmática jurídico-penal, demonstrando-se que um tal fundamento resgata o pensar em nível ontológico na dogmática jurídico-penal, rearticulando o direito penal com o nosso campo existencial. Demonstrou-se que o fundamento onto-antropológico desvela a estrutura primeva do direito penal.

---

reitos também dos animais" (*der wahre Tierschutz ist die Vertretung des Rechts auch des Tieres*), enquanto, para nós, seria o cuidado-para-com-os-animais. (FÖRSTER, Paul. *Tierschutz in Gegenwart und Zukunft*. Dresden: Verlag des Internationalen Tier und Vereins gegen die Wissenschaftliche Tiersolter, 1898. p. 11). (Tradução livre). É claro que não desconhecemos as tentativas teóricas de relacionar – e até mesmo identificar – "cuidado" (*Sorge*) e "amor" (*Liebe*), sobretudo, a partir de BINSWANGER. (BINSWANGER, Ludwig. *Grundformen und Erkenntnis menschlichen Daseins*. Zürich: Max Niehans Verlag, 1942). Porém, com HEIDEGGER, não reconhecemos a viabilidade dessas propostas.

[546] HEIDEGGER, Martin. *Sein und Zeit*. Tübingen: Max Niemeyer Verlag, 2006. p. 191 e seg.

[547] FIGAL, ao tratar da liberdade humana, sustenta que "ser-aí significa o mesmo que ser-possível" (*Dasein dasselbe heißt wie Möglichsein*), de modo que o "poder-ser" do ser-aí determina a possibilidade de seu comportamento no mundo. (FIGAL, Günter. *Martin Heidegger: Phänomenologie der Freiheit*. Frankfurt am Main: Athenäum, 1998. p. 92 e 93).

[548] BUONICORE, ao tratar do "não-cuidado" em relação com a "liberdade", afirma que "é quando essa possibilidade de não-cuidado-para-com-o-outro materializa-se na realização de um ilícito-típico, compreendido como ofensa a bens-jurídicos penais, que a liberdade ontológico-existencial do homem pode ser surpreendida, legitimamente, pela censura normativa que traduz a culpabilidade jurídico-penal". (BUONICORE, Bruno Tadeu. *Culpabilidade e fundamentos filosóficos: compreensão do conteúdo material à luz do conceito onto-antropológico*. Curitiba: Juruá Editora, 2017. p. 134).

Conquistou-se a compreensão de que os funcionalismos jurídico-penais, ao contrário, superficializam incessantemente o direito penal e, por via reflexa, a existência humana, já que operam por meio da lógica de produtibilidade, consagrando a produção de eficácia, donde decorre que se algo é eficaz e eficiente, então sua eficácia e eficiência são autolegitimantes. Concluiu-se que o perigo, reflexo à morte do pensar, é transformar o direito penal em mais uma peça do grande circuito da técnica, tornando-o cada vez mais eficaz e destrutivo, tornando-se cada vez mais rico em eficácia e pobre em sentido. Explicou-se que Faria Costa, por meio de uma interessada leitura da analítica existencial, concebe a ordem jurídico-penal como "refracção de uma originária relação de cuidado-de-perigo". Tratar-se-ia, essa relação, de uma verdadeira "conexão ético-existencial". Demonstrou-se que a tarefa de um fundamento onto-antropológico do direito penal é oferecer sentido ao ordenamento jurídico-penal por meio do desvelamento – e, consequentemente, da descrição – do fenômeno que seria a gênese da juridicidade: a relação, relação do "eu" para com o "outro" e do "outro" para com o "eu", uma relação de abertura, uma relação comunicacional, em que desnuda-se a fragilidade do "eu" e a fragilidade do "outro". Explicou-se que no seio de uma tal relação comunicacional, como *conditio sine qua non* de ser-com-os-outros, emerge o cuidado. Demonstrou-se que "cuidar" e "não-cuidar" são sempre possibilidades para o ser-aí livre. Quando, contrariando a ordem jurídico-penal, o ser-aí deixar de cuidar do "outro", romperá a relação onto-antropológica de cuidado-de-perigo, mas essa relação não poderá ficar rompida, pois está inserida dentro de um âmbito maior, já que há uma teia de relações onto-antropológicas de cuidado-de-perigo, ou seja, esse âmbito maior não poderá restar desestabilizado: um bem poderá recompor os fios rompidos dessa teia, ou seja, poderá reestabilizar a teia de relações de cuidado-de-perigo, esse bem é a pena criminal justa. Conquistou-se a compreensão de que "ilícito" e "pena", nesse exato contexto, são duas dimensões da projeção jurídico-penal do cuidado, a previsão do "ilícito", *in abstrato*, estabelece *o que* deve ser cuidado, enquanto a realização do "ilícito", *in concreto*, tem o significado de um "não-cuidado" que rompe a relação de cuidado-de-perigo do "eu" para com o "outro" e do "outro" para com o "eu", já a previsão da "pena", *in abstrato*, estabelece o *como* será mantida a estabilidade da teia de cuidado-de-perigo, enquanto a cominação da "pena", *in concreto*, recomporá os fios rompidos da teia onto-antropológica de cuidado-de-perigo;

*(ii)* Desvelou-se a incidência das estruturas de *Ser e Tempo* no fundamento onto-antropológico do direito penal, demonstrando-se que a analítica existencial heideggeriana é essencial para um tal fundamento. Explicou-se que por meio de uma leitura jurídico-penalmente interessada, o fundamento onto-antropológico do direito penal se vale de alguns dos conceitos fundamentais da analítica existencial para desvelar camadas encobridoras do fenômeno jurídico-penal, colocando em liberdade a gênese da juridicidade: a matricial relação onto-antropológica de

cuidado-de-perigo. Explicou-se o cuidado como o ser do ser-aí, clarificando-se que afirmar o ser do ser-aí como cuidado é afirmar que o homem é cuidado. Circunscreveu-se tal definição como uma leitura fenomenológica, absolutamente nova e original na filosofia, rompendo com a multissecular tradição filosófica, superando a definição tradicional de homem como *animal rationale*. Sustentou-se que com a substituição da definição do homem como "animal racional" pela definição heideggeriana do homem como "cuidado", supera-se a ideia do *homo metaphysicus* por meio da ideia do *homo mortalis*. Questionou-se a possibilidade de as ciências humanas, bem como o direito penal, saírem ilesos a uma radical (re)definição do homem, como a que foi realizada por Heidegger, inferindo-se a resposta negativa, pois somos forçados a reconhecer, com Stein, que "é a partir da definição do homem como cuidado que Heidegger nos provoca a recolocar a questão das ciências humanas num contexto vinculado a uma espécie de *cogito prático*", porque com "a fenomenologia existencial, simbolizada com a alegoria da cura", abre-se "um espaço não metafísico", ou seja, desde então "as ciências humanas se determinam a partir do cuidado". Sustentou-se que desde então, também, o direito penal pode se determinar a partir do cuidado. Inferiu-se que essa é, de certa forma, a tarefa assumida por Faria Costa ao desenvolver o fundamento onto-antropológico do direito penal. Conquistou-se a compreensão de que o cuidado, por meio da teoria onto-antropológica do direito penal, foi colocado no âmago da discursividade jurídico-penal. Explicou-se, também, o "cuidado-para" como sendo o cuidado-para-com-o-outro, o cuidado com os entes que não têm o modo-de-ser das coisas inanimadas. Observou-se que o "cuidado-para" é uma abertura ética na obra de Heidegger, definindo-se o cuidado-para como assistência e solicitude, já que cuida-se daquilo que é frágil, ou seja, cuidar-do-outro é, sobretudo, reconhecer a fragilidade do "outro", é identificar no "outro" a minha fragilidade de "poder-morrer" e "poder-sofrer", de modo que "a relação de ser para com os outros torna-se, então, projeção do próprio ser para consigo mesmo 'num outro'". Concluiu-se pela possibilidade de se considerar o crime, enquanto perversão da onto-antropológica relação de cuidado-de-perigo, como a total desconsideração e desrespeito para com o "outro", ou seja, a máxima negação do "cuidado-para". Explicou-se o "ser-com" como o existencial que funda o "cuidado-para", o existencial que funda a abertura ética, a dimensão relacional do ser-aí, pois mesmo que o ser-aí não esteja fisicamente com os outros, não esteja geograficamente junto aos outros, ou não queira estar em função dos outros, ainda sim, estará na clave do "ser-com". Desvelou-se que afirmar que o ser-aí é "em função dos outros", enquanto uma proposição existencial, é assumir se tratar de uma condição ontológica, anterior ao universo ôntico-empírico. Compreendeu-se que o "ser-com" não indiferencia a diferença do "outro", antes a reconhece e, portanto, na diferença e pela diferença entre o "eu" e o "outro" é que emerge a força do "ser-com" para a juridicidade, pois a proibição protege a diferença. Sustentou-se que o crime, que Faria Costa vai considerar o rompimento – ou a perversão – da matricial relação onto-antropológica de cuidado-de-perigo é, antes de tudo, uma relação deficitária – ou um modo deficiente – de "ser-com". Explicou-se a "historicidade", que não se confunde com a história, como condição de possibilidade desta, pois a "historicidade" é o caráter de *ser-histórico*. Compreendeu-se que o ser-aí é *ser-histórico* e a realização das várias tarefas do ser-aí não estão apartadas do seu caráter histórico. Desvelou-se que o direito penal – e o direito de uma forma geral – é uma tarefa do ser-aí e, como tal, carrega a marca da "historicidade". Conquistou-se a compreensão de que assumir que a juridicidade leva consigo a marca da "historicidade" implica concessões necessárias, a mais importante delas: não há "respostas absolutas" – respostas com a pretensão de ser "resposta final" – em direito penal, nem em nenhum dos quadrantes do *multiversum* jurídico, pois as respostas oferecidas pela dogmática estão sempre a caminho, nunca se esgotam;

*(iii)* Desvelou-se a confirmação da interpretação da "relação entre homem e animal como ser-com" a partir de um testemunho pré-ontológico, demonstrando-se que desde muito cedo, pronunciou-se, o ser-aí, sobre essa sua relação com os animais, ainda que pré-ontologicamente. Desvelou-se, também, a matricial relação de cuidado-de-perigo (para-com-os-animais), explicando-se que muito antes de ignorar a estrutura onto-antropológica do direito penal, a tutela penal de animais – em si mesmos considerados – fortemente consagra tal estrutura, pois a estrutura é onto-antropológica, mas não é antropocêntrica-radical. Sustentou-se que o ser humano não apenas pode estabelecer, manter e romper relações diante do "outro" ser humano, mas pode também diante de "outra" criatura e, portanto, o que define o "outro" da relação não é a espécie, mas, sim, as características ontológicas de "poder-ser", como o "poder-morrer" e o "poder-sofrer", no contrário a argumentação poderia ser reduzida a um injustificado "especismo". Conquistou-se a compreensão de que se aceitarmos, com Nietsche, que a melhor forma de conhecer uma comunidade humana seria conhecendo o seu direito penal, então somos forçados a aceitar, também, que a história da tutela penal de animais diz muito sobre a modificação do olhar humano perante o que está para além do humano. Demonstrou-se que se tomarmos por premissa a "historicidade" do ser-aí e de suas tarefas, como a construção do direito, já que "nada se passa fora da história", então precisaremos concluir que nada, nem mesmo a compreensão que tem o homem sobre "quem seria o outro", estaria absolutizado, sendo possível e razoável reconhecermos uma relação onto-antropológica de cuidado-de-perigo (para-com-os-animais).

## 2º Capítulo
## (Re)colocando a pergunta da investigação após a superação das ilusões da transparência do fenômeno: análise e desconstrução (desleitura) das soluções oferecidas pela tradição dogmática ao problema da tutela penal de animais

### § 25. A resposta à pergunta pela possibilidade de os animais serem titulares de bens jurídico-penais

[...] animais são titulares de bens jurídicos como o homem. ([...] *seien Tiere Rechtsgutsträger wie der Mensch*).[549]

Após superar as ilusões da transparência do fenômeno, ou seja, após desvelar o fenômeno que antes estava encoberto, conquistando um horizonte de compreensão, (re)coloca-se a pergunta da investigação: podem os animais serem titulares de bens jurídico-penais? Responde-se afirmativamente. Os animais podem ser titulares de bens jurídico-penais. Os animais são titulares dos bens jurídicos relacionados à sua fragilidade estrutural, ou seja, relacionados à sua ontológica possibilidade de morrer, sofrer e ser dominado.[550] Se ser-titular-de-bem-jurídico-penal é *ser portador de uma fragilidade*,[551] então o animal, portador de uma ontológica fragilidade estrutural,[552] indubitavelmente será titular de bens jurídico-penais.

A ontológica fragilidade estrutural dos animais, aliada à possibilidade de *comunicação* (não linguística) com os seres humanos,[553] e o consequente "ser-com",[554] pré-ontologicamente confirmado,[555] permite que lhes reco-

---

[549] RÖCKLE, ainda que por meio de outro caminho teórico, expõe a hipótese de os animais serem titulares de bens jurídico-penais. (RÖCKLE, Axel Gerhard. *Probleme und Entwicklungstendenzen des strafrechtlicher Tierschutzes.* [Inaugural–Dissertation]. Tübingen: Eberhard-Karls-Universität, 1996. p. 87). (Tradução livre). LÖÖCK, em sentido próximo ao de RÖCKLE, expõe, também, a hipótese: "[...] animais são titulares de bens jurídicos" ([...] *sind Tiere Rechtsgutsträger*). (LÖÖCK, Carmen. *Das Tierschutzstrafrecht nach Einfügung der Staatszielbestimmung 'Tierschutz' in das Grundgesetz (Art. 20a GG): Theorie und Praxis.* Hamburg: Verlag Dr. Kovač, 2016. p. 70). (Tradução livre).

[550] Consoante ao que foi amplamente defendido, especialmente nas seguintes passagens: *(i)* § 16, "O 'outro' da relação e a dupla fragilidade estrutural: 'poder-morrer' e 'poder-sofrer' enquanto possibilidades ontológicas"; *(ii)* § 18, "O 'ser-animal' como 'ser-frágil' e o seu 'poder-ser-dominado': a terceira fragilidade estrutural dos animais".

[551] Conforme o que foi sustentado no § 3, "A estrutura formal da pergunta pela possibilidade de os animais serem titulares de bens jurídico-penais: por uma circunscrição provisória do conceito de 'ser--titular-de-bem-jurídico-penal'".

[552] Desvelou-se que a "fragilidade estrutural" dos animais é "ontológica", sobretudo, por meio das análises desenvolvidas no capítulo quarto (parte primeira), "Nas proximidades de uma ontologia da vida animal: desvelando condições de possibilidade (concretizações do § 6)".

[553] A hipótese da possibilidade de comunicação (não linguística) entre seres humanos e animais foi apresentada, especialmente, no § 19, "Comunicação para além da 'casa-do-ser' (*Haus des Seins*) e a interpretação da relação entre homem e animal como 'ser-com' (*Mitsein*)".

[554] O "ser-com", identificado na relação entre homem e animal, foi apresentado no § 19, entretanto, foi aprofundada as suas linhas gerais, enquanto existencial do ser-aí, no § 22, "A analítica existencial: incidência das estruturas de 'Ser e Tempo' no fundamento onto-antropológico do direito penal".

nheçam como o "outro" da relação,[556] que por sua vez permite o reconhecimento de uma matricial relação onto-antropológica de cuidado-de-perigo (para-com-os-animais).[557] Se os sujeitos de uma matricial relação onto-antropológica de cuidado-de-perigo são titulares de bens jurídico-penais, então, necessariamente, os animais – que são sujeitos de uma tal relação – poderão ser reconhecidos como titulares de bens jurídico-penais. Portanto, quando o *não-cuidado* em nível intolerável – a exemplo da crueldade, do abuso e dos maus-tratos – for verificado, haverá o rompimento dessa relação, haverá o crime contra o animal, e somente a *pena justa* poderá recompor os fios rompidos dessa relação,[558] poderá reconstituir a relação onto-antropológica de cuidado-de-perigo (para-com-os-animais).

Os animais são titulares de bens jurídico-penais e com isso – mas não só com isso – se anuncia a defasagem do paradigma antropocêntrico-radical na dogmática jurídico-penal.[559] Se no campo das ciências humanas os paradigmas são seculares – ou, até mesmo, multisseculares – e, portanto, não mudam instantaneamente,[560] então se observa que a defasagem de tal paradigma não se instaura com o reconhecimento da possibilidade de os animais serem titulares de bens jurídico-penais. A defasagem do paradigma antropocêntrico-radical já se anunciou quando da primeira tipificação da crueldade contra animais (*Tierquälerei*), em 1838,[561] na Saxônia. O anúncio da defasagem do paradigma antropocêntrico-radical já é secular. Reconhecer que os animais são titulares de bens jurídico-penais apenas corrobora uma já anunciada defasagem do paradigma em questão.

A resposta afirmativa à pergunta da investigação e, consequentemente, a confirmação da defasagem do paradigma antropocêntrico-radical, apenas é possível porque a dogmática jurídico-penal está aberta à "historicidade",[562] é inconclusa, está sempre a caminho, não está pautada por

---

555 Apresentou-se o testemunho pré-ontológico em favor da interpretação da "relação entre homem e animal como ser-com" no § 23, "A confirmação da interpretação da 'relação entre homem e animal como ser-com' a partir de um testemunho pré-ontológico e a matricial relação de cuidado-de-perigo (para-com-os-animais)".

556 Em conformidade com o que sustentado no § 16, "O 'outro' da relação e a dupla fragilidade estrutural: 'poder-morrer' e 'poder-sofrer' enquanto elementos ontológicos".

557 Hipótese demonstrada no § 23, II, "O reconhecimento da matricial relação de cuidado-de-perigo (para-com-os-animais)".

558 FARIA COSTA, José de. Uma ponte entre o direito penal e a filosofia pena: lugar de encontro sobre o sentido da pena. *Linhas de direito penal e de filosofia: alguns cruzamentos reflexivos*. Coimbra: Coimbra Editora, 2005. p. 224.

559 Compreensão amplamente defendida, sobretudo, no § 13, "Dogmática jurídico-penal e mudança de paradigmas: a tutela penal de animais como caminho para a superação do paradigma antropocêntrico--radical".

560 STEIN, Ernildo. *Weisenkinder der Utopie. Die Melancholie der Linken*. Münster: Westfälische Wilhelms--Universität, 1997. p. 13.

561 HAEBERLIN, Carl Franz Wilhelm Jérôme. *Grundsätze des Criminalrechts: Nach den neuen deutschen Strafgesetzbüchern*. Leipzig: Friedrich Fleischer Verlag, 1848. p. 319 e 320.

562 Compreensão conquistada por meio da análise realizada no § 11, "O direito penal e a abertura à 'historicidade' (*Geschichtlichkeit*): dogmática jurídico-penal como 'ciência procurada' (*episteme zetoumene*)".

"respostas absolutas",[563] de modo que o rol de titulares de bens jurídico-penais, reconhecido pela tradição, carrega a marca da provisoriedade, a marca da *finitude* (*Endlichkeit*).[564]

Precisa-se, agora, realizar a análise e desconstrução (desleitura) das soluções oferecidas pela tradição dogmática ao problema da tutela penal de animais. Tais soluções estão relacionadas à identificação do bem jurídico. Algumas dessas soluções, como, por exemplo, as que reconhecem a proteção direta dos animais, já se movem no sentido da superação do paradigma antropocêntrico-radical, mas ainda não necessariamente reconhecem de modo expresso que o animal – individualmente considerado – seria o titular do bem jurídico-penal tutelado.

## § 26. A proteção indireta dos animais

### I. Meio ambiente como bem jurídico

A doutrina elenca a hipótese de o meio ambiente ser o bem jurídico tutelado no crime de crueldade contra animais.[565] Porém, não obstante a aparente semelhança entre os dois âmbitos de intervenção jurídico-penal – tutela penal de animais e tutela penal do meio ambiente – os bens jurídicos "não são idênticos" (*nicht identisch*).[566] Confundir a tutela penal de animais com a tutela penal do meio ambiente é um equívoco comum.[567] Tal equívoco está fundado, normalmente, no seguinte silogismo: *(i)* realiza-se

---

[563] FARIA COSTA, José de. *O perigo em direito penal: contributo para a sua fundamentação e compreensão dogmáticas*. Coimbra: Coimbra Editora, 2000. p. 179 e 180.

[564] HEIDEGGER, Martin. *Sein und Zeit*. Tübingen: Max Niemeyer Verlag, 2006. p. 330 e 331, 384 e seg.; STEIN, Ernildo. *Compreensão e finitude: estrutura e movimento da interpretação heideggeriana*. 2ª ed. rev. Ijuí: Unijuí, 2016. p. 387 e seg.; HEIDEGGER, Martin. *Os conceitos fundamentais da metafísica: mundo, finitude, solidão*. Trad. Marco Antônio Casanova. 2ª ed. Rio de Janeiro: Forense Universitária, 2011. p. 220 e seg.

[565] LÖÖCK, Carmen. *Das Tierschutzstrafrecht nach Einfügung der Staatszielbestimmung 'Tierschutz' in das Grundgesetz (Art. 20a GG): Theorie und Praxis*. Hamburg: Verlag Dr. Kovač, 2016. p. 69 e 70. WIEGAND, na análise do tipo penal de "crueldade contra animais" (*Tierquälerei*), fala na possibilidade de ser um "crime contra a proteção da natureza" (*Naturschutzdelikt*). (WIEGAND, Klaus Dieter. *Die Tierquälerei: ein Beitrag zur historischen, strafrechtlichen und kriminologischen Problematik der Verstöße gegen § 17 Tierschutzgesetz*. Lübeck: Verlag Max Schmidt-Römhild, 1979. p. 126). (Tradução livre). RÖCKLE, no entanto, fala na possibilidade de o tipo penal de crueldade contra animais tutelar os seguintes bens jurídicos: "natureza" (*Natur*) e "meio ambiente" (*Umwelt*). (RÖCKLE, Axel Gerhard. *Probleme und Entwicklungstendenzen des strafrechtlicher Tierschutzes*. (Inaugural–Dissertation). Tübingen: Eberhard-Karls-Universität, 1996. p. 91 e seg). (Tradução livre).

[566] KRAEMER, Alexandra. *Tierschutz und Strafrecht: Luxus oder Notwendigkeit (?)*. Berlin: Logos Verlag, 2011. p. 74. (Tradução livre).

[567] Inúmeros autores compreendem a tutela penal de animais como tutela penal do meio ambiente, destacando-se: MARCÃO; FIORILO; CONTE; DINO NETO; SIRVINSKAS; SERRANO; e MATELLANES. (MARCÃO, Renato. *Crimes ambientais – anotações e interpretação jurisprudencial da parte criminal da lei n. 9.605, de 12-02-1998*. São Paulo: Saraiva, 2011. p. 81; FIORILLO, Celso Antonio Pacheco; CONTE, Christiany Pegorari. *Crimes ambientais*. São Paulo: Saraiva, 2012. p. 129; DINO NETO, Nicolao; BELLO FILHO, Ney; DINO, Flávio. *Crimes e infrações administrativas ambientais*. 3ª ed. Belo Horizonte: Del Rey, 2011. p. 210; SIRVINSKAS, Luís Paulo. *Tutela penal do meio ambiente*. 4ª ed. São Paulo: Saraiva, 2011. p. 179; SERRANO, Maria Dolores Tárraga; SERRANO, Alfonso Maíllo; VÁZQUEZ, Carlos Gonzáles.

a tutela penal do meio ambiente, notadamente, por meio da tutela penal da fauna; *(ii)* se a fauna é composta de animais, então a tutela penal da fauna é tutela penal de animais; *(iii)* logo, a tutela penal de animais identifica-se com a tutela penal do meio ambiente.

A segunda premissa compromete a veracidade da conclusão do silogismo. Não é sutil a diferença entre o animal, individualmente considerado, e a coletividade de animais, chamada de fauna. Trata-se de dois distintos âmbitos de intervenção jurídico-penal.[568] Os valores relacionados à tutela do animal, individualmente considerado, diferenciam-se sensivelmente dos valores relacionados à tutela da fauna. O primeiro está mais distanciado do referencial humano, enquanto o segundo está diretamente ligado ao referencial humano.[569] Vale por se dizer: considerando que o "meio ambiente ecologicamente equilibrado" é "essencial à sadia qualidade de vida" (humana),[570] considerando que o equilíbrio ecológico diz respeito não apenas à preservação da flora, mas, também, da fauna, torna-se forçosa a conclusão de que o *interesse* humano estaria diretamente projetado na tutela penal da fauna.[571] Porém, a tutela penal de animais, ou seja, a tutela penal do animal individualmente considerado, não encontra facilmente ligação com o referencial humano, possui autonomia.[572]

Muitas vozes, na doutrina brasileira, defendem que o bem jurídico tutelado – no crime de crueldade contra animais – seria o meio ambiente.[573]

---

*Tutela penal ambiental.* Madrid: Dynkinson, 2009. p. 233; MATELLANES, Nuria Rodríguez. *Derecho penal del medio ambiente.* Madrid: Iustel, 2008. p. 202).

568 GRECO, Luís. Proteção de bens jurídicos e crueldade com animais. *Revista Liberdades*, nº 3, jan/abr, 2010. p. 47-59. p. 53.

569 RÖCKLE sustenta que no centro da "proteção antropocêntrica de animais" (*anthropozentrischer Tierschutz*), que nós chamaríamos de proteção de animais antropocêntrica-radical, está "o homem com os seus complexos interesses" (*der Mensch mit seinem vielschichtigen Interessen*). O autor ressalta que "por isso é compreensível que os interesses humanos no meio ambiente estejam projetados" (*deshalb ist verständlich, daß die menschlichen Interessen auf die Umwelt projiziert werden*). (RÖCKLE, Axel Gerhard. *Probleme und Entwicklungstendenzen des strafrechtlicher Tierschutzes.* (Inaugural–Dissertation). Tübingen: Eberhard-Karls-Universität, 1996. p. 35). (Tradução livre).

570 KRELL, Andreas Joachim. Comentário ao artigo 225. In: CANOTILHO, José Joaquim Gomes; MENDES, Gilmar Ferreira; SARLET, Ingo Wolfgang; STRECK, Lenio Luiz. [Coords.]. *Comentários à Constituição do Brasil.* São Paulo: Saraiva/Almedina, 2013. p. 2080.

571 RÖCKLE, Axel Gerhard. *Probleme und Entwicklungstendenzen des strafrechtlicher Tierschutzes.* (Inaugural–Dissertation). Tübingen: Eberhard-Karls-Universität, 1996. p. 35.

572 A referida autonomia do bem jurídico é classificada, pela doutrina, como "bem jurídico não-antropocêntrico" (*nichtanthropozentrische Rechtsgüter*). Essa linha de compreensão estaria no sentido das chamadas "teorias ecocêntricas" (*ökozentrischen Theorien*). (VÖHRINGER, Maren. *Anthropozentrische oder nichtanthropozentrische Rechtsgüter im Umweltstrafrecht* . [Rechtsphilosophisches Seminar im Sommersemester 1999 zum Thema „Die Bedeutung der Philosophie für strafrechtliche Grundlagenprobleme"]. Tübingen: Universität Tübingen-Juristische Fakultät, 1999. 13 e 14). (Tradução livre). BLOY fala na existência de um "ponto de vista ecológico" (*Ökologischen Standpunkts*). (BLOY, René. Die Straftaten gegen die Umwelt im System des Rechtsgüterschutzes. *Zeitschrift für die gesamte Strafrechtswissenschaft*, v. 100 (2009), p. 485-507. p. 488 e seg.). (Tradução livre).

573 Para MARCÃO, o bem jurídico tutelado seria "a proteção ao meio ambiente". (MARCÃO, Renato. *Crimes ambientais – anotações e interpretação jurisprudencial da parte criminal da lei n. 9.605, de 12-02-1998.* São Paulo: Saraiva, 2011. p. 81). Para FIORILLO e CONTE seria "a preservação do meio ambiente". (FIORILLO, Celso Antonio Pacheco; CONTE, Christiany Pegorari. *Crimes ambientais.* São Paulo: Saraiva, 2012. p. 129). Para DINO NETO, BELLO FILHO e DINO seria "a fauna silvestre, doméstica e domesticável".

Chamamos esse fenômeno de *ecologização da tutela penal de animais*. Amplia-se, cada vez mais, o horizonte compreensivo da tutela penal do meio ambiente, de modo a nele incluir outros âmbitos de intervenção que não dizem respeito propriamente à questão ecológica ou ambiental, ou seja, inclui-se uma dimensão ecológica num âmbito de intervenção jurídico-penal não-ecológico. Trata-se, porém, de um olhar distorcido. Matellanes desenvolve uma importante crítica nesse sentido. Para a autora "não parece que seja esse meio ambiente, que se concebe como equilíbrio natural, o que seja afetado quando se leva a cabo uma conduta de maus-tratos a um cachorro ou a outro animal doméstico", pois "o ecossistema segue intacto, o qual faz com que, desde um ponto de vista sistemático, a inclusão destes tipos dentre os que protegem o meio ambiente seja mais que censurável".[574] Observa-se, na crítica de Matellanes, um argumento decisivo, absolutamente ignorado pelo Supremo Tribunal brasileiro na interpretação da crueldade contra animais. Torna-se necessária a análise crítica do julgado em que foi enfrentada a questão da crueldade contra animais pelo Supremo Tribunal Federal brasileiro.

### *a) O equívoco hermenêutico na decisão do Supremo Tribunal Federal brasileiro*

O Supremo Tribunal Federal brasileiro, em sede de *Ação Direta de Inconstitucionalidade*,[575] manifestou-se sobre o crime de crueldade contra animais (art. 32 da Lei nº 9.605/1998), concluindo que o bem jurídico tutelado – por meio do tipo penal – seria o *meio ambiente*. Na referida decisão, especificamente no voto de alguns ministros, vislumbra-se: *(i)* relacionações entre a crueldade contra animais e "comportamentos lesivos à fauna"; *(ii)* explícita delimitação da crueldade contra animais como "crime de natureza ambiental"; *(iii)* compreensão da crueldade contra animais como "ofensa à dignidade da pessoa humana".

Ao nosso modo de compreender as coisas, o Supremo Tribunal Federal brasileiro não conseguiu alcançar uma interpretação minimamente

(DINO NETO, Nicolao; BELLO FILHO, Ney; DINO, Flávio. *Crimes e infrações administrativas ambientais*. 3ª ed. Belo Horizonte: Del Rey, 2011. p. 210). Para SIRVINSKAS estaria sendo tutelada "a preservação do patrimônio natural, especialmente da fauna silvestre, doméstica ou domesticada, nativa ou exótica, ameaçada ou não de extinção". (SIRVINSKAS, Luís Paulo. *Tutela penal do meio ambiente*. 4ª ed. São Paulo: Saraiva, 2011. p. 179). Na doutrina espanhola, por todos, D. SERRANO, A. SERRANO e VÁSQUEZ, defendem que o bem jurídico tutelado no crime de crueldade contra animais (*maltrato de animales domésticos*) seria o "meio ambiente". (SERRANO, Maria Dolores Tárraga; SERRANO, Alfonso Maíllo; VÁZQUEZ, Carlos Gonzáles. *Tutela penal ambiental*. Madrid: Dynkinson, 2009. p. 233). Relembra-se, porém, os argumentos, amplamente defendidos, contra a identificação da tutela penal de animais com a tutela penal da fauna, apresentados, sobretudo, no § 2, "O desvelamento da pergunta pela possibilidade de os animais serem titulares de bens jurídico-penais: a superação de incompreensões e simplificações".

[574] MATELLANES, Nuria Rodríguez. *Derecho penal del medio ambiente*. Madrid: Iustel, 2008. p. 202.

[575] *Ação Direta de Inconstitucionalidade (ADI) nº 1.856*, Rio de Janeiro. Supremo Tribunal Federal [brasileiro]. Tribunal pleno. Relator: Min. Celso de Mello. Data de julgamento: 26/05/2011. Dje nº 198. Divulgação em 13/10/2011. Publicação em 14/10/2011. Ementário nº 2607-2.

razoável do fenômeno jurídico-penal em questão: a tutela penal de animais. Trata-se de uma decisão em que a *tutela penal de animais* é confundida com a *tutela penal da fauna*. Tal equívoco é parcialmente justificado pelo anterior equívoco legislativo. O crime de crueldade contra animais, art. 32 da Lei nº 9.605/1998, está alocado num capítulo de crimes contra a fauna. Porém, mesmo antes da referida lei, a Constituição Federal de 1988 – no seu art. 225, § 1º, VII – já trazia um texto favorável ao equívoco hermenêutico:

> Art. 225. Todos têm direito ao meio ambiente ecologicamente equilibrado, bem de uso comum do povo e essencial à sadia qualidade de vida, impondo-se ao Poder Público e à coletividade o dever de defendê-lo e preservá-lo para as presentes e futuras gerações. § 1º Para assegurar a efetividade desse direito, incumbe ao Poder Público: VII – proteger a fauna e a flora, vedadas, na forma da lei, as práticas que coloquem em risco sua função ecológica, provoquem a extinção de espécies ou submetam os animais a crueldade.[576]

Observa-se que a proibição de crueldade contra animais, nessa linha de compreensão, está assentada num contexto de proteção do meio ambiente.[577] Se tal contextualização da proibição de crueldade contra animais não necessariamente determina a equívoca interpretação do Supremo Tribunal Federal brasileiro, então – ao menos – possibilita-lhe. Porém, não há como não reconhecer que tinha o tribunal, no julgamento da referida ADI, uma excelente oportunidade para desfazer qualquer espécie de mal-entendido. De todo o modo, criou-se um mal-entendido ainda maior. Identifica-se mais três nódulos problemáticos na fundamentação da decisão do STF.

*b) Relacionações entre a crueldade contra animais e "comportamentos lesivos à fauna"*

Na referida decisão, especificamente no voto do Relator Ministro Celso de Mello, apresentam-se argumentos favoráveis ao reconhecimento dos atos de crueldade contra animais enquanto comportamentos lesivos à fauna:

> Cabe reconhecer, portanto, Senhor Presidente, o impacto altamente negativo que representaria, para a incolumidade do patrimônio ambiental dos seres humanos, a prática de comportamentos predatórios e lesivos à fauna, seja colocando em risco a sua função ecológica, seja provocando a extinção de espécies, seja, ainda, submetendo os animais a atos de crueldade.[578]

Observa-se, na referida passagem da decisão, o entendimento explícito de que a submissão de animais aos atos de crueldade seria um comportamento lesivo à fauna. Porém, o julgamento em questão dizia respeito à utilização de galos em rinhas, ou seja, animais criados em cativeiro para

---

[576] *Constituição Federal brasileira*, 05 de outubro de 1988, art. 225.

[577] Na linha da hipótese apresentada, dentre outras, por LÖÖCK. (LÖÖCK, Carmen. *Das Tierschutzstrafrecht nach Einfügung der Staatszielbestimmung 'Tierschutz' in das Grundgesetz (Art. 20a GG): Theorie und Praxis*. Hamburg: Verlag Dr. Kovač, 2016. p. 69 e 70).

[578] *Ação Direta de Inconstitucionalidade (ADI) nº 1.856*, Rio de Janeiro. Supremo Tribunal Federal [brasileiro]. Tribunal pleno. Relator: Min. Celso de Mello. Data de julgamento: 26/05/2011. Dje nº 198. Divulgação em 13/10/2011. Publicação em 14/10/2011. Ementário nº 2607-2. p. 295.

a específica utilização em confrontos. Como as agressões a tais animais, distantes do seu estado de natureza, criados e domesticados pelo homem, poderiam resultar em ofensa à fauna? O Ministro Celso de Mello, então, responde: "os animais domésticos, como os galos, acham-se abrangidos pelo conceito genérico de fauna".[579]

Vislumbra-se a origem do equívoco. O art. 32 da Lei nº 9.605/1998 traz a seguinte redação: "Praticar ato de abuso, maus-tratos, ferir ou mutilar animais silvestres, domésticos ou domesticados, nativos ou exóticos". O tipo penal destina-se à proteção dos animais domésticos ou domesticados. Porém, o tipo penal encontra-se dentro de um capítulo dos "crimes contra a fauna". Para salvar a coerência lógica da figura penal, tenta o Ministro realizar uma intersecção entre os animais domésticos e domesticados tutelados pela norma e a proteção do meio ambiente, concluindo-se que tais animais pertenceriam à fauna. Porém, como amplamente demonstrado, uma tal intersecção – oriunda de um silogismo falso – não é possível.

*c) Explícita delimitação da crueldade contra animais como "crime de natureza ambiental"*

A conjectura anterior leva à conclusão de que o crime de crueldade contra animais seria um "crime de natureza ambiental". Sustenta o Ministro:

> O que me parece relevante, portanto, é que práticas de crueldade contra animais constituem, agora, crimes de natureza ambiental.[580] [...] o constituinte objetivou, com a proteção da fauna e com a vedação, dentre outras, de práticas que "submetam os animais a crueldade", assegurar a efetividade do direito fundamental à preservação da integridade do meio ambiente".[581] Evidente, desse modo, a íntima conexão que há entre o dever ético-jurídico de preservar a fauna (e de não incidir em práticas de crueldade contra animais), de um lado, e a própria subsistência do gênero humano em um meio ambiente ecologicamente equilibrado, de outro.[582]

Conclui-se, então, pela existência de uma "íntima conexão" entre as "práticas de crueldade contra animais" e a "subsistência do gênero humano em um meio ambiente ecologicamente equilibrado". Considerando que a lei penal brasileira, que proíbe a crueldade contra animais, não está a tutelar a vida dos animais, já que o resultado morte é apenas causa de aumento

[579] *Ação Direta de Inconstitucionalidade (ADI) nº 1.856*, Rio de Janeiro. Supremo Tribunal Federal [brasileiro]. Tribunal pleno. Relator: Min. Celso de Mello. Data de julgamento: 26/05/2011. Dje nº 198. Divulgação em 13/10/2011. Publicação em 14/10/2011. Ementário nº 2607-2. p. 310.

[580] *Ação Direta de Inconstitucionalidade (ADI) nº 1.856*, Rio de Janeiro. Supremo Tribunal Federal [brasileiro]. Tribunal pleno. Relator: Min. Celso de Mello. Data de julgamento: 26/05/2011. Dje nº 198. Divulgação em 13/10/2011. Publicação em 14/10/2011. Ementário nº 2607-2. p. 331.

[581] *Ação Direta de Inconstitucionalidade (ADI) nº 1.856*, Rio de Janeiro. Supremo Tribunal Federal [brasileiro]. Tribunal pleno. Relator: Min. Celso de Mello. Data de julgamento: 26/05/2011. Dje nº 198. Divulgação em 13/10/2011. Publicação em 14/10/2011. Ementário nº 2607-2. p. 294.

[582] *Ação Direta de Inconstitucionalidade (ADI) nº 1.856*, Rio de Janeiro. Supremo Tribunal Federal [brasileiro]. Tribunal pleno. Relator: Min. Celso de Mello. Data de julgamento: 26/05/2011. Dje nº 198. Divulgação em 13/10/2011. Publicação em 14/10/2011. Ementário nº 2607-2. p. 295.

de pena, como poderia a crueldade contra animais estar intimamente relacionada com a subsistência do gênero humano num meio ambiente ecologicamente equilibrado? Com outras palavras: considerando que vida dos animais, nesse caso, não é o objeto jurídico de tutela e, portanto, a integridade da fauna não está em questão, como a crueldade contra animais – que não resulte em abate de espécimes – poderia abalar o equilíbrio ecológico do meio ambiente? Parece-nos que esta hipótese em absoluto não procede, devido a flagrante ausência de relação entre a conduta tipificada e o dano ao ambiente ecologicamente equilibrado.[583]

*d) Compreensão da crueldade contra animais como "ofensa à dignidade da pessoa humana"*

Na busca por fundamentos que justifiquem o equívoco hermenêutico da decisão, recorreu-se a argumentos que mais parecem uma *reductio ad absurdum* para corroborar uma outra hipótese de identificação do bem jurídico. São as palavras do Ministro Cezar Peluso, ao comentar a lei – sobre as rinhas de galo – objeto da ADI:

> Acho que a lei ofende também a dignidade da pessoa humana, porque, na verdade, implica, de certo modo, um estímulo às pulsões mais primitivas e irracionais do ser humano. [...]. Noutras palavras, a proibição também deita raiz nas proibições de todas as práticas que promovem, estimulam e incentivam ações e reações que diminuem o ser humano como tal e ofendem, portanto, a proteção constitucional à dignidade da pessoa humana, que é fundamento da República.[584]

O Ministro refere que as rinhas de galo, portanto, a crueldade contra animais, estimularia as "pulsões mais primitivas e irracionais do ser humano" e, assim, ofenderia "a dignidade da pessoa humana".[585] Ao encontro dessa fundamentação foi o voto do Ministro Lewandowski:

> Excelência, é exatamente essa intervenção que eu pretendia fazer, porque há um movimento mundial nesse sentido. Proibiram-se agora as touradas em Barcelona. A Europa está preocupada com o tratamento desumano, cruel e degradante que se dá aos animais domésticos, sobretudo nos abatedouros e também nos criadouros. Por quê? Porque está em jogo exata-

---

[583] Relembra-se o pensamento de KRAEMER, já referido, que sustenta serem os bens jurídicos – na tutela penal de animais e na tutela penal do meio ambiente – "não idênticos" (*nicht identisch*). (KRAEMER, Alexandra. *Tierschutz und Strafrecht: Luxus oder Notwendigkeit (?)*. Berlin: Logos Verlag, 2011. p. 74). (Tradução livre).

[584] *Ação Direta de Inconstitucionalidade (ADI) nº 1.856*, Rio de Janeiro. Supremo Tribunal Federal [brasileiro]. Tribunal pleno. Relator: Min. Celso de Mello. Data de julgamento: 26/05/2011. Dje nº 198. Divulgação em 13/10/2011. Publicação em 14/10/2011. Ementário nº 2607-2. p. 336.

[585] Vislumbra-se, aqui, uma tentativa de fundamentação kantiana da tutela penal de animais, na linha do que KRAEMER vai chamar de "proteção antropocêntrica de animais" (*anthropozentrischer Tierschutz*). (KRAEMER, Alexandra. *Tierschutz und Strafrecht: Luxus oder Notwendigkeit (?)*. Berlin: Logos Verlag, 2011. p. 27-29). As agressões contra os animais seriam uma espécie de "escola" para a realização de agressões contra os seres humanos, da mesma forma que a "compaixão com os animais" – na esteira do pensamento de HÖFFDING – também seria uma "escola" para a "compaixão com os homens". (HÖFFDING, Harald. *Ethische Prinzipienlehre*, 1896. *Apud* KLENK, Philipp. *Tierquälerei und Sittlichkeit*. Langensalza: Verlag von Hermann Beyer & Söhne, 1902. p. 1). (Tradução livre).

mente esse princípio básico da dignidade da pessoa humana. Quando se trata cruelmente ou de forma degradante um animal, na verdade está se ofendendo o próprio cerne da dignidade humana. E não apenas daqueles que participam desse espetáculo degradante, desse suposto esporte, mas também daqueles que indiretamente são atingidos por ele, pelos gritos dos animais e dos participantes.[586]

Vislumbra-se, aqui, uma argumentação que parece sustentar não o meio ambiente como bem jurídico tutelado no crime de crueldade contra animais, mas, sim, o sentimento humano de piedade ou compaixão. Refere-se que "quando se trata cruelmente ou de forma degradante um animal, na verdade está se ofendendo o próprio cerne da dignidade humana". Essa ideia está muito próxima – para não dizer que está identificada – à compreensão de que o bem jurídico tutelado, por meio do tipo penal de crueldade contra animais, seria o sentimento humano de piedade ou compaixão e, consequentemente, em nada poderia corroborar a compreensão de que o bem jurídico em tela seria o meio ambiente. Tratando-se, em verdade, de um flagrante equívoco hermenêutico, torna-se imperiosa a análise e desconstrução da hipótese de o bem jurídico-penal, tutelado por meio do crime de crueldade contra animais, ser o sentimento humano de piedade ou compaixão.

## II. Sentimentos humanos (compaixão e piedade) como bem jurídico

A ofensa ao sentimento moral do interesse público é, assim, apenas um substitutivo, um sub-fundamento para a não ofensa a um bem jurídico dos animais" (*die Verletzung des Sittlichkeitsgefühls der Allgemeinheit ist also nur ein Ersatzmittel, ein Untergrund für das nicht verletzte Rechtsgut des Tieres*).[587]

A tutela penal de sentimentos, *prima facie*, apresenta-se como absolutamente incompatível com a ideia de um direito penal liberal, que quer ser *ultima ratio*,[588] adequado ao paradigma constitucional vigente nos Estados Democráticos de Direito. O sentimento é um valor etéreo, de difícil delimitação, resultando em obstáculos à "função crítica" (*funzione critica*) do bem jurídico.[589] Para além disso, a compreensão do sentimento como bem

---

586 *Ação Direta de Inconstitucionalidade (ADI) nº 1.856*, Rio de Janeiro. Supremo Tribunal Federal [brasileiro]. Tribunal pleno. Relator: Min. Celso de Mello. Data de julgamento: 26/05/2011. Dje nº 198. Divulgação em 13/10/2011. Publicação em 14/10/2011. Ementário nº 2607-2. p. 336 e 337.

587 SALKOWSKI, Georg. *Der Tierschutz im geltenden und zukünftigen Strafrecht des In-und Auslandes: Dogmatisch und kritisch dargestellt*. Borna-Leipzig: Buchdruckerei Robert Noske, 1911. p. 94. (Tradução livre).

588 KRAEMER, em um capítulo intitulado "Direito penal como 'ultima ratio'" (*Strafrecht als „ultima ratio"*), rejeita a utilização do direito penal para a tutela da moralidade. (KRAEMER, Alexandra. *Tierschutz und Strafrecht: Luxus oder Notwendigkeit (?)*. Berlin: Logos Verlag, 2011. p. 84-86). (Tradução livre). FARIA COSTA vai sustentar que o direito penal "é *ultima ratio* porque só quando, de todo em todo, os outros ramos do direito não conseguem responder às necessidades de tutela dos bens jurídicos necessitados de protecção é que, então, se devem empregar os mecanismos de tutela repressiva que cabem ao direito penal". (FARIA COSTA, José de. *Linhas de direito penal e de filosofia: alguns cruzamentos reflexivos*. Coimbra: Coimbra Editora, 2005. p. 89).

589 ANGIONI, Francesco. *Contenuto e funzioni del concetto di bene giuridico: introduzione a uno studio sull'oggetto e la misura della tutela penale*. Chiarella: Sassari, 1980. p. 8.

jurídico poderia possibilitar uma ampla margem para distorções antiliberais na interpretação de tipos penais. Pense-se no "são sentimento do povo alemão" enquanto valor juridicamente tutelado durante o nacional-socialismo. Não há mais espaço, no direito penal do séc. XXI, para o reconhecimento de legitimidade na tutela penal de sentimentos. Porém, ainda hoje, há autores defendendo tal posição. Fala-se na tutela penal da "ordem moral nas relações entre homem e animal" (*sittliche Ordnung in den Beziehungen zwischen Mensch und Tier*).[590]

Na doutrina brasileira, em defesa dessa posição, destaca-se Regis Prado. O autor sustenta que o bem jurídico tutelado, no *crime de crueldade contra animais*, seria o "legítimo sentimento de humanidade (piedade, compaixão ou benevolência)".[591]

Na doutrina espanhola, sustentando a existência da tutela penal do sentimento humano nos crimes contra animais, merece destaque o pensamento de Serrano. Para a autora, por meio da norma penal de proibição da crueldade contra animais, "protege-se o interesse geral de que não sejam atacados os sentimentos dos homens", considerando que "não se protege os animais em si, nem sua menos valia (*menoscabo*) física por meio dos maus-tratos, senão que o que se protege, e se tenta salvaguardar, são os sentimentos humanos ofendidos pelos maus-tratos".[592]

### *a) O legado dos autores clássicos da doutrina alemã em favor da tutela penal de sentimentos humanos nos crimes contra animais*[593]

Em autores clássicos, como Binding, mostra-se já presente a compreensão de que o bem jurídico tutelado, no crime de crueldade contra animais, seria o sentimento de "compaixão pelos animais" (*Mitgefühl mit der Tiere*).[594] A dogmática jurídico-penal alemã, no específico quadrante histórico em que viveu Binding, tinha um olhar especialmente voltado para a "proteção de sentimentos morais" (*Der Schutz des sittlichen Gefühles*).[595]

Lembremo-nos da clássica obra, escrita por Klenk, em 1902, *Tierquälerei und Sittlichkeit* (Crueldade contra animais e Moralidade), em que o autor

[590] LÖÖCK, Carmen. *Das Tierschutzstrafrecht nach Einfügung der Staatszielbestimmung 'Tierschutz' in das Grundgesetz (Art. 20a GG): Theorie und Praxis*. Hamburg: Verlag Dr. Kovač, 2016. p. 70.

[591] REGIS PRADO, Luiz. *Direito penal do ambiente*. 3ª ed. São Paulo: Editora Revista dos Tribunais, 2011. p. 186.

[592] SERRANO, Maria Dolores Tárraga. El maltrato de animales. *Revista de derecho penal y criminología*, 2ª época, nº extraordinario II, 2004, p. 501-526. p. 509. (Tradução livre).

[593] A expressão "crimes contra animais" ou "crime contra o animal" (*Delikt gegen das Tier*) aparece já na obra de VIERNEISEL, em 1914. (VIERNEISEL, Julius. *Das Delikt der Tierquälerei und seine Reformbedürftigkeit*. [Inaugural-Dissertation]. Heidelberg: Heidelberger Verlangsanstalt,1914. p. 9).

[594] BINDING, Karl. *Die Normen und ihre Übertretungen: Eine Untersuchung über die Rechtmässige Handlung und die Arten des Delikts*. Tomo I [Normen und Strafgesetze]. 4ª ed. Leipzig: Verlag von Felix Meiner, 1922. p. 347.

[595] DORN, Hanns. *Strafrecht und Sittlichkeit. Zur Reform des deutschen Reichstrafgesetzbuches*. München: Ernst Reinhardt, 1907. p. 44.

exaltava a questão do sentimento humano, inclusive, desenvolvendo um tópico sobre "o significado do sentimento".[596] Höffding, ao escrever *Ethische Prinzipienlehre* (Doutrina dos princípios éticos), em 1896, portanto, no mesmo quadrante histórico, sustentou que "a compaixão com os animais tem o sentido de ser não apenas uma preparação e uma escola para a compaixão com os homens, ela tem também um valor imediato, uma parte do mundo do sentimento é impedir a dor".[597] Observa-se uma clara sobrevalorização do sentimento humano enquanto valor moral. Vierneisel, no mesmo caminho teórico, em sua tese doutoral de 1914, intitulada *Das Delikt der Tierquälerei und seine Reformbedürftigkeit* (O crime de crueldade contra animais e sua reformabilidade) defendia que "a proteção dos sentimentos morais humanos, do sentimento de compaixão como um bem ético" seria de "alto significado para a sociedade".[598] A posição desses autores clássicos, no que diz respeito à tutela penal de sentimentos humanos, ainda desfruta de algum acolhimento na doutrina alemã atual, Maurach, Schröder e Maiwald reconhecem essa compreensão.[599]

*b) A crítica aos "crimes de proteção de sentimentos" (Gefühlsschutzdelikte) na tutela penal de animais*

Hoje, essa mesma doutrina alemã, em suas correntes majoritárias, tem um olhar assumidamente crítico para os "crimes de proteção de sentimento" (*Gefühlsschutzdelikte*), destacando-se o trabalho de Hörnle.[600]

Há que se lembrar, no entanto, a existência de vozes isoladas, no passado, que já questionavam se a tutela penal de animais seria, verdadeiramente, tutela penal de sentimentos humanos, como Pitz, em sua tese de doutorado, do ano de 1929, intitulada *Das Delikt der Tierquälerei: Tierschutz oder Gefühlsschutz* (O crime de crueldade contra animais: proteção de ani-

[596] KLENK, Philipp. *Tierquälerei und Sittlichkeit*. Langensalza: Verlag von Hermann Beyer & Söhne, 1902. p. 31.

[597] HÖFFDING, Harald. *Ethische Prinzipienlehre*, 1896. *Apud* KLENK, Philipp. *Tierquälerei und Sittlichkeit*. Langensalza: Verlag von Hermann Beyer & Söhne, 1902. p. 1.

[598] VIERNEISEL, Julius. *Das Delikt der Tierquälerei und seine Reformbedürftigkeit*. [Inaugural Dissertation]. Heidelberg: Heidelberger Verlangsanstalt,1914. p. 7.

[599] MAURACH, Reinhart; SCHRÖDER, Friedrich-Christian; MAIWALD, Manfred. *Strafrecht. Besonderer Teil. Teilband 2. Straftaten gegen Gemeinschaftswerte*. Heidelberg, München, Landsberg, Frechen, Hamburg: C.F. Müller, 2012. p. 125.

[600] HÖRNLE, Tatjana. *Grob anstößiges Verhalten. Strafrechtlicher Schutz von Moral, Gefühlen und Tabus*. Frankfurt am Main: Vittorio Klostermann, 2004. Ver, também, sobre o tema, de autoria da mesma autora: HÖRNLE, Tatjana. Der Schutz von Gefühlen im StGB. In: HEFENDEHL, Roland; HIRSCH, Andrew von; WOHLERS, Wolfgang (Orgs.). *Die Rechtsgutstheorie: Legitimationsbasis des Strafrechts oder dogmatisches Glasperlenspiel?* Baden-Baden: Nomos Verlagsgesellschaft, 2003. Destaca-se, também, com uma obra de enorme importância, AMELUNG. Embora não seja tão atual quanto HÖRNLE, sua obra – que, diga-se de passagem, refuta duramente a ideia de que sentimentos possam ser tutelados por meio do direito penal – marcou uma época da dogmática jurídico-penal. (AMELUNG, Knut. *Rechtsgüterschutz und Schutz der Gesellschaft : Untersuchungen zum Inhalt und zum Anwendungsbereich eines Strafrechtsprinzips auf dogmengeschichtlicher Grundlage; zugleich ein Beitrag zur Lehre von der ‚Sozialschädlichkeit' des Verbrechens*. Frankfurt am Mein: Athenäum, 1972. p. 346 e 347).

mais ou proteção de sentimento).[601] Goretti, no mesmo sentido, também na primeira metade do séc. XX, desenvolvia uma forte crítica ao reconhecimento da tutela penal do sentimento humano nos crimes contra animais, afirmando – no ano de 1928, em seu artigo intitulado *L'animale quale soggetto di* diritto (O animal como sujeito de direito) – que tal compreensão estaria assentada num "ponto de vista sentimental". O autor sustentava que "quase todas as legislações que disciplinam o crime de maus-tratos a animais a justificam com um sentimento de humanidade" e, portanto, ao contrário do que deveria ser, "a proteção que se dispensa aos animais não é um reconhecimento da sua personalidade jurídica, mas uma afirmação de humanidade".[602] Porém, o que está em jogo na tutela penal de animais não é a humanidade dos homens, mas a animalidade dos animais.

Nem ao menos necessário é ingressar no âmbito de discussão da legitimidade dos "crimes de proteção de sentimentos" para concluir-se pelo descabimento da identificação do bem jurídico "sentimento humano" nos crimes contra animais. Trata-se de uma questão sobre o reconhecimento de um *interesse*. Basta reconhecer que o animal, inegavelmente, é sujeito de um *interesse*. O *interesse* em *não-sofrer*. O animal é sujeito do *interesse* em *não-sofrer* pelo simples fato de que ele pode sofrer e evita o sofrimento.[603] Se o animal é sujeito de um *interesse*, então o bem jurídico tutelado nos crimes contra os animais não pode ignorar essa realidade. Mas ainda que o ser humano possuísse um legítimo *interesse* direto a ser tutelado por meio dos crimes contra os animais, como, por exemplo, o sentimento humano de piedade, poderia esse *interesse* ser mais diretamente afetado, no caso do crime de crueldade contra animais, do que o *interesse* do próprio animal?[604] Por outras palavras: sopesando-se os dois *interesses*, o *interesse* do animal em *não-sofrer* fisicamente a crueldade e o *interesse* humano em não ter o seu sentimento de compaixão ferido,[605] poderia este – justificadamente

[601] Ver, por todos, PITZ. (PITZ, Norbert. *Das Delikt der Tierquälerei: Tierschutz oder Gefühlsschutz*. [Inaugural Dissertation]. Köln: Universität zu Köln, 1929).

[602] GORETTI, Cesare. L'animale quale soggetto di diritto. *Rivista di Filosofia*, Anno XIX, nº 1, Gennaio/Marzo, 1928. p. 359.

[603] GORETTI destaca a importância do ato de evitar o sofrimento. O autor defende que o animal possuiria um verdadeiro "direito fundamental de evitar a dor", pois seria este "o direito mais fundamental e mais singelo de cada ser vivo" (GORETTI, Cesare. L'animale quale soggetto di diritto. *Rivista di Filosofia*, Anno XIX, nº 1, Gennaio/Marzo, 1928. p. 356).

[604] A expressão "interesse do animal" ou "interesse dos animais" (*Interessen der Tiere*) é consagrada pela literatura, aparecendo – por todos – na obra de SALKOWSKI (SALKOWSKI, Georg. *Der Tierschutz im geltenden und zukünftigen Strafrecht des In-und Auslandes: Dogmatisch und kritisch dargestellt*. Borna-Leipzig: Buchdruckerei Robert Noske, 1911. p. 95). (Tradução livre). VIERNEISEL, na sua obra sobre o crime de crueldade contra animais, sustenta que "a proteção de interesses é, segundo o entendimento geral, a tarefa do direito, por conseguinte também do direito penal" (*Interessenschutz ist nach der allgemeinen Ueberzeugung die Aufgabe des Rechts, also auch des Strafrechts*). (VIERNEISEL, Julius. *Das Delikt der Tierquälerei und seine Reformbedürftigkeit*. [Inaugural Dissertation]. Heidelberg: Heidelberger Verlangsanstalt,1914. p. 16 e17). (Tradução livre).

[605] HIPPEL, ainda que com reservas, levanta a hipótese de ser possível uma "identificação" entre o *interesse humano* (compaixão) e o *interesse do animal* (integridade corporal) na tutela penal de animais realizada por meio do tipo penal de crueldade contra animais. (HIPPEL, Robert von. *Die Tierquälerei in der Strafgesetzgebung des In-und Auslandes, historisch, dogmatisch und kritisch dargestellt, nebst Vorschlägen zur Abänderung des reichsrechts*. Berlin: Verlag von Otto Liebmann, 1891. p. 126). Sobre HIPPEL e a

e isento de qualquer redução argumentativa *especista* – sobrepor-se àquele? Fácil é perceber que não. A dor física do animal é o que mais interessa para justificar a proibição penal da crueldade contra animais. Se houvesse um legítimo sentimento humano de piedade, penalmente tutelável, então – ainda sim – seria ele um evento de segunda ordem, quando comparado com o sofrimento do animal.[606] Portanto, os dois caminhos, acenados pela presente análise, apontam para a forçosa rejeição da hipótese em tela. Defende-se, entretanto, em algumas linhas de compreensão, que se a tutela penal de animais não é tutela penal do meio ambiente, nem tutela penal de sentimentos, então, necessariamente, não haveria bem jurídico tutelado. Torna-se necessária a análise e refutação dessa hipótese.

### III. Inexistência de bem jurídico

Dentre as hipóteses elencadas pela doutrina está, também, a da inexistência de bem jurídico, ou seja, a norma penal – nos crimes contra animais e, especialmente, no crime de crueldade contra animais – não tutelaria bem jurídico algum.[607] Tratar-se-ia tão somente da tutela de um dever. A presente hipótese coloca uma série de problemas no que diz respeito à legitimidade da intervenção jurídico-penal, apresentando-se três caminhos:

*(i)* Se considerarmos que a função do direito penal é *a exclusiva tutela subsidiária de bens jurídico-penais*,[608] então torna-se ilegítima toda e qualquer intervenção jurídico-penal que não objetive a tutela de um bem jurídico,

*(ii)* Se considerarmos que a função do direito penal é *a – não exclusiva – tutela subsidiária de bens jurídicos*, então haveriam espaços de exceção,

---

relação – e rompimento – entre "proteção de animais" e "antissemitismo", ver, por todos, KLUETING. (KLUETING, Edeltraud. Die gesetzlichen Regelungen der nationalsozialistischen Reichsregierung für den Tierschutz, den Naturschutz und den Umweltschutz. In: RADKAU, Joachim; UEKÖTTER (Org.). *Naturschutz und Nationalsozialismus*. Frankfurt/New York: Campus Verlag, 2003. p. 80).

[606] E não se poderia, aqui, *ad limine*, falar em cotitularidade do bem jurídico, porque seriam dois bens jurídicos distintos: o "sentimento humano de compaixão" e a "integridade corporal do animal". Não se poderia, também, falar em crime complexo, com dois bens jurídicos, pois cada bem jurídico teria um titular diferente, resultando numa flagrante incongruência lógica, verificável especialmente no que diz respeito às situações de consentimento do ofendido. Se o homem consentisse com a ofensa ao seu sentimento humano de compaixão, então, ainda sim, não se verificaria causa de justificação alguma para a ação de crueldade contra o animal, pois o outro bem jurídico, titularizado pelo animal, continuaria a estar tutelado, evidentemente, sem qualquer possibilidade de consentimento do animal. Para além disso, seria logicamente despropositado falar em cotitularidade de um bem jurídico individual, por conta das limitações operadas por meio da possibilidade de um consentimento do ofendido.

[607] LÖÖCK, Carmen. *Das Tierschutzstrafrecht nach Einfügung der Staatszielbestimmung 'Tierschutz' in das Grundgesetz (Art. 20a GG): Theorie und Praxis*. Hamburg: Verlag Dr. Kovač, 2016. p. 69. RÖCKLE, ao analisar tal hipótese, adverte que "cada tipo penal está em relação com um bem jurídico" (*Jeder Tatbestand steht in Beziehung zu einem Rechtsgut*). (RÖCKLE, Axel Gerhard. *Probleme und Entwicklungstendenzen des strafrechtlicher Tierschutzes*. (Inaugural–Dissertation). Tübingen: Eberhard-Karls-Universität, 1996. p. 87). (Traduçao livre).

[608] FARIA COSTA, José de. *Noções Fundamentais de Direito Penal: Fragmenta Iuris Poenalis*. 4ª ed. Coimbra: Coimbra Editora, 2015. p. 13. WELZEL vai sustentar que "a tarefa do direito penal é a tutela de bens jurídicos [...]" (*Aufgabe des Strafrechts ist der Rechtsgüterschutz*). (WELZEL, Hans. *Das Deutsche Strafrecht: Eine systematische Darstellung*. Berlin: Walter de Gruyter & Co, 1969. p. 5).

sendo possível a incriminação de condutas sem o objetivo de tutelar bens jurídicos;

*(iii)* Se considerarmos que a função do direito penal é *a reafirmação da norma*, então toda e qualquer intervenção jurídico-penal – sem a necessidade, em absoluto, de haver a tutela de bens jurídicos – poderia ser legítima.

A hipótese de inexistência do bem jurídico tutelado, nos crimes contra animais, quando analisada pela ótica do segundo e do terceiro caminho não encontrará dificuldades quanto ao reconhecimento de legitimidade da intervenção jurídico-penal, pois ambos os caminhos dispensam a necessidade da tutela de bens jurídicos pela norma penal, ou seja, ambos os caminhos podem reconhecer a legitimidade de tipos penais que não objetivem a tutela de bens jurídicos. Concluindo-se que, para o segundo e para o terceiro caminho, seria possível reconhecer a legitimidade dos crimes contra animais mesmo na hipótese da inexistência de bem jurídico a ser tutelado. Porém, em relação ao primeiro caminho, a situação é inteiramente diferente. Ao se reconhecer que a função do direito penal é *a exclusiva tutela subsidiária de bens jurídico-penais*, assume-se a necessidade de a norma penal sempre tutelar bens jurídicos. Nesse caminho, se houver norma penal que não tutele um bem jurídico, então ilegítima será tal intervenção jurídico--penal. Concluindo-se que, para o primeiro caminho, não seria possível o reconhecimento da legitimidade dos crimes contra animais na hipótese da inexistência de bem jurídico a ser tutelado. Nossa compreensão está atrelada ao primeiro caminho, portanto, reconhecemos que a legitimidade de um tipo penal depende, notadamente, da existência de um bem jurídico a ser tutelado. Independentemente de tal discussão, é claro que o tipo penal de crueldade contra animais tutela um bem jurídico. A proteção de um *interesse* está em jogo. Um *interesse* que diz respeito à proteção dos animais. Precisa-se identificar esse *interesse*. Porém, a identificação de um tal *interesse* deve estar noutro registro: na proteção direta dos animais.

## § 27. A proteção direta dos animais

### I. Dignidade animal como bem jurídico

Ao contrário do que já defendemos em trabalhos anteriores,[609] a dignidade animal não é um bem jurídico. A dignidade animal, positivada na *Declaração Universal de Direitos dos Animais* (art. 10, nº 2), talvez possa ser

[609] Quase uma década atrás, em trabalho concluído no ano de 2007 e imediatamente encaminhado à publicação, sustentávamos: "o bem jurídico tutelado pelo tipo penal [art. 32 da Lei nº 9.605/1998 – *crime de crueldade contra animais*] é a dignidade animal" (SPORLEDER DE SOUZA, Paulo Vinicius; TEIXEIRA NETO, João Alves; CIGERZA, Juliana. Experimentação em animais e direito penal: comentários dogmáticos sobre o art. 32, § 1, da Lei nº 9.605/1998, e o bem jurídico "dignidade animal". In: MOLINARO, Carlos Alberto; MEDEIROS, Fernanda Luiza Fontoura de; SARLET, Ingo Wolfgang; FENSTERSEIFER, Tiago [Org.]. *A dignidade da vida e os direitos fundamentais para além dos humanos: uma discussão necessária*. Belo Horizonte: Editora Fórum, 2008. p. 213).

considerada um princípio que oriente a tutela penal de animais, bem como a tutela jurídica de animais em um sentido amplo, mas não pode, salvo melhor juízo, ser considerada um bem jurídico.[610] O importante é reconhecer que a dignidade animal, não obstante não ser um bem jurídico, vem sendo chancelada pelo direito. Sarlet sustenta que "o reconhecimento de que a vida não humana possui uma dignidade, portanto, um valor intrínseco e não meramente instrumental em relação ao homem, já tem sido objeto de chancela pelo direito, e isto em vários momentos", como, por exemplo, "no que concerne à vedação de práticas cruéis e causadoras de desnecessário sofrimento aos animais".[611]

Metallanes identifica que a dignidade animal, atualmente, é considerada um "telos" da tutela penal de animais, assim como o bem-estar do animal, muito embora não concorde com essa posição. A autora chega a questionar: nos crimes contra animais, "o que se tutela então? Um pretendido direito de cada animal a um tratamento digno?". Ainda que não assuma uma posição clara sobre qual bem jurídico estaria sendo tutelado, Metallanes manifesta-se contrariamente à possibilidade de a dignidade animal ser penalmente tutelada, pois não seriam cumpridas "as exigências" do "conceito de bem jurídico".[612]

Os argumentos que refutam a possibilidade de a dignidade animal ser considerada um bem jurídico, numa primeira análise, encontram amparo na mesma lógica dos argumentos que refutam a possibilidade de a dignidade humana ser considerada um bem jurídico.[613] A dignidade humana não é um bem jurídico. A dignidade, seja ela humana ou animal, seria um valor demasiadamente etéreo, de quase impossível concretização, resultando em dificuldades de difícil solução para a dogmática jurídico-penal.[614]

Na doutrina atual, Sporleder de Souza e Isaías Santos são vozes isoladas a defender que a dignidade animal seria um bem jurídico. Para Sporleder

---

[610] Sobre a dignidade animal, a partir de uma perspectiva mais ampla, enquanto "dignidade da criatura", ver, por todos, TEUTSCH. (TEUTSCH, G. *Die Würde der Kreatur. Erläuterungen zu einem neuen Verfassungsbegriff am Beispiel des Tieres*. Bern; Stuttgart; Wien: Paul Haupt, 1995).

[611] SARLET, Ingo Wolfgang. *A eficácia dos direitos fundamentais: uma teoria geral dos direitos fundamentais na perspectiva constitucional*. 10ª ed. [3ª tiragem]. Porto Alegre: Livraria do Advogado, 2011. p. 225.

[612] MATELLANES, Nuria Rodríguez. *Derecho penal del medio ambiente*. Madrid: Iustel, 2008. p. 201 e 202.

[613] Sobre a dignidade da pessoa humana, ver, por todos, SARLET. (SARLET, Ingo Wolfgang. *Dignidade da pessoa humana e direitos fundamentais na Constituição Federal de 1988*. 9ª ed. Porto Alegre: Livraria do Advogado, 2012).

[614] Em sentido contrário, defendendo que a dignidade da pessoal humana seria um bem jurídico, está AIRES DE SOUSA: "Temos para nós que a dignidade humana se concretiza, a partir do seu núcleo essencial, em diversas dimensões: desde logo, realiza-se em cada direito fundamental que se reconhece ao indivíduo, mas também comporta uma dimensão colectiva, pertença da comunidade internacional e tutelada pelos crimes contra a humanidade. Cada atentado contra aqueles bens jurídicos individuais, no quadro de um ataque sistemático ou generalizado a uma população civil, constitui não só uma violação da dignidade humana individual daqueles que sofreram a conduta como abala a confiança da comunidade internacional na tutela da humanidade, assim se colocando em evidência a dimensão colectiva da dignidade humana. Ora, trata-se, quanto a nós, do exemplo de um autêntico bem jurídico-penal colectivo capaz de cumprir as funções exigidas a esta categoria da infracção criminal, cujo estudo importa agora potenciar". (AIRES DE SOUSA, Susana. *Sobre o bem jurídico-penal protegido nos crimes contra a humanidade*. 2007. p. 18).

de Souza, tratar-se-ia de um bem jurídico supraindividual, titularizado pela "coletividade animal".[615] Para Isaías Santos, a dignidade animal seria um bem jurídico individual, titularizado pelo animal.[616]

Ao rejeitarmos tal hipótese, somos levados a concluir pela possibilidade de a dignidade animal ser reconhecida como um princípio. Se a dignidade animal for reconhecida como um princípio jurídico, então poderá ela guiar o reconhecimento do animal como merecedor de respeito, consideração e proteção – por parte do Estado e da comunidade – contra atos de crueldade, abuso e maus-tratos.

## II. Animal como bem jurídico

Uma pequena parte da doutrina elenca a possibilidade de "o próprio animal" (*das Tier selbst*) ser considerado o bem jurídico tutelado nos crimes contra animais.[617] Porém, essa hipótese não procede. O animal é o objeto material do crime. Não há, nesse caso, identificação entre o objeto material e o bem jurídico tutelado. A hipótese coloca problemas, também, no que diz respeito à titularidade do bem jurídico. Se o animal fosse o bem jurídico tutelado, então quem seria o titular de um tal bem? Seria um bem jurídico individual ou supraindividual? Se fosse considerado um bem jurídico individual, então o titular seria o seu "proprietário"? Se fosse considerado um bem jurídico supraindividual, então toda a coletividade seria titular de cada animal doméstico? A própria descrição do fenômeno já causa um estranhamento linguístico, pois estamos a falar sobre "quem seria titular do animal". O absurdo da linguagem, usada para descrever o fenômeno, já acusa a inadequabilidade da compreensão. Vislumbra-se, inevitavelmente, uma demasiada simplificação do fenômeno jurídico-penal em questão. Segundo a nossa compreensão, muito mais razoável é afirmar: *o animal não é o bem jurídico, mas o bem jurídico é do animal*. Não há que se falar em *quem* seria o "titular do animal", mas, sim, em *quem* seria "titular de um *interesse* ligado ao animal". *Mutatis mutandis*, quando se fala num "crime contra a pessoa", a pessoa não é o bem jurídico, muito embora possa ser o objeto material do crime, porém, o bem jurídico tutelado está ligado à pessoa, em verdade, umbilicalmente ligado, de modo que a pessoa é reconhecida como titular do bem jurídico tutelado. O animal não é o bem jurídico, mas o bem

---

[615] SPORLEDER DE SOUZA, Paulo Vinicius; TEIXEIRA NETO, João Alves; CIGERZA, Juliana. Experimentação em animais e direito penal: comentários dogmáticos sobre o art. 32, § 1, da Lei nº 9.605/1998, e o bem jurídico "dignidade animal". In: MOLINARO, Carlos Alberto; MEDEIROS, Fernanda Luiza Fontoura de; SARLET, Ingo Wolfgang; FENSTERSEIFER, Tiago [Org.]. *A dignidade da vida e os direitos fundamentais para além dos humanos: uma discussão necessária*. Belo Horizonte: Editora Fórum, 2008. p. 213.

[616] ISAÍAS SANTOS, Cleopas. *Experimentação animal e direito penal: o crime de crueldade e maus-tratos à luz da teoria do bem jurídico*. Curitiba: Juruá, 2015. p. 123.

[617] LÖÖCK, Carmen. *Das Tierschutzstrafrecht nach Einfügung der Staatszielbestimmung 'Tierschutz' in das Grundgesetz (Art. 20a GG): Theorie und Praxis*. Hamburg: Verlag Dr. Kovač, 2016. p. 70; RÖCKLE, Axel Gerhard. *Probleme und Entwicklungstendenzen des strafrechtlicher Tierschutzes*. (Inaugural–Dissertation). Tübingen: Eberhard-Karls-Universität, 1996. p. 90.

jurídico tutelado está, diretamente, ligado ao animal. O animal em si não pode ser considerado um *interesse*, mas pode ser portador de um *interesse*, como o *interesse* em *não-sofrer*. Torna-se necessária a análise da capacidade de sofrimento e a sua possibilidade de ser reconhecida como um bem jurídico.

### III. Capacidade de sofrimento como bem jurídico

A doutrina defende, ainda, a hipótese de o bem jurídico tutelado nos crimes contra animais ser a "capacidade de sofrimento". A atual posição de Roxin vai ao encontro desse caminho: "não vejo qualquer objeção a que a sua capacidade de sofrimento possa ser considerada como bem jurídico".[618] Nesse contexto, segundo Roxin, a teoria do bem jurídico é (re)compreendida:

> É certo que, deste modo, uma teoria do bem jurídico puramente antropocêntrica e bastante limitada – tratar-se-ia de uma tutela mínima dos animais quando comparada com o âmbito de proteção das pessoas – é alargada e transformada em uma "teoria do bem jurídico referente à criatura".[619]

Não obstante o acerto do autor, no que diz respeito à superação do paradigma antropocêntrico-radical, expresso na ideia de uma "teoria do bem jurídico referente à criatura", verifica-se, segundo o nosso olhar, um erro não sutil na compreensão do fenômeno jurídico-penal em análise. Ocorre que a "capacidade de sofrimento" do animal não é um bem jurídico, mas, sim, é a condição de possibilidade para um bem jurídico. A "capacidade de sofrimento" não é um *interesse* ou valor em si, mas é fundamento de um *interesse* ou valor. O "poder-sofrer" é um fundamento ontológico para a tutela penal de animais. Apenas poderemos falar em bens jurídicos titularizados pelo animal – e mesmo no bem jurídico "vida" do animal – porque ele possui a "capacidade de sofrimento", que na linguagem ontológica chamamos de "poder-sofrer". Essa é a máxima expressão – junto ao "poder-morrer" e ao "poder-ser-dominado" – da sua fragilidade estrutural. Portanto, nesse horizonte de compreensão, consideramos que o reconhecimento da "capacidade de sofrimento" do animal como bem jurídico é, também, uma simplificação – e, por que não dizer, superficialização – do fenômeno jurídico-penal.

Porém, mesmo frente a um tal entendimento, Roxin sustenta que "há que se considerar admissível a punição aos maus-tratos a animais". Ainda que o autor não apresente aquela que, ao nosso juízo, seria a melhor compreensão sobre a identificação do bem jurídico tutelado, acerta na compre-

---

[618] ROXIN, Claus. O conceito de bem jurídico como padrão crítico da norma penal posto à prova. Trad. Susana Aires de Sousa. Rev. Jorge de Figueiredo Dias. *Revista Portuguesa de Ciência Criminal*, Coimbra, Ano 23, n.º 1 (janeiro-março 2013), p. 7-43. p. 21.

[619] ROXIN, Claus. O conceito de bem jurídico como padrão crítico da norma penal posto à prova. Trad. Susana Aires de Sousa. Rev. Jorge de Figueiredo Dias. *Revista Portuguesa de Ciência Criminal*, Coimbra, Ano 23, n.º 1 (janeiro-março 2013), p. 7-43. p. 21.

ensão da necessidade da tutela penal de animais, acerta na descrição da lógica da tutela penal de animais:

> Não significa que neste caso se proteja uma mera concepção moral, senão que há que se partir da base de que o legislador, numa espécie de solidariedade entre as criaturas, também considera os animais superiores como nossos semelhantes, como "irmãos distintos", e assim os protege. Segundo isso, na proteção da convivência humana se inclui também, embora com diferente atenuação, junto à vida humana em formação, a vida dos animais superiores. Seu sentimento de dor se equipara até um certo grau ao do homem.[620]

Na verdade, com essa compreensão, Roxin está próximo do caminho teórico que leva ao reconhecimento da *vida* e *bem-estar* dos animais como bens jurídicos tutelados no crime de crueldade contra os animais.

## § 28. As conquistas do 2º Capítulo (Parte Segunda)

*(i)* (Re)colocou-se a pergunta da investigação e respondeu-se afirmativamente que os animais podem ser titulares dos bens jurídico-penais relacionados à sua fragilidade estrutural, ou seja, relacionados à sua ontológica possibilidade de morrer, sofrer e ser dominado. Concluiu-se que a ontológica fragilidade estrutural dos animais, aliada à possibilidade de *comunicação* (não linguística) com os humanos e o consequente "ser-com", pré-ontologicamente confirmado, permite que lhes reconheçam como o "outro" da relação, que, por sua vez, permite o reconhecimento de uma matricial relação onto-antropológica de cuidado-de-perigo (para-com-os-animais). Conquistou-se a compreensão de que se os sujeitos de uma matricial relação onto-antropológica de cuidado-de-perigo são titulares de bens jurídico-penais, então os animais, que são sujeitos de uma tal relação, necessariamente, podem ser reconhecidos como titulares de bens jurídico-penais, ou seja, quando o "não-cuidado" em nível intolerável – a exemplo da crueldade, do abuso e dos maus-tratos – for verificado, haverá o rompimento dessa relação, haverá o crime contra o animal e somente a *pena justa* poderá recompor os fios rompidos dessa relação, poderá reconstituir a relação onto-antropológica de cuidado-de-perigo (para-com-os-animais);

*(ii)* Compreendeu-se que – com o reconhecimento de que os animais são titulares de bens jurídico-penais, mas não só com isso – anunciada está a defasagem do paradigma antropocêntrico-radical na dogmática jurídico-penal. Sustentou-se que a defasagem do paradigma antropocêntrico-radical já se anunciou quando da primeira tipificação da crueldade contra animais (*Tierquälerei*), em 1838, na Saxônia. Concluiu-se que a resposta afirmativa à pergunta da investigação e, consequentemente, a confirmação da defasagem do paradigma antropocêntrico-radical, apenas é possível porque a dogmática jurídico-penal está aberta à "historicidade", é inconclusa,

[620] ROXIN, Claus. *Derecho Penal: parte general. Tomo I. Fundamentos. La estructura de la teoría del delito.* [tradução da 2ª ed. alemã]. Trad. Diego-Manuel Luzón Peña; Miguel Díaz y García Conlledo; Javier de Vicente Remesal. Madrid: Civitas, 1997. p. 59.

está sempre a caminho, não está pautada por "respostas absolutas", de modo que o rol de titulares de bens jurídico-penais, reconhecido pela tradição, carrega a marca da provisoriedade;

*(iii)* Compreendeu-se que os valores relacionados à tutela do animal, individualmente considerado, diferenciam-se sensivelmente dos valores relacionados à tutela da fauna, já que o primeiro está mais distanciado do referencial humano, enquanto que o segundo está diretamente ligado a ele. Demonstrou-se que, cada vez mais, amplia-se o horizonte compreensivo da tutela penal do meio ambiente, de modo a nele incluir outros âmbitos de intervenção que não dizem respeito propriamente à questão ecológica ou ambiental, ou seja, inclui-se uma dimensão ecológica num âmbito de intervenção jurídico-penal não-ecológico. Trata-se, porém, de um olhar distorcido. Chamamos esse fenômeno de *ecologização da tutela penal de animais;*

*(iv)* Conquistou-se a compreensão de que a tutela penal de sentimentos, *prima facie*, apresenta-se como absolutamente incompatível com a ideia de um direito penal liberal, que quer ser *ultima ratio*, adequado ao paradigma constitucional vigente nos Estados Democráticos de Direito, pois o sentimento é um valor etéreo, de difícil delimitação, resultando em obstáculos à função de garantia do bem jurídico, já que a compreensão do sentimento como bem jurídico poderia possibilitar uma ampla margem para distorções antiliberais na interpretação de tipos penais. Referiu-se que não há mais espaço, no direito penal do séc. XXI, para o reconhecimento de legitimidade na tutela penal de sentimentos, muito embora, ainda haja autores a defender tal posição. Concluiu-se que nem ao menos necessário seria ingressar no âmbito de discussão da legitimidade dos "crimes de proteção de sentimentos" para se vislumbrar o descabimento da identificação do bem jurídico "sentimento humano" nos crimes contra animais, pois basta reconhecer que inegavelmente o animal é sujeito do *interesse* em *não-sofrer*. Portanto, se o animal é sujeito de um *interesse*, então a identificação do bem jurídico tutelado, nos crimes contra os animais, não pode ignorar essa realidade;

*(v)* Compreendeu-se que se considerarmos que a função do direito penal é *a exclusiva tutela subsidiária de bens jurídico-penais*, então torna-se ilegítima toda e qualquer intervenção jurídico-penal que não objetive a tutela de um bem jurídico. Compreendeu-se, também, que se considerarmos que a função do direito penal é *a – não exclusiva – tutela subsidiária de bens jurídicos*, então haveriam espaços de exceção, sendo possível a incriminação de condutas sem o objetivo de tutelar bens jurídicos. Concluiu-se que se considerarmos que a função do direito penal é *a reafirmação da norma*, então toda e qualquer intervenção jurídico-penal – sem a necessidade, em absoluto, de haver a tutela de bens jurídicos – seria legítima. Conquistou-se a compreensão de que ao se reconhecer a função do direito penal como *a exclusiva tutela subsidiária de bens jurídico-penais*, assume-se a necessidade de a norma penal sempre tutelar bens jurídicos. Portanto, se houver norma penal que não tutele um bem jurídico, então ilegítima será tal intervenção jurídico-penal, concluindo-se pela impossibilidade de se reconhecer a legitimidade

dos crimes contra animais na hipótese da inexistência de um bem jurídico a ser tutelado;

*(vi)* Conquistou-se a compreensão de que a dignidade animal, positivada na *Declaração Universal de Direitos dos Animais* (art. 10, nº 2), poderá ser considerada um princípio que oriente a tutela penal de animais, bem como a tutela jurídica de animais em um sentido amplo, mas não poderá ser considerada, salvo melhor juízo, um bem jurídico. Compreendeu-se que os argumentos que refutam a possibilidade de a dignidade animal ser considerada um bem jurídico, numa primeira análise, encontram amparo na mesma lógica dos argumentos que refutam a possibilidade de a dignidade humana ser considerada um bem jurídico. Concluiu-se que a dignidade, seja ela humana ou animal, seria um valor demasiadamente etéreo, de quase impossível concretização, resultando em dificuldades de difícil solução para a dogmática jurídico-penal. Concluiu-se, também, que ao rejeitarmos tal hipótese, somos levados a aceitar a possibilidade de a dignidade animal ser reconhecida como um princípio, a orientar o reconhecimento de que o animal é merecedor de respeito, consideração e proteção – por parte do Estado e da comunidade – contra atos de crueldade, abuso e maus-tratos;

*(vii)* Identificou-se que uma pequena parte da doutrina reconhece a possibilidade de o próprio animal ser considerado o bem jurídico tutelado nos crimes contra animais. Porém, essa hipótese não procede. O animal é o objeto material do crime, mas, neste caso, não há identificação entre o objeto material e o bem jurídico tutelado, resultando em problemas, também, no que diz respeito à titularidade do bem jurídico. Questionou-se se o animal fosse o bem jurídico tutelado, então quem seria o titular de tal bem? Seria um bem jurídico individual ou supraindividual? Se fosse considerado um bem jurídico individual, então o titular seria o seu "proprietário"? Se fosse considerado um bem jurídico supraindividual, então toda a coletividade seria titular de cada animal doméstico? A própria descrição do fenômeno já causa um estranhamento linguístico, pois estamos a falar sobre "quem seria titular do animal". A linguagem, usada para descrever o fenômeno, já acusa a inadequabilidade da compreensão. Vislumbrou-se, nessa hipótese, uma demasiada simplificação do fenômeno jurídico-penal em questão. Concluiu-se que *o animal não é o bem jurídico, mas o bem jurídico é do animal* e, portanto, não há que se falar em "titular do animal", mas, sim, em "titular de um bem ligado ao animal";

*(viii)* Conquistou-se a compreensão de que o bem jurídico tutelado, nos crimes contra animais, não seria a "capacidade de sofrimento". Referiu-se que esta é a atual posição de Roxin. Explicou-se que não obstante o acerto do autor, no que diz respeito à superação do paradigma antropocêntrico-radical, expresso na ideia de uma "teoria do bem jurídico referente à criatura", verificou-se um erro, não sutil, na compreensão do fenômeno jurídico-penal em análise, pois a "capacidade de sofrimento" do animal não é um bem jurídico, mas, sim, a condição de possibilidade de um bem jurídico. Concluiu-se que a "capacidade de sofrimento" não é um *interesse* em si, mas é fundamento de um *interesse*, pois, apenas poderemos falar num bem

jurídico do animal porque ele possui a "capacidade de sofrimento", nesse horizonte de compreensão, consideramos que o reconhecimento da "capacidade de sofrimento" do animal como bem jurídico é uma simplificação – e, por que não dizer, superficialização – do fenômeno jurídico-penal.

# 3º Capítulo
# As consequências normativas da possibilidade de os animais serem titulares de bens jurídico-penais

A lei vigente, por excelência, tutela a vida dos animais. (*Das geltende Gesetz schützt das Leben des Tieres schlechthin*).[621]

## § 29. Quais animais podem ser titulares de bens jurídico-penais e quais bens jurídico-penais podem ser titularizados pelos animais?

Reconhece-se que "sempre houve proteção de animais" (*Tierschutz hat es immer gegeben*).[622] Reconhece-se, também, que a tutela penal de animais é um fenômeno secular,[623] consolidado – cada vez mais, nos dias de hoje – em diferentes sistemas jurídico-penais.[624] Mais. O que a investigação assegurou até aqui nos permite reconhecer que os animais são titulares de bens jurídico-penais.[625] Então, agora, torna-se necessário perguntar: quais animais podem ser titulares de bens jurídico-penais? Poderíamos ser levados pelo pensamento de Grimm e Wild, que – em tom de provocação – intitulam um dos capítulos de sua obra: "Todos os animais são iguais" (*Alle Tiere sind gleich*).[626] Porém, a complexidade do fenômeno aponta para outra direção. Todos os animais vertebrados podem ser titulares de bens jurídico-penais,[627] pois possuem uma comprovada capacidade de

---

621 MORIE, Rolf . *Das Vergehen der Tierquälerei: Eine strafrechtliche Untersuchung zu § 17 Tierschutzgesetz unter besonderer Berücksichtigung staatsanwaltschaftlicher und gerichtlicher Strafakten aus Niedersachsen in den Jahren 1974 bis 1981*. [Inaugural-Dissertation]. Göttingen: Georg-August-Universität, 1983. p. 65.

622 WILLIGE, no início da sua clássica obra sobre o centenário da proteção jurídica de animais em Dresden, sustenta categoricamente que "sempre houve proteção de animais" (*Tierschutz hat es immer gegeben*). (WILLIGE, Hans Georg. *Hundert Jahre Tierschutz in Dresden. Mit einem Schlußaufsatz von Herbert pause. Herausgegeben vom Tierschutzverein Dresden und Umgebung aus Anlaß seines hundertjährigen Bestehens 1839-1939*. Dresden-Löbtau: Verlag W. Ostwald, 1939. p. 9). (Tradução livre).

623 HAEBERLIN, Carl Franz Wilhelm Jérôme. *Grundsätze des Criminalrechts: Nach den neuen deutschen Strafgesetzbüchern*. Leipzig: Friedrich Fleischer Verlag, 1848. p. 319 e 320; KRAEMER, Alexandra. *Tierschutz und Strafrecht: Luxus oder Notwendigkeit (?)*. Berlin: Logos Verlag, 2011. p. 4.

624 Veja-se o § 8, "A confirmação da atualidade da pergunta (da investigação) a partir de três testemunhos legislativos".

625 Conforme a hipótese amplamente demonstrada, por meio dos argumentos apresentados no decorrer de toda a investigação, mas, sobretudo, no § 25, "A resposta à pergunta pela possibilidade de os animais serem titulares de bens jurídico-penais".

626 GRIMM, Herwig; WILD, Markus. *Tierethik zur Einführung*. Hamburg: Junius Verlag, 2016. p. 40 e seg.

627 A Lei de Proteção de Animais, na Alemanha, conforme já destacado, prevê que "todos os animais vertebrados serão protegidos". (*Tierschutzgesetz*, 24 de julho de 1972 [alterada em 28 de julho de 2014],

sofrimento.[628] Os animais vertebrados possuem sentidos, como a visão, o olfato, a audição, o tato e o paladar. Alguns desses sentidos são mais aguçados, em animais vertebrados, do que em seres humanos.[629] Tais sentidos permitem o acesso ao ente e, portanto, permitem-lhes sofrer. Os animais vertebrados possuem a coluna vertebral que lhes torna possível a senciência. Em verdade, os animais vertebrados possuem "sistema nervoso central" (*zentrales Nervensystem*),[630] em virtude da existência de coluna vertebral e, por essa razão, são especialmente sensíveis à dor, de modo que podem sofrer.[631] A comprovada fragilidade estrutural, especialmente manifestada no "poder-sofrer", característica mais singular dos animais vertebrados, projeta-se no *interesse* em *não-sofrer*.[632] A ordem jurídica converte esse *interesse* em bem jurídico-penal, fazendo-se do animal vertebrado o seu titular.

Até o momento, na presente investigação, foram rejeitadas as hipóteses de se reconhecer – na tutela penal de animais – a tutela dos seguintes bens jurídicos: *(i)* o meio ambiente; *(ii)* os sentimentos humanos (compaixão e piedade); *(iii)* o próprio animal como bem jurídico; *(iv)* a capacidade de sofrimento; *(v)* a dignidade animal. Para além da rejeição, também, da seguinte hipótese: *(vi)* a inexistência de bem jurídico tutelado nos crimes contra animais. Após rejeitar as seis referidas hipóteses, apresenta-se, então, aquela que é – no que diz respeito à identificação dos bens jurídicos tutelados – a hipótese da investigação: *vida, integridade física* e *bem-estar* seriam os bens jurídicos identificados na tutela penal de animais.[633]

Todos os diferentes tipos penais possíveis, na tutela penal de animais, teriam por objetivo a tutela desses bens jurídicos. Haveria, porém, tipos

---

Erster Abschnitt, Grundsatz, § 1). MORIE reconhece que o § 17, da Lei de Proteção dos animais na Alemanha, protege a "vida" e "bem-estar" dos vertebrados. (MORIE, Rolf . *Das Vergehen der Tierquälerei: Eine strafrechtliche Untersuchung zu § 17 Tierschutzgesetz unter besonderer Berücksichtigung staatsanwaltschaftlicher und gerichtlicher Strafakten aus Niedersachsen in den Jahren 1974 bis 1981.* [Inaugural-Dissertation]. Göttingen: Georg-August-Universität, 1983. p. 65). (Tradução livre).

628 NACONECY, Carlos. *Ética e Animais: um guia de argumentação filosófica*. Porto Alegre: Edipucrs, 2006. p. 119.

629 Pense-se em exemplos de notório e universal conhecimento, como a "visão" das águias ou o "olfato" dos cães.

630 KRAEMER, Alexandra. *Tierschutz und Strafrecht: Luxus oder Notwendigkeit (?)*. Berlin: Logos Verlag, 2011. p. 122.

631 FEIJÓ, Anamaria. *Utilização de animais na investigação e docência: uma reflexão ética necessária*. Porto Alegre: Edipucrs, 2005. p. 63.

632 LÖÖCK, ao tratar da tutela penal dos animais vertebrados, sustenta que "a pergunta pela capacidade de sentir dor" (*die Frage nach der Schmerzfähigkeit*), no que diz respeito aos "invertebrados" (*wirbellosen*), não é definitivamente clara (*nicht endgültig geklärt*). Sustenta-se, com outras palavras, que a capacidade de sentir dor nos animais vertebrados é inquestionável, porém, no que diz respeito aos animais invertebrados não há uma resposta clara. (LÖÖCK, Carmen. *Das Tierschutzstrafrecht nach Einfügung der Staatszielbestimmung 'Tierschutz' in das Grundgesetz (Art. 20a GG): Theorie und Praxis*. Hamburg: Verlag Dr. Kovač, 2016. p. 74). (Tradução livre).

633 Entretanto, por que a insistência em saber quais bens jurídicos seriam tutelados por meio dos chamados "crimes contra animais"? RÖCKLE, ilumina o nosso horizonte de análise, quando – ao investigar a tutela penal de animais – sustenta que "o bem jurídico é justamente o fundamento da determinação de conteúdo do tipo de crime" (*Das Rechtsgut ist zugleich die Grundlage der inhaltsbestimmung von Deliktstatbeständen*). (RÖCKLE, Axel Gerhard. *Probleme und Entwicklungstendenzen des strafrechtlicher Tierschutzes*. (Inaugural–Dissertation). Tübingen: Eberhard-Karls-Universität, 1996. p. 85).

penais que tutelariam apenas um desses bens jurídicos, enquanto que outros tutelariam mais de um desses bens jurídicos.

No sistema jurídico-penal alemão, especificamente no § 17 da Lei de Proteção de Animais, tutela-se, notadamente, a *vida* do animal, como se observa na primeira parte do dispositivo: "Será punido com pena privativa de liberdade de até três anos ou multa, quem: 1. Matar um animal vertebrado sem motivo razoável".[634] Indiscutível é a tutela da *vida* do animal por meio da referida norma penal, muito embora se trate de uma tutela do possível. Com outras palavras: não se proíbe matar animais vertebrados, mas, sim, "matar um animal vertebrado sem motivo razoável". O elemento normativo do tipo "sem motivo razoável" delimita o âmbito de alcance da referida norma penal, desvelando-se a tutela da *vida* do animal como tutela do possível.

Porém, na Alemanha, não apenas a *vida* do animal é tutela por meio do crime de crueldade contra animais, tipificado no §17 da Lei de Proteção de Animais. Também são tuteladas a *integridade física* e o *bem-estar* animal, conforme a segunda parte do referido dispositivo, que prevê a mesma punição com "pena privativa de liberdade de até três anos ou multa" para as hipóteses de: "2. Infligir a um animal vertebrado: a) consideráveis dores ou sofrimentos por mera crueldade ou b) consideráveis dores ou sofrimentos prolongados ou repetidos".[635] Ao nosso juízo, a segunda parte do referido tipo penal, claramente, está a tutelar a *integridade física* e o *bem-estar* do animal. A identificação da *integridade física* do animal, como bem jurídico tutelado por meio do crime de crueldade contra animais, não coloca grandes dificuldades de compreensão, pois tanto as "dores" quanto os "sofrimentos", descritos no tipo penal, estão relacionados com a *integridade física*. Portanto, o bem jurídico mais suscetível à discussão seria o *bem-estar* do animal, devido ao fato de ser um valor – que quando comparado com a *vida* e a *integridade física* – apresenta menor aptidão para a sua concretização. Porém, assim como o reconhecimento da possibilidade de a *integridade física* do animal ser um bem jurídico é levantada pela tradição dogmática já de longa data, o mesmo ocorre com o *bem-estar* animal.[636] O § 1º da Lei de Proteção de animais dispõe claramente sobre a tutela do *bem-estar* do animal: "O objetivo desta lei, com a responsabilização dos seres humanos, é proteger a vida e o bem-estar dos animais enquanto cocriaturas".[637] Ao encontro dessa positivação da tutela do bem-estar animal está a linha de pensamento,

---

[634] *Tierschutzgesetz*, 24 de julho de 1972 [alterada em 28 de julho de 2014], Erster Abschnitt, Grundsatz, § 17.

[635] *Tierschutzgesetz*, 24 de julho de 1972 [alterada em 28 de julho de 2014], Erster Abschnitt, Grundsatz, § 17. (Tradução livre).

[636] KLENK, num importante testemunho histórico, no ano de 1902, já levanta a possibilidade de se tutelar o "bem-estar" dos animais, quando questionava a possibilidade de haver "um direito dos animais ao bem-estar". (*ein Recht der Tiere auf Wohlbefinden*). (KLENK, Philipp. *Tierquälerei und Sittlichkeit*. Langensalza: Verlag von Hermann Beyer & Söhne, 1902. p. 54). (Tradução livre).

[637] *Tierschutzgesetz*, 24 de julho de 1972 [alterada em 28 de julho de 2014], Erster Abschnitt, Grundsatz, § 1. (Tradução livre).

no campo da ética animal, intitulada de *bem-estarismo*. Para o *bem-estarismo* o principal objetivo da tutela de animais seria o seu *bem-estar*.[638]

Observa-se, claramente, que o crime de crueldade contra animais não se reduz à possibilidade de ofensa apenas da *integridade física* e da *vida* do animal. A crueldade contra animais, especialmente na legislação alemã, vai da ofensa à *integridade física* até a ofensa à *vida* do animal.[639] Porém, entre a ofensa à *integridade física* e a ofensa à *vida* há um espaço de incidência da norma penal. Vale por se dizer: são possíveis ações, no âmbito da crueldade contra animais, que não objetivam, diretamente, nem a morte, nem a lesão corporal do animal.

Nesse ponto, para explicar essa zona gris, optaremos por fazer uma aproximação à tutela penal de animais no sistema jurídico-penal brasileiro. O art. 32 da Lei 9.605/1998 (Lei dos Crimes Ambientais) traz o tipo penal de crueldade contra animais: "Praticar ato de abuso, maus-tratos, ferir ou mutilar animais silvestres, domésticos ou domesticados, nativos ou exóticos: Pena – detenção, de três meses a um ano, e multa". O § 1º, do referido dispositivo, dispõe sobre a experimentação em animais: "§ 1º Incorre nas mesmas penas quem realiza experiência dolorosa ou cruel em animal vivo, ainda que para fins didáticos ou científicos, quando existirem recursos alternativos". Já o § 2º dispõe sobre a morte do animal: "a pena é aumentada de um sexto a um terço, se ocorre morte do animal".[640] Porém, como se pode observar, não há, na legislação brasileira, a tutela da *vida* do animal; a sua morte é apenas causa de aumento de pena.[641] Mas há a tutela da *integridade física* e do *bem-estar* animal. Ressurgindo o problema da delimitação do *bem-estar* animal. Como um contributo para a solução de tal problema trazemos um diploma legal brasileiro. Tal diploma legal não mais está em vigor, mas a força da descrição do fenômeno, em seus dispositivos, revela-se como um importante testemunho para a interpretação do *bem-estar* animal. Trata-se do Decreto-Lei nº 24.645, de 14 de julho de 1934, de autoria do então Presidente da República Getúlio Vargas. Descrevem-se, no referido diploma, quais condutas seriam consideradas maus-tratos contra animais. Inúmeras dessas condutas constituem, flagrantemente, crueldade contra animais, porém, sem ofender a *vida* ou a *integridade física* dos animais:

---

[638] MEDEIROS, ao analisar o bem-estar animal, sustenta tratar-se de "uma ética acerca de uma possível qualidade de vida para os animais não humanos". A autora apresenta a tríplice classificação do bem-estar animal: *(i) feelings-based*: "define o bem-estar animal em termos de experiências subjetivas dos animais"; *(ii) functioning-based*: "define o bem-estar animal em termos de uma normal ou satisfatória ordem biológica do organismo, ou seja, se biologicamente o animal não humano está em bom funcionamento"; *(iii) nature*: "está fundada na natureza das espécies, ou seja, na capacidade do animal não humano de se adaptar a todo o repertório de comportamentos de sua própria espécie". (MEDEIROS, Fernanda Luiza Fontana de. *Direito dos animais*. Porto Alegre: Livraria do Advogado, 2013. p. 149 e 150). Sobre o bem-estar animal, também, ver GRIMM e WILD. (GRIMM, Herwig; WILD, Markus. *Tierethik zur Einführung*. Hamburg: Junius Verlag, 2016. p. 45).

[639] LÖÖCK, Carmen. *Das Tierschutzstrafrecht nach Einfügung der Staatszielbestimmung 'Tierschutz' in das Grundgesetz (Art. 20a GG): Theorie und Praxis*. Hamburg: Verlag Dr. Kovač, 2016. p. 75.

[640] Lei nº 9.605 *(Lei dos Crimes Ambientais)*, 12 de fevereiro de 1998.

[641] REGIS PRADO, Luiz. *Direito penal do ambiente*. 3ª ed. São Paulo: Editora Revista dos Tribunais, 2011. p. 189.

> Art. 3. Consideram-se maus tratos: II – Manter animais em lugares anti-higiênicos ou que lhes impeçam a respiração, o movimento ou o descanso, ou os privem de ar ou luz; III – Obrigar animais a trabalhos excessivos ou superiores às suas forcas [...]; V – Abandonar animal doente, ferido, extenuado ou mutilado, bem como deixar de ministrar-lhe tudo o que humanitariamente se lhe possa prover, inclusive assistência veterinária; VI – Não dar morte rápida, livre de sofrimento prolongado, a todo animal cujo extermínio seja necessário para consumo ou não; VII – [...] fazer trabalhar os animais em período adiantado de gestação; X – Utilizar em serviço animal cego, ferido, enfermo, extenuado ou desferrado sendo que este último caso somente se aplica a localidades com ruas calçadas; XVI – Fazer viajar um animal a pé mais de dez quilômetros sem lhe dar descanso, ou trabalhar mais de seis horas continuas, sem água e alimento; XVII – Conservar animais embarcados por mais de doze horas sem água e alimento [...]; XVIII – Conduzir animais por qualquer meio de locomoção, colocados de cabeça para baixo, de mãos ou pés atados, ou de qualquer outro modo que lhes produza sofrimento; XIX – Transportar animais em cestos, gaiolas, ou veículos sem as proporções necessárias ao seu tamanho e número de cabeças [...]; XX – Encerrar em curral ou outros lugares animais em número tal que não lhes seja possível moverem-se livremente, ou deixá-los sem água ou alimento por mais de doze horas; XXI – Deixar sem ordenhar as vacas por mais de vinte e quatro horas, quando utilizadas na exploração de leite; XXII – Ter animal encerrado juntamente com outros que os aterrorizem ou molestem; XXIII – Ter animais destinados à venda em locais que não reúnam as condições de higiene e comodidade relativas; XXIV – Expor nos mercados e outros locais de venda, por mais de doze horas, aves em gaiolas, sem que se faca nestas a devida limpeza e renovação de água e alimento [...].[642]

Observa-se que muitas das condutas supramencionadas, descritas no art. 3º do referido Decreto-Lei, não ofendem diretamente a *vida* ou a *integridade física* dos animais, mas, ainda sim, constituem crueldade contra animais, ofendendo outro *interesse*, já que, tais condutas, causariam consideráveis sofrimentos, prolongados ou repetidos, aos animais. Nesse horizonte, destacam-se, especialmente, condutas que dizem respeito: *(i)* às condições de higiene; *(ii)* ao espaço adequado para se movimentar e respirar; *(iii)* à não exigência de trabalho superior à capacidade do animal; *(iv)* às condições adequadas de descanso e alimentação.

Para todas essas condutas, que, inevitavelmente, causariam sofrimento aos animais, era prevista pena de prisão de 2 a 15 dias e multa. O Decreto-Lei nº 24.645/1934, não recepcionado pela Constituição Federal brasileira de 1988 e, portanto, não mais vigente, ajuda-nos – por meio da quase exaustiva descrição de condutas que constituiriam maus-tratos – a visualizar, ainda que unicamente por meio de um testemunho de valor histórico, que os crimes contra animais visam à tutela de valores que estão para além da *vida* e *integridade física* dos animais, ou seja, os crimes contra animais tutelam, também, o *bem-estar* animal. Aceitando-se, frente aos argumentos apresentados, que o *bem-estar* animal seria um bem jurídico, questiona-se: como se poderia, preliminarmente, defini-lo? Circunscrevemos o conceito

[642] Selecionou-se apenas algumas condutas previstas, no Decreto-Lei, como maus-tratos a animais. Tais condutas, segundo a nossa ótica, ofenderiam o *bem-estar* animal. (*Decreto-Lei nº 24.645,* 14 de julho de 1934). Reconhece-se, pacificamente, que o referido Decreto-Lei possui – tão somente – a força de um testemunho histórico. MARCÃO, por exemplo, apresenta-o como "noção histórica". (MARCÃO, Renato. *Crimes ambientais: anotações e interpretação jurisprudencial da parte criminal da Lei n. 9.605, de 12-2-1998.* São Paulo: Saraiva, 2011. p. 85-88).

de *bem-estar* animal como *o conjunto das mais básicas condições de subsistência: espaço mínimo para se movimentar e respirar, possibilidades de descanso e alimentação, inexigência de esforços físicos desproporcionais a sua capacidade.*

No sistema jurídico-penal português, assim como no sistema jurídico-penal brasileiro, tutela-se a *integridade física* e o *bem-estar* do animal, já que – no crime de maus-tratos a animais de companhia, art. 387 do Código Penal português – a hipótese de morte do animal é, tão somente, causa de aumento de pena.[643] É punido, com pena de prisão de até um ano ou multa de até 240 dias, "quem, sem motivo legítimo, infligir dor, sofrimento ou quaisquer outros maus-tratos físicos a um animal de companhia". Porém, a pena será de prisão de até dois anos ou multa de até 360 dias, "se dos factos previstos" na primeira parte do dispositivo "resultar a morte do animal".[644] O referido tipo penal não coloca grandes dificuldades na identificação dos bens jurídicos tutelados: *integridade física* e *bem-estar* animal. Porém, o tipo penal de abandono de animais de companhia, art. 388 do Código Penal Português, desafia-nos na identificação do bem jurídico tutelado: "quem abandonar animal de companhia, tendo o dever de o guardar, vigiar ou assistir, é punido com pena de prisão até seis meses de prisão ou com pena de multa até 120 dias".[645] A questão que se coloca é saber se, por meio do tipo penal em tela, tutela-se somente a *integridade física* e o *bem-estar* animal, ou, também, se estaria a tutelar a vida do animal? Mais. Podemos diretamente perguntar, na esteira do pensamento de Kraemer, quais bens jurídicos, derradeiramente, embasam o tipo penal de crueldade contra animais (?).[646]

### *a) Vida, integridade física e bem-estar do animal como bens jurídicos (supraindividuais) pertencentes ao interesse público (humanidade, estado ou coletividade)*

Uma das possibilidades de interpretação, do fenômeno jurídico-penal em tela, seria compreender os bens jurídicos – *vida, integridade física* e *bem-estar* animal, tutelados por meio dos crimes contra animais – como *interesses* de caráter público, ou seja, valores pertencentes ao "interesse

[643] O que leva FARIAS, ao analisar a tutela penal de animais em Portugal, a questionar: "de que forma deverá ser punida a morte do animal de companhia a título doloso[?]". (FARIAS, Raul. Dos crimes contra animais de companhia: breves notas. In: DUARTE, Maria Luísa; AMADO GOMES, Carla (Orgs). *Animais: Deveres e Direitos*. Lisboa: Instituto de Ciências Jurídico-Políticas da Faculdade de Direito da Universidade de Lisboa, 2015. p. 146).

[644] *Projeto de Lei nº 475/XII* (altera o Código Penal, criminalizando os maus-tratos a animais de companhia), 05 de dezembro de 2013. p. 3.

[645] *Projeto de Lei nº 475/XII* (altera o Código Penal, criminalizando os maus-tratos a animais de companhia), 05 de dezembro de 2013. p. 3.

[646] KRAEMER interroga: "mas quais bens jurídicos estão, entretanto, a embasar o § 17 da Lei de Proteção de Animais (?)". (*Welches Rechtguts liegt nun aber § 17 TierShG zugrunde?*). (KRAEMER, Alexandra. *Tierschutz und Strafrecht: Luxus oder Notwendigkeit (?)*. Berlin: Logos Verlag, 2011). p. 76. (Tradução livre).

público",[647] isto é, bens jurídicos titularizados pela coletividade, pelo Estado ou pela humanidade.[648] Verifica-se, nesse modo de compreender as coisas, uma inversão dos polos de *interesse*. Reconhecendo-se a tutela da *vida*, da *integridade física* e do *bem-estar* animal, reconhece-se, *prima facie*, a proteção direta dos animais. Porém, reconhecendo-se que esses mesmos bens pertenceriam ao "interesse público" – portanto, seriam titularizados pela coletividade, ou pelo Estado, ou pela humanidade – deixar-se-ia de reconhecer, necessariamente, tratar-se de proteção direta dos animais. A tutela penal de animais, nesse horizonte de compreensão, seria apenas uma "proteção de animais antropocêntrica" (*anthropozentrischer Tierschutz*).[649]

Mas como poderia a *vida*, a *integridade física* e o *bem-estar* animal serem "bens jurídicos humanos"? Como poderia o *interesse* do animal em *não-sofrer* ser ignorado em nome do *interesse público (humano) em que o animal não sofra*? O problema está longe de ser meramente terminológico. O ser humano pode ter sentimentos de compaixão e piedade pelos animais. Pode até mesmo haver um *interesse público* na compaixão e piedade pelos animais. Tais sentimentos são conaturais ao nosso modo-de-ser. Mais. Assim como o ser humano poder ter sentimentos de compaixão e piedade pelos animais, também, pode ter sentimentos de amor pelos animais e pelos outros seres humanos. Porém, a *esfera sentimental* não é o que sustenta a *esfera de proteção jurídico-penal*.[650] A *esfera sentimental* não justifica nem a proteção jurídico-penal do homem, nem a proteção jurídico-penal do animal. O fenômeno deve ser analisado em outra dimensão.

A proteção jurídico-penal do homem e do animal está assentada na existência de bens jurídicos. Os bens jurídicos são "interesses-da-vida".[651] Mas não são *interesses* quaisquer. São os *interesses* mais caros à continuidade da existência. A *esfera sentimental* não constitui bem jurídico legítimo. Porém, a *vida*, a *integridade física* e o *bem-estar*, sim. Tais *interesses* são *essentialia* da vida senciente. A vida senciente é iluminada pelo ideal de uma vida digna. Para a vida continuar a ser vida, iluminada pelo ideal de uma

[647] WIEGAND, ao tratar do sujeito passivo do crime de crueldade contra animais, em outro registro de análise, investiga a hipótese de tratar-se de um "crime contra o interesse público" (*Delikt gegen die Allgemeinheit*). (WIEGAND, Klaus Dieter. *Die Tierquälerei: ein Beitrag zur historischen, strafrechtlichen und kriminologischen Problematik der Verstöße gegen § 17 Tierschutzgesetz*. Lübeck: Verlag Max Schmidt-Römhild, 1979. p. 126 e 127). (Tradução livre). No mesmo sentido, também investigando essa hipótese, está a análise de RÖCKLE (RÖCKLE, Axel Gerhard. *Probleme und Entwicklungstendenzen des strafrechtlicher Tierschutzes*. [Inaugural–Dissertation]. Tübingen: Eberhard-Karls-Universität, 1996. p. 89 e 90).

[648] LÖÖCK, em outra chave de leitura, vai falar na possibilidade de a tutela penal de animais ser tutela penal da "segurança pública" (*öffentliche Sicherheit*). (LÖÖCK, Carmen. *Das Tierschutzstrafrecht nach Einfügung der Staatszielbestimmung 'Tierschutz' in das Grundgesetz (Art. 20a GG): Theorie und Praxis*. Hamburg: Verlag Dr. Kovač, 2016. p. 69). (Tradução livre).

[649] MORIE, Rolf . *Das Vergehen der Tierquälerei: Eine strafrechtliche Untersuchung zu § 17 Tierschutzgesetz unter besonderer Berücksichtigung staatsanwaltschaftlicher und gerichtlicher Strafakten aus Niedersachsen in den Jahren 1974 bis 1981*. [Inauguraldissertation]. Göttingen: Georg-August-Universität, 1983. p. 35 e 36.

[650] HÖRNLE, Tatjana. Der Schutz von Gefühlen im StGB. In: HEFENDEHL, Roland; HIRSCH, Andrew von; WOHLERS, Wolfgang (Orgs.). *Die Rechtsgutstheorie: Legitimationsbasis des Strafrechts oder dogmatisches Glasperlenspiel?* Baden-Baden: Nomos Verlagsgesellschaft, 2003. p. 268-270.

[651] LISZT, Franz von. *Lehrbuch des deutschen Strafrechts*. Berlin: J. Guttentag Verlagsbuchhandlung, 1900. p. 53.

vida digna, depende ela da proteção de tais *interesses*. Se a *vida*, a *integridade física* e o *bem-estar* animal, enquanto *interesses* essenciais da vida senciente, são bens jurídicos que não pertencem ao "interesse público", ou seja, não são titularizados pelos seres humanos, isto é, não são titularizados pela coletividade, ou pelo Estado, ou pela humanidade, então, necessariamente, eles serão titularizados pelos animais.

### *b) Vida, integridade física e bem-estar do animal como bens jurídicos (individuais) titularizados pelos animal*

A *vida*, a *integridade física* e o *bem-estar* do animal são bens jurídicos titularizados por ele.[652] Trata-se de valores, de "interesses-da-vida", que pertencem a ele. A vinculação entre o animal e a sua própria *vida*, entre o animal e a sua própria *integridade física*, entre o animal e o seu próprio *bem-estar*, é algo evidente. Portanto, tais *interesses* são irrefutavelmente seus. São "interesses-da-vida" de cada animal.[653] Tais *interesses*, como já visto, podem até tocar o sentimento humano, mas continuarão a ser "interesses-da-vida" do animal.[654] Então, qual seria o problema em reconhecer que esses *interesses*, quando tutelados pelo direito penal, seriam bens jurídico-penais titularizados pelo animal? Trata-se de um fenômeno complexo: o animal é, indiscutivelmente, titular de tais *interesses*, mas quando estes passam a ser tutelados pelo direito penal, o animal parece deixar de possuir a titularidade de tais *interesses*.[655] A conformação do fenômeno, na passagem do "mundo da vida" para o "mundo do direito", implica a sua distorção. Mas onde, especificamente, estaria a razão de ser dessa distorção? Na imersão da

---

[652] KRAEMER, desenvolvendo uma compreensão muito próxima à nossa, sustenta que "os bens jurídicos da norma penal [de crueldade contra animais] podem apenas ser a vida e o bem-estar dos animais". (KRAEMER, Alexandra. *Tierschutz und Strafrecht: Luxus oder Notwendigkeit (?)*. Berlin: Logos Verlag, 2011. p. 77). MORIE, por sua vez, desenvolvendo uma compreensão muito próxima daquela de KRAEMER, sustenta que – quanto ao crime de crueldade contra animais – "a *ratio legis* ambiciona a proteção da vida e bem-estar dos animais" (*die ratio legis erstrebt den Schutz des Lebens und des Wohlbefindens der Tiere*). (MORIE, Rolf . *Das Vergehen der Tierquälerei: Eine strafrechtliche Untersuchung zu § 17 Tierschutzgesetz unter besonderer Berücksichtigung staatsanwaltschaftlicher und gerichtlicher Strafakten aus Niedersachsen in den Jahren 1974 bis 1981*. [Inauguraldissertation]. Göttingen: Georg-August-Universität, 1983. p. 65). ROXIN, no seu "*Strafrecht. Allgemeiner Teil*", também vai falar na "tutela da vida e bem-estar do animal" (*Schutz des Lebens und Wohlbefindens des Tieres*). (ROXIN, Claus. *Strafrecht. Allgemeiner Teil. Band I: Grundlagen – Der Aufbau der Verbrechenslehre.* 4ª ed. München: Verlag C.H Beck, 2006. p. 671). (Tradução livre).

[653] LÖÖCK, a partir da análise do § 1º da TierSchG, apresenta a hipótese de os animais portarem *interesses*, tais como "vida", "integridade física" e "saúde". (LÖÖCK, Carmen. *Das Tierschutzstrafrecht nach Einfügung der Staatszielbestimmung 'Tierschutz' in das Grundgesetz [Art. 20a GG]: Theorie und Praxis*. Hamburg: Verlag Dr. Kovač, 2016. p. 70).

[654] GORETTI, Cesare. L'animale quale soggetto di diritto. *Rivista di Filosofia*, Anno XIX, nº 1, Gennaio/Marzo, 1928. p. 356. HIPPEL, ainda que não assumisse essa posição, já acenava para ela, quando questionava a possibilidade de – na crueldade contra animais – se estar ofendendo um *interesse* do próprio animal, para além da possibilidade de ofensa do sentimento humano. (HIPPEL, Robert von. *Die Tierquälerei in der Strafgesetzgebung des In-und Auslandes, historisch, dogmatisch und kritisch dargestellt, nebst Vorschlägen zur Abänderung des reichsrechts*. Berlin: Verlag von Otto Liebmann, 1891. p. 126).

[655] Afirma-se que "os bens jurídicos protegidos necessitam estar em relação com o homem". (KRAEMER, Alexandra. *Tierschutz und Strafrecht: Luxus oder Notwendigkeit (?)*. Berlin: Logos Verlag, 2011. p. 76).

tradição dogmática no paradigma antropocêntrico-radical. Quando reconhecemos que o direito protege apenas o homem, então todo o bem jurídico terá por referencial apenas o homem. Mas por que o direito protegeria apenas o homem? O direito, inelutavelmente, está aberto à "historicidade".[656] A inescapável "historicidade" muda a nossa relação com os animais. Muda como os reconhecemos. Mas não apenas. A mesma inescapável "historicidade" muda o tempo do mundo. Enquanto que o tempo do mundo muda o "mundo do direito" (*Rechtswelt*); *o tempo do mundo muda o mundo do direito penal*. A relação entre homem e animal está tão sujeita à implacável ação da "historicidade" quanto o direito. Trata-se de uma constante e enfreável construção. Está sempre a caminho. Pode-se dizer, simplificando, escapa-se a tudo, menos à história.[657] Ao comprar tais premissas, não se pode recusar a possibilidade de os animais serem titulares de bens jurídico-penais. Não sem decair numa redução *especista*. Num tal contexto, apenas um falacioso argumento *especista* seria capaz de refutar, *ab initio*, a possibilidade de os animais serem titulares de bens jurídico-penais. Como, por exemplo, os seguintes argumentos: *(i)* os animais não podem ser titulares de bens jurídicos porque somente os homens o podem; *(ii)* os animais não podem ser titulares de bens jurídicos porque são considerados "coisa" (*res*). Ora, os animais "não podem" enquanto o homem disser que "não podem", ou, os animais são considerados "coisa" (*res*), também, enquanto os homens os considerar como "coisa" (*res*).[658] Os rótulos emprestados pelas categorias dogmáticas são, tão somente, realidades construídas: sempre (dis)postas para a (re)construção.

Ao desvelarmos as camadas encobridoras do fenômeno, incrustadas por uma tradição *especista*, antropocêntrica-radical, com a pretensão de ser *a-histórica*,[659] poderemos colocar em liberdade um horizonte de compreensão desvencilhado de simplificações e incompreensões, mostrando-se que a tutela penal de animais encontra sentido e coerência na possibilidade de os animais serem titulares de bens jurídico-penais. A *vida*, a *integridade física* e o *bem-estar* do animal não possuem outro titular senão o próprio animal, quer tais bens sejam tutelados pelo direito penal, quer não. A consequência

---

[656] FARIA COSTA, José de. *O perigo em direito penal: contributo para a sua fundamentação e compreensão dogmáticas*. Coimbra: Coimbra Editora, 2000. p. 179 e 180.

[657] FARIA COSTA, José de. *O perigo em direito penal: contributo para a sua fundamentação e compreensão dogmáticas*. Coimbra: Coimbra Editora, 2000. p. 143.

[658] Lembre-se a crítica de SCHWANTJE, que – já no ano de 1910, em obra sobre a proteção de animais no código penal alemão – questionava "o animal como um utensílio do homem, criado enquanto objeto de interesse". (*das Tier als eine zum Nutzen des Menschen geschaffene Sache betrachte*). (SCHWANTJE, Magnus. *Der Tierschutz im deutschen Strafgesetz*. Berlin: Gesellschaft zur Förderung des Tierschutzes und verwandter Bestrebungen, 1910. p. 3). (Tradução livre). FÖRSTER, porém, ainda antes, no séc. XIX, em obra que analisava a proteção de animais também sob uma perspectiva para o futuro, questionava o reconhecimento do animal como "coisa" (*Sache*) e como "máquina" (*Maschine*). (FÖRSTER, Paul. *Tierschutz in Gegenwart und Zukunft*. Dresden: Verlag des Internationalen Tier und Vereins gegen die Wissenschaftliche Tiersolter, 1898. p. 9). (Tradução livre). Veja-se, na atualidade, o recente Projeto de Lei, em Portugal, para alterar o *status* jurídico dos animais, deixando-os de considerar como "coisa" (*res*).

[659] A pretensão de ser *a-histórica* manifesta-se na negação da "historicidade", por meio da canonização de alguns modos de compreender as coisas do direito penal.

lógica é que se tais bens forem tutelados pelo direito penal, então o animal será titular de bens jurídico-penais. Essa conclusão consagra a lógica e a razoabilidade de que os crimes contra animais são, verdadeiramente, contra animais,[660] são crimes contra os "interesses-da-vida" dos animais.

## § 30. Âmbitos de proteção da tutela penal de animais e análise da estrutura típica de figuras penais

Vislumbramos três grandes âmbitos de proteção operados pela tutela penal de animais: *(i) proteção contra crueldade; (ii) proteção contra abuso; (iii) proteção contra maus-tratos*. Não obstante a utilização dos três conceitos, por parte da doutrina, como se sinônimos fossem, necessário é estabelecer uma distinção. A diferença, entre os três, não é sutil, revelando-se a equiparação como uma desnecessária simplificação do fenômeno. O maior desafio, para o direito penal, está nos casos em que mais de uma hipótese – das três modalidades de violência contra animais: crueldade, abuso e maus-tratos – é verificada. Ganhando razão a diferenciação das três modalidades de violência, inclusive, para a melhor compreensão tanto do desvalor da conduta, quanto do desvalor do resultado nos crimes contra animais.

### *a) Proteção contra crueldade (sofrimento gratuito)*

A proteção contra a crueldade é, sobretudo, proteção contra o sofrimento gratuito. Entende-se por sofrimento gratuito aquele que é desnecessário. Portanto, a crueldade contra animais seria uma violência "sem motivo razoável" (*ohne vernünftigen Grund*) que a justifique.[661] Tratar-se-ia, em verdade, de uma ação violenta com a simples finalidade de causar sofrimento ao animal vitimado. Destacam-se, como exemplos, as maldades – realizadas, muitas vezes, por crianças e jovens – contra animais:[662] *(i)* incendiar a calda de um animal; *(ii)* introduzir cigarro na cavidade bucal de

[660] PITZ, Norbert. *Das Delikt der Tierquälerei: Tierschutz, oder Gefühlsschutz*. [Inaugural Dissertation]. Köln: Universität zu Köln, 1929.

[661] A legislação alemã, em certa medida, vai ao encontro dessa compreensão, quando exige, para a realização do "crime de crueldade contra animais" (*Delikt der Tierquälerei*), a inobservância de um "motivo razoável" (*vernünftigen Grund*). (LÖÖCK, Carmen. *Das Tierschutzstrafrecht nach Einfügung der Staatszielbestimmung 'Tierschutz' in das Grundgesetz [Art. 20a GG]: Theorie und Praxis*. Hamburg: Verlag Dr. Kovač, 2016. p. 67). (Tradução livre).

[662] WIEGAND, ao tratar da crueldade contra animais, dedica um capítulo da sua obra ao tema "crueldade contra animais por meio de crianças e jovens" (*Tierquälerei durch Kinder und Jugendliche*). (WIEGAND, Klaus Dieter. *Die Tierquälerei: ein Beitrag zur historischen, strafrechtlichen und kriminologischen Problematik der Verstöße gegen § 17 Tierschutzgesetz*. Lübeck: Verlag Max Schmidt-Römhild, 1979. p. 100 e seg.). TUGENHAT, em um específico capítulo intitulado "A ética da compaixão; animais, crianças, vida pré-natal", refere as agressões de crianças aos animais, sustentando que em muitas crianças se verifica "uma desenfreada brutalidade para com os animais". (TUGENHAT, Ernest. *Lições sobre ética*. Trad. Grupo de doutorandos do curso de pós-graduação em Filosofia da Universidade Federal do Rio Grande do Sul [Rev. e org. da trad. Ernildo Stein]. 9ª ed. Petrópolis: Vozes, 2012. p. 190).

um anfíbio, como o sapo, já que, involuntariamente, tragará toda a fumaça, sem possibilidades de expelir, resultando na sua morte; *(iii)*; amarrar um animal ao veículo automotor para arrastá-lo até a morte; *(iv)* arremessar um animal, normalmente cão ou gato, amarrado a uma pedra, para dentro de um rio, de modo que não consiga nadar, resultando na morte pelo afogamento.

*b) Proteção contra abuso (sobreutilização do animal)*

A proteção contra abuso é, sobretudo, proteção contra a sobreutilização do animal. Entende-se por "sobreutilização do animal" aquela utilização que exige, do mesmo, uma capacidade física superior às suas possibilidades ou que resulte numa significativa menos valia do seu bem-estar. Sabe-se que os animais são utilizados pelo homem em diversas atividades: entretenimento; esporte; transporte; serviço agrícola, dentre outras. Em tal uso, o abuso poderá ser verificado, sendo possível constituir um fato penalmente relevante. Tratar-se-ia, em verdade, de uma ação abusiva em que se exige um sobredesempenho ou uma submissão, do animal vitimado, a condições que ofendam relevantemente o seu *bem-estar*. Destacam-se, como exemplos, os seguintes abusos realizados contra animais: *(i)* quando utilizado como meio de transporte, nos casos de veículo de tração animal, exigir que o animal carregue ou puxe uma carga desproporcional à sua força; *(ii)* quando utilizado como meio de transporte, deixar de fornecer descanso, alimento ou água ao animal, de modo proporcional à distância exigida; *(iii)* utilizar em serviço agrícola animal cego, ferido ou enfermo; *(iv)* transportar animais colocados de cabeça para baixo ou com as patas atadas; *(v)* transportar animais em gaiolas ou veículos sem as proporções necessárias ao seu tamanho e número de espécimes.[663]

*c) Proteção contra maus-tratos (punições físicas)*

A proteção contra maus-tratos é, sobretudo, proteção contra punições físicas para o animal. Entende-se por "punições físicas" aquelas punições excessivas, realizadas com o intuito de conquistar a submissão do animal para a realização das mais diversas atividades. Vislumbra-se, aqui, um ponto de convergência com o abuso. Para se conseguir um sobredesempenho do animal – muitas vezes, para não dizer na maioria das vezes – utiliza-se como meio os maus-tratos, as punições físicas. No exemplo trazido, no item anterior, quando o animal é utilizado como meio de transporte, nos casos de veículo de tração animal, ao se exigir que o animal carregue ou

[663] WIEGAND fala na "crueldade contra animais durante o transporte de animais" (*Tierquälerei beim Tiertransport*). (WIEGAND, Klaus Dieter. *Die Tierquälerei: ein Beitrag zur historischen, strafrechtlichen und kriminologischen Problematik der Verstöße gegen § 17 Tierschutzgesetz*. Lübeck: Verlag Max Schmidt-Römhild, 1979. p. 71 e seg). (Tradução livre).

puxe uma carga desproporcional à sua força, normalmente os maus-tratos, ou seja, as punições físicas, constituem o meio para a obtenção desse fim. Vislumbra-se um duplo desvalor do resultado: o animal é agredido não somente por meio de punições físicas, mas, também, por meio do sobre-esforço que é obrigado a realizar. Um tal sobre-esforço, muitas vezes, pode, por si só, resultar em ofensa à sua integridade física. Destacam-se, como exemplos, os seguintes maus-tratos realizados contra animais: *(i)* bater com relho no animal; *(ii)* bater com esporas no animal de montaria; *(iii)* desferir choques no animal.

Serão analisadas as estruturas típicas de figuras penais positivadas em três sistemas jurídicos: alemão, brasileiro e português. Por meio de tal análise, será possível observar os pontos de intersecção – e de diferenciação – nas estruturas dos tipo penais. Trata-se, em verdade, de uma análise dogmática de tipos penais no âmbito da tutela penal de animais.

## I. § 17 TierSchG (*Tierschutzgesetz*)

A Alemanha possui uma específica Lei de Proteção de Animais (*Tierschutzgesetz*), como já apresentado anteriormente. Essa específica lei traz a previsão da tutela penal de animais, por meio do seu § 17.[664] O dispositivo contém a seguinte redação: "Será punido com pena privativa de liberdade de até três anos ou multa, quem: 1. Matar um animal vertebrado sem motivo razoável"; ou ainda "2. Infligir a um animal vertebrado: a) consideráveis dores ou sofrimentos por mera crueldade ou b) consideráveis dores ou sofrimentos prolongados ou repetidos".[665] Portanto, no tipo penal em análise, há a previsão de duas modalidades para a ação típica, uma que visa à morte do animal, e a outra que visa à crueldade contra o animal. Ressalta-se, porém, que ambas as modalidades de ação típica são unidas por um denominador comum: a ação deverá recair sobre um animal vertebrado.[666] Analisemos separadamente as duas modalidades, com o intuito de conquistar uma descrição mais precisa.

### *a) Matar o animal*

A norma penal, trazida pelo § 17, I, da Lei de Proteção de Animais (*Tierschutzgesetz*), proíbe matar "animal vertebrado", "sem motivo razoável". Trata-se da tutela penal da *vida* animal. Porém, vislumbra-se ser, tão somente, tutela do possível, pois, para a configuração da tipicidade da

[664] LÖÖCK, Carmen. *Das Tierschutzstrafrecht nach Einfügung der Staatszielbestimmung 'Tierschutz' in das Grundgesetz [Art. 20a GG]: Theorie und Praxis*. Hamburg: Verlag Dr. Kovač, 2016. p. 67 e seg.

[665] *Tierschutzgesetz*, 24 de julho de 1972 [alterada em 28 de julho de 2014], Erster Abschnitt, Grundsatz, § 17. (Tradução livre).

[666] KRAEMER, Alexandra. *Tierschutz und Strafrecht: Luxus oder Notwendigkeit (?)*. Berlin: Logos Verlag, 2011. p. 121 e seg.

conduta, indispensável é a verificação do elemento do tipo "sem motivo razoável" (*ohne vernünftigen Grund*).[667] Observa-se, ainda, que não é proibida, "sem motivo razoável", a morte de qualquer animal, mas, tão somente, do "animal vertebrado". Analisemos esses dois elementos do tipo: "animal vertebrado" (*Wirbeltier*) e "sem motivo razoável" (*ohne vernünftigen Grund*).

*(i)* "animal vertebrado" (*Wirbeltier*): a lei realiza um recorte, muito preciso, no que diz respeito a delimitação de quais animais estariam protegidos pela norma penal. Apenas os animais vertebrados disfrutam de proteção jurídico-penal,[668] porque são animais superiores em complexidade.[669] Possuem coluna vertebral, e, portanto, sistema nervoso complexo, o que lhes permite a capacidade de sofrimento. Os animais vertebrados respondem a estímulos de dor de uma maneira muito semelhante aos seres humanos. São animais vertebrados: os peixes; os répteis; os anfíbios; as aves; e os mamíferos.

*(ii)* "sem motivo razoável" (*ohne vernünftigen Grund*): não é qualquer ação de matar um "animal vertebrado" que é proibida pela lei penal, mas somente aquelas realizadas "sem motivo razoável".[670] Porém, o que seria um "motivo razoável"? A lei não realiza qualquer elucidação, cabendo à doutrina a tarefa de interpretação desse elemento normativo do tipo. Ainda que a expressão "sem motivo razoável" coloque dificuldades para a sua delimitação, pode-se, ao menos, avistar um núcleo duro do significado da expressão. Ações que visem à morte do animal apenas por crueldade, certamente, devem estar alocadas no cerne do conceito de "sem motivo razoável". Não restam dúvidas que aquelas seriam ações que – diga-se de passagem, por excelência – provocam a morte do animal "sem motivo razoável". É possível incluir no âmbito do referido núcleo duro, também, as ações que visem à morte do animal por simples razões de entretenimento, como no caso das chamadas "rinhas de animais". Mais. Parece razoável incluir no âmbito de um tal núcleo duro, ainda, as ações que visem à morte do animal por razões de experimentação científica nos específicos casos em que é verificada a disponibilidade de um "método substitutivo".[671]

---

[667] *Tierschutzgesetz*, 24 de julho de 1972 [alterada em 28 de julho de 2014], Erster Abschnitt, Grundsatz, § 17. (Tradução livre).

[668] KRAEMER, Alexandra. *Tierschutz und Strafrecht: Luxus oder Notwendigkeit (?)*. Berlin: Logos Verlag, 2011. p. 121 e seg.

[669] ROXIN fala numa consideração para com os "animais superiores", enquanto nossos "irmãos distintos". (ROXIN, Claus. *Derecho Penal: parte general. Tomo I. Fundamentos. La estructura de la teoría del delito.* [tradução da 2ª ed. alemã]. Trad. Diego-Manuel Luzón Peña; Miguel Díaz y García Conlledo; Javier de Vicente Remesal. Madrid: Civitas, 1997. p. 59). (Tradução livre).

[670] LÖÖCK, Carmen. *Das Tierschutzstrafrecht nach Einfügung der Staatszielbestimmung 'Tierschutz' in das Grundgesetz [Art. 20a GG]: Theorie und Praxis*. Hamburg: Verlag Dr. Kovač, 2016. p. 67; KRAEMER, Alexandra. *Tierschutz und Strafrecht: Luxus oder Notwendigkeit (?)*. Berlin: Logos Verlag, 2011. p. 180-183; WIEGAND, Klaus Dieter. *Die Tierquälerei: ein Beitrag zur historischen, strafrechtlichen und kriminologischen Problematik der Verstöße gegen § 17 Tierschutzgesetz*. Lübeck: Verlag Max Schmidt-Römhild, 1979. p. 131 e 132.

[671] Sobre "métodos substitutivos" ou "recursos alternativos", na experimentação animal, ver, por todos, LEVAI. (LEVAI, Laerte Fernando. O direito à escusa de consciência na experimentação animal. In: MOLINARO, Carlos Alberto; MEDEIROS, Fernanda Luiza Fontoura de; SARLET, Ingo Wolfgang;

*b) Praticar ato de crueldade contra o animal*

A norma penal, trazida pelo § 17, II, da Lei de Proteção de Animais (*Tierschutzgesetz*), proíbe a ação que provoque "consideráveis (*erhebliche*) dores ou sofrimentos" ao "animal vertebrado", por "crueldade". Proíbe, também, a ação que – não obstante não tenha a "crueldade" como motivo – provoque consideráveis (*erhebliche*) dores, ou sofrimentos prolongados (*anhaltende*), ou repetidos (*wiederholende*), ao "animal vertebrado". Trata-se de ações que não visam, diretamente, a morte do animal, mas, sim, ofensas físicas. Toda a segunda parte do § 17 proíbe penalmente a realização de atos de "crueldade contra animal" (*Tierquälerei*). Observa-se que tal proibição diz respeito à "crueldade" *lato sensu*, que abrangeria a "crueldade" *stricto sensu*, o abuso e os maus-tratos.[672] Quando o dispositivo refere os atos que provoquem "dores ou sofrimentos prolongados ou repetidos" está acenando, sobretudo, para os atos de abuso e maus-tratos contra animais. Trata-se da tutela penal da *integridade física* e do *bem-estar* animal.

*(i) Crueldade stricto sensu*: quando o dispositivo refere a proibição de atos que provoquem "consideráveis (*erhebliche*) dores ou sofrimentos" ao "animal vertebrado", por "crueldade", está tratando da crueldade em sentido estrito, ou seja, da causação de um sofrimento gratuito, pelo simples prazer de ver o animal sofrer. Esse sempre foi o cerne do "tipo penal de crueldade contra animais" (*Tierquälereitatbestand*), desde o seu surgimento na Alemanha, no estado da Saxônia, em 1838;[673]

*(ii) Dores ou sofrimentos prolongados ou repetidos*: a norma penal em questão estabelece a proibição dos atos de abuso e maus-tratos contra animais. Porém, não será qualquer causação de dores ou sofrimentos prolongados ou repetidos que configurará o crime em tela, será necessário que as dores ou sofrimentos sejam "consideráveis" (*erhebliche*), ou seja, as ofensas físicas deverão ser não insignificantes. Será necessário, ainda, para a configuração do crime, que as dores ou sofrimentos, nessa hipótese, perdurem no tempo ou que as ofensas físicas sejam praticadas mais de uma vez.

## II. Art. 32 da Lei nº 9.605/1998 (Lei dos Crimes Ambientais)

No sistema jurídico-penal brasileiro, como já referido, o tipo penal que proíbe a crueldade contra animais não está positivado, no momento, nem no Código Penal, nem numa específica Lei de Proteção dos Animais, mas, sim, na lei que estabelece os crimes ambientais.[674] Para além de todos os

FENSTERSEIFER, Tiago [Org.]. *A dignidade da vida e os direitos fundamentais para além dos humanos: uma discussão necessária*. Belo Horizonte: Editora Fórum, 2008. p. 436-439).

672 Consoante a nossa classificação anteriormente desenvolvida, no início deste § 30.

673 KRAEMER, Alexandra. *Tierschutz und Strafrecht: Luxus oder Notwendigkeit (?)*. Berlin: Logos Verlag, 2011. p. 4 e 5.

674 FREITAS, Vladimir Passos de; FREITAS, Gilberto Passos de. *Crimes contra a natureza*. 8ª ed. São Paulo: Revista dos Tribunais, 2006. p. 109.

problemas já analisados, no tocante à inadequada alocação do tipo penal de crueldade contra animais dentro de uma lei de crimes ambientais, destacam-se algumas particularidades técnicas no dispositivo que positivou a tutela penal de animais. O art. 32 da Lei nº 9.605/1998 possui a seguinte previsão: "praticar ato de abuso, maus-tratos, ferir ou mutilar animais silvestres, domésticos ou domesticados, nativos ou exóticos".[675] O tipo penal prevê pena de "detenção, de três meses a um ano, e multa".[676] O § 1º prevê que "incorre nas mesmas penas quem realiza experiência dolorosa ou cruel em animal vivo, ainda que para fins didáticos ou científicos, quando existirem recursos alternativos".[677] Já o § 2º prevê que a pena será aumentada "de um sexto a um terço", caso ocorra a "morte do animal".[678]

*a) Crueldade lato sensu*

A norma penal, trazida pelo art. 32 da Lei nº 9.605/1998, proíbe a ação de "abuso", "maus-tratos", "ferir ou mutilar" o animal. Considerando que o dispositivo prevê inicialmente – e de modo expresso – a proibição de abuso e maus-tratos, somos levados a compreender que, quando há a referência às ações de "ferir" ou "mutilar" o animal, tratar-se-ia da modalidade de *crueldade stricto sensu*, ou seja, o ato de causar sofrimento gratuito ao animal. Observa-se, também, que embora não haja uma total delimitação de quais animais estariam protegidos pela norma – não há, por exemplo, nenhuma referência aos animais vertebrados –, opera-se uma parcial delimitação, referindo-se os animais silvestres, domésticos ou domesticados, nativos ou exóticos. Porém, tal delimitação não permite grandes avanços, em termos de segurança jurídica, já que inúmeros animais invertebrados poderiam estar abrangidos pela descrição do legislador.

*b) Crueldade experimental (abuso?)*

A chamada crueldade experimental seria, segundo o nosso modo de ver as coisas, uma forma de abuso. Trata-se de uma sobreutilização do animal. Essa ação, cruel em sentido amplo, possui a finalidade de exploração do animal. Não seria uma ação cruel em sentido estrito, ou seja, não seria a mera causação de um sofrimento gratuito. Porém, não seria, também,

---

675 *Lei nº 9.605* (Lei dos Crimes Ambientais), 12 de fevereiro de 1998.

676 *Lei nº 9.605* (Lei dos Crimes Ambientais), 12 de fevereiro de 1998.

677 Sobre o referido dispositivo, especificamente no tocante à "crueldade experimental" na utilização de animais, ver o nosso trabalho, publicado em 2008: SPORLEDER DE SOUZA, Paulo Vinicius; TEIXEIRA NETO, João Alves; CIGERZA, Juliana. Experimentação em animais e direito penal: comentários dogmáticos sobre o art. 32, § 1º, da Lei nº 9.605/1998, e o bem jurídico "dignidade animal". In: MOLINARO, Carlos Alberto; MEDEIROS, Fernanda Luiza Fontoura de: SARLET, Ingo Wolfgang; FENSTERSEIFER, Tiago [Org.]. *A dignidade da vida e os direitos fundamentais para além dos humanos: uma discussão necessária*. Belo Horizonte: Editora Fórum, 2008. Sobre o mesmo tema, também, ver: WIEGAND, Klaus Dieter. *Die Tierquälerei: ein Beitrag zur historischen, strafrechtlichen und kriminologischen Problematik der Verstöße gegen § 17 Tierschutzgesetz*. Lübeck: Verlag Max Schmidt-Römhild, 1979. p. 94 e seg.

678 *Lei nº 9.605* (Lei dos Crimes Ambientais), 12 de fevereiro de 1998.

uma ação de maus-tratos, ou seja, não seria uma ação para a punição física. Seria, tão somente, uma ação de abuso, visando a obtenção de uma injustificada vantagem – ainda que científica – em detrimento do *bem-estar* ou da *integridade física* do animal.

*c) Morte do animal como causa de aumento de pena*

O resultado morte não é previsto no *caput* do dispositivo, inexistindo, na previsão típica, o verbo "matar", porém havendo a sua previsão como causa de aumento de pena, já que esta será aumentada de um sexto a um terço em tal hipótese.

## III. Arts. 387 e 388 do Código Penal português

A recente criminalização das condutas de abandono e maus-tratos a animais de companhia, em Portugal,[679] encontrou motivos, notadamente, na "necessidade de proteção da vida animal", que "reúne hoje, nas sociedades contemporâneas, um amplo e generalizado consenso". O parlamento português sustentou que "a dignidade e o respeito atribuídos à vida animal são princípios integradores do léxico da política legislativa da União Europeia", de modo a se reconhecer que "esta evolução legislativa, além de conceptual, é civilizacional".[680] O artigo 387º (*Maus-tratos a animais de companhia*), em sua parte primeira, prevê que "quem, sem motivo legítimo, infligir dor, sofrimento ou quaisquer outros maus-tratos físicos a um animal de companhia" será "punido com pena de prisão até um ano ou com pena de multa até 240 dias". O dispositivo prevê, em sua parte segunda, que "se dos factos previstos no número anterior resultar a morte do animal, o agente é punido com a pena de prisão até dois anos ou com pena de multa até 360 dias".[681] Já o artigo 388º (*Abandono de animais de companhia*), prevê que "quem abandonar animal de companhia, tendo o dever de o guardar, vigiar ou assistir" será "punido com pena de prisão até seis meses de prisão ou com pena de multa até 120 dias".[682] O artigo 389º estabelece o conceito

[679] Observa-se o interesse pela tutela penal de animais em Portugal, em escritos de autores alemães, já no início do séc. XX, como na obra de SALKOWSKI, que dedica um pequeno capítulo a uma tal análise. Chama a atenção do autor que "o código penal português, de 16.09.1886, não protege o animal contra a crueldade". (*die portugiesische Strafgesetzbuch v. 16.9.1886 schützt die Tiere nicht gegen Quälerei*). (SALKOWSKI, Georg. *Der Tierschutz im geltenden und zukünftigen Strafrecht des In-und Auslandes: Dogmatisch und kritisch dargestellt*. Borna-Leipzig: Buchdruckerei Robert Noske, 1911. p. 55). (Tradução livre).

[680] *Projeto de Lei nº 475/XII* (altera o Código Penal, criminalizando os maus-tratos a animais de companhia), 05 de dezembro de 2013. p. 1.

[681] *Projeto de Lei nº 475/XII* (altera o Código Penal, criminalizando os maus-tratos a animais de companhia), 05 de dezembro de 2013. p. 3.

[682] *Projeto de Lei nº 475/XII* (altera o Código Penal, criminalizando os maus-tratos a animais de companhia), 05 de dezembro de 2013. p. 3. (FARIAS, Raul. Dos crimes contra animais de companhia: breves notas. In: DUARTE, Maria Luísa; AMADO GOMES, Carla (Orgs). *Animais: Deveres e Direitos*. Lisboa: Instituto de Ciências Jurídico-Políticas da Faculdade de Direito da Universidade de Lisboa, 2015. p. 146).

de animal de companhia: "para efeitos do disposto neste título, entende-se por animal de companhia, qualquer animal detido ou destinado a ser detido pelo homem, designadamente no seu lar, para seu entretenimento e companhia".[683]

*a) Maus-tratos e crueldade stricto sensu*

A norma penal, trazida pelo artigo 387 do Código Penal português, proíbe a ação de "infligir dor", "sofrimento" ou "quaisquer outros maus-tratos físicos" ao animal. Considerando que o dispositivo prevê, de modo expresso, a proibição de maus-tratos, somos levados a compreender que quando há a referência às ações de "infligir dor" e "sofrimento" ao animal, tratar-se-ia da modalidade de *crueldade stricto sensu*, ou seja, o ato de causar sofrimento gratuito ao animal. Observa-se, também, que embora não haja uma total delimitação de quais animais estariam protegidos pela norma – não há, por exemplo, nenhuma referência aos animais vertebrados –, opera-se uma parcial delimitação, referindo-se os animais de companhia.

*b) Animal de companhia*

A tutela penal de animais, em Portugal, é, tão somente, tutela penal de animais de companhia. Nesse ponto, especificamente, ao nosso juízo, reside um grande problema. Qual critério seria utilizado para excluir os animais que não são de companhia? Por qual razão um animal vertebrado, que não seja de companhia, não estaria abrangido pelo raio de tutela do dispositivo? Uma das razões para a tutela penal de animais em Portugal, apresentada na exposição de motivos da lei que criminaliza os maus-tratos e o abandono de animal de companhia, seria a "necessidade de proteção da vida animal".[684] Porém, nos referidos tipos penais, não se observa nem a "proteção animal", já que está limitada aos animais de companhia, nem a proteção da "vida animal", já que esta não é objeto de tutela, muito embora a morte do animal seja causa de aumento de pena. Sustentou-se, também, na referida exposição de motivos que "a dignidade e o respeito atribuídos à vida animal são princípios integradores do léxico da política legislativa da União Europeia".[685] Porém, tal "dignidade" e "respeito", na perspectiva de uma tal "política legislativa da União Europeia", não estariam limitadas aos animais de companhia. A questão a ser colocada não é a destinação do animal, mas, sim, a sua capacidade de sofrimento.

683 *Projeto de Lei nº 475/XII* (altera o Código Penal, criminalizando os maus-tratos a animais de companhia), 05 de dezembro de 2013. p. 4.

684 *Projeto de Lei nº 475/XII* (altera o Código Penal, criminalizando os maus-tratos a animais de companhia), 05 de dezembro de 2013. p. 1.

685 *Projeto de Lei nº 475/XII* (altera o Código Penal, criminalizando os maus-tratos a animais de companhia), 05 de dezembro de 2013. p. 1.

*c) Morte do animal como causa de aumento de pena*

Assim como no sistema jurídico-penal brasileiro, o resultado "morte do animal" não é previsto nos dispositivos que operam a tutela penal de animais em Portugal, inexistindo, na previsão típica, o verbo "matar",[686] porém havendo a sua previsão como causa de aumento de pena, já que esta será aumentada para "até dois anos", ou, no caso da pena de multa, para "até 360 dias", em tal hipótese.

## § 31. Análise de caso: a confirmação da hipótese da investigação por meio de um testemunho jurisprudencial

Nada na história legislativa menciona qualquer preocupação com a definição de "vítima".[687]

A investigação já assegurou a demonstração da sua hipótese. Mais. A investigação, até aqui, assegurou as principais consequências normativas da possibilidade de os animais serem titulares de bens jurídico-penais: *(i)* quais animais podem ser titulares de bens jurídico-penais; *(ii)* quais bens jurídico-penais podem ser titularizados pelos animais; *(iii)* quais são os âmbitos de proteção da tutela penal de animais. Torna-se necessária, agora, a confirmação da hipótese da investigação por meio de um testemunho jurisprudencial: uma análise de caso. Uma tal confirmação possui a força de demonstrar que a hipótese da investigação, ainda que noutra tradição jurídica (*common law*), por meio de outros conceitos e categorias, mas durante o período de desenvolvimento da presente tese, foi reconhecida por uma Corte Suprema. É claro que se entende a distância que distancia as duas tradições jurídicas, *common law* e *civil law*. Porém, entende-se, também, a proximidade que as aproxima, no que diz respeito à questão-dos-animais. A decisão a ser analisada aponta, no mesmo sentido da presente investigação, para a superação do paradigma antropocêntrico-radical.

Em 07 de agosto de 2014, a Suprema Corte do Estado de Oregon (EUA) reconheceu que não apenas os seres humanos podem ser considerados vítimas de crimes, mas, também, os animais: "os animais são vítimas de crimes". No sistema *common law* não se reconhece a categoria bem jurídico, e, portanto, a decisão em análise não poderia considerar o animal como titular de bens jurídico-penais. Porém, "vítima" ou "titular do bem jurídico" são

[686] "De facto, denota-se claramente que o legislador se esqueceu da previsão e punição da conduta dolosa de produção do resultado morte no art. 387 do Código Penal". (FARIAS, Raul. Dos crimes contra animais de companhia: breves notas. In: DUARTE, Maria Luísa; AMADO GOMES, Carla (Orgs). *Animais: Deveres e Direitos*. Lisboa: Instituto de Ciências Jurídico-Políticas da Faculdade de Direito da Universidade de Lisboa, 2015. p. 146).

[687] (Supreme Court of The State of Oregon. *State of Oregon V Arnold Weldon Nix* [CC CRH090155; CA A145386; SC S060875]. August 7, 2014. p. 785). (Tradução livre).

dois registros diferentes para descrever o mesmo sujeito passivo do crime: o animal. Revela-se, assim, a força desse testemunho para a investigação.

No julgado, em análise, o que está em causa, portanto, é a "questão de saber se os animais são 'vítimas'",[688] ou seja, se os animais são sujeitos passivos do crime, ou, dentro do nosso quadro referencial teórico, falaríamos sobre a possibilidade de os animais serem titulares de bens jurídico-penais.

Trata-se de um caso criminal em que o proprietário de animais de grande porte, animais de fazenda, submete-os à crueldade por meio de uma ação omissiva, prevista na legislação aplicável como "negligência animal". O proprietário dos animais deixou de alimentá-los, levando alguns deles à morte. O relatório descreve o contexto em que o crime foi praticado:

> [...] policiais entraram na fazenda do réu e encontraram dezenas de animais emaciados, principalmente cavalos e cabras, e várias carcaças de animais em vários estados de deterioração. O réu tem a propriedade desses animais. O réu foi indiciado em 23 acusações de negligência animal de primeiro grau, ORS 167,330 e 70 acusações de negligência animal [...].[689]

Observa-se que "um júri condenou o acusado por 20 crimes, de segundo grau, contra animais (negligência)".[690] A acusação (o Estado) sustentou que a intenção do legislador era proteger os animais enquanto vítimas do crime:

> Neste caso, o Estado argumentou que, de acordo com o texto, contexto e história legislativa da negligência animal de segundo grau, o estatuto deixa claro que o legislador pretendeu considerar os animais negligenciados como as vítimas do delito.[691]

Na fundamentação da decisão, ao analisar a lei penal em causa, a Corte introduz a palavra "cuidado" (*care*), no sentido da proteção dos animais individualmente considerados, aproximando-se do caminho teórico da investigação:

> [...] a lei penal material, em causa, no presente caso, ORS 167,325, evidencia uma preocupação legislativa com o bem-estar dos animais. Revisando o texto e a história do estatuto, o tribunal concluiu que, embora os animais sejam geralmente considerados como propriedade das pessoas, ORS 167,325 reflete um interesse mais amplo em "proteger os animais individuais como seres sencientes", garantindo que esses animais recebam cuidados mínimos e não sejam abusados ou negligenciados [...].[692]

---

[688] (Supreme Court of The State of Oregon. *State of Oregon V Arnold Weldon Nix* [CC CRH090155; CA A145386; SC S060875]. August 7, 2014. p. 779). (Tradução livre).

[689] (Supreme Court of The State of Oregon. *State of Oregon V Arnold Weldon Nix* [CC CRH090155; CA A145386; SC S060875]. August 7, 2014. p. 779). Define-se as ofensas de primeiro e segundo grau: "[...] quando a omissão da pessoa em prestar cuidados mínimos "resultar em lesões corporais graves ou morte do animal," comete-se negligência animal em primeiro grau. ORS 167,330. Quando uma pessoa "intencionalmente, conscientemente ou por imprudência provoca danos físicos a um animal," comete-se o crime de abuso de animais em segundo grau. ORS 167,315. E quando uma pessoa intencionalmente, conscientemente ou por imprudência provoca "ferimentos graves" ou "cruelmente causa a morte de um animal," a pessoa comete abuso animal em primeiro grau. (Supreme Court of The State of Oregon. *State of Oregon V Arnold Weldon Nix* [CC CRH090155; CA A145386; SC S060875]. August 7, 2014. p. 790). (Tradução livre).

[690] (Supreme Court of The State of Oregon. *State of Oregon V Arnold Weldon Nix* [CC CRH090155; CA A145386; SC S060875]. August 7, 2014. p. 780). (Tradução livre).

[691] (Supreme Court of The State of Oregon. *State of Oregon V Arnold Weldon Nix* [CC CRH090155; CA A145386; SC S060875]. August 7, 2014. p. 780). (Tradução livre).

[692] (Supreme Court of The State of Oregon. *State of Oregon V Arnold Weldon Nix* [CC CRH090155; CA A145386; SC S060875]. August 7, 2014. p. 781). (Tradução livre).

Argumentou-se no sentido de identificar a "vítima" com o ente que sofre diretamente o "dano", podendo ser, portanto, a depender do crime, tanto o ser humano, quanto o animal:

> O Estado responde que o significado comum da palavra "vítima" não é tão estreito quanto recorridamente sustenta-se e que, ao contrário, é comumente usado para se referir tanto aos animais quanto aos seres humanos. Além disso, porque os animais individuais sofrem diretamente os danos, que é central para o crime de negligência animal, tal como previsto no ORS 167,325, são as "vítimas" desse crime. De acordo com o Estado, o texto e a história do estatuto, fica claro que o legislador estava preocupado com a capacidade de os animais sofrerem abuso e negligência. [...] Os estatutos evidenciam uma preocupação para proteger mais do que um interesse público geral no bem-estar animal; antes, os estatutos refletem a intenção do legislador de proteger individualmente os animais do sofrimento.[693]

A questão jurídico-penal que se colocava, dizia respeito às específicas consequências, em termos de pena, ao se considerar os animais como "vítimas" do crime. O acusado havia sido condenado por vinte condutas omissivas contra vinte diferentes animais (negligência animal). Se tais condutas tivessem como sujeito passivo do crime os seres humanos, então – segundo a regras do concurso de crimes, oriundas da legislação aplicável ao caso – haveria apenas um crime. Haveria um crime, por exemplo, contra a coletividade. Porém, se cada animal fosse individualmente considerado como "vítima" do crime, então haveria vinte crimes diferentes, puníveis separadamente, conforme a legislação aplicável:

> O estatuto anticoncentração de Oregon prevê que quando um denunciado for considerado culpado de cometer vários crimes, durante um único episódio criminal, esses veredictos de culpa poderão se "fundir" em uma única condenação, ao menos que eles estejam sujeitos a uma série de exceções. Uma dessas exceções é a ORS 161,067 (2), que prevê que "quando a mesma conduta ou episódio criminal, embora violando apenas uma disposição legal, envolva duas ou mais vítimas, há tantas ofensas separadamente puníveis quanto vítimas houver. A questão, nesse caso, é o significado da palavra "vítimas" como é usado nesse estatuto.[694]

Sobre o significado da palavra vítima, "o Tribunal observou que, ordinariamente, uma 'vítima' é alguém que sofre o dano, que é um elemento do delito".[695]

> O significado comum da palavra "vítima", como é usado no ORS 161,067 (2), pode incluir tanto os animais humanos quanto os não-humanos e nada há no texto, contexto, ou história legislativa ou do Estado, que impeça necessariamente um animal de ser considerado como tal.[696]

Delimitou-se quais animais poderiam ser "vítimas", uma vez mais indo ao encontro das conquistas da investigação, reconheceu-se os animais

---

693 (Supreme Court of The State of Oregon. *State of Oregon V Arnold Weldon Nix* [CC CRH090155; CA A145386; SC S060875]. August 7, 2014. p. 781). (Tradução livre).

694 (Supreme Court of The State of Oregon. *State of Oregon V Arnold Weldon Nix* [CC CRH090155; CA A145386; SC S060875]. August 7, 2014. p. 782). (Tradução livre).

695 (Supreme Court of The State of Oregon. *State of Oregon V Arnold Weldon Nix* [CC CRH090155; CA A145386; SC S060875]. August 7, 2014. p. 788). (Tradução livre).

696 (Supreme Court of The State of Oregon. *State of Oregon V Arnold Weldon Nix* [CC CRH090155; CA A145386; SC S060875]. August 7, 2014. p. 789). (Tradução livre).

vertebrados. Definiu-se, também, o que seria o "cuidado" para com os animais:

Um "animal" significa "qualquer mamífero não-humano, pássaro, réptil, anfíbio ou peixe." ORS 167,310 (1) (2009). "Cuidados mínimos" refere-se a "cuidar suficiente para preservar a saúde e bem-estar de um animal e em casos de emergência ou circunstâncias, além do controle razoável do proprietário, inclui, mas não está limitado, a " tais requisitos como alimentos, água, abrigo e cuidados veterinários razoavelmente necessários. ORS 167,310 (7) (2009). Para os animais domesticados, "cuidados mínimos" também inclui o acesso à habitação adequada, acesso contínuo a uma área que seja adequada para "exercer o necessário para a saúde do animal," que esteja sendo mantida a uma "temperatura adequada para o animal," e sendo "razoavelmente limpo e livre do excesso de resíduos ou outros contaminantes que possam afetar a saúde do animal ". [...] A infracção é cometida ao não fornecer o cuidado necessário para "um animal", independentemente de quem o possui. Os cuidados necessários incluem o mínimo necessário "para preservar a saúde e o bem-estar" do animal. É o animal individual que "sofre os danos, que é um elemento do delito".[697]

Em certa e determinada medida, ao encontro do sentido para onde se move a nossa compreensão sobre a tutela penal de animais, reconheceu-se o crime contra o animal como um "não-cuidado":

Uma pessoa comete o crime de negligência animal em segundo grau se, salvo disposição em contrário autorizada por lei, a pessoa intencionalmente, conscientemente, [...] não fornecer cuidados mínimos para um animal sob sua custódia ou controle.[698]

A Suprema Corte do Estado de Oregon, por fim, sustentou, em sua decisão, que reconhecer os animais como "vítimas" de crime é apenas a consequência de uma "avaliação cuidadosa das intenções do legislador". Tais intenções estariam baseadas na questão do sofrimento do animal:

Ao concluir que os animais são "vítimas", para efeitos do ORS 161,067 (2), enfatizamos que a nossa decisão não é uma das políticas sobre se os animais seriam merecedores de um tal tratamento pela lei. Esta é uma questão para o legislador. Nossa decisão é baseada em precedentes e numa avaliação cuidadosa das intenções do legislador, expressa nos decretos regulamentares. Nossas decisões anteriores sustentam que o significado da palavra "vítima", para efeitos do ORS 161,067 (2), depende necessariamente do que o legislador pretendeu, ao adoptar a lei penal material subjacente que o recorrido violou. Neste caso, a subjacente lei penal material, ORS 167,325, protege os animais individuais a partir do sofrimento causado pela negligência. Ao adoptar esta lei, o legislador considerou esses animais como "vítimas" do crime.[699]

Ao reconhecer o sofrimento do animal como uma espécie de *ratio* da tutela penal de animais, aproximou-se, a fundamentação da decisão, uma

---

[697] (Supreme Court of The State of Oregon. *State of Oregon V Arnold Weldon Nix* [CC CRH090155; CA A145386; SC S060875]. August 7, 2014. p. 789 e 790). Ressaltou-se a questão do "cuidado" para com o animal: "o estatuto prevê também que um tribunal pode ainda exigir que o proprietário reembolse os custos razoáveis, arcados por qualquer pessoa ou agência, para cuidar do animal durante a pendência das acusações. Em cada caso, uma vez mais, o foco é o cuidado para com o animal que sofreu o dano de negligência ou abuso". (Supreme Court of The State of Oregon. *State of Oregon V Arnold Weldon Nix* [CC CRH090155; CA A145386; SC S060875]. August 7, 2014. p. 791). (Tradução livre).

[698] (Supreme Court of The State of Oregon. *State of Oregon V Arnold Weldon Nix* [CC CRH090155; CA A145386; SC S060875]. August 7, 2014. p. 789). (Tradução livre).

[699] (Supreme Court of The State of Oregon. *State of Oregon V Arnold Weldon Nix* [CC CRH090155; CA A145386; SC S060875]. August 7, 2014. p. 798). (Tradução livre).

vez mais, de conceitos trazidos pela investigação, tais como: a "fragilidade estrutural dos animais" e o "poder-sofrer". Porém, o mais importante é que o caso apresentado reconhece, em âmbito judicial, o animal como sujeito passivo do crime, que no nosso quadro referencial teórico significará titular do bem jurídico. Um tal reconhecimento implicará mais uma consequência normativa: a possibilidade da legítima defesa em favor de animais. A legítima defesa em favor de animais é a mais expressiva consequência normativa da afirmação da hipótese da investigação. Esse fenômeno necessitará ser analisado, em sede de fechamento da presente investigação, a partir da transposição do plano onto-antropológico para o plano normativo. Uma tal transposição completa o caminho teórico percorrido pela investigação, trazendo à luz a relação entre o fundamento onto-antropológico da tutela penal de animais e o animal enquanto titular de bens jurídico-penais.

## § 32. A compreensão da tutela penal de animais a partir da relação entre o seu fundamento onto-antropológico e a normatividade: explicitando a transposição do plano onto-antropológico para o plano normativo

Discute-se também a admissibilidade de legítima defesa frente à crueldade contra animais. Majoritariamente se afirma, fundamentando-se em que se pode defender legitimamente a compaixão humana para com o animal martirizado. Mas o propósito da Lei de Proteção dos Animais não é amparar sentimentos humanos, senão, como expressamente afirma em seu § 1, a "proteção da vida e bem-estar do animal". Em consequência, atua-se em legítima defesa do próprio animal como terceiro, quando se impede a atuação de quem o martiriza. Dado que o "outro" no sentido do § 32 não precisa ser um ser humano (mas também pode ser, por exemplo, uma pessoa jurídica ou o feto), nada impede ao legislador de reconhecer também o animal como "outro". (*Strittig ist die Zulässigkeit der Notwehr gegenüber Tierquälereien. Sie wird meist mit der Begründung bejaht, dass das menschliche Mitgefühl mit dem gepeinigten Tier verteidigt werden dürfe. Das TierSchG bezweckt aber nicht die Schonung menschlicher Gefühle, sondern wie es in seinem § 1 ausdrücklich heißt, den „Schutz des Lebens und Wohlbefindens des Tieres". Infolgedessen wird dem Tier selbst Nothilfe geleitet, wenn man den Quäler an seinem Tun hindert. Da der „andere" i.S.d. §32 kein Mensch zu sein braucht [sondern z.B auch eine juristische Person oder ein Embryo sein kann], ist der Gesetzgeber nicht gehindert, auch ein Tier als „anderen" anzuerkennen*).[700]

A citação de Roxin nos faz perceber que diferentes caminhos levam ao mesmo destino. Não obstante o horizonte funcionalista em que se move a compreensão teórica do autor, ainda, sim, chega-se a um denominador comum: o reconhecimento da *legítima defesa de animais*. Então, poder-se-ia argumentar a desnecessidade do longo caminho teórico que percorremos durante toda a investigação para desembocar num "mesmo" ponto de chegada? Por meio de outras palavras: toda a diferenciação do nosso ponto

[700] ROXIN, Claus. *Strafrecht. Allgemeiner Teil. Band I: Grundlagen – Der Aufbau der Verbrechenslehre.* 4ª ed. München: Verlag C.H Beck, 2006. p. 671. (Tradução livre).

de partida perder-se-ia em "desnecessidade" – do caminho trilhado – ao avistarmos a "similaridade" do nosso ponto de chegada? De modo algum. Relembre-se o pensamento de Heidegger: "um caminho objetivamente longo pode ser mais curto que um caminho objetivamente muito curto, e que talvez seja uma caminhada difícil e interminavelmente longa" (*Ein 'objektiv' langer Weg kann kürzer sein als ein 'objektiv' sehr kurzer, der vielleicht ein 'schwerer Gang' ist und einem unendlich lang vorkommt*).[701]

(Re)afirma-se, agora, uma compreensão com mais razões fortes. O reconhecimento, pela tradição dogmática, da legítima defesa em favor de animais, movia-se em fundamentos ontológicos não discutidos em princípio. Estarrecedor. Movia-se não apenas em fundamentos ontológicos não discutidos, mas em pressupostos jurídico-penais não plenamente esclarecidos. Sem dúvidas, Roxin não levou a questão da legítima defesa de animais até a *pergunta pela possibilidade de os animais serem titulares de bens jurídico-penais*. A análise de Roxin não é menos rigorosa por conta disso, apenas é mais restrita no que diz respeito ao âmbito dos fundamentos.

Se não pensássemos assim, então não se estaria exigindo da análise de Roxin uma tarefa comprovadamente não solucionada – e não solucionável – por sua forma de compreender as coisas do direito penal? Mais. Não se estaria exigindo uma tarefa que se encontra totalmente fora do seu horizonte de análise? Como poderia o "funcionalismo" apontar o "ser-com", oriundo da relação entre homem e animal, como poderia o "funcionalismo" apontar para o "mundo dos animais" e a sua "ontológica possibilidade de sofrer", se desconhece até mesmo os fundamentos ontológicos do próprio direito penal? A orientação da tradição funcionalista, desprovida de qualquer criticidade ontológica, impossibilitou o desvelamento de um fenômeno originariamente ontológico.

A dogmática jurídico-penal emudeceu-se quanto às condições de possibilidade (fundamentos ontológicos) para os animais serem titulares de bens jurídico-penais. A *pergunta pela possibilidade de os animais serem titulares de bens jurídico-penais* não havia sido colocada (suficientemente), mas tão somente presumida. Realizava-se, assim, saltos. Saltos e saltos de antigas para novas compreensões de conceitos e categorias jurídico-penais. Afirmou-se a legítima defesa em favor de animais sem ao menos investigar a possibilidade de os animais serem titulares de bens jurídico-penais. Afirmou-se a legítima defesa em favor de animais em meio à escuridão dos fundamentos ontológicos não discutidos. É notável – e quase que de desnecessária referência – a íntima relação entre "o reconhecimento de os animais serem titulares de bens jurídico-penais" e "o reconhecimento da legítima defesa em favor dos animais". Se os animais são titulares de bens jurídico-penais individuais, então estes podem e devem ser protegidos de agressões injustas por meio da legítima defesa em favor dos animais.

O animal é *creaturae dolens* e a possibilidade de sofrimento, o "poder-sofrer", como amplamente demonstrado ao longo da investigação, consti-

---

701 HEIDEGGER, Martin. *Sein und Zeit*. Tübingen: Max Niemeyer Verlag, 2006. p. 106.

tui a sua fragilidade estrutural. Considerando que o direito penal – assim como o direito de uma maneira geral – busca a solução justa, a justiça para com os animais passa pela consideração da sua fragilidade estrutural e, portanto, pela possibilidade de poder defendê-los das agressões injustas.

Em nível de relação onto-antropológica, trata-se da suspensão do cuidado-para-com-o-outro (ser-aí) em nome do cuidado-para-com-o-outro (animal). Ambos – ser-aí e animal – são o "outro" da relação de cuidado, mas – na específica situação em tela – o ser-aí é agressor, enquanto que o animal é agredido. Suspende-se, então, o cuidado-para-com-o-outro-ser-aí (agressor), fazendo prevalecer o cuidado-para-com-o-outro-animal (agredido). Vale por se dizer: quando o outro-ser-aí – por meio da agressão antijurídica – rompe com a matricial relação onto-antropológica de cuidado-de-perigo (para-com-o-animal), a minha relação de cuidado-para-com-(este)-outro-ser-aí sucumbe à minha relação de cuidado-para-com-o-outro-animal, assim, "o justo prevalece sobre o injusto e o 'eu' que se defende expandindo uma relação de cuidado sobre si (ou sobre terceiro) age acoberto do justo".[702]

Em nível normativo, trata-se de uma situação originada pela agressão antijurídica contra o animal, ou seja, ilícita tanto sob uma perspectiva de desvalor da ação quanto de desvalor do resultado, portanto, não coberta por nenhuma norma permissiva, sujeita a defesa de terceiro, defesa essa no sentido de verdadeira proteção do bem jurídico ofendido ou prestes a ser ofendido.

O fundamento onto-antropológico da tutela penal de animais, com o reconhecimento da legítima defesa em favor de animais, chega à superfície do ôntico, assentando consequências diretas no plano da normatividade. Trata-se, em verdade, da transposição do plano onto-antropológico para o plano normativo. Estabeleceu-se, ontologicamente, ao longo da investigação, a base fenomenal em que está assentada a tutela penal de animais. Liberou-se a tutela penal de animais da estreiteza dos conceitos ônticos disponíveis, em sua maioria não elaborados. Agora, com a identificação da *legítima defesa de animais*, chegou-se à superfície da juridicidade, chegou-se ao plano normativo.

Compreende-se, então, a tutela penal de animais por meio da relação entre o seu fundamento onto-antropológico e a sua repercussão normativa. O fundamento onto-antropológico da tutela penal de animais repercute na normatividade. As características ontológicas identificadas, como a tríplice fragilidade estrutural dos animais, anteriores à toda juridicidade, projetam-se no plano da normatividade. A legítima defesa em favor de animais é hipótese emblemática de comprovação dessa projeção. Compreender, desse modo, a tutela penal de animais por meio da relação entre o seu fundamento onto-antropológico e a sua repercussão normativa é,

[702] FARIA COSTA, José de. *O perigo em direito penal: contributo para a sua fundamentação e compreensão dogmáticas*. Coimbra: Coimbra Editora, 2000. p. 516.

sobretudo, compreender a projeção do onto-antropológico no normativo.[703] Não é a normatividade que determina o fundamento onto-antropológico, mas o fundamento onto-antropológico é que determina a normatividade. Como termo médio, em meio aos dois extremos – onto-antropológico e normativo –, mostra-se a categoria dogmática que faz a mediação: o "ser-titular-de-bens-jurídico-penais". O reconhecimento do animal como titular de bens jurídico-penais é o elemento centrípeto da compreensão da tutela penal de animais. O reconhecimento do animal como titular de bens jurídico-penais está em meio ao fundamento onto-antropológico da tutela penal de animais e a sua repercussão no plano da normatividade. As características ontológicas dos animais, bem como a relação entre homem e animal, dá-se em nível onto-antropológico. O reconhecimento de que o animal é titular de bens jurídico-penais dá-se em nível dogmático. Porém, a *legítima defesa de animais*, dá-se em nível normativo. Se apenas com o fundamento onto-antropológico da tutela penal de animais não se chega à *praxis* da juridicidade; também, se apenas com a legítima defesa de animais não se chega à compreensão dogmática que faz a ponte entre os níveis onto-antropológico e normativo; então, é por meio do reconhecimento de que o animal é titular de bens jurídico-penais que uma tal ponte se perfectibiliza. Na categoria "titular de bens jurídico-penais" reside o elemento que concilia "fundamento onto-antropológico" e "normatividade". O fundamento onto-antropológico da tutela penal de animais é condição de possibilidade para os animais serem titulares de bens jurídico-penais. A condição dos animais – por serem titulares de bens jurídico-penais – possibilita a legítima defesa em favor deles. Perguntou-se, desde o início da investigação, pela possibilidade de os animais serem titulares de bens jurídico-penais. Para se alcançar a resposta para a pergunta da investigação, passou-se pelo – e chegou-se ao – fundamento onto-antropológico da tutela penal de animais, enquanto condição de possibilidade. Mais. Ao se responder a pergunta da investigação, chegou-se à repercussão no plano normativo, a legítima defesa de animais, enquanto consequência da possibilidade. A tutela penal de animais é um fenômeno complexo. E como tal deve ser compreendido. Defende-se, em linha de conclusão, que a compreensão da tutela penal de animais deve se dar a partir da relação entre o seu fundamento onto-antropológico e a sua repercussão no plano normativo, mediada pela titularidade de bens jurídico-penais pelos animais. Comprovou-se a hipótese afirmativa da *pergunta pela possibilidade de os animais serem titulares de bens jurídico-penais*. Demonstrou-se o fundamento onto-antropológico da tutela penal de animais, especialmente manifestado na tríplice fragilidade estrutural dos animais. Identificou-se a repercussão normativa, de todos os achados da investigação, por meio do emblemático caso da *legítima defesa de animais*. Conclui-se,

[703] FARIA COSTA reconhece dois "níveis de percepção" da juridicidade: (i) "[...] o direito, enquanto dado onto-antropológico da mais profunda essencialidade do modo-de-ser humano, do ser-aí com os outros [...]; (ii) "[...] a manifestação positiva, historicamente positivada – em que a lei escrita ganha um relevo fundamental –, com que aquele dado se projecta e se realiza historicamente, concedendo-lhes conteúdo, nas expressões fenoménicas das simples relações sociais [...]". (FARIA COSTA, José de. *Linhas de direito penal e de filosofia: alguns cruzamentos reflexivos*. Coimbra: Coimbra Editora, 2005. p. 191).

então, que a compreensão do complexo fenômeno jurídico-penal da tutela penal de animais não pode ignorar os três níveis de análise apresentados, quais sejam, onto-antropológico (no plano dos fundamentos), dogmático (no plano dos conceitos e categorias jurídico-penais), normativo (no plano da proibição jurídico-penal). Por meio da análise dos três níveis – e nos três níveis – foi possível desvelar inúmeras camadas encobridoras do fenômeno jurídico-penal em tela. Conseguiu-se, assim, liberar um horizonte de compreensão, desaprisionando conceitos e categorias encobertos pela tradição dogmática imersa no antropocentrismo-radical. Liberou-se, assim, uma compreensão do bem jurídico-penal para além dos humanos. Mais. Por meio da conquista do fundamento onto-antropológico da tutela penal de animais, liberou-se uma compreensão de que o direito penal é uma ordem de proteção que está para além dos humanos.

## § 33. As conquistas do 3º Capítulo (Parte Segunda)

*(i)* Conquistou-se a compreensão de que todos os animais vertebrados podem ser titulares de bens jurídico-penais, pois possuem uma comprovada capacidade de sofrimento. Os animais vertebrados possuem sentidos, como: a visão; o olfato; a audição; o tato; e o paladar. Tais sentidos permitem acesso ao ente e, portanto, permite-lhes sofrer. Os animais vertebrados possuem a coluna vertebral que lhes torna possível a senciência. Os animais vertebrados possuem sistema nervoso complexo, em virtude da existência de coluna vertebral e, por essa razão, são sensíveis à dor, de modo a "poder-sofrer". A comprovada fragilidade estrutural, especialmente manifestada no "poder-sofrer", característica mais singular dos animais vertebrados, projeta-se no *interesse* em *não-sofrer*. A ordem jurídica converte esse *interesse* em bem jurídico-penal, reconhecendo-se o animal vertebrado como o seu titular;

*(ii)* Concluiu-se que uma das possibilidades de interpretação do fenômeno jurídico-penal em tela seria compreender os bens jurídicos – *vida, integridade física* e *bem-estar animal*, tutelados por meio dos crimes contra animais – como valores pertencentes ao "interesse público", ou seja, bens jurídicos titularizados pela coletividade, pelo Estado ou pela humanidade. Verificou-se, nesse modo de compreender as coisas, uma inversão dos polos de *interesse*. Reconhecendo-se a tutela da *vida, integridade física* e *bem-estar* do animal, reconhece-se, *prima facie*, a proteção direta dos animais. Porém, reconhecendo-se que esses mesmos bens pertenceriam ao "interesse público", portanto, seriam titularizados pela coletividade, ou pelo Estado, ou pela humanidade, deixar-se-ia de reconhecer, necessariamente, tratar-se de proteção direta dos animais. A tutela penal de animais, nesse horizonte de compreensão, estaria vinculada ao paradigma antropocêntrico-radical;

*(iii)* Questionou-se como poderia o *interesse* do animal em *não-sofrer* ser ignorado em nome do "interesse público" *(humano) em que o animal não*

*sofra*? Inferiu-se que o problema está longe de ser meramente terminológico, pois o ser humano pode ter sentimentos de compaixão e piedade pelos animais, porém, a *esfera sentimental* não é o que sustenta a esfera de proteção jurídico-penal. A proteção jurídico-penal, tanto do ser humano, quanto do animal, está assentada na existência de bens jurídicos. Os bens jurídicos são os *interesses* ou valores mais caros à continuidade da vida. A *esfera sentimental* não constitui bem jurídico algum. Porém, a *vida*, a *integridade física* e o *bem-estar*, sim. Tais valores são *essentialia* da vida senciente. A vida senciente é iluminada pelo ideal de uma vida digna. Para a vida continuar a ser vida, iluminada pelo ideal de uma vida digna, depende da proteção de tais *interesses*. Se a *vida*, a *integridade física* e o *bem-estar* do animal, enquanto *interesses* essenciais da vida senciente, forem reconhecidos como bens jurídicos que não pertenceriam ao "interesse público", ou seja, que não seriam titularizados pelos seres humanos, então, necessariamente, eles serão titularizados pelos animais;

*(iv)* Conquistou-se a compreensão de que a *vida*, a *integridade física* e o *bem-estar* do animal são bens jurídicos titularizados pelo animal, pois trata-se de *interesses*, de "interesses-da-vida", que pertencem ao animal. Inferiu-se que a vinculação entre o animal e a sua própria *vida*, entre o animal e a sua própria *integridade física*, entre o animal e o seu próprio *bem-estar*, é algo evidente. Portanto, tais "interesses-da-vida" são irrefutavelmente seus. São "interesses-da-vida" de cada animal. O direito está inelutavelmente aberto à "historicidade". A inescapável "historicidade" muda a nossa relação com os animais. Muda como os reconhecemos e, a mesma inescapável "historicidade", muda o tempo do mundo. Enquanto o *tempo do mundo muda o mundo do direito*. A relação entre homem e animal está tão sujeita à implacável ação da "historicidade" quanto o direito. Pode-se dizer, simplificando, escapa-se a tudo, menos à história. Ao aceitar tais premissas não se pode recusar a possibilidade de os animais serem titulares de bens jurídico-penais. Não sem decair numa redução *especista*. Num tal contexto, apenas um falacioso argumento *especista* seria capaz de refutar, de plano, a possibilidade de os animais serem titulares de bens jurídico-penais. Como, por exemplo, o seguintes argumentos: *(i)* os animais não podem ser titulares de bens jurídicos porque somente os homens podem; ou *(ii)* os animais não podem ser titulares de bens jurídicos porque são considerados "coisa" (*res*). Os animais "não podem" enquanto o homem disser que "não podem", ou, os animais são considerados "coisa" (*res*), também, enquanto o homem os considerar como "coisa" (*res*). Os rótulos emprestados pelas categorias dogmáticas são, tão somente, realidades construídas, sempre (dis)postas para a (re)construção;

*(v)* Desvelou-se que a *vida*, a *integridade física* e o *bem-estar* do animal não possuem outro titular senão o próprio animal, quer tais bens sejam tutelados pelo direito penal, quer não. A consequência lógica é que se tais bens forem tutelados pelo direito penal, então o animal será titular de bens jurídico-penais. Essa conclusão consagra a lógica e a razoabilidade de que

os crimes contra animais são verdadeiramente contra animais, são crimes contra "interesses-da-vida" dos animais;

*(vi)* Conquistou-se a compreensão de que o reconhecimento, pela tradição dogmática, da legítima defesa em favor de animais, movia-se em fundamentos ontológicos não discutidos, em princípio. Movia-se não apenas em fundamentos ontológicos não discutidos, mas em pressupostos jurídico-penais não plenamente esclarecidos. Inferiu-se que Roxin não levou a questão da legítima defesa de animais até a *pergunta pela possibilidade de os animais serem titulares de bens jurídico-penais*, porém, a análise do autor não é menos rigorosa por conta disso, apenas é mais restrita no que diz respeito ao âmbito dos fundamentos. Concluiu-se que a orientação da tradição funcionalista, desprovida de qualquer criticidade ontológica, impossibilitou o desvelamento de um fenômeno originariamente ontológico. Concluiu-se, também, que a dogmática jurídico-penal emudeceu-se quanto às condições de possibilidade (fundamentos ontológicos) de os animais serem titulares de bens jurídico-penais. A *pergunta pela possibilidade de os animais serem titulares de bens jurídico-penais* não havia sido colocada (suficientemente) pela tradição, mas, tão somente, presumida. Realizava-se, assim, saltos. Saltos e saltos de antigas para novas compreensões de conceitos e categorias jurídico-penais;

*(vii)* Compreendeu-se que se os animais são titulares de bens jurídico-penais individuais, então poderão ser protegidos de agressões injustas por meio da legítima defesa em favor dos animais. Explicou-se que em nível de relação onto-antropológica, trata-se da suspensão do cuidado-para-com-o-outro (ser-aí) em nome do cuidado-para-com-o-outro (animal). Ambos – ser-aí e animal – são o "outro" da relação de cuidado, mas – na específica situação em tela – o ser-aí é agressor, enquanto que o animal é agredido. Suspende-se, então, o cuidado-para-com-o-outro-ser-aí-agressor, fazendo prevalecer o cuidado-para-com-o-outro-animal-agredido. Vale por se dizer: quando o outro-ser-aí – por meio da agressão antijurídica – rompe com a matricial relação onto-antropológica de cuidado-de-perigo (para-com-o-animal), a minha relação de cuidado-para-com-(este)-outro-ser-aí sucumbe à minha relação de cuidado-para-com-o-outro-animal, assim "o justo prevalece sobre o injusto";

*(viii)* Conquistou-se a compreensão de que o fundamento onto-antropológico da tutela penal de animais, com o reconhecimento da legítima defesa em favor de animais, chega à superfície do ôntico, assentando consequências no plano da normatividade. Inferiu-se se tratar da transposição do plano onto-antropológico para o plano normativo. Estabeleceu-se, ontologicamente, a base fenomenal em que está assentada a tutela penal de animais. Liberou-se a tutela penal de animais da estreiteza dos conceitos ônticos disponíveis, em sua maioria não elaborados. Com a identificação da legítima defesa em favor de animais, chegou-se à superfície da juridicidade, chegou-se ao plano normativo. Concluiu-se que a compreensão da tutela penal de animais deve se dar a partir da relação entre o seu fundamento onto-antropológico e a sua repercussão no plano normativo, media-

da pela titularidade de bens jurídico-penais pelos animais. Comprovou-se a hipótese afirmativa da *pergunta pela possibilidade de os animais serem titulares de bens jurídico-penais*. Demonstrou-se o fundamento onto-antropológico da tutela penal de animais, especialmente manifestado na tríplice fragilidade estrutural dos animais. Identificou-se a repercussão normativa, de todos os achados da investigação, por meio do emblemático caso da legítima defesa de animais.

# Conclusões

*(i)* Concluiu-se pela necessidade de se expor a *pergunta pela possibilidade de os animais serem titulares de bens jurídico-penais*, por meio dos seguintes argumentos: (a) Não estariam, hoje, claramente delineados os limites dogmáticos para a determinação da titularidade de bens jurídico-penais; (b) Não se poderia sustentar a imutabilidade do rol de titulares reconhecidos pela tradição dogmática. Concluiu-se, a partir da exposição da pergunta da investigação, que a compreensão da tutela penal de animais se movia em fundamentos ontológicos não discutidos, em princípio;

(ii) Superando incompreensões e simplificações sobre a *pergunta pela possibilidade de os animais serem titulares de bens jurídico-penais*, concluiu-se que: (a) a *pergunta pela possibilidade de os animais serem titulares de bens jurídico-penais* não é uma *pergunta pela possibilidade de os animais serem sujeitos de direitos*; (b) a *pergunta pela possibilidade de os animais serem titulares de bens jurídico-penais não é uma pergunta pela possibilidade de a natureza em geral ser titular de bens jurídico-penais*; (c) a *pergunta pela possibilidade de os animais serem titulares de bens jurídico-penais não é uma pergunta sobre o direito penal ambiental (stricto sensu)*; (d) a *pergunta pela possibilidade de os animais serem titulares de bens jurídico-penais não é uma pergunta pela possibilidade de igualdade entre homem e animal*; (e) a *pergunta pela possibilidade de os animais serem titulares de bens jurídico-penais não é uma pergunta pela possibilidade de um direito penal moralizador*;

(iii) Por meio da análise da estrutura formal da *pergunta pela possibilidade de os animais serem titulares de bens jurídico-penais*, conquistou-se a circunscrição provisória do conceito, concluindo-se que: *ser-titular-de-bem-jurídico-penal, antes de tudo, é ser portador de uma fragilidade. Essa fragilidade diz respeito à continuidade da existência ou existencialidade do ente, manifestando sua incompletude. Tratando-se dos entes que possuem vida, portanto, que possuem o "poder-morrer", essa fragilidade projeta-se em inúmeros interesses vitais, refletindo sua condição de projeto. Dentre os entes que, além de possuir vida, possuam também capacidade de sofrimento (senciência), portanto que possuam o "poder-sofrer", os interesses vitais são mais intensos, tais como saúde e bem-estar, corporificados na integridade física. As fragilidades manifestam-se especialmente nas relações – e pelas relações – do "eu" para com o "outro". Portanto, tais fragilidades têm como pressuposto o "ser-com". Ser portador de uma fragilidade é ser sujeito-de-interesse, donde decorre que o bem jurídico é a consagração desse interesse*

*– convertido em valor – pelo direito e, em última análise, é um meio de proteção daquela fragilidade;*

*(iv)* Sobre a precedência da questão-dos-animais, ou seja, a precedência em saber quem são os animais, concluiu-se que a questão não está limitada a uma dimensão jurídica. Tal precedência é pré-jurídica, pois antes possui uma dimensão filosófica;

(v) Concluiu-se que *os animais são os entes privilegiados do meio ambiente (natural), pois são os únicos – para além dos humanos – que possuem mundo, ou seja, que possuem um especial modo de ter algum acesso aos entes, por meio dos sentidos*. Conquistou-se, assim, a compreensão de pressupostos da senciência animal;

*(vi)* Concluiu-se que ao tratar da tutela penal de animais, presumimos continuamente a estrutura ontológica dos animais, porém, essa contínua presunção não dispensa uma adequada analítica ontológica dos animais, pelo contrário, a exige. A *analítica ontológica dos animais* identificou um solo ontológico. Conquistou-se a compreensão do "mundo dos animais";

*(vii)* Concluiu-se que o antropocentrismo-radical, na dogmática jurídico-penal, é um modo de compreender as coisas do direito penal em que está em causa apenas a proteção do humano. Trouxe-se à luz o fato de que o antropocentrismo-radical assumiu uma forma canônica na dogmática jurídico-penal, de modo a podermos falar na existência de um *paradigma antropocêntrico-radical*. Concluiu-se, também, que a desconstrução (*desleitura*) do antropocentrismo-radical não é o fim do antropocentrismo na dogmática jurídico-penal, mas, apenas, um novo modo de reconhecê-lo e adentrá-lo, desvelando-se o papel dos animais nele oculto. Verificou-se a existência de uma boa circularidade na desconstrução (desleitura) do antropocentrismo-radical na dogmática jurídico-penal;

*(viii)* Como um testemunho em favor da atualidade do tema, apresentou-se, no que diz respeito à tutela penal de animais no Brasil, os principais aspectos do Anteprojeto do novo Código Penal (versão do relatório final), datado de 17 de dezembro de 2013, que prevê a ampliação da tutela penal de animais. Apresentou-se, sobre a tutela penal de animais na Alemanha, a alteração resultante da emenda à Constituição Federal, de 26 de julho de 2002, que passou a prever a proteção dos "fundamentos naturais da vida e os animais" (*die natürlichen Lebensgrundlagen und die Tiere*). Demonstrou-se o reflexo da alteração constitucional no âmbito infraconstitucional, especificamente, na *Lei de Proteção dos Animais* (*Tierschutzgesetz*), que vai considerar o animal como "cocriatura" (*Mitgeschöpf*), protegendo a sua "vida" (*Leben*) e o seu "bem-estar" (*Wohlbefinden*). A referida lei foi alterada em 28 de julho de 2014. Por fim, sobre a tutela penal de animais em Portugal, apresentou-se a alteração legislativa que resultou, a partir de 29 de agosto de 2014, na criminalização das condutas de abandono e maus-tratos a animais de companhia;

*(ix)* Ao apresentar o método fenomenológico da investigação, concluiu-se que a fenomenologia é um método que caracteriza "o como"

(*das Wie*) dos objetos da investigação, exprimindo a máxima "às coisas elas mesmas" (*zu den Sachen selbst*). Ressaltou-se que essa máxima se opõe "às construções soltas no ar, aos achados acidentais, à admissão de conceitos apenas aparentemente verificados, às pseudoquestões que frequentemente são transmitidas ao longo das gerações como 'problemas'". Concluiu-se, também, que a fenomenologia, enquanto método, busca o rigor na pesquisa;

*(x)* Concluiu-se que a dogmática jurídico-penal é "ciência procurada" (*episteme zetoumene*), sustentando-se que *o tempo do mundo muda o mundo do direito penal*. Concluiu-se, também, nesse sentido, que as respostas, até hoje, oferecidas pela tradição dogmática – aos problemas da tutela penal de animais – são provisórias. A compreensão da dogmática jurídico-penal como "ciência procurada" colocou em liberdade o horizonte de compreensão do objeto da investigação, pois só há sentido na *pergunta pela possibilidade de os animais serem titulares de bens jurídico-penais* se compreendermos que a dogmática jurídico-penal não está acabada, ou seja, se a compreendermos como "ciência procurada";

*(xi)* Concluiu-se que o império da técnica e a produção de eficácia chegaram ao campo do direito penal, notadamente, por meio dos mais diversos funcionalismos. Reconheceu-se que o império da *produção* determina consequências ao direito penal, já que a dogmática jurídico-penal, nesse horizonte técnico, está cada vez mais rica em eficácia e mais pobre em sentido. Concluiu-se, também, que a absolutização de conceitos e categorias, enquanto resultado de um descabido alargamento do grande circuito da técnica, revela-se como manifestação forte do inautêntico "pensamento calculador" (*rechnende Denken*);

*(xii)* Ao desvelar *o que* é e *quando* ocorre a superação de um paradigma dogmático, concluiu-se que o paradigma é um modelo compartilhado por uma comunidade científica. Explicou-se que o direito penal – e o direito de uma maneira geral – não escapa à ideia de paradigma. Sustentou-se que há determinadas formas de compreender as coisas do direito penal que constituem paradigmas, tratam-se de formas de compreensão que se consolidam no tempo e passam a orientar a pesquisa jurídica. Concluiu-se, nesse sentido, que o *paradigma dogmático é um modelo de compreensão das coisas do direito penal, construído por meio de realizações científicas reconhecidas com certa universalidade, com uma duração em determinado período, fornecendo explicações aos fenômenos jurídico-penais e resolução para os seus decorrentes problemas, investigados pela comunidade científica*. Concluiu-se, também, que a *superação de um paradigma dogmático* é verificada quando o *paradigma não mais atende às necessidades explicativas e resolutivas dos fenômenos jurídico-penais, ou seja, quando o paradigma encontra-se defasado*. Sustentou-se que tal defasagem mostra-se no descompasso entre a complexidade dos fenômenos jurídico-penais e as limitações operativas do paradigma. Concluiu-se, ainda, que o paradigma dogmático estaria defasado, portanto, devendo ser superado, quando não mais puder explicar os fenômenos próprios do seu campo, nem resolver os problemas colocados a partir deste;

*(xiii)* Concluiu-se que a tutela penal de animais é um fenômeno paradigmático que nos permite (re)pensar o paradigma antropocêntrico-radical, impulsionando – ao mesmo tempo – o questionamento pelos limites de um direito penal liberal e, em última análise, questionando o próprio ser do direito penal. Demonstrou-se que o antropocentrismo-radical na dogmática jurídico-penal – e, consequentemente, o rol dos titulares de bens jurídico-penais – tornou-se uma evidência meridiana, de tal maneira que questionar esse antropocentrismo-radical passou a ser visto como um equívoco metodológico. Concluiu-se, também, que a substituição de um paradigma não é algo que possa ser verificado instantaneamente, pois é um processo de sedimentações, já que os sentidos e significados dos conceitos e categorias jurídico-penais passam a ser historicamente (re)significados, de modo que a compreensão de tais conceitos e categorias, sempre aberta à "historicidade", vai sendo esculpida pelo *Zeitgeist* (*genius seculi*);

*(xiv)* Concluiu-se que a aporia, oriunda da relação entre direito penal mínimo e tutela penal de animais, é apenas aparente, pois a defesa da tutela penal de animais não contradiz a manutenção da ideia de um direito penal mínimo. Demonstrou-se que frente a apresentação de um quadro de desmandos, oriundo da desenfreada expansão do direito penal, a mais tênue franja de criticidade, no pensamento jurídico-penal, leva-nos a questionar toda e qualquer forma de expansão do direito penal. Explicou-se que é salutar que assim seja, porém, a vocação crítica de um pensamento jurídico-penal não pode resultar naquilo que justamente quer evitar: a análise superficial dos fenômenos jurídico-penais, ou seja, manter a guarda alta para as tentações antiliberais não significa fechar as portas da "historicidade" para os bens protegidos pelo direito penal. Concluiu-se, também, que os âmbitos de intervenção que fogem ao corpo do direito penal clássico devem sempre ser analisados com sobrecautela, mas, verdadeiramente, devem ser analisados, pois se as coisas não se passarem assim, então teremos uma dogmática jurídico-penal *mutilada*. Explicou-se que mutilar a real criticidade da dogmática jurídico-penal é, sobretudo, torná-la estéril. Concluiu-se, ainda, que por meio da tipificação de crimes contra os animais não se tutela um valor qualquer, já que os valores relacionados tanto ao "poder-morrer", quanto ao "poder-sofrer", são especiais, pois tocam um núcleo de intersecção ontológica entre homens e animais;

*(xv)* Ao desvelar o "outro" da relação e o duplo "poder-ser" frágil ("poder-morrer" e "poder-sofrer"), concluiu-se que não problematizar a ontologia da vida animal torna problemática, em seus fundamentos, toda a compreensão da tutela penal de animais. Demonstrou-se que problematizar a ontologia da vida animal passa pela pergunta sobre quem seria o "outro" da relação, considerando-se que tal pergunta é anterior a toda juridicidade e desponta repercussões diretas no direito penal. Compreendeu-se que falar num fundamento onto-antropológico é falar, antes de tudo, numa relação do "eu" para com o "outro". Esclareceu-se que se as coisas assim se passam, então, desvelar – em nível ontológico – quem seria o "outro" da relação determinaria consequências diretas para o direito penal. Demons-

trou-se que para pensarmos ontologicamente, o "outro" da relação, precisamos delimitar o campo das condições de possibilidade: o "outro" da relação precisa ser um ente vivo, pois apenas os entes vivos possuem *interesse*, percebendo-se que o *interesse* é sempre "interesse-da-vida" (*Lebensinteresse*). Concluiu-se, ainda, pela necessidade de se verificar mais uma característica: a ontológica possibilidade de sofrer ("poder-sofrer"). Desvelou-se esse elemento ontológico como aquele que vai determinar "quem" poderá ser o "outro" da relação, concluindo-se que os entes que possuem o duplo "poder-ser" frágil ("poder-morrer" e "poder-sofrer") poderão ser reconhecidos como o "outro" da relação, portanto, tais entes poderão ser destinatários de cuidado, o cuidado-para-com-o-outro;

*(xvi)* Concluiu-se que o animal não é ser-no-mundo, pois não possui a dimensão de sentido, não possui o elemento da compreensão, mas, ainda sim, possui um mundo, que – devido a essa falta – é pobre em comparação com o mundo do ser-aí. Compreendeu-se que o animal, na "pobreza de mundo", possui acesso ao ente, ainda que não ao ente enquanto ente. Diferenciou-se terminologicamente os dois mundos: (a) o mundo do ser-aí seria o "mundo" (*Welt*) propriamente dito; (b) o "mundo dos animais" seria o "mundo ambiente" (*Umwelt*). Compreendeu-se que a relação que o animal estabelece com o seu mundo é totalmente diversa, pois o sentido não pode ser instaurado pelo animal, já que lhe falta o elemento da compreensão. Concluiu-se, também, que conhecer a animalidade do animal, necessariamente, passa por conhecer o seu específico mundo, pois é no mundo do animal que ele estabelece relação com os demais entes. Concluiu-se, ainda, que o "mundo dos animais" é o *locus* do "poder-sofrer", já que apenas porque os animais possuem um mundo – porque possuem acesso aos entes – podem sofrer, ou seja, o "poder-sofrer" está diretamente ligado ao possuir-um-mundo, desvelando-se o "mundo ambiente" (*Umwelt*) como o solo fenomenológico da possibilidade de os animais sofrerem. Concluiu-se, por fim, que possuindo mundo, o animal se faz titular de *interesses*, como o *interesse* em *não-sofrer*, elevando-se ao *status* de ente exemplar do "mundo ambiente" (*Umwelt*);

*(xvii)* Concluiu-se que o ser do animal passa pela sua fragilidade estrutural: fragilidade de a qualquer momento "poder-morrer", "poder-sofrer" e, ao mesmo tempo, "poder-ser-dominado" pelo homem. Demonstrou-se que se por meio da análise ontológica pôde-se identificar que o animal é "pobre de mundo", enquanto que o homem é "formador de mundo", então aí surge a gênese da possibilidade de dominação, ou seja, se o ser-aí, o ser-homem, é o único ente que possui o elemento da compreensão, então ele goza da possibilidade de dominar todos os demais entes do planeta. Concluiu-se, também, que em relação a dominação dos animais, as coisas se passam de maneira singular, já que, ao contrário dos demais entes dominados pelo ser-aí, o animal é o único ente que possui uma vida qualificada pelo duplo "poder-ser" frágil: "poder-morrer" e "poder-sofrer", vislumbrando-se, a partir daí, uma problemática ético-existencial. Concluiu-se, então, que o ser-aí pensante possui um poder, ou seja, um poder de domínio, que

implica responsabilidade. Colocou-se em liberdade essa responsabilidade para ser compreendida como possibilidade de oferecer cuidado. Concluiu-se, ainda, que a relação do ser-aí com o animal não pode ser orientada pelas mesmas regras que orientam a relação do ser-aí com os demais entes, porque a privilegiada condição do ser-aí, enquanto "formador de mundo", carrega consigo custos de índole ético-existencial, ou seja, o ser-aí não pode limitar o seu cuidado somente ao "outro" ser-aí, tal cuidado deve abrir-se ao "outro" ente diferente que possua a estrutural fragilidade de "poder-morrer", "poder-sofrer", para além de "poder-ser-dominado";

*(xviii)* Concluiu-se que se os animais não são privados de *comunicação*, então somos forçados a aceitar que existe comunicação para além da *linguagem*. Considerou-se que os animais, em seu estado de natureza, vivem uns com os outros e, nesse "viver comunitário", uma qualquer *comunicação* – por uma questão de sobrevivência – parece necessária. Considerou-se, também, que os animais, em seu estado de domesticação, vivem com o homem, surgindo, então, a seguinte questão: seria possível toda e qualquer domesticação sem algum nível de *comunicação*? Concluiu-se que haveria, sim, alguma espécie de *comunicação*, por mais rudimentar que possa ser, entre homem e animal, que possibilitaria a domesticação;

*(xix)* Concluiu-se que a relação entre homem e animal constitui um "ser-com" (*Mitsein*). Explicando-se que a interpretação da relação entre homem e animal como "ser-com" (*Mitsein*) não é coexistência, pois o homem existe, mas o animal apenas vive e a diferença não é sutil. Trata-se apenas de um "ser-com" junto ao "outro" ente, que não necessariamente seja da mesma espécie, concluindo-se que o "ser-com" pode ser: (a) "ser-com o 'outro' ser-aí"; ou (b) "ser-com o 'outro' ente que não o ser-aí";

*(xx)* Concluiu-se que o fundamento onto-antropológico do direito penal é um caminho de resistência ao processo de funcionalização da dogmática jurídico-penal. Demonstrou-se que um tal fundamento desvela a estrutura primeva do direito penal. Concluiu-se, também, que o "perigo", reflexo à morte do pensar, é transformar o direito penal em mais uma peça do grande circuito da técnica, tornando-o cada vez mais eficaz e destrutivo, tornando-se cada vez mais rico em eficácia e pobre em sentido. Explicou-se que Faria Costa, por meio de uma interessada leitura da analítica existencial, concebe a ordem jurídico-penal como "refracção de uma originária relação de cuidado-de-perigo", uma verdadeira "conexão ético-existencial". Demonstrou-se que a tarefa de um fundamento onto-antropológico do direito penal é oferecer sentido ao ordenamento jurídico-penal por meio do desvelamento – e, consequentemente, da descrição – do fenômeno que seria a gênese da juridicidade: a *relatio*. Descreveu-se essa relação – que é do "eu" para com o "outro", mas, também, do "outro" para com o "eu" – como uma relação de abertura, uma relação comunicacional, em que desnuda-se a fragilidade do "eu", mas, também, sobretudo, a fragilidade do "outro". Concluiu-se, ainda, que no seio de uma tal relação comunicacional, como *conditio sine qua non* de ser-com-os-outros, emerge o cuidado (*die Sorge*);

*(xxi)* Concluiu-se que, por meio de uma leitura jurídico-penalmente interessada, o fundamento onto-antropológico do direito penal se vale de alguns dos conceitos fundamentais da analítica existencial heideggeriana para desvelar camadas encobridoras do fenômeno jurídico-penal, colocando em liberdade a gênese da juridicidade: a matricial relação onto-antropológica de cuidado-de-perigo. Explicou-se que o cuidado é o ser do ser-aí. Explicou-se, também, que afirmar o ser do ser-aí como cuidado é afirmar que o homem é cuidado. Circunscreveu-se tal definição como uma leitura fenomenológica, absolutamente nova e original na filosofia, rompendo com a multissecular tradição filosófica, superando a definição tradicional de homem como *animal rationale*. Questionou-se a possibilidade de as ciências humanas, bem como o direito penal, saírem ilesos a uma radical (re)definição do homem, como a que foi realizada por Heidegger. Inferiu-se a resposta negativa. Concluiu-se, ainda, que o direito penal pode se determinar a partir do cuidado, sendo essa, de certa forma, a tarefa assumida por Faria Costa ao desenvolver o fundamento onto-antropológico do direito penal. Concluiu-se, por fim, que o cuidado, por meio da teoria onto-antropológica do direito penal, foi colocado no âmago da discursividade jurídico-penal;

*(xxii)* Concluiu-se que o "ser-com" não indiferencia a diferença do "outro", mas, antes, a reconhece. Explicou-se que na diferença – e pela diferença – entre o "eu" e o "outro" é que emerge a força do "ser-com" para a juridicidade, pois a proibição protege a diferença. Concluiu-se, também, que o crime, que Faria Costa vai considerar o rompimento – ou a perversão – da matricial relação onto-antropológica de cuidado-de-perigo, é, antes de tudo, uma relação deficitária – ou um modo deficiente – de "ser-com". Explicou-se, também, que o ser-aí é *ser-histórico* e a realização das suas várias tarefas não estão apartadas do seu caráter histórico. Desvelou-se que o direito penal – e o direito de uma forma geral – é uma tarefa do ser-aí e, como tal, carrega a marca da "historicidade". Conquistou-se a compreensão de que assumir que a juridicidade leva consigo a marca da "historicidade" implica concessões necessárias, a mais importante delas: o reconhecimento de que não há "respostas absolutas" – respostas com a pretensão de ser "a resposta final" – em direito penal, nem em nenhum dos quadrantes do *multiversum* jurídico;

*(xxiii)* Confirmou-se a interpretação da relação entre homem e animal como "ser-com", a partir de um testemunho pré-ontológico, concluindo-se que desde muito cedo, pronunciou-se, o ser-aí, sobre a sua relação com os animais, ainda que pré-ontologicamente. Concluiu-se pela existência de uma matricial relação de cuidado-de-perigo (para-com-os-animais). Concluindo-se, também, que muito antes de ignorar a estrutura onto-antropológica do direito penal, a tutela penal de animais – em si mesmos considerados – fortemente consagra tal estrutura, pois a estrutura é onto-antropológica, mas não necessariamente antropocêntrica-radical. Concluiu-se, ainda, que o ser humano não apenas pode estabelecer, manter e romper relações diante de "outro" ser humano, mas pode também diante de "outra" criatura e,

portanto, o que define o "outro" da relação não é a espécie, mas, sim, as características ontológicas de "poder-ser", como o "poder-morrer" e o "poder-sofrer", no contrário, a argumentação poderia ser reduzida a um frágil e indevido *especismo*;

*(xxiv)* Concluiu-se que o meio ambiente não é o bem jurídico tutelado nos crimes contra animais. Demonstrou-se que confundir a tutela penal de animais com a tutela penal do meio ambiente é um equívoco comum, normalmente fundado no seguinte silogismo: (a) realiza-se a tutela penal do meio ambiente, notadamente, por meio da tutela penal da fauna; (b) se a fauna é composta de animais, então a tutela penal da fauna é tutela penal de animais; (c) logo, a tutela penal de animais identifica-se com a tutela penal do meio ambiente. A segunda premissa compromete a veracidade da conclusão do silogismo. Não é sutil a diferença entre o animal, individualmente considerado, e a coletividade de animais, chamada de fauna. Trata-se de dois distintos âmbitos de intervenção jurídico-penal. Os *interesses* relacionados à tutela do animal, individualmente considerado, diferenciam-se sensivelmente dos *interesses* relacionados à tutela da fauna. Chamou-se esse fenômeno de *ecologização da tutela penal de animais*, sustentando-se que, cada vez mais, é ampliado o horizonte compreensivo da tutela penal do meio ambiente, de modo a nele incluir outros âmbitos de intervenção que não dizem respeito propriamente à questão ecológica ou ambiental;

*(xxv)* Concluiu-se que o sentimento humano não é o bem jurídico tutelado nos crimes contra animais, explicando-se que a tutela penal de sentimentos, *prima facie*, apresenta-se como absolutamente incompatível com a ideia de um direito penal liberal, que quer ser *ultima ratio*, adequado ao paradigma constitucional vigente nos Estados Democráticos de Direito. Concluiu-se que o sentimento é um valor etéreo, de difícil delimitação, resultando em obstáculos à função de garantia do bem jurídico, possibilitando uma ampla margem para distorções antiliberais na interpretação de tipos penais. Concluiu-se, ainda, que não há mais espaço, no direito penal do séc. XXI, para o reconhecimento de legitimidade na tutela penal de sentimentos;

*(xxvi)* Concluiu-se que a inexistência de bem jurídico tutelado nos crimes contra animais não é uma hipótese verificável. Ao se reconhecer que a função do direito penal é *a exclusiva tutela subsidiária de bens jurídico-penais*, assume-se a necessidade, em nome da manutenção da legitimidade, de a norma penal sempre tutelar bens jurídicos. Nesse caminho, se houver uma norma penal que não tutele um bem jurídico, então ilegítima será tal intervenção jurídico-penal. Concluiu-se pelo descabimento da presente hipótese, pois – em conformidade com a fundamentação amplamente defendida ao longo da investigação – a fragilidade estrutural do animal orienta a identificação de um bem jurídico legítimo, digno e carente de tutela penal, nos chamados crimes contra animais;

*(xxvii)* Concluiu-se que a dignidade animal não é o bem jurídico tutelado nos crimes contra animais, mas ela poderá ser considerada um prin-

cípio que oriente a tutela penal de animais, bem como a tutela jurídica de animais em um sentido amplo. Explicou-se que os argumentos que refutam a possibilidade de a dignidade animal ser considerada um bem jurídico, numa primeira análise, encontram amparo na mesma lógica dos argumentos que refutam a possibilidade de a dignidade humana ser considerada um bem jurídico. Sustentou-se que a dignidade, seja ela humana ou animal, seria um valor ou *interesse* demasiadamente etéreo, de quase impossível concretização, resultando em dificuldades de difícil solução para a dogmática jurídico-penal. Concluiu-se que se a dignidade animal for reconhecida como um princípio jurídico, então poderá ela orientar o reconhecimento de que o animal é merecedor de respeito, consideração e proteção – por parte do Estado e da comunidade – contra atos de crueldade, de abuso e de maus-tratos;

*(xxviii)* Concluiu-se que o próprio animal não é o bem jurídico tutelado, nos crimes contra animais, reconhecendo-se, antes, que o animal é o objeto material do crime. Sustentou-se que essa hipótese colocaria problemas no que diz respeito à titularidade do bem jurídico. Questionou-se: (a) se o animal fosse o bem jurídico tutelado, então quem seria o titular de tal bem?; (b) seria um bem jurídico individual ou supraindividual?; (c) se fosse considerado um bem jurídico individual, então o titular seria o seu "proprietário"?; (d) se fosse considerado um bem jurídico supraindividual, então toda a coletividade seria titular de cada animal doméstico? Sustentou-se que a própria descrição do fenômeno já causaria um estranhamento linguístico, pois estaríamos a falar sobre "quem seria o titular do animal". Concluiu-se que a linguagem, necessariamente usada para descrever o fenômeno, já acusa a inadequabilidade da compreensão, vislumbrando-se, inevitavelmente, uma demasiada simplificação do fenômeno jurídico-penal em questão, pois, em verdade, o animal não seria o bem jurídico, mas o bem jurídico seria do animal;

*(xxix)* Concluiu-se que a capacidade de sofrimento do animal não seria o bem jurídico tutelado, nos crimes contra animais, mas, sim, a condição de possibilidade de um bem jurídico. Sustentou-se que a capacidade de sofrimento não seria um valor ou *interesse* em si, mas, sim, o fundamento de um valor ou *interesse*. Explicou-se que o "poder-sofrer" é um fundamento ontológico para a tutela penal de bens jurídicos dos animais. Conquistou-se a compreensão de que apenas poderemos falar num bem jurídico do animal porque ele possui a capacidade de sofrimento, que na linguagem ontológica chamamos de "poder-sofrer". Concluiu-se, também, que esta é a máxima expressão – junto ao "poder-morrer" e ao "poder-ser-dominado" – da sua fragilidade estrutural. Concluiu-se, ainda, que o reconhecimento da "capacidade de sofrimento" do animal como bem jurídico é uma simplificação – e, por que não dizer, superficialização – do fenômeno jurídico-penal em análise;

*(xxx)* Concluiu-se que a *vida*, a *integridade física* e o *bem-estar* dos animais são os bens jurídicos tutelados nos crimes contra animais, sustentando-se tratar de valores, de "interesses-da-vida", que pertencem ao próprio

animal. Compreendeu-se que a vinculação entre o animal e a sua própria *vida*, entre o animal e a sua própria *integridade física*, entre o animal e o seu próprio *bem-estar*, é algo evidente, já que tais "interesses-da-vida" são irrefutavelmente seus, ou seja, são "interesses-da-vida" de cada animal. Sustentou-se a existência de um fenômeno curioso: o animal é, indiscutivelmente, titular de tais *interesses*, mas quando esses mesmos *interesses* passam a ser tutelados pelo direito penal, o animal parece deixar de possuir a sua titularidade. Questionou-se onde estaria a razão de ser dessa distorção, inferindo-se que na imersão da tradição dogmática no paradigma antropocêntrico-radical. Questionou-se, também, por que o direito protegeria apenas o homem, inferindo-se que o direito está, inelutavelmente, aberto à "historicidade" e a inescapável "historicidade" muda a nossa relação com os animais, muda como os reconhecemos. Concluiu-se, ainda, que a relação entre homem e animal está tão sujeita à implacável ação da "historicidade" quanto o direito, ou seja, trata-se de uma constante e enfreável construção, está sempre a caminho. Sustentou-se que num tal contexto, apenas um falacioso argumento *especista* seria capaz de refutar a possibilidade de os animais serem titulares de bens jurídico-penais. Compreendeu-se que ao desvelarmos as camadas encobridoras do fenômeno, incrustadas por uma tradição *especista*, antropocêntrica-radical, com a pretensão de ser *a-histórica*, poderemos colocar em liberdade um horizonte de compreensão desvencilhado de preconceitos e incompreensões, mostrando-se que a tutela penal de animais encontra sentido e coerência na possibilidade de os animais serem titulares de bens jurídico-penais, concluindo-se que a *vida*, a *integridade física* e o *bem-estar* do animal não possuem outro titular, senão o próprio animal, quer tais bens sejam tutelados pelo direito penal, quer não. Demonstrou-se que a consequência lógica, de um tal raciocínio, é que se tais bens forem tutelados pelo direito penal, então o animal será titular de bens jurídico-penais. Concluiu-se, por fim, que essa compreensão consagra a lógica e a razoabilidade de que os crimes contra animais são, verdadeiramente, contra animais, são crimes contra os "interesses-da-vida" (*Lebensinteressen*) dos animais.

# Conceitos fundamentais utilizados

*Abertura à historicidade (temporalidade)*: caráter de *ser-histórico*, próprio do ser-aí (homem) e das tarefas por ele desempenhadas. Dizer que o ser-aí (homem) está aberto à *historicidade* é dizer que ele é determinado pelo seu caráter histórico. Da mesma forma, as tarefas por ele desempenhadas, como, por exemplo, a dogmática jurídico-penal, carregam a sua marca da *historicidade*, resultando na impossibilidade de um fechamento por meio de "respostas finais", "respostas absolutas". Heidegger defende que "a determinação de historicidade é anterior ao que se chama de história (acontecimento da história universal). Historicidade indica a constituição-de-ser (*Seinsverfassung*) do 'acontecer' (*Geschehens*) próprio do ser-aí como tal. É com base nesse fundamento que se torna possível a 'história universal' e tudo o que pertença historicamente à história do mundo". Mais. "Essa elementar historicidade do ser-aí pode permanecer oculta para ele mesmo. Mas também pode ser descoberta e se tornar objeto de um cuidado peculiar (*eigene Pflege*)".[704]

*Analítica existencial*: análise ontológica das características constitutivas do ser-aí (homem). Heidegger, em *Ser e Tempo*, realiza uma análise dos existenciais do ser-aí. Chama-se tal análise de *analítica existencial*.

*Analítica ôntico-ontológica dos animais*: análise científico-filosófica dos animais. Trata-se de uma análise desenvolvida em duas dimensões. Primeiramente analisam-se os animais por meio dos achados das ciências ônticas, como, por exemplo, das neurociências. Depois analisa-se os animais por meio da ontologia, daquilo que se pode chamar de uma ontologia da vida animal.

*Animais vertebrados*: são os animais que possuem coluna vertebral e, portanto, sistema nervoso complexo. Os *animais vertebrados* são seres sencientes, ou seja, possuem sensibilidade, possuem o "poder-sofrer". Essa condição dos *animais vertebrados* nos permite reconhecê-los como uma vida qualificada. Qualificada pela sua especial capacidade de "poder-sofrer".

*Antropocentrismo-radical*: é um modo de compreender as coisas em que está em causa, sobretudo, o humano. Para o *antropocentrismo-radical* os animais estão aí, tão somente, para servir ao homem. Pode-se falar na existência de um paradigma antropocêntrico-radical. A dogmática jurídico-penal está imersa num tal paradigma.

*Autenticidade (Eigentlichkeit)*: é o mais próprio modo-de-ser (*Seinsmodus*) do ser-aí (homem), muito embora não seja o modo-de-ser mais frequente. O ser-aí, na maior parte das vezes, não é *si-mesmo*, pois perde-se na inautenticidade

[704] HEIDEGGER, Martin. *Sein und Zeit*. Tübingen: Max Niemeyer Verlag, 2006. p. 19 e 20. (Tradução livre).

do coletivo, do impessoal (*das Man*). A *autenticidade* do ser-aí diz respeito ao assumir o seu ser mais próprio, o ser-para-a-morte (*Sein zum Tode*). O ser-aí, na sua clave autêntica, reconhece não somente a *finitude* de sua existência, mas também a *finitude* de sua compreensão, avistando a impossibilidade de haver "verdades eternas", já que é determinado pela sua "historicidade" (*Geschichtlichkeit*). Conclui-se, a partir dessa compreensão, que, inelutavelmente, inexistem – em qualquer campo teórico – "respostas absolutas", respostas que possam ser "resposta final".

*Bem-estar animal*: é o modo-de-ser, dos animais sencientes, distante do sofrimento gratuito e guiado pela ideia de uma "vida animal digna", contrastando-se com a crueldade, o abuso e os maus-tratos contra animais. O *bem-estar animal* diz respeito ao atendimento das condições "existenciais" mínimas, como: *(i)* alimentação; *(ii)* saúde; e *(iii)* espaço para se locomover. Circunscrevemos o conceito de *bem-estar animal* como *o conjunto das mais básicas condições de subsistência: espaço mínimo para se movimentar e respirar, possibilidades de descanso e alimentação, inexigência de esforços físicos desproporcionais a sua capacidade.*

*Bem jurídico-penal*: *interesse* ou valor tutelado por meio do direito penal. Considerando que o direito penal é *ultima ratio*, o *bem jurídico-penal* deverá ser um *interesse* ou valor indispensável ao convívio comunitário, pois somente os bens mais caros à vida podem ser tutelados por meio desse ramo do direito. Liszt vai sustentar que o *bem jurídico-penal* é um "interesse-da-vida" (*Lebensinteresse*). Compreendemos que esse "interesse-da-vida" não está limitado aos *interesses* humanos, mas, antes, está aberto aos *interesses* da vida senciente.

*Caminho*: na fenomenologia heideggeriana, a fenomenologia hermenêutica, a ideia de *caminho* possui um especial significado de *possibilidade*. Heidegger vai afirmar que "tudo é caminho" (*alles ist Weg*),[705] mas, também, que "quem pensa grandemente, muito deve errar" (*wer groß denkt, muß groß irren*).[706] O filósofo quer dizer, com as duas frases, que pensar filosoficamente exige uma longa caminhada, uma caminhada por caminhos, por diversos caminhos que são sempre *possibilidades*. A interrogação filosófica, nesse contexto, deve ser errante. Stein afirma que "o método fenomenológico liga-se a essa estrutura itinerante da interrogação [...]".[707] Por tudo isso, Heidegger vai considerar que "o permanente no pensamento é o caminho".[708]

*Conceitos fundamentais da dogmática jurídico-penal*: Segundo Heidegger, "conceitos fundamentais são determinações em que a região de objetos que serve de base para todos os objetos temáticos de uma ciência é compreendido preliminarmente de modo a guiar toda investigação positiva" (*Grundbegriffe sind die Bestimmungen, in denen das allen thematischen Gegenständen einer Wissenschaft zugrundeliegende Sachgebiet zum vorgängigen und alle positive Untersuchung führenden Verständnis kommt).*[709] Os *conceitos fundamentais da dogmática jurídico-penal*, nessa precisa linha de compreensão, são determinações, previamen-

[705] HEIDEGGER, Martin. *Unterwegs zur Sprache*. Frankfurt am Main: Vittorio Klostermann, 1985. p. 198. (Tradução livre).

[706] HEIDEGGER, Martin. *Aus der Erfahrung des Denkens*. Frankfurt am Main: Vittorio Klostermann, 2002. p. 17. (Tradução livre).

[707] STEIN, Ernildo. *Compreensão e finitude: estrutura e movimento da interpretação heideggeriana*. 2ª ed. rev. Ijuí: Unijuí, 2016. p. 205 e 206.

[708] HEIDEGGER, Martin. *Unterwegs zur Sprache*. Frankfurt am Main: Vittorio Klostermann, 1985. p. 99. (Tradução livre).

[709] HEIDEGGER, Martin. *Sein und Zeit*. Tübingen: Max Niemeyer Verlag, 2006. p. 10. (Tradução livre).

te compreendidas, que servem de solo para todos os objetos temáticos do direito penal, de modo a guiar toda a investigação no campo da dogmática jurídico-penal.

*Categorias*: características constitutivas dos entes que não tem o modo-de-ser (*Seinsmodus*) do ser-aí (homem), ou seja, as coisas e os demais entes vivos. Diferenciam-se frontalmente dos *existenciais*, que são características ontológicas constitutivas do ser-aí (homem).

*Ciência procurada (episteme zetoumene)*: expressão que remete à inexistência de uma "resposta final", absoluta, que possa operar um fechamento num campo teórico. É utilizada por Aristóteles, na sua Metafísica, sinalizando a antítese da ideia do "motor imóvel".

*Coisas do direito penal*: elementos (*lato sensu*) do direito penal, como, por exemplo, os conceitos e categorias. É a forma mais ampla de descrever, num sentido de conjunto, tudo aquilo que está dentro do "mundo do direito penal". *As coisas do direito penal*, em última análise, são todos os seus elementos operatórios, que permitem a compreensão e descrição do fenômeno jurídico-penal.

*Condições de possibilidade*: é o pensar em nível ontológico. As *condições de possibilidade* significam "condições que vão surgindo para pensar a possibilidade de abordagem dos objetos da ciência", como no caso da ciência do direito penal, a dogmática jurídico-penal, de tal modo que "as condições de possibilidade dão, portanto, critérios de racionalidade no campo do trabalho científico".[710]

*Crimes de proteção de sentimento (Gefühlsschutzdelikte)*: forma ilegítima de utilizar o direito penal, tutelando *interesses* ou valores penalmente não tuteláveis. Os *crimes de proteção de sentimento* são incompatíveis com as ideias e ideais de um direito penal liberal, mínimo, que quer ser *ultima ratio*.

*Cuidado*: é o ser do ser-aí (homem). Heidegger vai sustentar que nós somos *cuidado* e que esse *cuidado* é *cuidado* para com a existência, cuidado-para-consigo-mesmo, mas, também, cuidado-para-com-o-outro. O filósofo vai utilizar uma antiga fábula, escrita pelo poeta romano Higino, para confirmar a sua interpretação. A fábula, em referência ao homem, aponta que "o cuidado o possuirá enquanto existir" (*Cura teneat, quamdiu vixerit*).[711]

*Cuidado-para (die Fürsorge)*: é a dimensão relacional ou fraternal do cuidado. O cuidado não se limita ao cuidado-para-consigo-mesmo, ele abre-se ao *cuidado-para*. O *cuidado-para* é sempre cuidado-para-com-o-outro. Pode-se falar, aqui, numa abertura ética do cuidado heideggeriano. O cuidado-para-consigo-mesmo ganha sentido na abertura ao cuidado-para-com-o-outro. Faria Costa sustenta que "o cuidado do 'eu' sobre si mesmo, só tem sentido se se abrir aos cuidados para com os outros, porque também unicamente desse jeito, unicamente nessa reciprocidade, se encontra a segurança".[712] O *cuidado-para* está fundado no "ser-com". Heidegger vai dizer que "o cuidado-para, enquanto instituição social fática, funda-se na constituição-de-ser do ser-aí como ser-com" (*Die 'Fürsorge' als faktische soziale Einrichtung zum Beispiel gründet in der Seinsverfassung des Daseins als Mitsein*).[713]

---

[710] STEIN, Ernildo. *Analítica existencial e psicanálise: Freud, Binswanger, Lacan, Boss. Conferências*. Ijuí: Editora UNIJUÍ, 2012. p. 24.

[711] HEIDEGGER, Martin. *Sein und Zeit*. Tübingen: Max Niemeyer Verlag, 2006. p. 198. (Tradução livre).

[712] FARIA COSTA, José de. *O perigo em direito penal: contributo para a sua fundamentação e compreensão dogmáticas*. Coimbra: Coimbra Editora, 2000. p. 319.

[713] HEIDEGGER, Martin. *Sein und Zeit*. Tübingen: Max Niemeyer Verlag, 2006. p. 121. (Tradução livre).

*Desconstrução (desleitura)*: um recurso, possibilitado pelo método fenomenológico, para desaprisionar conceitos e categorias. Por meio da *desconstrução (desleitura)*, pode-se colocar em liberdade conceitos e categorias que tiveram os seus significados aprisionados por uma forma crônica de compreensão imposta pela tradição.

*Desvelamento*: tarefa principal do método fenomenológico, trazendo à luz um fenômeno que originariamente se oculta. O *desvelamento* de um fenômeno traduz a máxima "às coisas elas mesmas".

*Dignidade animal*: qualidade distintiva reconhecida no animal que o faz merecedor de respeito e consideração por parte do Estado e da comunidade, implicando, nesse sentido, a proibição dos atos de crueldade, de abuso e de maus-tratos.

*Dogmática jurídico-penal*: é a ciência do direito penal. Possui a tarefa de pensar os fenômenos jurídico-penais, oferecendo soluções aos seus respectivos problemas. As soluções oferecidas pela dogmática, aos problemas jurídico-penais, carregam a marca da *finitude*, ou seja, a marca da provisoriedade, pois a *dogmática jurídico-penal* é "ciência procurada" (*episteme zetoumene*), está sempre a caminho, nunca fecha-se, ao contrário, abre-se constantemente ao seu caráter histórico.

*Direito penal mínimo*: utilização do direito penal para a tutela, tão somente, dos bens mais caros ao convívio comunitário. Remete à ideia de que o direito penal é o último recurso (*ultima ratio*) a ser utilizado, pelo legislador, na tutela de bens jurídicos.

*Especismo*: trata-se da sobrevalorização da sua espécie em relação às demais. A expressão *especismo* (*speciesism*) foi fortemente consagrada pela tradição da "ética animal" (*animal ethics*), principalmente a partir da principal obra de Singer, a *Libertação Animal*.[714]O autor sustenta que para além do machismo, sobrevalorização do seu gênero, do racismo, sobrevalorização da sua raça, haveria, também, o *especismo*. Trata-se de três diferentes registros de exclusão do "outro". Singer vai afirmar: "aqueles que eu chamaria de 'especistas' atribuem maior peso aos interesses de membros de sua própria espécie quando há um choque entre os seus interesses e os interesses dos que pertencem a outras espécies".[715]

*Existenciais*: características ontológicas constitutivas do ser-aí (homem). Diferenciam-se frontalmente das *categorias*, estas são as características ontológicas constitutivas dos entes que não tem o modo-de-ser (*Seinsmodus*) do ser-aí (homem), ou seja, as coisas e os demais entes vivos. Poder-se-ia referir, como exemplo, a *compreensão*. A *compreensão* é uma característica constitutiva do ser-aí, portanto, ela é um existencial.

*Fenômeno*: trata-se do objeto da fenomenologia. Fala-se no *conceito vulgar de fenômeno*, que é o *ente* que se manifesta, porém, fala-se, também, no *conceito fenomenológico de fenômeno*, que é o *ser* que se manifesta, mostrando-se em si mesmo, ocultando-se no *ente*. Definem-se os fenômenos como "o conjunto daquilo que está ou pode ser colocado à luz, aquilo que por vezes os gregos identificavam simplesmente com *ta onta* (o ente)". O *fenômeno* é "aquilo que

---

714 SINGER, Peter. *Animal Liberation: The definitive classic of the animal movement*. New York: HarperCollins Publishers, 2009. p. 213 e seg.

715 SINGER, Peter. *Ética Prática*. Trad. Jefferson Luiz Camargo. São Paulo: Martins Fontes, 2002. p. 68.

se mostra em si mesmo, o manifesto".[716] Porém, no mostrar-se, o *ente* pode aparentar ser aquilo que ele não é, ou seja, ele pode *parecer*-ser, isto é, pode se mostrar apenas na sua aparência.

*Fenomenologia / leitura fenomenológica / solo fenomenológico / método fenomenológico*: é a ciência dos fenômenos, a ciência que tem por finalidade desvelar os fenômenos. Se os fenômenos não estivessem velados, na maior parte das vezes, então a tarefa da *fenomenologia* não possuiria tanto sentido. Normalmente os fenômenos velam-se, apresentando-se na forma de um *parecer-ser*. O *parecer--ser* oculta o verdadeiro *ser*. Precisa-se, então, desvelar o *ser*.

*Funcionalismo*: modo de compreender as coisas do direito penal a partir da sua função. Pode-se dizer que o *funcionalismo* em direito penal exalta a função deste em detrimento de outros elementos, como, por exemplo, os de caráter ontológico.

*Fundamento onto-antropológico do direito penal*: trata-se de um fundamento metajurídico – ou metadogmático – para o direito penal, anterior a toda juridicidade. O fundamento onto-antropológico é um solo fenomenológico que justifica a existência do direito penal. Considerando que a existência necessita ser cuidada, haveria uma matricial relação de cuidado-de-perigo do "eu" para com o "outro". O "outro" apenas poderia coexistir comigo havendo o meu cuidado. O *fundamento onto-antropológico do direito penal* seria a matricial relação de cuidado-de-perigo. As formas mais intoleráveis do "não-cuidado" romperiam essa relação, resultando num chamamento à pena criminal para recompor os fios da teia de cuidado-de-perigo. Apenas a *pena justa* poderá recompor a relação de cuidado-de-perigo rompida pelo crime.[717]

*Ilusões da transparência*: são ocultações do ser. Identifica-se com o *parecer-ser*. O fenômeno vela-se parecendo ser, de um modo transparente, de uma modo claro, justamente aquilo que ele não é, resultando numa interpretação ilusória, ou seja, resulta no induzimento, do intérprete, em erro. A expressão "ilusões da transparência" aparece na obra de Stein, sendo utilizada como um recurso metafórico para a *desleitura* do conceito de "mundo-da-vida" (*Lebenswelt*).[718]

*Inautenticidade (Uneigentlichkeit)*: é o impróprio e mais frequente modo-de-ser do ser-aí (homem), em que ele está em "fuga-de-si-mesmo". Quando, em seu estado inautêntico, o ser-aí perde-se no coletivo, no "impessoal" (*das Man*), esquece-se que é ser-para-a-morte, portanto, esquece-se da *finitude* de sua existência, bem como da *finitude* de sua compreensão. Ao esquecer-se de sua condição, esquece-se, também, da inexistência de "verdades eternas", de "respostas absolutas", esquece-se que não há "respostas finais".

---

[716] HEIDEGGER, Martin. *Sein und Zeit*. Tübingen: Max Niemeyer Verlag, 2006. p. 28. (Tradução livre). Para HERRMANN: "Fenômeno, então, indica apenas o modo como deve ser dado o objeto temático da filosofia para a investigação filosófica (*logos*)" . (HERRMANN, Friedrich-Wilhelm von. *Hermeneutische Phänomenologie des Daseins: Eine Erläuterung von „Sein und Zeit". Band I*. Frankfurt am Main: Vittorio Klostermann, 1987. p. 291). (Tradução livre).

[717] Essa teoria foi criada por FARIA COSTA na sua tese de doutoramento, apresentada no ano de 1991 (FARIA COSTA, José Francisco de. *O perigo em direito penal: contributo para a sua fundamentação e contribuição dogmáticas*. [Dissertação de doutoramento]. Coimbra: Faculdade de Direito da Universidade de Coimbra, 1991).

[718] STEIN, Ernildo. *As ilusões da transparência: dificuldades com o conceito de mundo da vida*. Ijuí: Unijuí, 2012. A expressão "ilusões da transparência" aparece, também, numa obra rara do filósofo, num capítulo intitulado "Diálogos ou as ilusões da transparência". (STEIN, Ernildo. *Paradoxos da racionalidade*. Caxias do Sul; Porto Alegre: PyR Edições, 1987. p. 31 e seg.).

*Linguagem*: recurso para a compreensão e a *comunicação* que apenas os entes dotados do modo-de-ser (*Seinsmodus*) do ser-aí (homem) possuem. A *linguagem* é uma característica pertencente apenas ao ser-aí, muito embora a *comunicação* possa estar para além da *linguagem* e, portanto, para além do ser-aí. Heidegger vai sustentar que a "linguagem é casa-do-ser" (*Haus des Seins*),[719] já que estamos desde sempre na linguagem. Mais: "somos, antes de tudo, na linguagem e pela linguagem".[720]

*Mundo dos animais/pobreza de mundo*: é o mundo próprio dos animais, um mundo absolutamente diferente do "mundo" do ser-aí (homem). Trata-se de um mundo pobre, privado da dimensão de sentido, ou seja, privado do acesso ao ente enquanto ente. Esse mundo deve ser entendido como um ambiente. Porém, nesse mundo pobre, nesse "mundo ambiente", o animal pode sofrer. Ressalta-se que a expressão "mundo dos animais" ou "mundo animal" (*Tierwelt*) é consagrada pela literatura, mostrando-se presente, por exemplo, na obra de Salkowski.[721]

*Mundo do direito (Rechtswelt)*: é o mundo próprio do direito, regido por seus conceitos e categorias. Trata-se de um mundo da razão e da linguagem, já que "no mundo do direito tudo tem de ser racionalizável através da linguagem que se estrutura em diferentes narrativas".[722]

*Ontologia da vida animal*: é a analítica ontológica do animal. Trata-se de uma análise das características ontológicas da vida animal. Diz respeito ao registro de análise que está no plano dos fundamentos, dos pressupostos. Visa ao desvelamento da animalidade do animal.

*O "outro" da relação*: aquele que relaciona-se com o ser-aí (homem). Assim, *o "outro" da relação* poderá ser o "outro" ser-aí, mas, também, poderá ser um ente que não tenha o modo-de-ser (*Seinsmodus*) do ser-aí, desde que esse ente possua a ontológica possibilidade de morrer e sofrer. O animal, para além do ser-aí, é o ente que possui tais características.

*Paradigma dogmático*: paradigma científico que envolve a dogmática jurídico-penal. É um modelo de compreensão das coisas do direito penal, construído por meio de realizações científicas reconhecidas com certa universalidade, com uma duração por determinado período, fornecendo explicações aos fenômenos jurídico-penais e resoluções para os seus decorrentes problemas, investigados pela comunidade científica.

*Poder-morrer*: possibilidade ontológica de morrer. Trata-se de um radical "poder-ser", ou seja, a ontológica possibilidade de *deixar-de-ser*. Essa característica ontológica acompanha todos os entes vivos: não apenas os entes que tenham o modo-de-ser (*Seinsmodus*) do ser-aí (homem), mas, também, os entes que não tenham o modo-de-ser do ser-aí.

*Poder-ser-dominado*: *possibilidade ontológica de ser dominado por outro ente*. Trata-se de uma específica possibilidade de os animais, que são "pobres de mundo",

---

719 HEIDEGGER, Martin. *Brief über den Humanismus*. [Gesamtausgabe, Band n. 9]. Frankfurt am Main: Vittorio Klostermann, 1967. p. 145.

720 HEIDEGGER, Martin. *Unterwegs zur Sprache*. Frankfurt am Main: Vittorio Klostermann, 1985.

721 SALKOWSKI, Georg. *Der Tierschutz im geltenden und zukünftigen Strafrecht des In-und Auslandes: Dogmatisch und kritisch dargestellt*. Borna-Leipzig: Buchdruckerei Robert Noske, 1911. p. 13. (Tradução livre).

722 FARIA COSTA, José Francisco. O direito penal, a linguagem e o mundo globalizado. babel ou esperanto universal? (Org.). D'AVILA, Fabio Roberto. *Direito penal e política criminal no terceiro milênio: perspectivas e tendências*. Porto Alegre: Edipucrs, 2011. p. 14.

serem dominados pelo ser-aí (homem), que é "formador de mundo". A "pobreza de mundo" é manifestação da ausência do elemento da compreensão, enquanto que a "formação de mundo" manifesta a presença do elemento da compreensão. O homem compreende, o animal não. Essa diferença contrastante na condição dos dois entes, homem e animal, constitui a ontológica possibilidade da dominação: o *poder-ser-dominado*.

*Poder-sofrer*: possibilidade ontológica de sofrer. Assim como o "poder-morrer", trata-se de um radical "poder-ser". Essa característica ontológica acompanha todos os entes vivos sencientes: os entes que tenham o modo-de-ser (*Seinsmodus*) do ser-aí (homem) e, também, os entes que tenham o modo-de-ser da "animalidade senciente". O *poder-sofrer* é a constante possibilidade do sofrimento.

*Processo de entificação*: processo de encobrimento do ser. Trata-se de um processo de exaltação do ôntico, sinalizando para a morte do ontológico. O processo de funcionalização da dogmática jurídico-penal pode ser compreendido como uma manifestação emblemática do *processo de entificação* no campo do direito penal. Vislumbra-se, em tal processo, o império do planeamento e a morte do pensar. A dogmática jurídico-penal, assim, torna-se cada vez mais rica em funcionalidades e mais pobre em sentido.

*Quadro referencial teórico*: conjunto de conceitos, significados e modos de compreender um determinado campo teórico. Esse conjunto é determinado pela escolha de autores e de um método. Um *quadro referencial teórico* pressupõe a escolha de um paradigma filosófico, que resulta na consequente – e não necessariamente expressa – assunção de uma "teoria da verdade", uma "teoria da realidade", uma "teoria do conhecimento", uma "ética". Quando se está a tratar de um *quadro referencial teórico* no campo do direito penal, esse quadro deverá considerar, também, a escolha de um "paradigma dogmático" (finalista, funcionalista, onto-antropológico, dentre outros) e, consequentemente, uma "teoria da pena", um "conceito de direito penal", uma "concepção de função, fundamento e finalidade do direito penal".

*Questão-dos-animais*: a pergunta pelos animais. A *questão-dos-animais* é traduzida pela pergunta: quem são os animais? A resposta à essa questão determina o modo como o ser-aí (homem) pode/deve relacionar-se com os animais. A *questão-dos-animais* pode ser abordada tanto por meio de uma análise ôntica, quanto por meio de uma análise ontológica. A análise ôntica diz respeito às ciências duras, a análise ontológica diz respeito à filosofia.

*Relação onto-antropológica de cuidado-de-perigo*: é uma relação anterior a toda a juridicidade, estabelecida entre o "eu" e o "outro". Trata-se de uma relação de cuidado-para-com-o-outro. Considerando que o ser-aí (homem) é cuidado e que de há muito – antes de toda e qualquer filosofia – se autointerpretou como tal, considerando, também, que o homem sempre viveu, vive e viverá no seio de perigos. Vislumbra-se que a vida necessita ser cuidada, por meio do cuidado-para-comigo-mesmo, mas, sobretudo, por meio do cuidado-para-com-o-outro. A matricial *relação onto-antropológica de cuidado-de-perigo* é o reconhecimento da mais primeva alteridade, projetando-se a fragilidade do "eu" no "outro", de modo a cuidá-lo. Na abertura ao cuidado-para-com-o-outro reside o modo-de-ser (*Seinsmodus*) mais próprio do ser-aí coexistir e ser-com-os-outros.

*Ser-aí (Dasein)*: é o ser humano, ou seja, o ente que somos nós. A expressão é utilizada por Heidegger, ressaltando a "historicidade" do ser humano, pois o *ser-aí* é sempre o seu "aí" e o seu "aí" é o "aí-histórico". Pode-se dizer que o *ser-aí* é cada "aí" de seu ser. Heidegger, justificando a escolha do termo *ser-aí*, sustenta que: "como a determinação essencial desse ente não pode ser realizada mediante a indicação de um conteúdo quididativo, já que a sua essência consiste, pelo contrário, em que esse ente deve a cada vez assumir o próprio ser como seu, escolheu-se o termo ser-aí (*der Titel Dasein*) para designá-lo como pura expressão-de-ser (*reiner Seinsausdruck*)".[723]

*Ser-para-a-morte*: característica ontológica do ser-aí (homem) de ser-finito. O mais radical "poder-ser" do ser-aí é o "poder-morrer". O *ser-para-a-morte* envolve uma dimensão de compreensão dessa condição, ou seja, o ser-aí compreende que morre. Por essa razão, o animal, não obstante possuir o "poder-morrer", não é ser-para-a-morte, pois lhe falta a compreensão de que pode morrer. Porém, essa limitação do animal em nada prejudica a sua aptidão para receber cuidado.

*Ser-titular-de-bem-jurídico penal*: é, antes de tudo, ser portador de uma fragilidade. Essa fragilidade diz respeito à continuidade da existência ou existencialidade do ente, manifestando sua incompletude. Tratando-se dos entes que possuem vida, portanto, que possuem o "poder-morrer", essa fragilidade projeta-se em inúmeros interesses-da-vida, refletindo a sua condição de projeto. Dentre os entes que, além de possuir vida, também, possuam capacidade de sofrimento (senciência), portanto, que possuam o "poder-sofrer", os interesses-da-vida são mais intensos, tais como integridade física e bem-estar. A fragilidade se mostra nas relações – e pelas relações – do "eu" para com o "outro". Portanto, uma tal fragilidade está ligada ao "ser-com". Ser portador de uma fragilidade é ser sujeito-de-interesse, donde decorre que o bem jurídico é a consagração desse interesse – convertido em valor – pelo direito e, em última análise, é um meio de proteção daquela fragilidade.

*Sociedade do risco (Risikogesellschaft)*: é a sociedade em que vivemos, expressão da "modernidade reflexiva", que eleva os riscos a uma dimensão global. Falar numa *sociedade do risco* é, sobretudo, reconhecer que a comunidade humana vive no seio de riscos que, hoje, incidem sobre todo o planeta.

*Superação de um paradigma dogmático*: a *superação de um paradigma dogmático* é verificada quando o paradigma não mais atende às necessidades explicativas e resolutivas dos fenômenos jurídico-penais, ou seja, quando o paradigma se encontra defasado. Poder-se-ia dizer, ainda, que tal defasagem mostra-se no descompasso entre a complexidade dos fenômenos jurídico-penais e as limitações operativas do paradigma. O paradigma dogmático estaria defasado, portanto, devendo ser superado, quando não mais puder explicar os fenômenos próprios do seu campo, nem resolver os problemas colocados a partir dele.

*Testemunho pré-ontológico*: testemunho não científico, anterior à filosofia. As fábulas antigas podem ser consideradas um bom exemplo de testemunhos pré-ontológicos. Heidegger, em *Ser e Tempo*, para confirmar a interpretação do ser-aí (homem) como cuidado (*Sorge*), utiliza a antiga *fábula do cuidado* – a de número 220, escrita por Higino – como um *testemunho pré-ontológico* de tal interpretação. O *testemunho pré-ontológico* possui, tão somente, um valor histórico. Ele não é um fundamento, mas pode confirmar a existência de um fundamento. Portanto, não se pode interpretá-lo como o fundamento de um fundamento.

*Tradição dogmática*: conhecimento legado pela história da dogmática jurídico-penal. É a tradição no âmbito da ciência do direito penal. É a doutrina penal

[723] HEIDEGGER, Martin. *Sein und Zeit*. Tübingen: Max Niemeyer Verlag, 2006. p. 12. (Tradução livre).

historicamente consagrada. Os conceitos e categorias do direito penal, historicamente desenvolvidos, são – de uma certa forma – o produto da tradição dogmática.

*Utilização dogmática da dogmática jurídico-penal*: segundo a nossa definição, apresentada em trabalho publicado no ano de 2013, "a *utilização dogmática da dogmática jurídico-penal* é a própria morte do pensar, a morte do *pensamento que medita*, [...] é acreditar que o *pensamento que calcula* se basta, desmerecendo a reflexão, [...] é ceder ao império do planeamento, é a rendição total à utilidade".[724]

[724] TEIXEIRA NETO, João Alves. A serenidade para com as coisas do direito penal: no limiar entre o pensamento que medita e o pensamento que calcula. *Revista de Estudos Criminais*, v. 48, 2013. p. 197-208.

# Bibliografia


ADEODATO, João Maurício. *Ética e retórica: para uma teoria da dogmática jurídica*. São Paulo: Saraiva, 2007.

AGAMBEN, Giorgio. *O aberto: o homem e o animal*. Trad. Pedro Mendes. Rio de janeiro: Civilização Brasileira, 2013.

AIRES DE SOUSA, Susana. *Sobre o bem jurídico-penal protegido nos crimes contra a humanidade*. 2007.

ALBRECHT, Diego Alan Schöfer; BAGATINI, Júlia. O fundamento material do ilícito-típico à luz da compreensão onto-antropológica do Direito Penal de Faria Costa: a ofensividade e os seus distintos níveis. *Diritto & Diritti*, 2011.

ALMEIDA, Rogério da Silva. *O cuidado no Heidegger dos anos 20*. [Tese de doutorado]. Porto Alegre: Universidade Federal do Rio Grande do Sul, 2012.

AMELUNG, Knut. *Rechtsgüterschutz und Schutz der Gesellschaft : Untersuchungen zum Inhalt und zum Anwendungsbereich eines Strafrechtsprinzips auf dogmengeschichtlicher Grundlage; zugleich ein Beitrag zur Lehre von der ‚Sozialschädlichkeit' des Verbrechens*. Frankfurt am Mein: Athenäum, 1972.

ANGIONI, Francesco. *Contenuto e funzioni del concetto di bene giuridico: introduzione a uno studio sull'oggetto e la misura della tutela penale*. Chiarella: Sassari, 1980.

ARAÚJO, Joana Raquel Fernandes Quina. Contributo da ética para um uso sustentável dos recursos hídricos. In: CARVALHO, Ana Sofia; OSSWALD, Walter [coord.] *Ensaios de Bioética II*. Lisboa: Instituto de Bioética da Universidade Católica Portuguesa, 2011.

ARISTÓTELES. *Metafísica: ensaio introdutório, texto grego com tradução e comentário de Giovanni Reale*. Trad. Marcelo Perine. Tomo II. São Paulo: Edições Loyola, 2013.

AURENQUE, Diana. *Ethosdenken: Auf der Spur einer ethischen Fragestellung in der Philosophie Martin Heideggers*. Freiburg im Breisgau: Verlag Karl Alber, 2011.

BECCARIA, Cesare. *Dei delitti e delle pene*. Milano: Feltrinelli Editore, 2009.

BECK, Ulrich. *Die Risikogesellschaft: Auf dem Weg in eine andere Moderne*. Frankfurt am Main: Suhrkamp, 1995.

BECKE, Andreas. *Der Weg der Phänomenologie: Husserl, Heidegger, Rombach*. Hamburg: Verlag Dr. Kovač, 1999.

BEKOFF, Marc. *Encyclopedia of Animal Rights and Animal Welfare*. Westport: Greenwood Press, 1998.

——. *Nosotros, los animales*. Trad. Rafael Boró. Madrid: Editorial Trotta, 2003.

BENTHAM, Jeremy. *An introduction to the principles of morals and legislation*. New York: Halfner Publishing Company, 1973.

BERNET, Rudolf; DENKER, Alfred; ZABOROWSKI, Holger. *Heidegger und Husserl*. Freiburg/München: Verlag Karl Alber, 2012.

BERTI, Enrico. *Estrutura e significado da metafísica de Aristóteles*. Trad. José Bortolini. Sao Paulo: Paulus, 2012.

BINDING, Karl. *Die Normen und ihre Übertretungen: Eine Untersuchung über die Rechtmässige Handlung und die Arten des Delikts*. Tomo I [Normen und Strafgesetze]. 4ª ed. Leipzig: Verlag von Felix Meiner, 1922.

BINSWANGER, Ludwig. *Grundformen und Erkenntnis menschlichen Daseins*. Zürich: Max Niehans Verlag, 1942.

BIRNBAUM, Johann Michael Franz. Ueber das Erfordernis einer Rechtsverletzung zum Begriffe des Verbrechen mit besonderer Rücksicht auf den Begriff der Ehrenkränkung. *Archiv des Criminalrechts*. Neue Folge, 1834.

BLOOM, Harold. *A angústia da influência: uma teoria da poesia*. 2ª ed. Trad. Marcos Santarrita. Rio de Janeiro: Imago, 2002.

——. *Um mapa da desleitura*. Trad. Thelma Médici Nóbrega. Rio de Janeiro: Imago Editora, 1995.

BLOY, René. Die Straftaten gegen die Umwelt im System des Rechtsgüterschutzes. *Zeitschrift für die gesamte Strafrechtswissenschaft*, v. 100 (2009), p. 485-507.

BRAUN, Johann. *Einführung in die Rechtsphilosophie*. 2ª ed. Tübingen: Mohr Siebeck, 2011.

BUONICORE, Bruno Tadeu. *Culpabilidade e fundamentos filosóficos: compreensão do conteúdo material à luz do conceito onto-antropológico*. Curitiba: Juruá Editora, 2017.

——. *O fundamento onto-antropológico da culpa: contributo para o estudo do conteúdo material da culpabilidade na dogmática penal contemporânea*. Dissertação de Mestrado. Porto Alegre: Pontifícia Universidade Católica do Rio Grande do Sul, 2014.

——. O fundamento onto-antropológico do direito penal em face da sociedade brasileira contemporânea. *Revista Jurídica*, Porto Alegre, v. 439, p. 63-78, 2014.

CAETANO, Matheus Almeida. *Delitos de acumulação e ofensividade no Direito Penal ambiental da sociedade de risco*. Dissertação de Mestrado. Florianópolis: Universidade Federal de Santa Catarina, 2011.

CALARCO, Matthew. *Zoographies: the question of the animal from Heidegger to Derrida*. New York: Columbia University Press, 2008.

CARRUTHERS, Peter. *La cuestión de los animales: teoria de la moral aplicada*. Tr. José María Perazzo. Cambridge: Cambridge University Press, 1995.

CASELAS, António, J. Abertura ao mundo: categorização filosófica e destino da animalidade. *Saberes*, Natal-RN, vol. I, nº 6, fev., 2011, p. 115-128.

CASTANHEIRA NEVES, A. *A crise actual da filosofia do direito no contexto da crise global da filosofia: tópicos para a possibilidade de uma reflexiva reabilitação*. Coimbra: Coimbra Editora, 2003.

——. O direito interrogado pelo presente na perspectiva do futuro. *Boletim da Faculdade de Direito (BFD)*, vol. LXXXIII, p. 1-72. Coimbra: Coimbra Editora, 2007.

CASTRO, João Marcos Adede y. *Direito dos animais na legislação brasileira*. Porto Alegre: Sergio Antonio Fabris Editor, 2006).

COSTA ANDRADE, Manuel da. *Consentimento e acordo em direito penal: contributo para a fundamentação de um paradigma dualista*. Coimbra: Coimbra Editora, 2004.

CUNHA LOPES, Eliana da. O mito como símbolo da fundação de Roma, segundo o III livro dos Fastos de Ovídio. *Cadernos do CNLF*, Vol. XVI, Nº. 04, t. 1 – Anais do XVI CNLF.

D'AGOSTINO, di Francesco. I diritti degli animali. *Rivista internazionale di filosofia del diritto*, Gennaio/Marzo, IV. Serie LXXI, Milano: Giuffrè Editore, 1994.

D'AVILA, Fabio Roberto. A crise da modernidade e suas consequências no paradigma penal. *Boletim IBCCRIM*, São Paulo, v. 98, 2001.

——. Das Unrecht der Umweltdelikte. Einige Reflexionen über den Angriff auf Rechtsgüter im Bereich des Umweltstrafrechts. *Goltdammer's Archiv für Strafrecht – GA*, v. 10, p. 578-588, 2011.

——. O direito e a legislação penal brasileiros no séc. XXI: entre a normatividade e a política criminal. In: GAUER, Ruth Maria Chittó (Org.). *Criminologia e sistemas jurídico-penais contemporâneos*. 2ª ed. Porto Alegre: Edipucrs, 2012.

——. *Ofensividade e crimes omissivos próprios: contributo à compreensão do crime como ofensa ao bem jurídico*. Coimbra: Coimbra Editora, 2005.

——. *Ofensividade em Direito Penal. Escritos sobre a teoria do crime como ofensa a bens jurídicos*. Porto Alegre: Livraria do Advogado, 2009.

——. O inimigo no direito penal contemporâneo. Algumas reflexões sobre o contributo crítico de um direito penal de base onto-antropológica. In: GAUER, Ruth Maria Chittó (Org.). *Sistema penal e violência*. Rio de Janeiro: Lumen Juris, 2006.

——. Os limites normativos da política criminal no âmbito da ciência conjunta do direito penal. Algumas considerações críticas ao pensamento funcional de Claus Roxin. *Zeitschrift für Internationale Strafrechtsdogmatik*, v. 10, p. 485-495, 2008.

——. O modelo de crime como ofensa ao bem jurídico. Elementos para a legitimação do direito penal secundário. In: D'AVILA, Fabio Roberto, SPORLEDER DE SOUZA, Paulo Vinicius (Org.). *Direito penal secundário: estudos sobre crimes econômicos ambientais, informáticos e outras questões*. São Paulo: Revista dos Tribunais, 2006.

——. Ontologismo e ilícito penal. Algumas linhas para uma fundamentação onto-antropológica do direito penal. In: SCHMIDT, Andrei Zenkner (Org.). *Novos rumos do direito penal contemporâneo: livro em homenagem ao Prof. Dr. Cezar Roberto Bitencourt*. Rio de Janeiro: Lumen Juris, 2006.

——; MACHADO, Tomás Grings. Primeiras linhas sobre o fundamento onto-antropológico do direito penal e sua ressonância em âmbito normativo. In: Ney Fayet Júnior; André Machado Maya. (Org.). *Ciências Penais. Perspectivas e tendências da contemporaneidade*. Curitiba: Juruá, 2011. p. 147-163.

DE GENNARO, Ivon. *Logos – Heidegger liest Heraklit*. Berlin: Duncker & Humblot, 2001.

DEODATO, Felipe Augusto Forte de Negreiros. *Adequação social: sua doutrina pelo cânone compreensivo do cuidado-de-perigo*. Belo Horizonte: Del Rey, 2012.

DEPPRAZ, Natalie. *Compreender Husserl*. Petrópolis: Vozes, 2007.

DINO NETO, Nicolao; BELLO FILHO, Ney; DINO, Flávio. *Crimes e infrações administrativas ambientais*. 3ª ed. Belo Horizonte: Del Rey, 2011.

DORN, Hanns. *Strafrecht und Sittlichkeit. Zur Reform des deutschen Reichstrafgesetzbuches*. München: Ernst Reinhardt, 1907.

DUARTE, Maria Luísa; AMADO GOMES, Carla (Orgs). *Animais: Deveres e Direitos*. Lisboa: Instituto de Ciências Jurídico-Políticas da Faculdade de Direito da Universidade de Lisboa, 2015.

DUBOIS, Christian. *Heidegger: introdução a uma leitura*. Trad. Bernardo Barros Coelho de Oliveira. Rio de Janeiro: Jorge Zahar Editor, 2004.

ELSTER, Alexander; LINGEMANN, Heinrich. *Handwörterbuch der Kriminologie und der anderen Strafrechtlichen Hilfswissenschaften*. Berlin: Gruyter, 1998.

FARIA COSTA, José. *A caução de bem viver: um subsídio para o estudo da evolução da prevenção criminal*. [Dissertação de Mestrado]. Coimbra: Universidade de Coimbra, 1980.

——. *Direito penal especial: contributo a uma sistematização dos problemas "especiais" da parte especial*. [Reimpressão]. Coimbra: Coimbra Editora, 2007.

——. *Linhas de direito penal e de filosofia: alguns cruzamentos reflexivos*. Coimbra: Coimbra Editora, 2005.

——. *Noções Fundamentais de Direito Penal: Fragmenta Iuris Poenalis*. 2ª ed. Coimbra: Coimbra Editora, 2009.

——. *Noções Fundamentais de Direito Penal: Fragmenta Iuris Poenalis*. 4ª ed. Coimbra: Coimbra Editora, 2015.

——. O direito penal, a linguagem e o mundo globalizado. babel ou esperanto universal? (Org.). D'AVILA, Fabio Roberto. *Direito penal e política criminal no terceiro milênio: perspectivas e tendências*. Porto Alegre: Edipucrs, 2011.

——. *O perigo em direito penal: contributo para a sua fundamentação e compreensão dogmáticas*. Coimbra: Coimbra Editora, 2000.

——. *O perigo em direito penal: contributo para a sua fundamentação e contribuição dogmáticas*. [Dissertação de doutoramento]. Coimbra: Faculdade de Direito da Universidade de Coimbra, 1991.

——. O princípio da igualdade, o direito penal e a Constituição. *RBCCrim*, 100 (2013), ano 21, Jan/Fev, p. 227-251.

——. Sobre o objecto de protecção do Direito Penal: o lugar do bem jurídico na doutrina de um Direito Penal não iliberal. *RLJ*, 3978, 2013, p. 158-173.

——. *Tentativa e dolo eventual: ou da relevância da negação em direito penal*. [Reimpressão]. [Separata do número especial do Boletim da Faculdade de Direito de Coimbra – "Estudos em homenagem ao Prof. Doutor Eduardo Correia" – 1984]. Coimbra: Coimbra Editora, 1995.

FARIAS, Raul. Dos crimes contra animais de companhia: breves notas. In: DUARTE, Maria Luísa; AMADO GOMES, Carla (Orgs). *Animais: Deveres e Direitos*. Lisboa: Instituto de Ciências Jurídico-Políticas da Faculdade de Direito da Universidade de Lisboa, 2015.

FEIJÓ, Anamaria. *Utilização de animais na investigação e docência: uma reflexão ética necessária*. Porto Alegre: Edipucrs, 2005.

FERRAZ JÚNIOR, Tércio Sampaio. *Introdução ao estudo do direito: técnica, decisão, dominação*. São Paulo: Atlas, 2003.

FEUERBACH, Anselm Ritter von. *Lehrbuch des Gemeinen in Deutschland gültigen peinlichen rechts*. 5. ed. Giessen: Georg Friedrich Heyer, 1812.

FIGAL, Günter. *Martin Heidegger: Phänomenologie der Freiheit*. Frankfurt am Main: Athenäum, 1998.

FIGUEIREDO DIAS, Jorge de. *Direito Penal: parte geral*. [1ª edição brasileira; 2ª edição portuguesa]. São Paulo: Editora Revista do Tribunais; Coimbra: Coimbra Editora, 2007.

——. Para uma dogmática do direito penal secundário. *RLJ*, 116-7, 1983-4/1984/5.

——. Para um sistema renovado do facto punível. *RBCCrim*, 112 (2015), ano 23, Jan/Fev, p. 107-122.

FIORILLO, Celso Antonio Pacheco; CONTE, Christiany Pegorari. *Crimes ambientais*. São Paulo: Saraiva. p. 2012.

FISAHN, Andreas. Effizienz des Rechts und Soziale Praxis. *Rechtstheorie*, 34 (2003), Heft 2. Berlin: Duncker & Humblot. p. 269-290.

FÖRSTER, Paul. *Tierschutz in Gegenwart und Zukunft*. Dresden: Verlag des Internationalen Tier und Vereins gegen die Wissenschaftliche Tiersolter, 1898.

FREITAS, Vladimir Passos de; FREITAS, Gilberto Passos de. *Crimes contra a natureza*. 8ª ed. São Paulo: Revista dos Tribunais, 2006.

GAUER, Ruth Maria Chittó. *A fundação da norma: para além da racionalidade histórica*. Porto Alegre: Edipucrs, 2011.

——. *O reino da estupidez e o reino da razão*. Rio de Janeiro: Lumens Juris, 2006.

GENTZ, Friedrich. *Briefwechsel zwischen Friedrich Getz und Adam Heinrich Müller: 1800-1829*. Stuttgart: J.G Cotta, 1857.

GIACOIA JUNIOR, Oswaldo. *Heidegger Urgente: introdução a um novo pensar*. São Paulo: Três Estrelas, 2013.

GODINHO, Inês Fernandes. *Eutanásia, homicídio a pedido da vítima e os problemas de comparticipação em Direito Penal*. Coimbra: Coimbra Editora, 2015.

GORETTI, Cesare. L'animale quale soggetto di diritto. *Rivista di Filosofia*, Anno XIX, nº 1, Gennaio/Marzo, 1928.

GRECO, Luís. Proteção de bens jurídicos e crueldade com animais. *Revista Liberdades*, nº 3, jan/abr, 2010. p. 47-59.

——. Über das so genannte Feindstrafrecht. *Goltdammer's Archiv für Strafrecht*, 153, (2006/02), p. 96-113.

GREISCH, Jean. *Ontologie et temporalité: Esquisse d'une interprétation intégrale de Sein und Zeit*. [Épiméthée]. Paris: P.U.F, 1994.

GRIMM, Herwig; WILD, Markus. *Tierethik zur Einführung*. Hamburg: Junius Verlag, 2016.

GUMBRECHT, Hans Ulrich. *Graciosidade e estagnação: ensaios escolhidos*. Trad. Luciana Villas Bôas; Markus Hediger. Rio de Janeiro: Contraponto; Editora Puc-Rio, 2012.

HAEBERLIN, Carl Franz Wilhelm Jérôme. *Grundsätze des Criminalrechts: Nach den neuen deutschen Strafgesetzbüchern*. Leipzig: Friedrich Fleischer Verlag, 1848.

HARNACK, Erich. *Tierschutz und Vivisektion*. Berlin: Hüpeden & Merzyn Verlag, 1906.

HAYES, Josh. Heidegger's fundamental ontology and the problem of animal life. *PhaenEx: journal of existential and phenomenological theory and culture*, nº 2, fall/winter, 2007, p. 42-60.

HEFENDEHL, Roland; HIRSCH, Andrew von; WOHLERS, Wolfgang (Orgs.). *Die Rechtsgutstheorie: Legitimationsbasis des Strafrechts oder dogmatisches Glasperlenspiel?* Baden-Baden: Nomos Verlagsgesellschaft, 2003.

HEIDEGGER, Martin. *Aus der Erfahrung des Denkens*. Frankfurt am Main: Vittorio Klostermann, 2002.

——. *Brief über den Humanismus*. [Gesamtausgabe, Band 9]. Frankfurt am Main: Vittorio Klostermann, 1967.

——. *Der Begriff der Zeit*. [Gesamtausgabe, Band 64]. Frankfurt am Main: Vittorio Klostermann, 2004.

——. *Die Grundprobleme der Phänomenologie*. [Gesamtausgabe, Band n. 24]. Frankfurt am Main: Vittorio Klostermann, 1989.

——. *Die Technik und die Kehre*. Stuttgart: Klett-Cotta, 2011. [1ª ed. 1962].

——. *Ontologia: hermenêutica da faticidade*. Trad. Renato Kichner. Petrópolis: Editora Vozes, 2013.

——. "O que quer dizer pensar?" In: *Ensaios e conferências*. Petrópolis: Vozes, 2006.

——. *Gelassenheit*. 2ª ed. Tübingen: Verlag Günter Neske, 1960.

——. *Identität und Differenz*. [Gesamtausgabe, Band n. 11]. Frankfurt am Main: Vittorio Klostermann, 2006.

——. *Interpretações fenomenológicas sobre Aristóteles: introdução à pesquisa fenomenológica*. Trad. Enio Paulo Giachini. Petrópolis: Editora Vozes, 2011.

——. *Introdução à filosofia*. Trad. Marco Antonio Casanova. São Paulo: Martins Fontes, 2009.

——. *Logik: Die Frage nach der Wahrheit*. [Gesamtausgabe, Band 21]. Frankfurt am Main: Vittorio Klostermann, 1976.

——. *Os conceitos fundamentais da metafísica: mundo, finitude, solidão*. Trad. Marco Antônio Casanova. 2ª ed. Rio de Janeiro: Forense Universitária, 2011.

——. *Platon: Sophistes*. [Gesamtausgabe, Band n. 19]. Frankfurt am Main: Vittorio Klostermann, 1992.

——. *Prolegomena zur Geschichte des Zeitbegriffs*. [Gesamtausgabe, Band 20]. Frankfurt am Main: Vittorio Klostermann, 1979.

——. *Sein und Zeit*. 19ª ed. Tübingen: Max Niemeyer Verlag, 2006 [1ª ed. 1927].

——. *Unterwegs zur Sprache*. Frankfurt am Main: Vittorio Klostermann, 1985.

——. *Vorträge und Aufsätze*. [Gesamtausgabe, Band n. 7]. Frankfurt am Main: Vittorio Klostermann, 2006.

HEINEMANN, Walter. *Die Relevanz der Philosophie Martin Heideggers für das Rechtsdenken*. [Inaugural-Dissertation] Freiburg: Albert-Ludwigs-Universität zu Freiburg im Breisgau, 1970.

HELLEBREKERS, Ludo J. *Dor em animais*. Trad. Cíntia Fragoso. Barueri: Editora Manole, 2002.

HERRMANN, Friedrich-Wilhelm von. *Hermeneutische Phänomenologie des Daseins: Eine Erläuterung von „Sein und Zeit"*. Band I. Frankfurt am Main: Vittorio Klostermann, 1987.

HIPPEL, Robert von. *Die Tierquälerei in der Strafgesetzgebung des In-und Auslandes, historisch, dogmatisch und kritisch dargestellt, nebst Vorschlägen zur Abänderung des reichsrechts*. Berlin: Verlag von Otto Liebmann, 1891.

HIRT, Almuth; MAISACK, Christoph; MORITZ, Johanna. *Tierschutzgesetz: Kommentar*. München: Verlag Franz Vahlen, 2003.

HÖRNLE, Tatjana. Der Schutz von Gefühlen im StGB. In: HEFENDEHL, Roland; HIRSCH, Andrew von; WOHLERS, Wolfgang (Orgs.). *Die Rechtsgutstheorie: Legitimationsbasis des Strafrechts oder dogmatisches Glasperlenspiel?* Baden-Baden: Nomos Verlagsgesellschaft, 2003.

——. Deskriptive und normative Dimensionen des Begriffs "Feindstrafrecht". *Goltdammer's Archiv für Strafrecht*, 153, (2006/02), p. 80-95.

——. *Grob anstößiges Verhalten. Strafrechtlicher Schutz von Moral, Gefühlen und Tabus*. Frankfurt am Main: Vittorio Klostermann, 2004.

HRUSCHKA, Elisabeth. *Die Phänomenologische Rechtslehre und das Naturrecht*. [Inaugural-Dissertation]. München: Charlotte Schön, 1967.

HUSSERL, Edmund. *Die Philosophie als strenge Wissenschaft*. Hamburg: Felix Meiner Verlag, 2009.

HUSSERL, Gerhart. Opfer, Unrecht und Strafe. In: HUSSERL, Gerhart. *Recht und Zeit: Fünf rechtsphilosophische Essays*. Frankfurt am Main: Vittorio Klostermann, 1964.

——. Recht und Welt. In: HUSSERL, Gerhart. *Recht und Welt: Rechtsphilosophische Abhandlungen*. Frankfurt am Main: Vittorio Klostermann, 1964.

ISAÍAS SANTOS, Cleopas. *Experimentação animal e direito penal: o crime de crueldade e maus-tratos à luz da teoria do bem jurídico*. Curitiba: Juruá, 2015.

JAKOB, Eric. *Martin Heidegger und Hans Jonas: Die Metaphysik der Subjektivität und die Krise der technologischen Zivilisation*. Tübingen; Basel: Francke, 1996.

JAKOBS, Günter. Individuum und Person: Strafrechtliche Zurechnung und die Ergebnisse moderner Hirnforschung. *Zeitschirift für die gesamt Strafrechtwissenschaft*, 117 (2005), Hefte 2, p. 247-266.

——.Terroristen als Personen im Recht? *Zeitschirift für die gesamt Strafrechtwissenschaft*, 117 (2005), p. 839-851.

JONAS, Hans. *Das Prinzip Leben: Ansätze zu einer philosophischen Biologie*. Frankfurt am Main; Leipzig: Insel Verlag, 1994.

——. *Das Prinzip Verantwortung: Versuch einer Ethik für die technologische Zivilisation*. Berlin: Suhrkamp, 1984.

KANT, Immanuel. *Die Metaphysik der Sitten*. Frankfurt am Main: Suhrkamp Taschenbuch Verlag, 1993.

KAUFMANN, Arthur. Rechtsphilosophie, Rechtstheorie, Rechtsdogmatik. In: KAUFMANN, Arthur; HASSEMER, Winfried (Org.). *Einführung in Rechtsphilosophie und Rechtstheorie der Gegenwart*. Heidelberg: C.F Müller Juristischer Verlag, 1977.

——. *Wozu Rechtsphilosophie heute*. Frankfurt am Main: Athenäum Verlag 1971.

KLENK, Philipp. *Tierquälerei und Sittlichkeit*. Langensalza: Verlag von Hermann Beyer & Söhne, 1902.

KLUETING, Edeltraud. Die gesetzlichen Regelungen der nationalsozialistischen Reichsregierung für den Tierschutz, den Naturschutz und den Umweltschutz. In: RADKAU, Joachim; UEKÖTTER (Org.). *Naturschutz und Nationalsozialismus*. Frankfurt/New York: Campus Verlag, 2003.

KRAEMER, Alexandra. *Tierschutz und Strafrecht: Luxus oder Notwendigkeit (?)*. Berlin: Logos Verlag, 2011.

KRELL, Andreas Joachim. Comentário ao artigo 225. In: CANOTILHO, José Joaquim Gomes; MENDES, Gilmar Ferreira; SARLET, Ingo Wolfgang; STRECK, Lenio Luiz. [Coords.]. *Comentários à Constituição do Brasil*. São Paulo: Saraiva/Almedina, 2013.

KUHN, Thomas. Trad. Nelson Boeira. *A estrutura das revoluções científicas*. 7ª ed. São Paulo: Perspectiva, 2003.

KULHANEK, Tobias Oliver. Der fragmentarische Charakter des Strafrechts als Argumentationsfigur Exemplifiziert an der Frage nach einem Deliktskatalog für eine Verbandsstrafbarkeit. *Zeitschrift für Internationale Strafrechtsdogmatik*, nº 13, 2014, p. 674-678.

LAMPE, Ernst-Joachim. Zur funktionalen Begründung des Verbrechenssystems. In: SCHÜNEMANN, Bernd; ACHENBACH, Hans; BOTTKE, Wilfried; HAFFKE, Bernhard; RUDOLPHI, Hans-Joachim. (Orgs.). *Festschrift für Claus Roxin zum 70*. Berlin: Walter de Gruyter, 2001.

LANDAU, Herbert. Die deutsche Strafrechtsdogmatik zwischen Anpassung und Selbstbehauptung – Grenzkontrolle der Kriminalpolitik durch die Dogmatik? *Zeitschirift für die gesamt Strafrechtwissenschaft*, 121 (2009), Hefte 4, p. 965-976.

LEVAI, Laerte Fernando. O direito à escusa de consciência na experimentação animal. In: MOLINARO, Carlos Alberto; MEDEIROS, Fernanda Luiza Fontoura de; SARLET, Ingo Wolfgang; FENSTERSEIFER, Tiago [Org.]. *A dignidade da vida e os direitos fundamentais para além dos humanos: uma discussão necessária*. Belo Horizonte: Editora Fórum, 2008.

LISZT, Franz von. Der Begriff des Rechtsgutes im Strafrecht und in der Encyclopädie der Rechtswissenschaft. *Zeitschrift für die gesamte Strafrechtwissenschaft*. Berlin und Leipzig: Verlag von J. Guttentag, 1888. p. 133-156.

——. *Lehrbuch des Deutschen Strafrechts*. Berlin: J. Guttentag Verlagsbuchhandlung, 1900.

——. *Strafrechtliche: Aufsätze und Vorträge*. [Tomo I]. Berlin: J. Guttentag Verlagsbuchhandlung, 1905.

——. *Strafrechtliche: Aufsätze und Vorträge*. [Tomo II]. Berlin: J. Guttentag Verlagsbuchhandlung, 1905.

——. *Tratado de direito penal alemão*. Trad. José Higino Duarte Pereira. Campinas: Husserl, 2003.

LOHNER, Alexander. *Der Tod im Existentialismus: eine Analyse der fundamentaltheologischen, philosophischen und ethischen Implikationen*. Paderborn: Verlag Ferdinand Schöningh, 1997.

LÖÖCK, Carmen. *Das Tierschutzstrafrecht nach Einfügung der Staatszielbestimmung 'Tierschutz' in das Grundgesetz [Art. 20a GG]: Theorie und Praxis*. Hamburg: Verlag Dr. Kovač, 2016.

LOURENÇO, Daniel Braga. *Direito dos animais: fundamentação e novas perspectivas*. Porto Alegre: Sergio Antonio Fabris Editor, 2008.

LUNA, Stelio Pacca Loureiro. Dor, senciência e bem-estar em animais. *Ciênc. vet. tróp.*, Recife-PE, v. 11, suplemento 1, p. 17-21 – abril, 2008.

MAIHOFER, Werner. *Recht und Sein: Prolegomena zu einer Rechtsontologie*. Frankfurt am Main: Vittorio Klostermann, 1954.

MARCÃO, Renato. *Crimes ambientais: anotações e interpretação jurisprudencial da parte criminal da Lei n. 9.605, de 12-2-1998*. São Paulo: Saraiva, 2011.

MATELLANES, Nuria Rodríguez. *Derecho penal del medio ambiente*. Madrid: Iustel, 2008.

MAURACH, Reinhart; SCHRÖDER, Friedrich-Christian; MAIWALD, Manfred. *Strafrecht. Besonderer Teil. Teilband 2. Straftaten gegen Gemeinschaftswerte*. Heidelberg, München, Landsberg, Frechen, Hamburg: C.F. Müller, 2012.

MEDEIROS, Fernanda Luiza Fontana de. *Direito dos animais*. Porto Alegre: Livraria do Advogado, 2013.

MERLE, Jean-Christophe. *Strafen aus Respekt vor der Menschenwürde: eine Kritik am Retributivismus aus der Perspektive des deutschen Idealismus*. Berlin: De Gruyter, 2007.

MISSAGGIA, Juliana Oliveira. O caráter antropocêntrico do conceito heideggeriano de animalidade: uma crítica a partir de Derrida. *Kínesis*, vol. II, nº 4, dez., 2010, p. 1-13.

MOLINARO, Carlos Alberto; MEDEIROS, Fernanda Luiza Fontoura de; SARLET, Ingo Wolfgang; FENSTERSEIFER, Tiago [Org.]. *A dignidade da vida e os direitos fundamentais para além dos humanos: uma discussão necessária*. Belo Horizonte: Editora Fórum, 2008.

MOREIRA FILHO, Guaracy. *O papel da vítima na gênese do delito*. São Paulo: Jurídica Brasileira, 1999.

MORIE, Rolf . *Das Vergehen der Tierquälerei: Eine strafrechtliche Untersuchung zu § 17 Tierschutzgesetz unter besonderer Berücksichtigung staatsanwaltschaftlicher und gerichtlicher Strafakten aus Niedersachsen in den Jahren 1974 bis 1981*. [Inaugural-Dissertation]. Göttingen: Georg-August-Universität, 1983.

MOURA, Bruno de Oliveira. *Ilicitude penal e justificação: reflexões a partir do ontologismo de Faria Costa*. Coimbra: Coimbra Editora, 2015.

——. *A não-punibilidade do excesso na legítima defesa*. Coimbra: Coimbra Editora, 2013.

MULHALL, Stephen. *Heidegger and Being and Time*. Londres; Nova Iorque: Routledge, 1996.

NACONECY, Carlos. *Ética e Animais: um guia de argumentação filosófica*. Porto Alegre: Edipucrs, 2006.

NUNES, Benedito. *Heidegger & Ser e Tempo*. 3 ed. Rio de Janeiro: Zahar, 2010.

OVIDE. *Les Fastes*. [Livro III, versos 24-54]. Paris: Garnier Frères Libraires-Éditeurs, 1861. p. 93 e 94. (Tradução livre).

PERINE, Marcelo. A questão do sentido e do sagrado na modernidade. *Veritas: revista de filosofia da PUCRS*, v. 59, n. 1, jan.-abr. 2014, p. 174-193.

PIEPER, Hans-Joaquim. Das Problem der Todesstrafe. In: BUSCHE, Hubertus; SCHMITT, Anton. *Kant als Bezugspunkt philosophischen Denkens*. Würzburg: Verlag Königshausen & Neumann, 2010.

PITZ, Norbert. *Das Delikt der Tierquälerei Tierschutz, oder Gefühlsschutz*. [Inaugural-Dissertation]. Köln: Universität zu Köln, 1929.

POCAR, Valerio. *Gli animali non umani: per una sociologia dei diritti*. 3ª ed. Bari: Editori Laterza, 2005.

PRITTWITZ, Cornelius. *Strafrecht und Risiko: Untersuchungen zur Krise von Strafrecht und Kriminalpolitik in der Risikogesellschaft*. Frankfurt am Main: Vittorio Klostermann: 1993.

PUNTEL, Lorenz B. *Sein und Gott: Ein systematischer Ansatz in Auseinandersetzung mit M. Heidegger, É. Lévinas und J.-L. Marion*. Tübingen: Mohr Siebeck, 2010.

RAMOS, José Luís Bonifácio. O animal: coisa ou tertium genus? *O Direito*, ano 141°, 2009, V, p. 1071-1104. Coimbra: Almedina.

REALE JÚNIOR, Miguel. *Instituições de direito penal: parte geral*. 4ª ed. Rio de Janeiro: Forense, 2013. p. 25).

REGIS PRADO, Luiz. *Direito penal do ambiente*. 3ª ed. São Paulo: Editora Revista dos Tribunais, 2011.

REINHOLD, Karl Leonhard. *Über das Fundament des philosophischen Wissens. Über die Möglichkeit der Philosophie als strenge Wissenschaft*. Hamburg: Felix Meiner Verlag, 1978 [1ª edição em 1790].

REIS, Róbson Ramos dos. Aspectos da interpretação fenomenológica da vida animal nos conceitos fundamentais da metafísica. In: WU, Roberto (Org.). *Heidegger e sua época: 1930-1950*. Porto Alegre: Editora Clarinete, 2014.

——. Historicidade e mudanças relacionais: os limites da compreensão. In: STEIN, Ernildo; STRECK, Lenio (org.). *Hermenêutica e epistemologia: 50 anos de Verdade e Método*. Porto Alegre: Livraria do Advogado, 2011.

ROCCO, Arturo. *L'oggetto del reato e della tutela giuridica penale: contributo alle teorie generali del reato e della pena*. Milano: Fratelli Bocca Editori, 1913.

RÖCKLE, Axel Gerhard. *Probleme und Entwicklungstendenzen des strafrechtlicher Tierschutzes*. (Inaugural–Dissertation). Tübingen: Eberhard-Karls-Universität, 1996.

RODRIGUES, Fernando. No limiar do mundo: a posição de Heidegger sobre a diferença entre animais e humanos. *Cadernos de filosofia alemã*, n° 14, jun/dez, 2009, p. 31-53.

RODRIGUES, João Vaz. Animais: que direitos? *Boletim da Ordem dos Advogados* [Portugal], n. 27, jul/ago, 2003.

ROXIN, Claus. *Derecho Penal: parte general. Tomo I. Fundamentos. La estructura de la teoría del delito*. [tradução da 2ª ed. alemã]. Trad. Diego-Manuel Luzón Peña; Miguel Díaz y García Conlledo; Javier de Vicente Remesal. Madrid: Civitas, 1997.

——. Fundamentos Político-criminais e dogmáticos do direito penal. Trad. Alaor Leite. *RBCCrim*, 112 (2015), ano 23, Jan/Fev, p. 33-39.

——. O conceito de bem jurídico como padrão crítico da norma penal posto à prova. Trad. Susana Aires de Sousa. Rev. Jorge de Figueiredo Dias. *Revista Portuguesa de Ciência Criminal*, n°. XXIII, 2013, p. 1-37.

——. *Strafrecht. Allgemeiner Teil. Band I: Grundlagen – Der Aufbau der Verbrechenslehre*. 4ª ed. München: Verlag C.H Beck, 2006.

——. *Strafrechtliche Grundlagen Probleme*. Berlin; New York: Walter de Gruyter, 1973.

RÜDIGER, Francisco. *Martin Heidegger e a questão da técnica: prospectos acerca do futuro do homem*. Porto Alegre: Sulina, 2006.

RUIVO, Marcelo Almeida. *Criminalidade financeira: contribuição à compreensão da gestão fraudulenta*. Porto Alegre: Livraria do Advogado, 2011.

——. O fundamento e as finalidades da pena criminal. A imprecisão das doutrinas absolutas e relativas. *RBCCrim*, 121 (2016), ano 24, Jul/Ago, p. 163-190.

SAAVEDRA, Giovani Agostini; VASCONCELLOS, Vinicius Gomes de. Expansão do direito penal e relativização de seus fundamentos. In: POZZEBON, Fabrício Dreyer de Ávila; ÁVILA, Gustavo Noronha de (Orgs.). *Crime e interdisciplinaridade: estudos em homenagem à Ruth M. Chittó Gauer*. Porto Alegre: Edipucrs, 2012. p. 251-271.

——. *Traditionelle und kritische Rechtstheorie: Die Reflexionsstufen der Rechtsanalyse*. [Inaugural-Dissertation – Rechtswissenschaft]. Frankfurt am Main: Universität Frankfurt, 2008.

SALKOWSKI, Georg. *Der Tierschutz im geltenden und zukünftigen Strafrecht des In-und Auslandes: Dogmatisch und kritisch dargestellt*. Borna-Leipzig: Buchdruckerei Robert Noske, 1911.

SALT, Henry S. *Animals' Rights: Considered in Relation to Social Progress*. New York: Macmillan & Co, 1894.

SANTOS, Daniel Leonhardt dos. Ofensividade e bem jurídico-penal: conceitos e fundamentos do modelo de crime como ofensa ao bem jurídico-penal. *RBCCrim*, 121 (2016), ano 24, Jul/Ago, p. 13-50.

SARLET, Ingo Wolfgang. *A eficácia dos direitos fundamentais: uma teoria geral dos direitos fundamentais na perspectiva constitucional*. 10ª ed. [3º tiragem]. Porto Alegre: Livraria do Advogado, 2011.

——. *Dignidade da pessoa humana e direitos fundamentais na Constituição Federal de 1988*. 9ª ed. Porto Alegre: Livraria do Advogado, 2012.

SCHMIDT, Andrei Zenkner (Org.). *Novos rumos do direito penal contemporâneo: livro em homenagem ao Prof. Dr. Cezar Roberto Bitencourt*. Rio de Janeiro: Lumen Juris, 2006.

——. *O Direito Penal econômico sob uma perspectiva onto-antropológica*. [Tese de doutorado]. Porto Alegre: Pontifícia Universidade Católica do Rio Grande do Sul, 2014.

SCHNEIDER, Hendrik. *Kann die Einübung in Normanerkennung die Strafrechtsdogmatik leiten? Eine Kritik des strafrechtlichen Funktionalismus*. Berlin: Duncker & Humblot, 2004.

SCHWANTJE, Magnus. *Der Tierschutz im deutschen Strafgesetz*. Berlin: Gesellschaft zur Förderung des Tierschutzes und verwandter Bestrebungen, 1910.

SEPP, Hans Rainer. *Husserl, Heidegger und die Differenz*. In: BERNET, Rudolf; DENKER, Alfred; ZABOROWSKI, Holger. *Heidegger und Husserl*. Freiburg/München: Verlag Karl Alber, 2012.

SERRANO, Maria Dolores Tárraga; SERRANO, Alfonso Maíllo; VÁZQUEZ, Carlos Gonzáles. *Tutela penal ambiental*. Madrid: Dynkinson, 2009.

SILVA SANCHEZ, Jesus-Maria. *La expansión del Derecho Penal: Aspectos de la Política criminal en las sociedades postindustriales*. Madrid: Civitas, 2001.

SINGER, Peter. *Animal Liberation: The definitive classic of the animal movement*. New York: HarperCollins Publishers, 2009.

——. *Ética Prática*. Trad. Jefferson Luiz Camargo. São Paulo: Martins Fontes, 2002.

SIRVINSKAS, Luis Paulo. *Tutela penal do meio ambiente*. São Paulo: Saraiva, 2011.

SOKOLOWSKI, Robert. *Introdução à fenomenologia*. Trad. Alfredo de Oliveira Moraes. São Paulo: Edições Loyola, 2012.

SPORLEDER DE SOUZA, Paulo Vinicius. *Bem jurídico-penal e engenharia genética humana: contributo para a compreensão dos bens jurídicos supra-individuais*. São Paulo: Revista dos Tribunais, 2004.

——.; TEIXEIRA NETO, João Alves; CIGERZA, Juliana. Experimentação em animais e direito penal: comentários dogmáticos sobre o art. 32, § 1º, da Lei nº 9.605/1998, e o bem jurídico "dignidade animal". In: MOLINARO, Carlos Alberto; MEDEIROS, Fernanda Luiza Fontoura de; SARLET, Ingo Wolfgang; FENSTERSEIFER, Tiago [Org.]. *A dignidade da vida e os direitos fundamentais para além dos humanos: uma discussão necessária*. Belo Horizonte: Editora Fórum, 2008.

——. O meio ambiente (natural) como sujeito passivo dos crimes ambientais. In: D'AVILA, Fabio Roberto, SPORLEDER DE SOUZA, Paulo Vinicius (Orgs.). *Direito penal secundário: estudos sobre crimes econômicos ambientais, informáticos e outras questões*. São Paulo: Revista dos Tribunais, 2006.

STEIN, Ernildo. *Analítica existencial e psicanálise: Freud, Binswanger, Lacan, Boss. Conferências*. Ijuí: Editora UNIJUÍ, 2012.

——. *Antropologia filosófica: questões epistemológicas*. Ijuí: UNIJUÍ, 2010.

——. *As ilusões da transparência: dificuldades com o conceito de mundo da vida*. 2ª ed. revisada e ampliada. Ijuí: UNIJUÍ, 2012.

——. *Às voltas com a metafísica e a fenomenologia*. Ijuí: UNIJUÍ, 2014.

——. *Compreensão e finitude: estrutura e movimento da interpretação heideggeriana*. 2ª ed. rev. Ijuí: UNIJUÍ, 2016.

——. *Diferença e metafísica: ensaios sobre a desconstrução*. 2ª ed. Ijuí: UNIJUÍ, 2008.

——. *Exercícios de fenomenologia: limites de um paradigma*. Ijuí: UNIJUÍ, 2004.

——.; STRECK, Lenio (org.). *Hermenêutica e epistemologia: 50 anos de Verdade e Método*. Porto Alegre: Livraria do Advogado, 2011.

——. *Melancolia: ensaios sobre a finitude no pensamento ocidental*. Porto Alegre: Editora Movimento, 1976.

——. *Nas proximidades da antropologia filosófica: ensaios e conferências filosóficas*. Ijuí: Editora Unijuí, 2003.

——. *Pensar e errar: um ajuste com Heidegger*. 2ª ed. Ijuí: UNIJUÍ, 2015.

——. *Pensar é pensar a diferença: filosofia e conhecimento empírico*. 2ª ed. Ijuí: UNIJUÍ, 2006.

——. *Seis estudos sobre "Ser e Tempo"*. 4ª ed. Petrópolis: Editora Vozes, 2008.

——. *Sobre a verdade: lições preliminares ao parágrafo 44 de Ser e Tempo*. Ijuí: UNIJUÍ, 2006.

——. *Inovação na filosofia*. Ijuí: Editora UNIJUÍ, 2011.

——. *Introdução ao pensamento de Martin Heidegger*. Porto Alegre: Edipucrs, 2011.

——. *Paradoxos da racionalidade*. Caxias do Sul; Porto Alegre: PyR Edições, 1987.

——. *Uma breve introdução à filosofia*. 2ª ed. Ijuí: UNIJUÍ, 2005.

——. *Weisenkinder der Utopie. Die Melancholie der Linken*. Münster: Westfälische Wilhelms-Universität, 1997.

STÖRIG, Hans Joachim. *Kleine Weltgeschichte der Wissenschaft. Band II*. Frankfurt am Main: Fischer Taschenbuch Verlag, 1982.

——. *Kleine Weltgeschichte der Philosophie*. [Vollständig überarbeitete und erweiterte Auflage]. Stuttgart; Berlin; Köln: Verlag W. Kohlhammer, 1999. [1ª ed. em 1950].

TEIXEIRA NETO, João Alves. A serenidade para com as coisas do direito penal: no limiar entre o pensamento que medita e o pensamento que calcula. *Revista de Estudos Criminais*, v. 48, 2013.

TEUTSCH, G. *Die Würde der Kreatur. Erläuterungen zu einem neuen Verfassungsbegriff am Beispiel des Tieres*. Bern; Stuttgart; Wien: Paul Haupt, 1995.

THEUNISSEN, Michael. *Der Andere: Studien zur Sozialontologie der Gegenwart*. Berlin; New York: Walter de Gruyter: 1977.

TUGENHAT, Ernest. *Lições sobre ética*. Trad. Grupo de doutorandos do curso de pós-graduação em Filosofia da Universidade Federal do Rio Grande do Sul [Rev. e org. da trad. Ernildo Stein]. 9ª ed. Petrópolis: Vozes, 2012.

VELO, Joe Tennyson. A fenomenologia do dolo eventual. *RBCCrim*, 108 (2014), ano 22, Mai/Jun, p. 15-54.

VIERNEISEL, Julius. *Das Delikt der Tierquälerei und seine Reformbedürftigkeit*. [Inaugural-Dissertation]. Heidelberg: Heidelberger Verlangsanstalt,1914.

VILELA, Alexandra. *O Direito de mera ordenação social: entre a ideia de "recorrência" e a de "erosão" do Direito Penal clássico*. Coimbra: Coimbra Editora, 2013.

VISCO, Antonio. *Il Soggetto passivo del reato nel diritto sostantivo e processuale*. Roma: Il Nuovo Diritto, 1933.

VÖHRINGER, Maren. *Anthropozentrische oder nichtanthropozentrische Rechtsgüter im Umweltstrafrecht* . [Rechtsphilosophisches Seminar im Sommersemester 1999 zum Thema „Die Bedeutung der Philosophie für strafrechtliche Grundlagenprobleme"]. Tübingen: Universität Tübingen-Juristische Fakultät, 1999.

WEBBER, Marcos André. *Ética e existência: uma contribuição heideggeriana*. Caxias do Sul: Educs, 2016.

WEDY, Miguel Tedesco. A eficiência em direito penal. *Revista de Estudos Criminais*, v. 49, 2013. p. 69-93.

WELZEL, Hans. *Das Deutsche Strafrecht: Eine systematische Darstellung*. Berlin: Walter de Gruyter & Co, 1969.

WIEGAND, Klaus Dieter. *Die Tierquälerei: ein Beitrag zur historischen, strafrechtlichen und kriminologischen Problematik der Verstöße gegen §17 Tierschutzgesetz*. Lübeck: Verlag Max Schmidt-Römhild, 1979.

WIESNER, Jürgen. *Parmenides – der Beginn der Aletheia*. Berlin: De Gruyter, 1996.

WILLIGE, Hans Georg. *Hundert Jahre Tierschutz in Dresden. Mit einem Schlußaufsatz von Herbert pause. Herausgegeben vom Tierschutzverein Dresden und Umgebung aus Anlaß seines hundertjährigen Bestehens 1839-1939*. Dresden-Löbtau: Verlag W. Ostwald, 1939.

WROBLEWSKI, Thorsten. *Der Andere und die Reflexion: Untersuchungen zur existenzphilosophischen Phänomenologie*. Freiburg im Breisgau: Verlag Karl Alber, 2008.

WULFF, Agnes. *Die Existenziale Schuld: Der fundamentalontologische Schuldbegriff Martin Heideggers und seine Bedeutung für das Strafrecht*. Berlin: LIT Verlag, 2008.

***Impressão:***
Evangraf
Rua Waldomiro Schapke, 77 - POA/RS
Fone: (51) 3336.2466 - (51) 3336.0422
E-mail: evangraf.adm@terra.com.br